U0653443

eye.

守望者

——

到灯塔去

Raymond Chandler

罪恶之城的骑士

雷蒙德·钱德勒传

［英］汤姆·威廉斯 著　陶泽慧 译

A
Mysterious
Something
in
the
Light:
A
Life

Tom
Williams

南京大学出版社

图书在版编目(CIP)数据

罪恶之城的骑士：雷蒙德·钱德勒传 /（英）汤姆·威廉斯著；陶泽慧译. —南京：南京大学出版社，2020.1
书名原文：Raymond Chandler：A Mysterious Something in the Light：A Life
ISBN 978 - 7 - 305 - 09482 - 8

Ⅰ.①罪… Ⅱ.①汤… ②陶… Ⅲ.①钱德勒(Chandler, Raymond Thornton 1888 - 1959)-传记 Ⅳ.①K837.125.6

中国版本图书馆 CIP 数据核字(2019)第 225649 号

江苏省版权局著作权合同登记 图字：10 - 2017 - 609 号

出版发行　南京大学出版社
社　　址　南京市汉口路 22 号　　　　邮　编 210093
出 版 人　金鑫荣
书　　名　**罪恶之城的骑士：雷蒙德·钱德勒传**
著　　者　[英]汤姆·威廉斯
译　　者　陶泽慧
责任编辑　顾舜若　陈蕴敏
照　　排　南京紫藤制版印务中心
印　　刷　南京爱德印刷有限公司
开　　本　880×1230　1/32　印张 16.125　字数 374 千
版　　次　2020 年 1 月第 1 版　2020 年 1 月第 1 次印刷
ISBN　978 - 7 - 305 - 09482 - 8
定　　价　78.00 元

网　　址　http://www.njupco.com
官方微博　http://weibo.com/njupco
官方微信　njupress
销售咨询　025 - 83594756

目　录

中文版前言

　　雷蒙德·钱德勒过世已有六十余年,然而时至今日,他的七部长篇小说仍旧被很多人阅读和热爱,他的读者群体仍旧在日益扩大。他笔下的英雄菲利普·马洛也仍旧矍铄,因为本杰明·布拉克(约翰·班维尔的笔名)和劳伦斯·奥斯本分别在 2014 年和 2018 年创作了一部以马洛为主角的小说。传记通常只有最热忱的读者和研究者才有阅读的兴趣,而本书作为钱德勒的传记,如今在中国出版了。它们都证明雷蒙德·钱德勒的成就是多么历久弥坚,他的写作有着多么经久不衰的魅力。本书试图回答的问题正是,这位在美国出生,在英国接受教育,浸淫在维多利亚时代的道德风尚中,又能切中 20 世纪洛杉矶心跳脉动的人,如何缔造出这样一份不朽的遗产?

　　雷蒙德·钱德勒年轻的时候必然想不到自己的事业会有如此发展。他文学生涯的初次尝试并不成功。1906 年至 1912 年,他试图靠写作在伦敦谋生,但你接下来将在本书中看到,他的诗作老套且过目即忘,连钱德勒自己都认为它们"最多也只能算作乔治王时代的二流诗歌"。更重要的是,他的收入不足以维持生活,所以年轻的钱德勒只好另谋生路。他动身前往美国,其间曾随加拿大部队返回欧洲参加"一战",后来在石油行业安定下来,但是在 30 年代,酗酒毁掉了他的生活,他也因此在职场中被淘汰。此时他年近五十,不仅诗人没当成,连在石油行业也遭遇了失败。于是他做了一个选择,要在写作行业再试一把手。不过这一次,他会更加专注。钱德勒发现,阅后即可随意丢弃的廉价通俗杂志[1]带红了一类新的虚构文学,硬汉派犯罪故事开始走俏,于是他决定从两件事入手:首先要学习写作;其次要在这个过程中赚到钱。

他从通俗杂志起步,最终将达到同 T. S. 艾略特和 W. H. 奥登等文学巨匠比肩的高度。他的读者以及无数其他人,都认为其长篇小说早已超越廉价的惊险故事。在他们看来,菲利普·马洛通过一种鲜活、有力的新语言,捕捉到城市生活中某种根本的东西。文学领域的成就将钱德勒推向了好莱坞(当时许多作家都有此经历),而正是他创作的剧本以及后来的小说使得一种新的故事类型成为可能:黑色故事。

如今距他辞世已有半个多世纪,在我们看来,钱德勒提炼的文学风格仍旧清晰可辨:一位困惑却心怀使命感的侦探,要不惜一切代价保护社会中遭到践踏的人,这一原型已经超越界限,跃入这个世界的千家万户和每个人的移动设备。我们今天仍旧在读雷蒙德·钱德勒,并非因为此类角色出自他的首创(实际上也并非由他首创),而是因为他给这一原型注入了新意和力量,使它有了恒久的魅力。菲利普·马洛和其他小说主人公不同,因为他的感受和痛苦有着他自己独一无二的特点,并经由钱德勒为他打造的语言得到表现。直到今天,我们依然享受菲利普·马洛手术刀般犀利的描述所带来的震撼,同时,我们依然乐于细细品味他强有力的独白,比如《小妹妹》的这段节选:

---

[1] "pulp"一词的意思是"廉价的、粗制滥造的",有"低俗""通俗"等译法。本书作者在较为中性的意义上使用该词,因此均采用"通俗"这一译法。若无特别说明,本书脚注均为译注。

  我只知道,事情没有表象所示的那么简单,我那迟钝却总是可靠的直觉告诉我,如果这轮牌继续这么打下去,会有无辜的人输得倾家荡产。这关我的事吗?我难道知道该怎么办?真的有办法吗?这件事不要再深究了。今晚你没有人性,马洛。也许我从来就没有,以后也没有。也许我只是一副持有私家侦探执照的皮囊。也许在这个半明半暗的冰冷世界里,错误的事情层出不穷,正确的事情从来都不会发生,而我们都终将变成这副模样。

这段话显示出马洛身上深刻的人性,这是当时由动作元素所主导的主流硬汉小说中罕见的品质,也令我们联想到我们自己。

  如果说语言是钱德勒的成就之一,那么他的成就还在于他笔下的主题:洛杉矶城,一座至今仍引人赞美、惹人嫉妒的城市。在这个世界上,鲜少有城市像洛杉矶一样,有力量改变我们这些西方人对于城市生活的体验,而这种力量要部分归功于好莱坞的影响。钱德勒常说要试着书写其他地方,可是每当他真正去写的时候,洛杉矶就自然而然地出现在他笔下,在他的所有长篇小说中,只有一部小说的地点不是洛杉矶。这座大都市给他的作品带来了能量。他同洛杉矶一起成长,目睹它发展为一座世界性都市,美国各地的居民都被吸引至此,因为他们相信这座城市将提供各种各样的可能性。他眼见着有些新移民发家致富,有些人却承受着痛苦,奋力挣扎,被洛杉矶夺走了希望。他见证了洛杉矶警察局等机构的崛起,虽然它们试图保护居民免受飞速城市化的负面影响,但总是跟不上事态的步伐。他观察着新的城市压力如何带给人们新的挑战。他将所有见闻记录下来,用犀利且时而愤怒的文字捕捉洛杉矶施加给居民的影响,他由此赋予这座城市的形象,我们如今依然能辨识出来。

就像查尔斯·狄更斯之于伦敦,或者詹姆斯·乔伊斯之于都柏林,钱德勒展现的洛杉矶是一座可以用于艺术创作的城市,而且以洛杉矶为艺术题材,钱德勒得以借助犯罪小说来探讨城市经验的本质。钱德勒死后,许多作家都试图模仿他,不断精炼和升华这种肇始于他的犯罪小说写法,将犯罪小说从一个小众分支变为如今仍旧蓬勃发展的主流小说类型。我们读者对于这一小说类型的需求也从未枯竭。新的城市中心在世界各地不断萌芽,新的技术也在不断改变着这些城市及其居民,犯罪小说有助于我们理解在这些城市中生存意味着什么,并且提供了一种独特的语言和视角,使我们能够理解自身的体验。

雷蒙德·钱德勒改变了犯罪小说,他通过一种仍使人惊讶的语言用法,重塑了我们思考和谈论城市生活的方式。本书一路追寻他坎坷的文学生涯,从伦敦时期的文学失格者到洛杉矶的文学明星——现在他已经融入了这座城市的纹理,就像穆索和弗兰克餐馆与穆赫兰道①一样——不仅探索了他如何做到这一点,更探究了他为何这么做。随着本书来到一个新的国度,面对新的读者,我希望钱德勒的文学遗产能够继续产生影响,也希望全世界的读者都能因为本书而受到激发,再度回到洛杉矶的穷街陋巷上,再度回到雷蒙德·钱德勒留给我们的小说杰作中。

---

① 穆索和弗兰克餐馆于 1919 年开业,是好莱坞历史最悠久的餐馆,由于地理位置优越,曾是许多好莱坞编剧和作家长时间逗留的地方,包括雷蒙德·钱德勒、詹姆斯·M. 凯恩和纳撒尼尔·韦斯特。穆赫兰道位于南加州的圣莫尼卡山区,是好莱坞电影中常常出现的一个场景,大卫·林奇执导的《穆赫兰道》便以此路为名,并称人们在这条路上可以感受到"好莱坞的历史"。

致　谢

　　每本书的扉页都包藏、鼓励着一种谎言,仿佛作品由作者凭借一己之力而写成,但是真相远非如此,书的诞生离不开为其拾柴的众人。本书也不例外。尽管封面上写着我的名字,但是若非众人向我伸出援手,我不可能将它写成。

　　首先,我要感谢格雷厄姆·C. 格林和雷蒙德·钱德勒遗产代理,感谢他们容许我大量引用钱德勒的文字;我还要感谢收藏钱德勒档案的各家图书馆。加州大学洛杉矶分校的查尔斯·E. 扬学术图书馆特藏部的工作人员既好客又耐心,甚至在我待在加州的最后几个星期,还提醒我注意最新入库的一批信件,并由此改变了本书的论调。在英国,钱德勒文件收藏在牛津大学博德利图书馆的特藏部。在整个调研过程中,管理档案的朱迪思·普里斯特曼博士、管理阅览室的科林·哈里斯,以及馆内员工都慷慨地给予我帮助。我还要感谢达利奇学院的两任档案保管人贾恩·皮戈特博士和卡莉斯塔·露西。露西撰写的小册子《学院男孩:雷蒙德·钱德勒的达利奇岁月,1900—1905 年》尽管面向的是另一批读者,却对我理解钱德勒的青少年时代起到了至关重要的作用。我也由衷地感谢伦敦大英图书馆的馆员,本书的好些部分便是在那里完成;我还须感谢布里斯托尔大学图书馆的特藏部,感谢他们准许我查阅企鹅图书档案,尤其是哈米什·汉密尔顿的

i

信件。

当然，我也必须承认，我从已有的雷蒙德传记中汲取了很多养分，它们的作者分别是：已故的弗兰克·麦克沙恩、汤姆·希尼，以及朱迪思·弗里曼。其中朱迪思不仅为人友善，而且乐于助人。感谢罗伯特·F. 莫斯和洛伦·拉特克，他们俩对雷蒙德·钱德勒的研究助我良多。尽管我可能会在观点上同前辈们存在分歧，但我们毫无例外都会同意，雷蒙德·钱德勒的人生是个永远令人神往的话题。

感谢已故的娜塔莎·斯彭德，感谢兰德尔·劳埃德和西比尔·戴维斯，感谢他们不厌其烦地为我答疑解惑。我还要感谢理查德·雷纳，他不仅牵线搭桥，为我介绍了凯里·麦克威廉斯和莱斯利·T. 怀特，而且帮我厘清思路，确立了关于钱德勒的部分观点。他的著作《光明的罪恶之城》意义非凡，包含那个时期的许多素材。理查德，回头我要再请你喝杯啤酒。

加州洛杉矶的调研耗费了我三个月的时间。此前我从未去过这座城市，在那里也没有任何熟人，可等到我离开的时候，我已经交到了不少好朋友。感谢菲利普·科林斯、凯·托恩伯格、扎克和克里斯蒂娜·艾尔斯夫妇、曼哈顿·佩里、理查德·霍金森、克拉拉·佩雷斯、路易莎·盖蒙和雷切尔·奥布赖恩。我还要感谢伦敦的奥利弗·盖伊·沃特金斯和尼克·利德，感谢他们与我分享了他们在美国西海岸的人脉关系。

我第一次与人讨论本书的创作，是在图夫尼尔公园区的一家塞浦路斯小餐馆里。此后，许多人都曾帮助它生根发芽。感谢勒内·韦斯教授、罗伯特·麦克拉姆和亚历克斯·克拉克，感谢你们阅读本书的初稿，提出了建议，使本书得到改进。还要感谢克莱尔·菲利普斯，你在本书初创之时给予我的支持，使得本书最后得以完成，愿你以后过得更好。

感谢黄金出版社的团队,给予我这位初出茅庐的作家很大的耐心。特别要感谢负责图片调研的梅利萨·史密斯,感谢路易丝·塔克不厌其烦地回答我各种幼稚的问题,感谢雷·纽曼和马克·汉德利的编校工作,感谢利兹·萨默斯出色的图书营销工作。最后,我要感谢我的编辑萨姆·哈里森。说他是个耐心的人,那是只知其一不知其二。他在个人和职业的双重压力下,依旧表现出毫不动摇的信念,给予我坚定的支持,我为之叹服,也感到自己受之有愧。希望有一天,我能够报答这份恩情。

在本书的写作过程中,我的朋友和家人都对我非常宽容,为我分忧解难,这一点自然不言而喻。我为我在最后关头临时取消的那些聚会,以及我没能赴约的那些聚餐和酒会表示抱歉。对你们所有人,我都心怀感激。我特别要感谢马克·普莱斯,他阅读了最初的几章并提出了自己的看法;还要感谢加雷思·卡德瓦拉德,他的艺术才华始终都是我的灵感来源。

我要感谢我的母亲朱迪思·帕金,以及我的父亲加雷思·威廉斯,本书的写作过程并非一帆风顺,但是他们一如既往地给予我支持。我还要感谢我的外祖父母,他们从未对我有一丁点的怀疑,始终相信我能写成这本传记。不幸的是,我的外祖父在本书写作期间逝世。他始终默默地支持着我的写作,他也是我的榜样,总是以身作则地向我表明热爱阅读和坚持学习是多么宝贵的品质。因此我将本书也题献给他,希望他会为此感到骄傲。

最后,我要感谢西涅,我们俩初识的时候,她并不知道往后要面对这么多困难。她月复一月、年复一年地支持我,即便在本书的写作似乎陷入绝境之时都不曾放弃,是她给予我完成此书的力量。雷蒙德·

钱德勒认为他的作品都还不够优秀,不配献给他心爱的女人,最后也就错失了这个机会。我不想冒这样的风险。尽管这本书也不配献给西涅,但这已经是我目前能够送给她的最好的礼物。我希望,总有一天,我的作品能够配得上她。

本书献给

我的外祖父爱德华·伊森(1921—2010)，

以爱意怀念他

前　言

　　1913 年,洛杉矶迎来了两件大事,给这座城市带来了深远的影响。第一件大事事关水利:一条长 223 英里、连接欧文斯山谷和圣费尔南多山谷的水渠,令这座城市得以突破自然资源的限制,实现更大的发展。在这项庞大且富有争议的工程几近完工之时,第二件大事也来了。他身穿一套剪裁合身的西装,手里拿着一根银头手杖,头戴一顶硬草帽,其饰带的颜色隐隐透出英国公立学校的风范。他的名字叫雷蒙德·钱德勒(Raymond Chandler)。

　　1913 年,雷[①]二十五岁。过去的几个月里,他在旧金山打过各种零工,避免自己入不敷出的同时,还要赡养刚刚来到美国与他团聚的母亲。他此行来到洛杉矶,是因为远洋轮船上的一次邂逅,而这次冒险的尝试,将会在未来给他带来巨大的成功。他的过往包含一段艰辛的童年、一段混乱的青春期和一段失败的诗人岁月。而在未来,他将完成七部长篇小说、一系列剧本,借此跻身 20 世纪最著名的作家行列。可是当雷第一次踏入洛杉矶惨白的日光中时,他无从得知未来将去向何方。1913 年,他不过是个初来乍到的小伙子,试图在这里谋得一条生路。

---

① 　雷(Ray)是雷蒙德的昵称。

i

本书探讨了这位生于芝加哥、长于伦敦、浸淫于英国公立学校的维多利亚传统的腼腆男子,将如何定义现代的洛杉矶。到最后,人们将铭记这位作家,是他证明了通俗小说(pulp fiction)也可以超越暴力的演绎,上升到新的高度,可是这并非他扬帆起航时胸怀的目标。雷在下笔之初仅仅把犯罪小说当作对自己叙事能力的锻炼,而且尽管他乐于写犯罪小说,他也希望能够超越自己最出名的小说人物——菲利普·马洛,并且有一天将悬疑故事彻底抛诸脑后。私底下,他为没能做到这一点感到沮丧,但是在公众场合,对于任何建议他写一本"严肃"小说的意见,他都置之不理。我相信在他弥留之际,他已然明白,逃不过菲利普·马洛,正是他成功的原因所在。他不停地兜兜转转,最后又回归犯罪小说,可是这也令他不断地突破这一类型小说的边界,取得前无古人的成就,并最终使其成为一门艺术。

不幸的是,这一成就的代价也极为惨重。酗酒是雷在一生中都挥之不去的阴影。他的父亲是个醉酒后会家暴的人,尽管雷对父亲的恶习有着切身体会,可是他自己也没能抵挡住酒的诱惑。酗酒、孤独,以及英国人特有的傲慢,使得他即便在最亲密的朋友面前,都会显得冷漠。信里的他常常尖酸刻薄、气急败坏,而现实里的他则有过之而无不及。有的时候,他也是个热心、慷慨的人。他对文坛新人很耐心,总是乐此不疲地与人讨论时事话题,无论文学、电影、政治还是饮食,都有所涉猎。

为了给雷蒙德·钱德勒作传,我事无巨细地审视了其人生的每一个阶段,我也看到了许多令人不快的片段。自 1959 年逝世后,雷受到了种族歧视和厌女倾向的指控,还有些人在他的小说中寻找蛛丝马迹,认为他一面恐同,一面也是个受压抑的同性恋者。读者在阅读本书的过程中会发现,上述各项指控都能找出充足的材料。可是,我选择有所保留,没有质询钱德勒的这些倾向。我也不曾浪费口舌,不会辩解说这些倾向不过是特定时代的产物。我决定把这些问题留给读者自己去思考，去总结。

我在大学里第一次读到了雷蒙德·钱德勒的作品，当时我参加了犯罪小说研讨班，阅读了《长眠不醒》(The Big Sleep)和《再见，吾爱》(Farewell, My Lovely)。尽管那时我从来没有想过，后来我竟然会为这些作品的作者写一部传记，但是自从翻开第一页起，我就不仅深深地为菲利普·马洛着迷，还十分憧憬钱德勒生活其中并且反过来激发了他创作的世界。所以在本书中，我试图在一个更为广阔的文化和历史背景中探讨雷的成就。我总共花了六年时间，并且奔赴加州、加拿大和牛津做实地考察。整个过程非常艰辛，我甚至有过无以为继的感触。到最后我还发现，如果你试图将一个人的一生付诸纸面，你就不得不有所取舍，做出一些困难的抉择。对此，我将承担一切责任。书中如有任何纰漏，也一概由我负责。

雷蒙德·钱德勒曾开玩笑说，封底的作家简介仿佛"给他们穿上了棉绒质地的无尾礼服，戴上了垂着流苏的帽子，烟斗里装满了克雷文牌混合烟丝，显得他们每天只会游手好闲、孤芳自赏，却写不出几行精准又出人意料的句子"。他总是对矫揉造作心怀戒备，而我不禁担心，为他立传这件事情也必然带有这样的意味。然而，尽管他的一生不乏阴暗面，可我越是了解他，就越是能够欣赏他的文学创作。我希望如果雷蒙德·钱德勒泉下有知，能认可这本书将他的一生与文学作品之间搭上了桥梁，并展现出其艺术的恒久生命力。

伦敦—洛杉矶
2006—2012 年

第一章

"我的父亲是个酒鬼"

1888 年 7 月 23 日,雷蒙德·钱德勒出生在伊利诺伊州芝加哥市兰利大道一座小红砖房的二楼。一位名叫马丁·沃尔特(Martin Walter)的医生被喊来帮忙,不过分娩过程顺利,几个小时后,钱德勒便来到了人世间。家人和朋友都管他叫雷。在其一生中,他将通过创作一系列以硬汉和比硬汉更强悍的女人为主角的犯罪小说,与另一个州的另一座城市(加州的洛杉矶)结下不解之缘。不过一开始,雷的生活中只有一个硬汉,那就是他的父亲莫里斯·钱德勒(Maurice Chandler)。

　　关于莫里斯,我们了解到的情况非常有限。雷偶尔会在书信里提到他,可是每一次,雷都语带不屑,甚至以他为耻。1858 年 8 月 15 日,莫里斯出生在宾夕法尼亚州的切斯特郡,祖辈是 17、18 世纪从爱尔兰移民到美国的贵格会教徒。他的父母,约翰(John)和艾米·钱德勒(Amy Chandler)都是农民,不过有点家底,能把孩子送到宾夕法尼亚大学的汤恩科学院修习工程学。那是一所声名在外的好学校,所以当莫里斯在 1880 年收到录取通知书时,他的父母对他寄予了厚望。大多数贵格会教徒都是勤劳肯干的人,可莫里斯是个例外,他在大学的求学生涯可谓一败涂地。他只读了两年,没有拿到学位就离开了学校,个中缘由如今已经不甚明了。但是我们从他后来的生活中得知,他是个容易分心、稍有挫折就会放弃、总是逃避责任的人。这些品质毫无疑问会令他学业无成,他也注定会成为一位不合格的丈夫和父亲。

不过在 1882 年,当他大学肄业时,他已经有足够的知识考取职业证书,并且在处于 19 世纪下半叶飞速发展的铁路行业中心地带的中西部铁路公司,谋得一份工程师的差事。铁路给美国的经济形态带来的影响在于,首次将边远地区和芝加哥等商业中心直接连接起来。这些城市也因此变成货物集散地,货物被运去东部大城市,继而被运往海外市场。过去需要耗费数日的行程,如今只需数小时;玉米、猪肉、牛肉等大宗货物也可以实现快速运输,而没有腐坏变质的顾虑;这样的生意对乡村和城市而言都有利可图。自 19 世纪 40 年代起,内布拉斯加州平原(当时世界上最大的耕地区域)的玉米就已经销往全世界。美国中西部在全球饮食中占据着举足轻重的地位,甚至被誉为世界的面包篮。[1]如此发达的贸易全凭铁路才得以实现。

莫里斯入行之时,许多大型铁路项目都已经完工。十三年前,即 1869 年 5 月 10 日,由中央太平洋铁路公司和联合太平洋铁路公司联合建造的第一条横贯美洲大陆的铁路正式完工,一枚黄金道钉被钉入最后的铁轨连接处,用以庆祝这一旷世工程的成就。① 1881 年,每 32 个美国人中便有一人受雇于铁路行业,所以即便最辉煌的铁路建造时代已经过去,莫里斯依然没有花多少工夫就在联合太平洋铁路公司[2]找到了工作。芝加哥城还在扩张,还有很多规模较小的铁路支线等待建设,有不少规划路线、铺设轨道、修复陈旧磨损的铁路的工程队,他

---

① 该铁路全长 3000 多公里,横穿整个北美大陆,是世界上第一条跨洲铁路,被 BBC 评为世界七大工业奇迹之一。这枚黄金道钉如今收藏在斯坦福大学的坎特艺术中心。

的工程专业资质使他能够加入其中之一。这份工作非常辛苦，要求他不断加班，并且长时间离家在外。此后的五年里，他在中西部来回穿梭，循着那些从芝加哥辐射出来的铁路，游荡在伊利诺伊州、内布拉斯加州和怀俄明州，所以二十多岁的他基本上过着游牧民的生活。他的这段单身岁月大体上都在小镇旅店和公司的临时宿舍中度过。

1886 年，事情出现了转机。他先是在奥马哈（在当时，此地是个相当出名的非法、淫乱活动的中心）施工作业，然后来到了怀俄明州的拉勒米市。这是一座新兴城市，道旁的树木都还是小树苗，而且与 19 世纪声色犬马的奥马哈[3]相比，这是一座安静的小城。正是在这里，他遇见了未来的妻子。她的名字叫弗洛伦丝·达特·桑顿（Florence Dart Thornton）。她有一双明亮的蓝色眼眸，嵌在一张坚毅的方脸上，还有一头浓密的棕发，每逢正式场合都会编成发髻。她刚到美国不久，但在这短短的一年里，她的美貌已经吸引了不少拉勒米男性的目光。

1861 年，弗洛伦丝出生在爱尔兰，父母艾萨克（Isaac）和安娜·桑顿（Anna Thornton）与莫里斯的父母一样，都是贵格会教徒。他们家住沃特福德，非常凑巧的是，莫里斯·钱德勒一家在两三代前也正是从这座城市移居美国的。19 世纪中叶，依舒尔河而建的沃特福德是一座繁忙的港口城市，以出产世人趋之若鹜的钻石和雕花玻璃闻名于世。在其漫长的历史中，沃特福德一直是爱尔兰第二大城市，它也像爱尔兰其他城市那样，被盎格鲁-爱尔兰精英①所主宰。桑顿一家都是不信奉英国国教的贵格会教徒，他们虽然算不得精英，却也和城里的名门望族过从甚密，并经营着一家生意兴隆的律师事务所，在沃特福

---

① 盎格鲁-爱尔兰人（Anglo-Irsh）是 19—20 世纪初爱尔兰的一个少数群体，因为新教所占据的优势地位，而成了爱尔兰的上层阶级。

德、都柏林以及科克均设有办事处。事务所在老板艾萨克的打理下蒸蒸日上，家底殷实的他也就能让妻儿住上城外的豪宅，享受维多利亚时代的舒适生活。

19世纪70年代末期，艾萨克突然去世，留下安娜拉扯一大家子。所有人都说她不仅独断专横，而且为人粗暴，依据自己严苛的道德和宗教信条，带大了五个女儿和唯一的儿子欧内斯特（Ernest）。到了欧内斯特要读大学的年纪，安娜强迫他学习法律，欧内斯特只好不情愿地听从母亲的安排。他其实并不想去自家事务所工作，可是不能忤逆母亲的意愿。[4]

桑顿一家对其贵格会的出身怀有强烈的自豪感，其中又以安娜为甚，她认为这令他们一家在大英帝国的上层社会牢牢地站稳脚跟。而这枚硬币的另一面便是，安娜对天主教和构成会众主体的爱尔兰工人阶级抱有嫌恶之情。在她的教导下，她的孩子们也纷纷继承了这种偏见。[5]安娜常常跟人吹嘘，自己家没有天主教徒亲戚，连姻亲都没有：桑顿一家可是纯粹的盎格鲁-爱尔兰贵格会教徒。

19世纪80年代初，桑顿一家遭遇了一场危机，说白了，这场所谓的危机不过是个名叫欧内斯特·菲特（Ernest Fitt）的锅炉检查员。他与弗洛伦丝的姐姐格蕾丝（Grace）坠入爱河，两人想要结婚。安娜·桑顿对此感到震惊。她用对付儿子不愿修习法律的办法，来处理这一婚姻问题：她试图逼迫格蕾丝放弃对方。可是这一次，安娜的孩子不肯就范。当他们俩明显已经不可能与母亲达成妥协时，她与爱人便决定私奔，眼前唯一的出路是移民美国。

一年后，时年二十五岁的弗洛伦丝也有样学样，可是她的动机没有格蕾丝那么明确。就我们所知，她并没有为禁忌的恋情所缠身，而且她如果留在沃特福德，可能会期待结婚生子的安稳生活。可是自从格蕾丝离家出走后,弗洛伦丝的生活开始每况愈下,母亲将怒火都发泄在她头上,忍无可忍的日子终于到来了。在她的声声祈祷中,美国想必就是她祈求的答案,于是在1886年,年轻气盛的弗洛伦丝打包好行囊,动身前往美国,她东拼西凑地借了点钱,又拿出自己的私房钱,此外几乎身无分文。

远洋旅途非常辛苦。况且在那个年代,独自旅行的青年女子本来就少之又少,而没有父母支持的就更是罕见了。她在昆斯敦登上一艘远赴纽约的轮船,和其他移民一起挤在统舱里。横跨大西洋总共要十天左右的时间,她只能挤在逼仄、阴暗、肮脏的环境里勉强度日,而周围同行的旅客,有的肮脏程度与船舱不相上下。她在沃特福德的优渥环境里长大,这样一趟旅行可是跌破了她的眼镜。

一开始,许多乘客因为不习惯海上的颠簸而直犯恶心。船舱里的气味令人作呕,他们又没有多少机会可以去甲板上透口气。夜里,弗洛伦丝睡在形似笼子的多层睡铺上,上层和下层都睡着其他女人;白天打扫床铺的时候,她又必须从里面出来,混杂在同船的乘客之中。这样鱼龙混杂的环境,她有没有被什么人吓到? 在这种远洋轮船上,偷渡者和逃亡者可并不少见,而她的美貌也势必会引起他人不必要的关注。在她曾经的生活里,家人以外的男性都是些神秘的生物。可是在这艘船上,他们是如此真实,如此贴近。

幸好还有音乐。移民们用小提琴和其他乐器打发旅途的无聊时光,他们还聚在一起唱赞美诗和那些脍炙人口的曲目,一直唱到深夜。不过,船上的东西很难吃。每天只能吃不新鲜的肉、喝稀薄的汤。

弗洛伦丝经历了两个星期的折磨之后,终于来到了纽约的炮台公园(1890年之前,此地是纽约的移民中心,后来被更为著名的埃利斯岛所取代)。可是,她的旅行并没有就此结束,她在纽约一家廉价的旅馆里住了一宿，第二天便坐上火车，先是抵达芝加哥，最后来到拉勒米。

火车旅行并不比轮船舒适。整整两天，火车摇摇晃晃、不紧不慢地行驶了将近 1000 英里才来到芝加哥，她只能全程坐在坚硬的木长凳上，而拥挤、简陋的车厢里只有一台取暖用的火炉和一间厕所。[6] 车厢里看不到外面的风景，旅途的无聊也就无从排解。就在几年前（1879 年），罗伯特·路易斯·史蒂文森 ① 也经历过几乎一模一样的旅行，他经过怀俄明州的荒漠时，写下了自己的所见所闻：

> 途经如此乏味的平原，只会让人对崇山升起思念之情……时间一点点过去了，可我们的前方仍旧是一片陌生、险恶的世界。光滑的巨石，状如纪念碑和堡垒的岩壁……没有一棵大树，没有一块草地，没有一座像样的土丘，更没有巍峨的山峰，只有延绵不尽的山艾灌木林……除了零星几头羚羊外，再无其他生灵的踪影……在这片被上帝抛弃的土地上，完全找不出一处美丽的风景。[7]

然而在拉勒米迎接弗洛伦丝的却有不少好消息。[8] 与姐姐团聚后，她发现姐姐与锅炉检查员的婚姻幸福美满，并准备怀孕生子。他们在拉勒米过得不错，而弗洛伦丝也轻松地融入了当地的生活。她庆幸自己逃离了沃特福德，并在怀俄明州变成一位自信、快乐的女青年。平日，欧内斯特出门工作，弗洛伦丝就在家里给格蕾丝帮忙，做做家务，采购家用，外甥女缪里尔（Muriel）出生后，弗洛伦丝还会帮忙带孩子。

---

① 罗伯特·路易斯·史蒂文森（Robert Louis Stevenson，1850—1894），英国小说家、诗人，著有《金银岛》《化身博士》等作品。

成年以来,这是她第一次可以摆脱阶级和宗教的枷锁,真正惬意地生活。她这么心满意足地生活了一年。

1887年,当她渐渐在新大陆上立足之时,她的世界再次发生了改变。这位美丽的爱尔兰女孩怎么会被介绍给莫里斯·钱德勒这等粗鲁的铁路工程师?我们猜测,可能是弗洛伦丝的姐夫欧内斯特·菲特帮他们牵的线、搭的桥。

菲特是个上进的年轻人,他先是谋得一份绘图员的差事,后来又晋升为土木工程师。[9]他如果早在1887年就进入这一行业,那么很有可能在职场上与莫里斯·钱德勒相识,邀请这位新朋友到家里做客,并将自己的妻子和刚刚抵达美国的小姨子介绍给他认识,好让这位年轻的单身汉可以娶走弗洛伦丝,减轻他的负担。无论这对年轻男女是如何相识的,他们似乎一见钟情,感情突飞猛进,而莫里斯停留怀俄明州的时间有限,无疑为这团烈火增添了干柴。等到工程结束,他就必须跟随工程队离开,随着最后期限越发迫近,弗洛伦丝必须做出决定。她到底是要留在姐姐和姐夫身边,还是跟随莫里斯远走他乡?最后,她像当初下定决心远赴美国那样,果决地选择了莫里斯。

这对青年男女在圣马太圣公会教堂结为夫妻。此时他们相识不到一年时间。婚礼仪式笼罩在不祥的静谧之中,主持人是乔治·康奈尔(George Cornell)牧师,见证人是一对四处流浪的夫妇,唤作威廉(William)和妮蒂·科姆利(Nettie Comley)。[10]这场婚礼为何如此仓促,欧内斯特和格蕾丝为何没有出席,这些问题都令人生出疑问。尽管两人爱得热烈,但在她姐姐和姐夫的眼里,这也许并不是一桩美好的姻缘?

莫里斯和弗洛伦丝在拉勒米又待了几个月,弗洛伦丝在这里怀上了雷。雷总是认为,如果他们一家人能够留在这里,也许生活不会那么艰辛,但是事与愿违,莫里斯的工作迫使他继续向芝加哥行进。莫里斯对芝加哥特别熟悉。工作初期,他多数时间都生活在这里,后来他工作时也常常经过此地。此前,弗洛伦丝虽然也来过芝加哥,不过只停留了几小时,就换乘火车前往拉勒米。所以对她来说,这是一个全新的城市,与她过去所适应的环境截然不同。

芝加哥是六条铁路的终点站,许多从怀俄明州出发的火车最后都会停靠在联合车站。弗洛伦丝在此站下车,首先扑面而来的是这里难闻的气味:草原之风裹挟着郊外养殖场①的臭味,与火车站的垃圾和粪肥的恶臭相混合。

火车也令芝加哥成为一座嘈杂、危险的城市。每天约有一千名旅人随着嵌入芝加哥的条条铁轨,拥入这座城市。1857 年之后,芝加哥曾是世界上铁路网最发达的城市,市政府任其发展,几乎不加控制。因此,它也就变成了纯粹且完全不受遏制的资本主义的产物。铁路从公路和交叉路口直穿而过,每当这些钢铁怪物拖着数不尽的车厢,一路吞云吐雾地驶向火车站时,便会阻挡住行人和车辆。在这样的状况下,意外事故的频发也就不足为奇了。雷蒙德·钱德勒出生的那一年,平均每天有两名芝加哥人死于火车轮下。[11]

不过,芝加哥最令弗洛伦丝感到震撼的,莫过于其巨大的城市规模。此前,她从未见识过像芝加哥这样庞大的城市,不过这也不奇怪,芝加哥这等庞然大物也是相对新近的产物。它和那些古老的城市不同,有着史无前例的规模,不仅向外部扩张,而且向高处拔升。

当弗洛伦丝来到芝加哥时,这里已经有了几座世界闻名的新式高

---

① 屠宰场每天屠宰大量牲畜。每天早上有 7 万头被送来此地,贩卖给屠宰场后立即被屠杀。全国每年约有 9 亿头牲畜被屠杀。参见 Miller, *City of the Century*。——原注

层大楼。在过去,城市的地平线总是被尖塔、十字架,以及基督教堂、清真寺和犹太教堂的穹顶所统治,但是芝加哥的地平线所显露的并非宗教的虔诚,而是资本主义的气概。每一座新建筑都必须更大更好,因此芝加哥不久便成了一座永不停工的建筑工地。马克·吐温(Mark Twain)曾写过:

> 在芝加哥这座城市,人们总在摩擦神灯,召唤灯神,实现各种各样全新的可能。对于那些偶尔到访芝加哥的旅人来说,想要跟上此地的发展是毫无希望的,因为她做得比说得更快。她永远是个弄潮儿;她永远跟你上次路过此地时所目睹的芝加哥判若两城。[12]

蒙托克大楼(伯纳姆与鲁特设计,1882—1883年)和鲁克里大厦(伯纳姆与鲁特设计,1888年)等建筑改变了芝加哥居民眼中的城市景观,不过其中也不乏负面的影响。人们害怕过高的建筑会遮蔽阳光,令街道变为峡谷,再也无法沐浴在自然光下。这些担心和害怕并没有成为现实[13],不过由此我们得以了解当时的建筑创新多么不被理解、多么令人畏惧。

弗洛伦丝从小熟悉的是沃特福德工业区的三四层小楼,在她眼里,芝加哥该是一座多么奇怪的城市。对当时的人来说,十层、十一层甚至更高的大楼应该是非常壮观、令人却步的建筑。

莫里斯和弗洛伦丝的第一个家位于芝加哥东南郊的兰利大道,离华盛顿公园并不远。与此同时,莫里斯的工作性质没有多大变化。尽管新婚宴尔,第一个孩子也即将出生,他还是得外出工作,在中西部附近施工作业,而弗洛伦丝常常独守空房。先抛开夫妻情感的问题,对一位待产的母亲而言,独自生活就已经很不容易了。她在新家附近没有任何亲人,所以一旦有什么需要,她必须仰仗邻里的援手。

1888 年 7 月 23 日,弗洛伦丝开始阵痛,并在当天产下孩子。她把娘家姓氏用作男婴的中间名,给他取名雷蒙德·桑顿·钱德勒。他很快就受洗,并且根据当地的风俗,被送到附近的摄影师 G. W. 瓦尼(G. W. Varney)那里,拍摄了他人生中第一张照片。

可惜的是,我们对钱德勒的幼年时光所知甚少。那个时期的两张照片都暗示他过着平凡的生活,但是由于缺少背景,我们也无法对其做出定论。第一张照片摄于他约一岁半的时候,照片上的小男孩有着一张胖乎乎的脸,身着传统长袍,别扭地坐在摄影师工作室的躺椅上。他的手里抓着心爱的玩具,一个名叫阿尔弗雷德的布娃娃。这张照片上的雷显得有些腼腆,而这种性格将伴随他一生:每当摄像机对准他的时候,他总会移开目光,紧张地望着镜头外的人,也许这样他就能让自己镇定一些,也能勉强挤出一丝笑容。拍摄这张照片大概是为了留给莫里斯作纪念,因为雷和母亲正要第一次出远门。在弗洛伦丝看来,她也该回一趟爱尔兰,看望她的母亲了。

雷和弗洛伦丝在 1890 年(这个时候雷还只有两岁)夏天离开芝加哥①,坐长途火车前往纽约。抵达纽约后,他们乘船前往爱尔兰的昆斯敦,然后回到了沃特福德。孩子还这么小就带他做长途旅行,弗洛伦丝显然非常勇敢,但是这一次,她至少有钱购买客舱票了[14],令远洋旅程多少轻松了一些。客舱的食物要比统舱好不少(旅客在餐厅的餐桌

---

① 对于芝加哥来说,1890 年是个丰收之年。2 月,芝加哥赢得了举办 1893 年哥伦比亚世界博览会的资格,芝加哥不仅通过它大赚了一笔,而且登上了世界的舞台。尽管这一消息宣布之时,雷还非常年幼,但是随着他逐渐长大成人,他将越发意识到芝加哥是一座伟大的城市。——原注

上享用肉和蔬菜,不必像上次那样忍受稀薄的汤),而且客舱也保证了隐私,对于一位富有魅力的年轻妈妈来说,这很重要。不过即便如此,长途旅行还是非常辛苦。

弗洛伦丝和雷为什么要长途跋涉返回爱尔兰?没有任何证据显示他们家里发生了什么急事。弗洛伦丝的父亲已过世,我们也没有理由认为她的母亲生病了,如果真的是因为家里出事了,她也应该和姐姐一起回国。弗洛伦丝难道是奉母亲之命才回国的?安娜这样严苛的母亲,有可能会坚持要见外孙一面。不过这趟旅程还有其他好处。除了把家人介绍给自己的宝贝儿子以外,弗洛伦丝还可以向母亲证明,自己在海外的生活是多么成功,并且让家人明白,她再也不是桑顿小姐了,而是钱德勒夫人。

旅途中,雷把玩具阿尔弗雷德给弄丢了。这年幼的孩子失去了心爱的玩具,肯定很伤心,这件事也必然给弗洛伦丝增添了额外的压力,因为对她来说,这次探亲肯定会是不小的挑战。然而雷在多年以后回忆往事时提到,他们抵达爱尔兰时,阿尔弗雷德竟然奇迹般地重新出现。这也许算是一个吉兆吧。

对弗洛伦丝来说,母亲的反对始终是一种沉重的负担,尽管她希望雷蒙德的在场能够缓和母亲的愤怒,但是安娜显然不会为之所动。根据她后来的表现,安娜是一个非常记仇的人,与女儿团聚的场面可能令所有在场的人都很尴尬。不过弗洛伦丝早已做好面对安娜的准备,她的这种勇气在她二十多岁的年纪里显露得淋漓尽致。她面对各种场合的适应力是毋庸置疑的。

至于男孩对初次拜访爱尔兰做何感想,我们找不到任何记录。除了中途失去阿尔弗雷德,以及在酒店失而复得以外,这段经历似乎没有在雷的记忆中留下多少痕迹。当母亲与外祖母试图和解时,雷只是默默地和阿尔弗雷德以及其他玩具做伴，并在一位仆人的监护下，仰着胖乎乎的脸蛋在沃特福德的宅子里蹒跚学步，还认识了舅舅欧内斯特，以及各位姨妈。

10 月下旬，他们的探亲之旅走到尾声，弗洛伦丝和雷在昆斯敦登上"塞尔维亚号"轮船，并于 27 日在纽约上岸。他们径直返回芝加哥。如果莫里斯能够在纽约到芝加哥的终点站拉萨勒火车站等候妻儿归来，那想必会是一幕非常温馨的画面，但是他多半在外工作，而弗洛伦丝和雷只能自己回到位于兰利大道的家。在他们等待莫里斯休假归来的同时，弗洛伦丝毫无疑问尽其最大的努力，试图过起她向母亲吹嘘的幸福而又成功的生活。

次年夏天，芝加哥异常炎热，大约有 17 人在热浪中丧命。[15] 弗洛伦丝决定带上雷，去和已经搬到内布拉斯加州普拉茨茅斯的姐姐同住。于是从 1891 年至 1895 年，他们每年都要去格蕾丝家度假。雷显然在那里过得很开心。发展滞后的普拉茨茅斯半是城镇，半是农村，它坐落于密苏里河畔，与嘈杂、恶臭的芝加哥判然有别。道路两旁生长着野葡萄，当地的居民则收集果实酿造葡萄酒。每到夜里，萤火虫便会在夜空中嗡嗡地发出亮光，人们则坐在摇椅上，与邻居说长道短。[16] 白天的时候，雷便和表姐缪里尔·菲特一起玩耍，她虽然年长两岁，却总是让雷当头儿。实际上，他们的好多游戏都非常成人化，他有一次承认，自己曾脱下她的内裤，端详起她紧实的屁股。[17] 不过普拉茨茅斯也并非天堂，雷还记得有一天，泥泞的河里漂来了一具死尸，给他在那里的快乐时光蒙上了一层阴影。[18]

弗洛伦丝也享受普拉茨茅斯的时光。在那里，她终于可以稍许放松，让别人帮她分担带孩子的辛劳。姐姐与姐夫的陪伴想必也给日复一日埋首于家庭责任中的弗洛伦丝带来了慰藉。与这些大人的相处

似乎也给雷带来了好处。他会坐在姨父和姨妈的脚边,听他们讲述家族的故事,由此放飞了他稚嫩的想象力:

> 我姨父名叫欧内斯特·菲特……他一般到傍晚才回家……他会把报纸摆在乐谱架上,一边浏览报纸一边口若悬河……他有个非常神奇的兄弟。那家伙在沃特福德当银行职员或者经理……卷了一笔钱……在共济会会员的帮助下,逃脱了警察的天罗地网……躲到欧洲大陆去了。他的绝大多数钱都在德国的酒店被人偷了。很久以后,我终于有缘认识了他。他是位非常值得尊敬的老人,衣服总是一尘不染,为人也堪称一毛不拔。[19]

有个叔叔是满肚子坏水的政客,还有个叔叔则发明了一台机器,"可以不停地接收邮件,不过有人用武力胁迫抢走了他的专利,结果他一个子儿都没赚到"[20]。雷后来曾说过,他要专门为这些人写一本书,所以我们不禁要问,他到底有没有给这些故事添油加醋。不过无论怎样,他最初听到的故事版本也足够令他心驰神往。我们的脑海中可以轻易地浮现出那个画面,年幼的雷聆听着姨父将故事娓娓道来,发现原来善于讲故事也可以吸引别人的注意力。

当然了,普拉茨茅斯的夏天总有结束的一天,余下的季节里,雷和弗洛伦丝只能待在芝加哥。雷上了几年学,在这座城市里也交到了几个朋友:按照他自己的说法,他跟着朋友们当起了小混混,只是做的坏事"跟犯罪还沾不上边"[21]。他应当也在跟兰利大道隔了几条街的地方,目睹了芝加哥世界博览会的场馆在建筑工地上逐渐成形。他也许见过那个由威廉·费里斯(William Ferris)设计的古怪、巨大的轮状建筑,看着它拔地而起。不过当博览会在 1893 年开幕后,他有没有前去参观,有没有见到世界上第一座摩天轮①、第一碗麦片和第一条拉链,我们就不得而知了。

弗洛伦丝在芝加哥过得十分艰辛。无论一开始莫里斯有哪些吸引她的品质,到如今它们都已经烟消云散。他长期出门在外令她沮丧,而他偶尔回家却令她的日子雪上加霜。随着雷逐渐长大,他越来越清楚地意识到,父母亲之间有着严重的家庭矛盾。在 19 世纪 90 年代,他的双亲逐渐形同陌路,在雷之后,他们再也没有生育其他孩子。虽然他们花了很长时间才分手,但这无法避免的结局却给雷留下了巨大的心理创伤。这段失败的婚姻,问题主要出在莫里斯身上。

在儿子的出生证明上,莫里斯在父亲职业一栏里写下了土木工程师。雷鲜少谈及父亲,不过在 20 世纪 50 年代,他跌入人生的最低谷时,终于向朋友娜塔莎·斯彭德(Natasha Spender)打开了心扉。他说他父亲是铺轨工程队的负责人。[22]我们知道这意味着莫里斯必须带领一帮铺轨工人,深入荒郊野外。莫里斯负责调度指挥,工人们则负责搬运、铺设铁轨和枕木。搬运工作非常辛苦(12 小时一班的情况很普遍),不仅有一定危险性,而且酬劳也微乎其微(圣塔菲线的铺轨工人日均酬劳仅略高于 1.2 美元[23])。管理这些工人定然也是一件费心费力的苦差事。更何况,发号施令的工程师通常是些受过大学教育、经济状况良好的人,他们与铺轨工人的社会地位差距只会令管理工作更加棘手。铺轨工人多半没念过几年书,只要会用大榔头敲钉子,任何人都能胜任这份工作。他们都出身最贫苦的家庭,很多人身上都背着犯罪记录,而且一个比一个不服管教。[24]工程师必须管理好这些鱼龙混杂的工人,赶在铁路公司紧巴巴的工程期限内完成项目,个中困难自

---

① 摩天轮(Ferris Wheel)就是用威廉·费里斯的姓氏命名的。

不必说。他们必须常常逼迫工人加班加点地干重体力活。为了做到这一点，他们必须令这些暴力分子对他们俯首称臣，而身处远离文明的荒郊野外显然为个别手段提供了方便：莫里斯这类人经常会诉诸一种古老的办法，那便是赤裸裸的暴力。久而久之，莫里斯·钱德勒也就成了与库尔茨先生[①]如出一辙的人，而铁路公司也不会多管闲事，只要暴力行之有效，他们就会睁一只眼闭一只眼。

莫里斯每每必须通过暴力和镇压才能在荒郊野外控制住底下的工人，他自己必然也承受着巨大的压力。他像很多人那样，通过酗酒来排解压力。而他的工程队有那么多工人，手头的酒肯定十分充足。莫里斯开始频繁地酗酒，喝到酩酊大醉，喝到不省人事，就能够减轻工作的压力。没过多久，他就成了一个彻头彻尾的酒鬼。酗酒、施暴加上终日与男性为伍，导致莫里斯每次回家都犹如一场灾难：他无法适应安静的家庭生活，每次回家都要弄得家里鸡犬不宁。

对酒鬼来说，芝加哥是一座梦想之城。蒸馏酿酒仅次于肉类加工，是这座城市的第二大产业。据估计，芝加哥的酿酒行业产值达每年 100 万美元。1865 年，芝加哥生产了 700 万加仑的啤酒，人均（算上男男女女甚至孩童）生产 39 加仑。到 19 世纪 80 年代，每两百位芝加哥市民就拥有一间酒吧，警察不仅容忍这些娱乐场所，甚至积极地予以庇护。戒酒协会随之蓬勃发展起来，伯纳姆和鲁特早期设计的摩天大楼里就有一座名叫基督教妇女禁酒大厦，它在 1890 年是世界第一高楼。禁酒团体雷声大却雨点小，几乎没给这座城市的豪饮风气带来任何影响：这里遍地都是酒，莫里斯这类人只要有钱有酒瘾，就能随便

---

① 库尔茨先生(Mr. Kurtz)是约瑟夫·康拉德的小说《黑暗的心》的主要人物，他在现代社会中长大，却在非洲黑暗的丛林中施行残暴统治，被土著人敬若神明，有着一颗比丛林更黑暗的心。

买酒消愁。[25]

面对醉醺醺的丈夫，弗洛伦丝十分坚强。她经受过母亲的欺凌，明白该怎么予以反抗，决不会轻易地被莫里斯压倒。他们吵得很凶，所以我们几乎可以预料到，莫里斯不甘于口舌之争，他动手打了弗洛伦丝。如果她敢抱怨，他就再奉送几拳，直到她默不作声为止。我们很难搞清楚，雷亲眼见过多少次这样的家庭暴力。他从来不曾提笔写下父亲的暴行，只有在喝醉的时候，他才会提起莫里斯。所以，娜塔莎·斯彭德从雷口中听到的片段前后不一：有些时候，他声称自己目睹过父亲殴打母亲的场面；有些时候，他却矢口否认。他自己肯定明白事情的真相。尽管家暴开始出现的时候，他大概只有四五岁，但母亲身上的瘀伤以及她行为举止的变化，定然逃不过他的双眼。当时他年纪实在太小了，没有任何力量阻止这一切的发生。我们无法猜测弗洛伦丝到底忍受了多久，不过在 1895 年，她和雷离开了兰利大道，离开了莫里斯。

这个时候雷七岁了，他突然得了猩红热："我光记得两件事情，一个是冰激凌，另一个是在恢复阶段，把死皮剥下来实在是太好玩了。"[26] 弗洛伦丝生活窘迫，只能住在寄宿公寓和廉价酒店里。失去了莫里斯的经济支援，她手头的选项就变得极为有限。她既没有钱也没有工作，只好前往普拉茨茅斯投奔姐姐。

雷在普拉茨茅斯东四区上了小学，他的老师名叫莱蒂·C. 史密斯（Lettie C. Smith）。[27] 他头脑特别聪明，考试成绩还不错，但不算太拔尖。可能是复杂的家庭生活给他带来了些许压力。史密斯夫人没能教雷太久。她的笔记告诉我们，雷很快就返回芝加哥了，这是他的父母第一次尝试和解，这类事情以后还将一而再地发生。

莫里斯和弗洛伦丝并没有彻底放弃两人的婚姻。弗洛伦丝大概希望这段婚姻能有转机,毕竟她不愿意让自己的孩子小小年纪就没了父亲,如果能够给他一个完整的家,那么做出牺牲也是值得的。在接下来的几年里,他们在芝加哥和普拉茨茅斯之间来来回回折腾了好几趟。对她来说,这必然是一段艰难不安的岁月,对雷而言则更是如此。无论她一开始回到芝加哥、回到莫里斯身边时怀有怎样的希冀,这份希冀如今都已经彻底幻灭。弗洛伦丝终于接受了现实,这段感情已经无法挽回。

可能要到 1900 年,她才终于同芝加哥永别,并最后一次回到普拉茨茅斯,与姐姐告别。她此行这般决绝,是为了再也不让孩子受到莫里斯的摆布。

雷从未原谅父亲,他和母亲离开芝加哥后,就斩断了同父亲的联系。他在写及自己的过往经历时并不谈论芝加哥,也总是避免提及父亲,他希望让朋友们觉得,他是个长于普拉茨茅斯乡村的小伙子,家里住着许多奇奇怪怪的叔叔。无论雷是否愿意承认,莫里斯都对他的一生产生了深远的影响。

雷从小就目睹家庭暴力,这份经历在他脑海里刻下一种保护女性的欲望,而他首先要保护的便是他的母亲。当这一品质在他身上逐渐显现时,他所创造的伟大角色——侦探菲利普·马洛也开始成形。雷把马洛形容作"商店里陈旧的加拉哈特"(shop-soiled Galahad)①,这番话实际上也是在形容他自己:具有骑士风度,是女性的守护神,绝非纸上谈兵,也不是浪漫情怀。

莫里斯也许激发了儿子的创造力,但他恶劣的行径却也给儿子埋下了不少情感上的地雷,雷在未来要不断地越过它们。我们将在后面

①　加拉哈特是亚瑟王圆桌骑士中最纯洁的一位,也是唯一能拿起圣杯的人。

看到，雷的作品中始终有一个绕不过去的观念：孩子可能会从父母那里继承他们的人性之恶和道德缺陷。他会不会像他父亲那样，变成一个动不动就打人的酒鬼？

与此同时，弗洛伦丝则需要考虑雷的未来。他需要一个家，需要接受教育。经过慎重考虑，她决定为了孩子牺牲自己的幸福，回到爱尔兰的大家族中去。她明白母亲不会接受她与莫里斯离婚，而且会让她不好过，但爱尔兰是他们唯一可以继续前行的地方。至少，她可以借此远离莫里斯，也相对容易打消与他复合的念头。

第二章

"我浸淫在拉丁语和希腊语里"

在雷十二岁的时候，母亲带着他将家庭暴力和酗酒抛在身后，长途跋涉回到沃特福德，回到阶级森严、充满偏见、颐指气使的桑顿家族。这段旅行不仅跨越了空间，也穿越了时间，他们从明亮、时髦的芝加哥和普拉茨茅斯抽身离去，转而投向维多利亚英国的冰冷怀抱。

当钱德勒母子踏上爱尔兰的土地时，维多利亚女王的寿命只剩下几个月的时间了，但是桑顿一家仍是维多利亚价值观的忠实拥趸。所以不出所料，他们听闻弗洛伦丝离婚的消息时，脸色并不好看。在19世纪末，离婚仍然是一种出格且草率的行为，一旦离婚就必然招致社会的有色眼镜。在桑顿一家看来，无论莫里斯·钱德勒多么粗暴地对待弗洛伦丝，都比不上离婚这件事过分。安娜·桑顿认为女儿令桑顿家族蒙受了耻辱，她永远都不会原谅女儿。

桑顿夫人就像所有维多利亚时代的女主人那样，主宰着整个家族，对自己的阶级和地位没有丝毫的怀疑。今天的人可能难以想象，当时的阶级界限有多么泾渭分明，但是在19世纪的英国和爱尔兰，社会地位意味着一切。任何可能撼动阶级的事件都必须立即得到处理。盎格鲁-爱尔兰人是天生的统治精英，在安娜·桑顿眼里，他们和卑下的天主教阶级是截然不同的。安娜的偏见传染给了整个家庭：她的子女，她的孙辈，甚至她的仆人都无法摆脱这种偏见。桑顿家族的女管家格鲁姆小姐(Miss Groome)便拒绝雇佣任何信仰天主教的仆人。

格鲁姆小姐的父亲是英国国教的教士,这般出身使得她有资格参加保罗小姐(Miss Paul)家的下午茶会。保罗小姐是当地的老姑娘,住在城外的一栋大房子里。在格鲁姆小姐眼里,保罗小姐属于典型的乡绅阶层,地位比桑顿一家更为高贵,她对这位女管家产生了深远的影响。雷后来回忆说,每次参加茶会,格鲁姆小姐都非常紧张。[1] 她小题大做,提前好几天就开始准备,而且相较于茶会本身,明显更看重参加茶会的名分。

当雷在信中谈起这个时期时,这位女管家的身影总是引人注目。他之所以对她感兴趣,是因为她既反映出桑顿一家的社会偏见,又反过来对他们有所贬损。比方说,她始终都看不起雷的舅舅欧内斯特,因为他只不过是个初级律师。雷还记得她说过的一句话:"绅士只能从事四种行当:陆军、海军、牧师和律师。有资格出席高等法庭的高级律师才算是绅士,至于初级律师,还是算了吧。"[2] 欧内斯特知道她看不起自己,他自有对付她的办法:

> 有时候,当晚餐不合他的胃口时,他会让仆人把饭菜端走,然后我们便在冷酷的沉默中干坐三刻钟,而抓狂的格鲁姆小姐则在楼下大声责骂仆人,直到另一份晚餐被端到主人面前,其实味道说不准还不如被他拒绝的那一份……[3]

格鲁姆小姐诚然令这个家的尴尬氛围雪上加霜,然而最剑拔弩张的却是欧内斯特和安娜之间的关系。安娜已然给儿子敲定了职业道路,现在她还要进而干涉他的工作和私生活。他们糟糕的关系,加上欧内斯特对法律的厌恶,令整个家都弥漫着负面的情绪。所以也难怪,雷回忆舅舅时的措辞非常简单明了:"一个脾气特别差的人。"[4]

即便如此,雷似乎还是在沃特福德交到了朋友,而且过着开心的日子。他和几个表兄弟走得很近,很快就成了朋友。雷还记得自己跟他们玩过板球,不过即便是这样单纯的运动也隐含着社会藩篱:

> 一起玩的男孩里有个天主教徒……他过来打球时坐的华丽马车还配有身穿制服的马夫;可是我们打完球后,却从不邀请他参加茶会。当然了,就算邀请他,他也不会接受。[5]

雷的大半生都在同这种偏见搏斗:"在我的成长环境里,人们对天主教徒怀有深刻的偏见,时至今日,我都没有摆脱这种观念的荼毒。"[6]从中我们可以看出,安娜·桑顿以及其他亲戚的观念可以渗透到多深的程度。

雷并没有在书信以及其他文字中提及过他在沃特福德接受的教育,也许是因为他在那里待得不久,还没来得及上学:很快,雷和弗洛伦丝就确定要被送去伦敦。我们也说不清谁最乐于见到这样的安排。也许安娜很想把这个令家族蒙羞的离异女儿送走;也许弗洛伦丝不希望儿子再经历她的童年,不希望他接受安娜严厉的教导。无论是出于怎样的缘由,钱德勒母子再次收拾行囊,前往伦敦,在新家安定下来。

其实他们此行算不上逃避。他们搬到了伦敦南部达利奇区阿莱恩公园 77 号的怀特菲尔德小屋,同行的还有欧内斯特、妹妹埃塞尔(Ethel),以及仆人罗丝(Rose)。在桑顿一家的几个女儿里,埃塞尔最与众不同;她相貌没有其他姐妹俊俏,也许正是出于这个原因,她终身未婚。兄弟姐妹当中,也只有她喜欢母亲。所以当安娜·桑顿定期来达利奇看望他们,甚至考虑举家搬迁至此时,就算其他人都为此感到头疼,至少埃塞尔真心感到欢喜。安娜这番作为,使得沃特福德的生活在伦敦延续,而弗洛伦丝又不得不像生活在爱尔兰时那样,时常受到母亲的轻蔑和指摘。比方对雷而言,安娜不愿给弗洛伦丝倒酒的场面历历在目。

所以,伦敦的生活依旧令弗洛伦丝感到压抑,也就丝毫不令人惊讶了。情感无处释放的她只好把所有的精力都用来培养母子感情,于是两人变得相依为命。雷清清楚楚地感受到,母亲承受着许多艰难困苦,所以他比同龄的孩子更为早熟。母子情深反过来也使得弗洛伦丝无法与其他男人谈婚论嫁,因为她总是担心他们不会好好对待她的儿子。多年以后,雷为此感到后悔。他其实知道母亲和其他男人有来往,或者说是有男人在追求她,他也明白自己就是这些关系毫无进展的原因所在。这番认识,加上母亲对他越来越深的依赖,反而使得他们的关系在后来变得愈发紧张。

尽管家里情况复杂,但雷在伦敦算是如鱼得水,成长迅速。他爱上了这座城市。似乎连地处郊区的达利奇都能给他带来不一样的灵感。这里安静、祥和,邻里关系和睦,虽然远离贝尔格莱维亚、梅费尔和圣詹姆斯①,却依旧沐浴到这座伟大的帝国首都的荣光。这里离皮卡迪利只有五英里远,如果天气晴朗,还可以望见圣保罗大教堂肮脏的灰色圆顶。这里立面刷了两层灰泥的建筑里住着银行职员和公务员;这里的星期天都被奉献给园艺和八卦;这里的人都谨慎地过着安宁的生活。这里和芝加哥截然不同,这里有着浓郁的英国风情。

当雷在新的家园里探索时,弗洛伦丝和欧内斯特则在商量着男孩的未来。雷需要接受良好的教育,所以他们决定把他送到附近的达利

---

① 均为伦敦的上流地区与核心地带。

奇学院走读。私立学校的学费由欧内斯特资助。雷有这样的舅舅真的非常幸运。至于欧内斯特对这位外甥怀有怎样的感情,我们不得而知。之前的传记作者认为,他这笔钱掏得不情不愿,但无论他情愿与否,他的这个决定都为雷提供了宝贵的机会,改变了雷的一生。

达利奇学院其实盛名难副,在雷看来,比起公立学校,它算不上多么"显赫"[7],跟伊顿公学和哈罗公学等精英中学相比,更不是一个档次。不过,它跟查特豪斯公学和马尔堡公学相仿,是一所不错的学校。无论是当时还是现在,这所学校招收的都是公务员、初级律师以及银行家的孩子,贵族子弟不会来这里上学。它之所以出名,是因为它培养出20世纪不少知名的作家,而这些作家反过来又证明达利奇学院是一所具备文学和艺术氛围的学校。P. G. 伍德豪斯[①]比雷早了七届;丹尼斯·惠特利[②]和C. S. 福里斯特[③]则在雷毕业后才入学。20世纪下半叶,达利奇学院的学子还包括格雷厄姆·斯威夫特[④]和迈克尔·翁达杰[⑤]。可是在20世纪初,这一作家摇篮的名声尚未确立。彼时的达利奇学院仍然是一座帝国公仆的训练场,也是帝国子民的学校。总之,这是一所中产阶级的学校。

----

① P. G. 伍德豪斯(P. G. Wodehouse, 1881—1975),英国幽默作家,著有《长官的舅舅》"万能管家吉夫斯"系列小说。

② 丹尼斯·惠特利(Dennis Wheatley, 1897—1977),英国惊险小说作家,其"格雷戈里·塞勒斯特"系列小说给伊恩·弗莱明带来灵感,后者以此为基础创作了"詹姆斯·邦德"系列小说。

③ C. S. 福里斯特(C. S. Forester, 1899—1966),英国军事小说作家,著有"霍雷肖·霍恩布洛尔"系列小说。

④ 格雷厄姆·斯威夫特(Graham Swift, 1949—),英国作家,其作品《最后一单酒》获布克奖。

⑤ 迈克尔·翁达杰(Michael Ondaatje, 1943—),加拿大作家,其作品《英国病人》获布克奖,并改编成同名电影。

1619 年,与莎士比亚同时代的演员兼剧团经理爱德华·阿莱恩(Edward Alleyn)创办了达利奇学院。1857 年,维多利亚公立学校改革使得学院一分为二:其小学分部变成了阿莱恩学校,而中学分部则继续维持达利奇学院的名号。同样是在 19 世纪中叶,学校经历扩张,放弃了原先的校舍,把校址重新选在达利奇公地上。在如今的校园内,现代楼房和维多利亚建筑比邻而立,不过与雷年龄相仿的达利奇校友依旧能够辨认出学校过去的模样,长长的道路两旁栽着的成荫的栗树,以及道路尽头由查尔斯·巴里(Charles Barry)爵士设计的雄伟的意大利"宫殿"。他们还能辨认出学校前门保养良好的操场,零星地点缀着橄榄球球门和板球场地,传来运动健儿们的阵阵喧闹。

雷在 1900 年 9 月 18 日入学,学号是 5724。入学后不久,他的家人就从阿莱恩公园搬到了一栋名叫"芒特西拉"的红砖高楼里,它位于达利奇区的南边,就在上诺伍德区的奥克兰路上。那个时候雷很瘦小,脸庞棱角分明,他还有高高的额头以及状如尖刀的鼻梁。每天清晨,他都穿上马甲,打好蓝黑粗条纹领带,穿上黑色外套,步行上学。

出于种种缘由,雷在同学中显得与众不同。首先,他是个走读生,这就立即让他与占据多数的寄宿生不太一样。寄宿生在放学后可以有很多消遣,比方说,他们可以在晚上 10 点后溜出学校抽烟,而走读生只能乖乖地回家,回到妈妈身边,所以他们永远无法完全融入校园生活。

此外,雷带有轻微的美国口音。如果他上过预备学校,就不仅能把口音改掉,而且通常来说,也能学会校园里的各种俚语和习语。可是他直接从中学上起,所以不仅没能摆脱美国人的习惯,还因为自己的无知而感到尴尬。比方说,他很讨厌公立学校的一种规矩:把他的名字缩写成 R. T. 钱德勒。与雷年龄相仿的阿尔文·奥格登(Alwyne

Ogden)爵士还记得,雷特别希望同学们管他叫雷蒙德,可是大家都不愿意这么喊他。在学校的世界里,即便是微小的成就和失败都很重要,因此这件事想必给他带来了困扰。[8]

在公立学校里,男生们永远都在互相较劲。从制服的样式到父亲的职业,大大小小的事情都作数。而后面这个话题尤其令雷窘迫。每当男同学在"老爸"的话题上侃侃而谈时,他只能沉默地旁听。要是莫里斯已经死了,雷反倒不会这么不自在,因为在他那个年级,好几个男同学的父亲都在战争中为国捐躯了,他们都为此感到自豪,可是莫里斯却没有任何东西可以让雷引以为傲。

最后,雷从小的生活环境由女性占据主导地位,莫里斯、欧内斯特,以及普拉茨茅斯几位叔叔的男性权威只是偶有显露,这就意味着雷其实并不懂得怎么跟其他男性相处。他对公立学校的生活没有一点准备。这就让他更不合群了。有些男孩会迅速适应学校的环境,但是雷做不到,所以他刚到达利奇学院的那几年过得很难受。颇有趣的是,尽管到最后他接受了达利奇学院以及公立学校系统所共有的那种氛围,但他很少在书信中提及这段早年求学的岁月,也许是因为他并不想回忆这段时光吧。

学校的一天通常从早晨 8 点开始,先是在礼拜堂里祷告,然后直接开始上课。10 点 45 分休息,下午 1 点吃午饭。下午的课从 2 点上到 4 点。上完课后,同学们就会跑到操场上玩两个小时的球类运动:秋冬玩橄榄球,夏天玩板球。运动结束后,雷和其他走读生会悄悄地回家。雷活到这么大,才第一次感到生活有了规律,至少这一点是他看重和珍惜的。

达利奇学院的课程涉猎广泛。第一年的课程有古典文学基础,内容包括古罗马诗人奥维德、古希腊剧作家埃斯库罗斯(Aeschylus)等,以及"大英帝国臣民"概况，内容包括非洲和澳大利亚，课程目标是向学生灌输大英帝国无上的地位和使命。爱国主义是达利奇学院的核心原则，学生每天都要举杯敬贺："敬我的祖国，不问对错。"雷至少在学习上适应得很快，他在第一年取得了优异的成绩，在年级名列第二。

雷和弗洛伦丝在暑假回了一趟沃特福德。他们俩其实都不想回老家，但是他们的开销毕竟都由欧内斯特买单，所以别无选择。此后四年，雷都要回爱尔兰过暑假，往返两地在某种程度上也折射出已然在塑造着青年时期的他的种种压力，以及因此得到的成长。他总为自己的爱尔兰人身份感到自豪，但如果被人误认作爱尔兰天主教徒，又会火冒三丈。学校教育他要成长为一名英国绅士，可是与此同时，尽管盎格鲁-爱尔兰人也是帝国的一员，但在英国同学眼里，他们依旧是卑下的异邦人。此外，他也常常想起自己同时还是个美国人。多重国别的身份给年轻的雷提出了一个极具挑战性的问题：他到底是爱尔兰人，英国人，还是美国人？他最后的决定是做一个彻头彻尾的英国人，无论在服饰上还是举止上都变成了英国公立学校的男生。

1901年9月，过完暑假的雷返回达利奇，开始学习"现代"课程。后来他在信里解释过，这些课程"主要是为希望从商的学生开设的"[9]。换句话说，这些课程是为那些不打算上大学的学生而设，传授的也都是实际的商业技能。这一学年的课程安排令雷失望，古典文学课程被停了，取而代之的是法语、德语、西班牙语等现代语言课。这些课程的内容非常局限：学生只学习日常对话和书信用语，完全不涉猎文学内容。尽管课程变动很大，雷的成绩依旧突出，在综合表现和数学方面拿下了许多奖项。接下来的两年里，他仍然修习现代课程，如果继续下去，他还将学习政治经济学、商业史和地理学。不过幸运的是，雷的天赋得到认可。他在信中坦言，自己"在现代班中成绩名列前茅"，当他"升入高中时,转到了古典班,成绩就一下子垫了底"。[10]

这发生在 1903 年春天,而在成绩垫底这件事上,雷确实是实话实说。实际上,那一年他连年级排名都没有,想必是因为他在恶补落下的三年古典文学课。那一年,他还发了几次扁桃体炎,每次发作都要离校治疗一段时间,更令他的成绩雪上加霜。1903 年秋季学期,学校安排他留了一级,好巩固学到的知识,并补完前期的课程。雷在课业成绩方面很要强,这样的安排想必是个重大的挫折,不过他刻苦学习,在春季学期就被学校允许升入下一年级。

那一年,他广泛涉猎,在现代班修习德语和数学课程,并在古典班学习希腊语和拉丁语。他的阅读面很广,其中包括许多中学生避之不及的读物:拉丁语的古罗马史诗《埃涅阿斯纪》(Aeneid)、李维(Livy)和奥维德的作品;修昔底德(Thucydides,公立学校的学生将他戏称为"Thick-sides",即砖头书)、柏拉图和阿里斯托芬(Aristophanes)的希腊语作品;希腊语的《马可福音》;以及英语作品——莎士比亚的《亨利五世》和弥尔顿(Milton)的《科莫斯》(Comus)。多年以后回首往事,他认为自己的成功很大程度上有赖于古典文学教育:

> 当今的文艺都是些矫揉造作之物,古典文学教育能够帮助你免受它们的愚弄。在这个国度(美国),悬疑小说被贬为亚文学,仅仅因为悬疑小说家只写悬疑作品,而不写人们所谓的具有社会重要性的愚蠢文字。而再愚钝的古典主义者,都能看出这种态度不过是暴发户的危机感。[11]

就我们所知,他课外的阅读面要窄一些。达利奇学院的图书馆记录显示,雷在就读期间只借阅了几种图书。他显然很喜欢萨克雷,借阅了《名利场》和《亨利·艾斯芒德的历史》(*The History of Henry Esmond*)。他也喜欢有难度的作品：查尔斯·兰姆(Charles Lamb)的《伊利亚随笔选》(*The Essays of Elia*)和卡莱尔(Carlyle)的《拼凑的裁缝》(*Sartor Resartus*)也出现在借阅书单上。不过他并不总是把读书当作学问，也借过一些消遣读物，比如一本名叫《最后的男爵》(*Last of the Barons*)的历史小说。不过，图书馆的借阅记录也许并非他青年时期阅读品位的最佳标尺。他可能像 P. G. 伍德豪斯那样，喜欢没事就逛逛达利奇西站的书摊，那里的杂志上可以读到阿瑟·柯南·道尔爵士的"福尔摩斯"系列小说的最新连载。

达利奇学院不仅鼓励学生追求学业，它在体育运动方面也是名声卓著。比方说，在 1903 年，学院橄榄球队成绩斐然，在一场比赛中击败了队员年龄更大、比赛经验也更丰富的牛津大学墨顿学院球队。雷喜欢体育运动，会在学校里玩橄榄球和板球，不过他承认自己的球技并不精湛：

> 我多少也玩橄榄球，但是水平从来算不上一流，因为就性情来说，我不是那种气势汹汹的爱尔兰前锋，我也没有那么强壮的体格。那个时候的我，体重从来没超过 10 英石(约合 127 斤)，体重不够的人得像钢弹簧一样坚韧，才能在赛场上活下来。[12]

他经历过一番挫折，在比赛中折断了鼻梁，才明白自己"没有那么强壮的体格"。这次受伤从此给他的脸庞增添了一道硬汉的韵味，实际上并不符合他的个性。

达利奇学院还关心学生的德育状况。雷就读达利奇学院期间，校长是阿瑟·赫尔曼·吉尔克斯(Arthur Herman Gilkes)，正是在他的影响下,雷的道德观变得更加稳固。吉尔克斯管理达利奇学院三十多年,在其任期内以其出色的工作而为世人所知。他沿袭托马斯·阿诺德(Thomas Arnold)管理拉格比公学的办学理念,并得到托马斯之子,诗人马修·阿诺德(Matthew Arnold)的褒奖。马修表示,达利奇学院是他"长年来梦寐以求却遍寻不得的好学校,它培养了杰出的专业人士和商人阶级,学子遍布全国各地"。吉尔克斯是个令人过目难忘的人,他在牛津大学取得双科优等,并入选足球校队,代表学校与剑桥大学比赛。他身高 1.95 米,蓄着一把长长的白胡子,在学生眼里恐怕像天神一样威严。吉尔克斯亲力亲为地紧抓学生的德育,通过"坚振课"①给予学生指引。他厌恶矫揉造作,如果教师胆敢在学生面前犯下此类"罪行",他也会毫不客气地责骂,因此颇得学生的欢心。也许正是因为他的教导,加上古典文学的教育,雷也对矫揉造作没有半点宽容。

但是雷的成长不仅归功于教师的教导,还有赖于学校的整体氛围。相关证据表明,当英国公立学校系统在 19 世纪出现时,它还复兴了早已消逝的骑士精神。公立学校不再是学生闭门造车、努力学习的修道院机构,更像是亚瑟王传说中的骑士比武场。苦力(fag,帮学长跑腿做事的学弟)和长官(prefect,负责推行规则,并惩罚违纪者[13])象征着古代的侍从和骑士等级制度,而体育运动则相当于模拟战,在这一等级制度中起到至关重要的作用。维多利亚时代的文化充斥着骑士精神,从前拉斐尔派到丁尼生(Tennyson),无不在各自的创作中向浪漫的中世纪致以敬意。亚瑟王这样的形象会受到人们的尊敬是有道

---

① 教授基督教基本知识的课程,帮助学生做好迎接坚振礼的准备,通常由牧师授课。

理的:他们展现出一种摆脱了性欲的英雄主义(兰斯洛特和格温娜维尔①除外),与沉迷于声色犬马的古典英雄形成了鲜明的反差。在所有高贵的英雄中,最适合公立学校的大概是找到圣杯的圆桌骑士加拉哈特爵士。他剥离了性欲的纯洁代表了公立学校无瑕的自我牺牲的理想,所以达利奇学院的图书馆便在墙上挂着一幅由 G. F. 瓦茨绘制的加拉哈特肖像。这幅画像上的加拉哈特爵士超脱尘世,犹如天使,雷在最后几年求学生涯中应该对它非常熟悉,而这幅画像也将深深地停驻在他的脑海。他在学校里大概把自己看作加拉哈特式的英雄,试图模仿这位骑士传奇的纯洁精神。当吉尔克斯问他是否会手淫时,他给出了否定的回答:"光想想就觉得很脏。"[14]

　　1904 年,雷遭遇了一场危机。大概是因为格鲁姆小姐说过,一位绅士只能从事有限的几种职业,所以雷自上学起就想当一名高级律师。可是想要当高级律师,就必须上大学。达利奇学院允许他兼修现代和古典课程,所以他多少希望舅舅能够赏识他的学习能力,赞助他取得法律学位。可是当雷询问欧内斯特的意见时,却被这位初级律师拒绝了。在达利奇学院最后的时光里,雷只能转到离校班。这个班里的学生都不准备上大学,在进入商界之前的最后一段时间里,他们将继续打磨实战技能。即便到了这个阶段,雷依旧在学习古典文学,而他的年级导师 H. F. 霍西(H. F. Hose)也是一位古典文学老师。他们俩显然趣味相投,之后数年依旧保持通信。可是雷再一次从年终成绩里缺席了,大概是因为这位十七岁的男孩再次疾病发作。没能在最后一年留下成绩,这位达利奇学子想必为此沮丧。

---

① 兰斯洛特是亚瑟王忠心而得力的骑士,但他和亚瑟王的王后格温娜维尔之间的恋情最终导致了圆桌的崩溃。

　　不过,雷在 1904 年从达利奇毕业时,依旧能够自豪地回望他的中学时光。他从求学经验和公立学校的理念中都获益良多。用他的话来说,他在两性方面成长为一名纯洁的青年,也许他已然自认为是个加拉哈特式的人物,带有维多利亚时代公立学校强烈的道德感。他不再是个笨手笨脚的美国移民,而是一位颇具智慧的达利奇校友。

　　话虽这么说,当他发现那些留在校园准备大学入学考试的学生还不如他聪明,只不过家境比他优渥时,上不了大学还是着实地令他抱憾。欧内斯特·桑顿没有心软,这是文学之幸,不过他还是对外甥有所弥补,将雷送到欧洲游学一年,锻炼法语和德语,算作最后一阶段的教育。雷抓住了这个机会,奔赴欧洲开启了下一段人生历程。

第三章

"没有国家的人"

1905 年,雷蒙德·钱德勒离开达利奇和伦敦南部,只身前往文化风情迥然不同的法国。这是他第一次独自出行,生活突然间没有了家庭和学校的管束。十七岁的他已然是个高大英俊的小伙子,有着宽大的脸庞和锐利的褐色眼眸,而不再有孩童的稚气。在巴黎,他不仅将体验到成年人的独立,还会沉溺在青春期的不负责任之中。

　　对于他成长于其中的维多利亚传统而言,异国旅行也是教育的一部分。从学校毕业的雷并没有就此结束他的学业:达利奇只是为他提供了工具("一种头脑习惯",语出约翰·亨利·纽曼①),方便他继续学习,锤炼品格。在 19 世纪,个性的发展是一种核心观念。"青春期"(adolescence)的概念就诞生于维多利亚时代,被视作童年和成年的过渡阶段,是品格成形的关键时期。换言之,这个自由的时期对于青年的道德成长至关重要。

　　尽管欧内斯特·桑顿不想资助雷上大学,但他希望已经买单的教育能够妥善收场。欧内斯特希望外甥能够出人头地的原因有很多,最主要的是希望能够摆脱弗洛伦丝,将扶持她的责任转交给雷。最有效的办法当然是确保雷能够觅得一份好工作,而欧洲之旅不仅能够磨炼

---

① 　约翰·亨利·纽曼(John Henry Newman,1801—1890),天主教枢机、神学家、诗人。

他的语言技能,更能拓宽他的视野。

尽管雷憧憬这段旅程,但是对他来说,离家远行依旧是一件难事。他从小和母亲相依为命,这将是他们第一次长时间分隔两地。在达利奇学院上学的时候,雷是个走读生,所以他从未长时间离开母亲,而弗洛伦丝也总是欢迎他回家,给予他母爱与呵护。他们在火车站的告别想必对双方来说都不容易。最开始的几星期里,他无疑思念母亲,可是他即将享有自由,这种激动之情即便无法彻底抵消思念,也足以令其平复。

抵达巴黎之后,他在拉丁区圣米歇尔大道27号的马若莱公寓租下一个房间,品尝到第一口城市生活的真切滋味。宽阔的圣米歇尔大道两旁栽种着大树,它建于19世纪,是奥斯曼男爵革新巴黎时留下的产物。它贯穿塞纳河,既是拉丁区的两大干道之一,也是巴黎五区和六区的分界线。此地周边坐落着索邦大学和几家博物馆,租住在此相当于坐拥这座城市的学术中心,所到之处无不是成群的学生和睿智的对话(拉丁区得名如此,正是因为路上到处有人用拉丁语交谈)。虽然雷没法在这里上大学,但是能够住在这片区域也是游学的上上之选。塞纳河左岸保留着狭窄而交错的中世纪街道,在这一点上它和其他区截然不同。它散发着艺术气息,却也藏污纳垢,高雅文化在这里与低俗粗鄙相遇,此外还有许许多多咖啡馆、酒吧和旅店,以及博物馆和图书馆。这里和上诺伍德的维多利亚式郊区氛围截然不同。

雷在马若莱公寓租住的房间很便宜,大概也很狭小。房租包含每日的早餐,但是到了午餐和晚餐时间,他就得自己想办法填饱肚子。不过其中也自有乐趣。

1905年,艺术的血液在巴黎的血管里奔涌着。对于伦敦公立学校的十七岁男孩来说,莫奈、马奈、德加和毕沙罗(Pissarro)等名字也许闻所未闻,但是他们在这里尽人皆知。印象派和后印象派的成功,令巴黎不仅成为艺术家的中心,也成为他们创作的主题。在这座城市的咖啡馆和酒吧里,新一代知识分子和审美家激烈地讨论着艺术的真谛。雷表面上是来巴黎学习法语,他去语言学校报了名,学习高阶的语言知识,并将学习重心放在了商业应用上。可一旦离开学校,他就又变成了自己。雷租住的公寓位于瓦塞特咖啡馆的楼上,这里是许多著名巴黎作家和艺术家的出没地。萨默塞特·毛姆(Somerset Maugham)在小说《人性的枷锁》(*Of Human Bondage*)里描绘过雷每天清晨都会见到的场景:"到处都是拖家带口的人,那边一群男人都戴着奇形怪状的帽子,蓄着胡须,高谈阔论,手舞足蹈……一帮美国人在就艺术大声争论。"[1]空气中弥漫着艺术的气息,雷避无可避。

巴黎不仅仅是造型艺术的沃土,文学也在这里繁盛地生长着。接近半数巴黎人每月都至少要光顾一趟剧院,这里的报纸和期刊也读者如云。大众识字率的提高给小说提供了一个全新的时代,而文学杂志也于19世纪晚期出现在公众的视野中。埃米尔·左拉(Émile Zola)、古斯塔夫·福楼拜(Gustave Flaubert)和奥诺雷·德·巴尔扎克(Honoré de Balzac)等作家令法国登上了世界文学的舞台,但是大多数巴黎人喜欢读的是街头小报以及《小巴黎日报》(*Le Petit Journal*)等日报上刊登的连载小说和犯罪故事。

巴黎的氛围令雷沉醉,他对巴黎所能提供的一切照单全收。"当时的我是个年轻人,"他写道,"非常天真,非常欢快地四处游荡,口袋里没几个钱,但对见到的所有东西都充满幻想和喜爱之情。"[2]圣米歇尔大道的尽头就是卢森堡公园,这座风景秀丽的公园包围着卢森堡宫,而雷应该在卢森堡宫里观赏过莫奈和其他印象派画家的画作。

在学校,雷已经在数学和语言方面都取得了优异的成绩,而在

1905 年,他的艺术感受力也开花结果。他在艺术咖啡馆里流连,还说自己曾在多姆酒吧(一家知名酒吧,深受蒙帕纳斯区画家的欢迎)里喝过绿茴香酒。这些场所有着他在家庭和学校里从未见识过的争论和讨论。在达利奇学院,学生要是胆敢使用"exam"和"quad"等粗鄙的缩写①,据说会受到校长 A. G. 吉尔克斯的厉声责骂。[3]而在雷家里,大家说话时也同样保守、持重。可是在巴黎,人们的用语洋溢着激情、坚定和力量。雷开始正视语言,在修习古希腊语和古拉丁语多年之后,他发现新的语言学起来易如反掌。他开始对法国的俚语痴迷。多年以后,他告诉一位朋友:

> 我向来非常喜爱法国的口头俚语……法国的俚语不仅有着美妙的精确性,而且非常大胆。在我看来,我们的语言太过奢华,相比之下,还是法语更具恒久的魅力。[4]

他对俚语的兴趣日益浓厚,开始关注更为难解的古代和现代的语言。他的书信透露,他"一度想成为比较语文学者……除了较为简明而平淡无奇的罗曼语系和日耳曼语系外,也涉足现代希腊语……亚美尼亚语、匈牙利语等偏门语种"[5]。雷的床头甚至还贴过"汉语的 214 个核心字形表"[6]。他长时间地扑在各门语言的课本上,将奇怪的发音连接成词句。文字与它们的意义令他着迷。他的法语进步神速,甚至在多年以后,他都还能娴熟地同法国粉丝通信。我们几乎可以确信,他在巴黎第一次萌生了以后要成为作家的念头。

---

① "Exam"是"examination"(考试)的缩写,"quad"是"quadrilateral"(四边形)的缩写。

除了语言外,当然还有许多其他事情需要关注,他越是学习外语,越是清楚地意识到自己是个外国人。在马若莱公寓,他思索着自己的祖先根源,又或者思索着自己为什么没有确切的根源。雷的国籍令他感到孤立。他当然仍在意自己在美国的过往,1905 年前后,当人们纷纷把矛头对准他的美国同胞时,他也为此感到愤懑。他在一封写给哈米什·汉密尔顿(Hamish Hamilton)的信中说道:"当今的世界,有太多无知傲慢之徒在批评美国人,我对此感到厌恶……"可即便如此,他也依旧"无法对美国产生认同感"[7]。不过自打离开普拉茨茅斯后,雷就没遇到过美国人,他在巴黎总算是遇到了美国同胞:

> 在巴黎生活的那一年,我遇见了好几个美国人,他们大多都活力四射,享受着巴黎的生活,而那些跟他们阶级相近的英国人却古板无趣,一个个都无聊透顶。[8]

尽管遇见了几位同胞,但是雷对他们并没有任何亲近感,这些美国人反而令他对自己出生的国度感到愈发疏远。这些人并非他儿时熟知的亲切友好的中西部美国人,而是来自大城市的美国富人,个个都仿佛是从亨利·詹姆斯①的小说中走出来的人物。而且他们也无意吸纳雷加入他们的俱乐部。在给哈米什·汉密尔顿的同一封信中,他继续写道:"我跟他们不是一类人。我们说的语言都不一样。说句实话,我是个没有国家的人。"[9]所以雷的身份很微妙。他既不是英国人也不是美国人;他既不是穷人也不是富人;他如浮萍般游移不定。尽

---

① 亨利·詹姆斯(Henry James,1843—1916),美国著名小说家,其代表作《一位女士的画像》《黛西·米勒》和《使节》均以游历欧洲的美国富人为主人公。

管在后来,雷发现此等自由大有好处,并借此打造出自己想要的性格,但是自我身份的不明确肯定曾经给青年的雷带来不小的困扰。

当时的雷还是个血气方刚的小伙子,所以他对性产生兴趣也算情有可原。很多小伙子都利用游学在外的机会,沉溺于肉体的欢愉,而远离父母的监护更是为寻欢作乐提供了便利。巴黎是个性开放的城市。用雷自己的话说,他当时"非常天真",这座城市对街妓的包庇令他感到震惊。他没想到,连他租住的公寓也是个藏污纳垢之所,不少女孩子就盯着雷这样的单纯小伙子,想从他们身上捞钱。"当时我实在是太单纯了,我都没意识到公寓里有两个女孩子一直在勾搭我,让我去她们那里买春,结果到最后我都没理解她们的意思。"[10]按照现代的观点,雷对妓女的勾引如此懵懂无知是不太寻常的。但是我们必须考虑到,这封信是"具有骑士气概的"雷在行将就木的年纪写给他打算续弦的未婚妻的,所以信中的描述必然符合他对自身品格的设想。不过雷也确实是一个性观念不太寻常的人。

巴黎鲜有窈窕淑女,而"公寓门口的那些野鸡"[11]也令他感到厌烦。对雷而言,性欲始终是个尴尬的话题。在学校,同学们讨论性事时,他总会觉得不自在。多年以后,他在信中写道,他认为"(性的)禀赋是一件微妙甚至神圣的事情⋯⋯他始终认为只有女人愿意委身时,他才可以上前一步。女人实在太过脆弱,任何伤害都可能危及她们"[12]。在他看来,处男和处女都是纯洁无瑕的,而性的介入会破坏这种平衡。性交会玷污身体,令身体脆弱无助。也许他正是因为这种性观念,才将自己比作加拉哈特爵士。

此外,我们还须谨记,雷的性观念也受到了母亲遭遇的影响。弗洛伦丝把家暴当作性的必然后果。她在某些方面是个典型的维多利亚女性,跟莫里斯离婚之后,她担心再婚会给雷带来伤害,所以也就断了这个念头。她为了儿子放弃了自己的性生活,这种禁欲行为也为儿子树立了纯洁的榜样。女人应当受到敬重,而巴黎街头那些浓妆艳抹的放荡女人则令他骇然。好些年后,当他下笔写诗,他反反复复地将女人比作永恒不变的女神。诗歌里的叙述者回忆起"我曾经为王之时",像天神般至高无上,拥有无穷无尽的力量,他追忆往昔的时光,他"踏平瓦尔哈拉殿堂/选出了自己的女神";他为她建造神庙,证明自己对她的爱慕,可是女神并不希望他拜倒在自己的裙下,因为这样会危及他的王冠和英雄地位("可是她不愿我为她倾心/唯恐我为她放弃王冠……")。可是国王岂是个轻易放弃的人,于是他"一点点地"向女神显露出他"男子气概"的神庙,写到此处,雷仿佛还嫌诗句不够露骨,接着让国王从神庙的一扇大门中挺出,"像勃起又沉静的雷神托尔一般"等候着爱人。可是结局却未能如国王所愿,因为"他对女神的崇拜遭受轻蔑/从此没能再起",他从此变成她"被损毁的神"。在这首诗里,性显然是危险的,而且男人如果向女人表达共眠的欲求,无异于在她面前自贬身价。对于年轻的雷来说,纯洁的爱即是无性的爱。

不过,他就算不曾在巴黎尝到云雨之欢,至少也在那里谈过恋爱。在 20 世纪 50 年代的一封信中,他写道:

> 说起来,我还在圣叙尔比斯教堂的阴影下,与一位卢森堡小姐有过一段短暂但令人心醉的邂逅,后来她成了名动寰球的人物,不行啊,透露这些信息太危险了。就算在卢森堡,也有的是诽谤律师……[13]

卢森堡可没有太多名动寰球的女性,也许紧张、羞赧的雷确实邂逅了一位美丽的卢森堡小姐,并与她有过一段美妙的缘分。不过他这番话更像是在开玩笑。雷的一本书的作者介绍简直把牛吹上了天,他这封信是对此做出的回应。他把此类文案称作"夸大其词的奇迹"[14],还饶有兴味地把玩起这个概念,并把一段子虚乌有的爱情故事设定在他十分喜爱的巴黎景点之一:卢森堡公园。

对于他居留巴黎的时长,雷的书信给出了几种不同的答案。有时候他说自己待了六个月,有时候则说是一年。他当然希望自己能停留更久。因为巴黎还没有把他所希冀的教育都传授给他。其实语言课程已经帮助他很好地掌握了法语,可是他发现,尽管自己天资聪颖、刻苦勤奋,他的口语却从来都算不上流利:"不管你法语说得多好,你都没法让法国人满意。'他说话能让人听明白'已经算是嘉奖了。或者'他法语说得挺不错,不过(耸耸肩)那口音啊,糟透了!'"①[15]

离开巴黎之后,雷继续游学到巴伐利亚州的首府慕尼黑,德国统一之后,这里也就成了德国最大的城市之一。它像巴黎的拉丁区一样,也是艺术家和知识分子的家园。雷抵达慕尼黑的数年前,诗人莱纳·玛利亚·里尔克(Rainer Marie Rilke)曾在这里学习,而小说家托马斯·曼(Thomas Mann)就居住在此地。接着,雷又前往弗莱堡,这座位于黑森林地区西部边陲的大学城被德国最吸引人的几处景点所环绕。雷在这里跟一位私人教师学习德语。比起学校授课,他显然更喜欢这种模式,他的德语水平似乎确实因此突飞猛进:"我德语说得非常好……口音能以假乱真。"[16]

他在弗莱堡留下了照片。照片上的年轻人穿着一件高领夹克,打着领带,手里攥着一本书。他想让母亲看到自己在刻苦学习,并且已经有了文人风范。从照片上我们也发现,他长得越来越帅气了。弗洛

---

① 楷体部分原文为法语。

伦丝余生中一直把这张照片带在身边,她一定为他感到骄傲。

除了这张照片之外,我们对这个时期的雷了解有限。他在笑谈与卢森堡小姐邂逅的那封信中,还透露了一个小细节:"说起来,我还在黑伦塔尔待过六个月,难不成是为了说服缆车下地运行?"[17]当然了,这又是玩笑话,不过也说明雷在此期间曾经游览过北巴伐利亚的峡谷风景区。

我们不清楚雷到底在德国待了多久。他似乎在德国待了几个月,并且在 1906 年的大多数时间里,都在巴伐利亚四处活动。不过,他的欧洲游学之旅终归还是要走到尽头,在游历欧洲、回到英国之后,他已经变得更为成熟了。雷总是满怀感情地回忆他在德国的时光,可是早在 1906 年,他就已经感觉到战争的鼓声开始隆隆作响:

> 我确实喜欢德国人,我是说德国南部人。不过老实说,最好还是不要住在德国,因为我们随时都有可能跟德国人打仗,这已经是个公开的秘密了,人们都在讨论这个话题。我感觉这是场避无可避的战争。没有任何人质疑这场战场即将到来,只是谁也搞不清楚它到底会在何时打响。[18]

1907 年初,雷回到伦敦,才知道外祖母已经过世。我们不知道他对此有何反应,但他恐怕不会太伤心,毕竟母亲的生活正是因为这位老妇人才艰难万分。此时弗洛伦丝住在斯特里汉姆。雷的舅舅在南伦敦拥有数处房产,找不到房客的时候,他就允许母子俩暂住在空房子里。斯特里汉姆离伦敦市中心大约有 5.5 英里。19 世纪 50 年代中期,连接大都会和这座卫星小镇的第一列火车开通后,这里便兴旺发达起来。尽管这里比起达利奇还是稍逊几分,但倒也没有那么破败。

钱德勒母子入住的房子位于诺德山路 35 号,离斯特里汉姆山火车站只有十分钟的步行路程。无论是在当时还是在今日,诺德山路都是一条宁静的郊区小路,两旁坐落着低矮的红砖房。有些房屋的主人似乎野心不小,其中两栋甚至建有丑陋的角楼,这样的矫揉造作为雷所不喜。不过新住处至少有一个好处:弗洛伦丝和雷总算能够远离那些七大姑八大姨,过上清静的日子。

在维多利亚时代,男性要满二十一岁才算成年,而在雷游学归来之后,欧内斯特舅舅似乎依旧愿意给他们母子提供生活费。1907 年,雷离独立自主的日子还有两年多时间。虽然为时尚早,但是欧内斯特还是希望外甥能够进入职场,自己赚取生活费用。不然那些昂贵的教育还能派上什么用场? 对于像欧内斯特这样的维多利亚时代的人来说,工作是极其重要的,它既是男人身份的象征,也是一种高尚的追求,是男人获得幸福和成就的渠道。雷在欧洲享受的一切自由戛然而止。他必须尽快找到工作。于是,他便求助于过去的年级导师 H. F.霍西,同后者讨论自己眼前的几条出路。雷在游学期间学到了很多知识,也希望能够将自己对语言的热爱变成职业。可是写作远远不是一类稳定可靠、回报丰厚的工作,而霍西大概也明明白白地向雷指出了这一点。雷曾经的导师很有可能建议他走上讲台,同比较语文学相比,这份工作有一个优势:它不要求大学文凭。霍西或欧内斯特想必也建议过雷进入公务员系统,这条出路令雷颇为心动。这是一个铁饭碗,而对于一位天资聪颖的男孩来说,只需通过公务员考试,这份工作便唾手可得。

可是事情没有那么顺利:雷是美国公民,所以并不符合报名条件。于是他和家人决定去疏通关系,让他加入英国国籍。他的母亲生于英国,他自己又在英国住过五年以上的时间,所以官方很快就完成了对他的审查。雷只记得宣誓对英国王室效忠,并同苏格兰场警察厅的警探聊了几句,此外就没有太多印象了。他在 1907 年 5 月 20 日收到了公民身份证。这整个过程难免令雷发笑:他对大英帝国哪里能构成威胁呢,说他是大英帝国的孩子还差不多。雷仿佛是为了强调这一事实,特意去买了一根银头拐杖,拄着它在伦敦西区来来去去。

公务员考试难度很大,要求考生掌握数学、英语、德语、希腊语、法语和英国历史等知识。考试过程也是旷日持久,要持续整整六天时间。雷在考试方面从来都是个高手,他凭借在欧洲更加精进的语言能力,在六百名考生中取得了第三名的好成绩,甚至在古典文学考试中拔得头筹。取得这样优异的成绩之后,雷肯定想过,如果他进入大学深造,应该也能取得不小的建树。他在海军部的补给分部谋得了助理补给军官的职位。弗洛伦丝再次有理由为儿子感到骄傲了,而欧内斯特也总算有理由松一口气了。

在此后的六个月里,雷每天清晨都要搭乘火车前往白厅,安安稳稳地干活,从上午 9 点工作到下午 4 点半。尽管雷在古典文学考试中取得了第一名,并且精通法语和德语,但这份工作的主要内容却是文书审计,职责是监督和记录帝国上下的海军补给动向,内容涵盖从土豆到子弹的所有补给物资。雷一向擅长数学,这份工作对他来说应当是小菜一碟。

尽管工作没有多少难度,但是雷并没有为此感到高兴。工作半年后,他只想逃离公务员系统,并最终提交了辞呈。他讨厌日复一日的机械工作,这样的生活一点盼头都没有。求职的时候,公务员仿佛是上上之选,可实际工作后,他发觉自己只是被迫选择了这份工作,放弃了他真正的抱负:"我希望能走上写作的道路,可是我身边的人不会轻易认同我的选择,尤其是我那个有钱又独断的舅舅。"他后来在信中

写道:

> 对于公务员,我只有彻底的厌恶。我的血液里有太多爱尔兰人的成分,怎么可能任由那些郊区的无名小卒摆布。一想到要脱帽向分部领导致意,我就觉得自己像是被人猥亵了一样。[19]

但是,真相却比雷的说辞更为复杂。首先,公务员工作与作家梦完全不冲突。对于作家来说,公务员差不多算是一份理想的全职工作,因为它不繁重,而且有很多假期。所以很多作家都能够很好地平衡写作和公务员的差事,安东尼·特罗洛普①大约是这类作家中最负盛名的一位。而且,雷说自己无法忍受那些比他低劣的同事——虽然有几分真实——明显是想提升自己在朋友们眼中的地位,在此后的人生中,他好多次这么做。在这方面,雷是个典型的公立学校男生,不仅对自身阶级地位感到焦虑,而且对那些"有眼无珠"的人感到气愤。换言之,他不但要证明自己比中产阶级高上一等,还要证明他做公务员是屈才了。

如果雷能够兼顾写作和公务员的工作,如果同事不像他后来形容的那么不堪,他是否还有理由非走不可?不过我们可以肯定的是,写作的本能在他身上根深蒂固。最晚从 1907 年起(很可能更早)直到离开人世,他都将写作当成一种持之以恒的习惯。为了最终有一天成为作家,他愿意为此付出代价。于是在 1908 年,他决绝地从母亲的房子里搬走,将安稳抛在身后,搬进了布卢姆斯伯里的一间小公寓。不过

---

① 安东尼·特罗洛普(Anthony Trollope,1815—1882),英国作家,代表作有《巴彻斯特养老院》和《巴彻斯特大教堂》,他一直在邮局干到五十二岁,从文牍员当到高级职员,甚至参加过议会竞选。

我们也必须考虑到,雷现在需要赡养母亲了。母子俩始终都很亲密,他们俩一起经受过逆境,风雨同舟,这种关系多少都有点不健康。尽管雷总是爱戴母亲,对她有着强烈的保护欲,可是这段关系中也可能存在某种阴暗面。母亲不是他小说中的常见元素,但是她们通常以负面形象出现。[20]在《高窗》(*The High Window*)里,对默多克夫人的人物描写就带有一层特别的恶意:

> 她的脸上挂满了肥肉,下巴叠得一层又一层。她有一头白蜡色的头发,烫了个残忍的发型。她有一张强硬的鸟嘴,一双雾蒙蒙的大眼,闪烁着磨石般的无情神色。她的脖子上吊着一圈蕾丝,不过就这脖子,说实话还是跟橄榄球衫更配……她的嗓音跟男中音差不多,而且带有一种决不愿意跟人废话的口吻。

"残忍……强硬……无情"——默多克夫人是个令人生厌的角色,一点儿都不像个母亲,这让人不禁好奇:雷在描写她的时候,是否也释放出深埋于他心底的关于弗洛伦丝的情感?如果沿着这样的线索解读,难免有误入歧途的风险,但是我们确切地知道,后来他们的关系变得糟糕。雷在欧洲大陆游学的时间虽然不长,但也足够让他享受到远离母亲的自由滋味。可是公务员的工作又将他绑缚在母亲身旁。那么,写作的欲望中是否也包含一层逃避责任和追求自由的欲望呢?

1908 年 12 月,钱德勒的诗作《无人知晓的爱》("An Unknown Love")刊登在一份体面的文学杂志《钱伯斯期刊》(*Chambers's Journal*)上,这是他在文学领域取得的第一个小成就。这算不得一首好诗,雷对此也有自知之明(在他看来,他在 1913 年之前写的诗"最多也只能算作乔治王时代的二流诗歌")。可是写出这首诗时,他毕竟只

有十九岁。一个星期日的下午,灵感在他洗澡的时候不期而至。开篇诗节如下:

> 当夕阳西斜,
> 蟋蟀放声鸣叫,
> 露珠在草叶上闪烁着微光,
> 而我带着半是骄傲半是谦卑的神色,
> 在道路上缓慢地跋涉,
> 在你涉足的土地上,我轻柔地走过。

　　这是一首描写青春期念想的诗歌,叙述者爱上了一位死去的女孩,却从未与她相见。"他们怎能明白/在这个血与肉的世界上/两颗陌生人的心/能够在无间的亲密中结合?"从这位叙述者身上,我们可以看出雷后来创作的英雄人物的雏形:他是个感情被动的人,而他爱的人总是能抓住他的"软肋",在他心头"兴风作浪"。接着,当他被征服之后,他就变成虔诚的"朝圣者",陷入一段永远都不会发生的恋情中。当我们撇开这首诗蹩脚的韵律以及乔治王时代的背景,只审视它最核心的骨骼时,我们将得到一个马洛式的故事:一个富有魅力的女人和一个为情所困的男人。不过马洛离脱胎成形还有很长的路要走。这首诗的意义在于,它是雷第一首印成铅字的诗作。它也许算不得一首杰作(又有多少十九岁的青年曾写出过杰作呢?),却是《钱伯斯期刊》的读者希望读到的作品。这也是他拥有写作能力的第一个明证,必然给他带来了勇气,让他下定决心追求文学的理想。

　　据雷所说,舅舅得知他将放弃公务员工作时"气得脸色发青",虽然雷可能在歪曲事实,以显示自己是个文学反抗者。不过,欧内斯特并没有从此放弃对外甥人生的规划。雷毕竟只有十九岁,年轻人为了寻求有趣的行业而辞掉工作也并不是什么耸人听闻的事情。维多利亚时代的小说里也有很多例子,可以给欧内斯特带来些许慰藉:大卫·科波菲尔不就放弃了一份拿钱买来的律师事务所的工作,才成为国会记者和小说家,并在这些行业中获得了那个时代的道德满足感吗?

在成为《每日快报》(*Daily Express*)的记者之后,雷算是真正踏上了写作的道路。可是事情并没有那么顺利,报社的工作非常辛苦:"我是个彻头彻尾的废物;他们大概从没见过像我这么糟糕的记者……每次他们派我出去采写新闻,我都会迷路。他们因此炒了我鱿鱼。"[21] 欧内斯特舅舅尽管对雷感到失望,但还是向他伸出援手,安排他与罗兰·庞森比·布伦纳哈塞特(Roland Ponsonby Blennerhasset)见面,此人的名字看上去像伍德豪斯小说中人物的名字,而且财大气粗的程度与伯蒂·伍斯特①不相上下。雷在信中写道,他是个"做着上议院生意的高级律师,有钱的爱尔兰地主……(以及)某个神秘的古老家族的后裔,伯爵和侯爵在这些家族跟前和暴发户没什么两样"[22]。布伦纳哈塞特又把雷引介给 J. A. 斯彭德(J. A. Spender),此后,雷将度过忙忙碌碌的几年,获得的收入也足够应付生活所需。

J. A. 斯彭德是 20 世纪早期最卓越的报纸编辑之一。他担任晚报《威斯敏斯特公报》(*Westminster Gazette*)的主编长达二十五年。他和雷一样是个古典文学爱好者,却又和雷不同,因为他在牛津大学贝利奥尔学院接受过高等教育。对斯彭德来说,新闻业是个高尚的行业,

---

① 伯蒂·伍斯特(Bertie Wooster),P. G. 伍德豪斯的"万能管家吉夫斯"系列小说中反复出现的一位钻石王老五。

而他在这个行业内高升的速度一点不亚于天外流星。一开始，他是个自由撰稿人。1888 年，他在赫尔出任当地一份小报（《东方晨报》，*Eastern Morning News*）的编辑。他显然做出了出色的业绩，因为在1892 年，他受邀担任《蓓尔美尔公报》（*Pall Mall Gazette*，一份支持自由党的伦敦报纸）的编辑助理。此后不久，他就跳槽到《威斯敏斯特公报》的相同职位，并在 1895 年升任编辑，当时才三十三岁。

与其说《威斯敏斯特公报》提供的是新闻，倒不如说它提供的是观点。它独树一帜的绿色纸张上满是争吵和辩论。虽然发行量不高，但这并不妨碍它成为一家具有强大影响力的媒体，它的读者并非普罗大众，而是那些有头有脸的人物。在 20 世纪的头几十年里，德皇威廉二世是它的读者，因为他认为《威斯敏斯特公报》是一扇窗户，从中可以窥见英国政坛领袖的所思所想。每个星期六，《威斯敏斯特公报》都有一个富有生气的文学版块，编辑是娜奥米·罗伊德-史密斯（Naomi Royde-Smith）。她和斯彭德都曾在雷的文学道路上给他提供过帮助，不过雷后来说，他从来不曾见过她本人。斯彭德嘱咐雷经常给报纸提供些豆腐块文章，并鼓励他广泛浏览国外报纸，寻找值得翻译、转载的文章。他甚至还帮雷申请加入了全英自由俱乐部（National Liberal Club），这样雷就能使用报社的阅览室了。与此同时，罗伊德-史密斯则在文学版块刊登他的诗作，那个时候，雷的诗作主要涉及美女、传奇等维多利亚时代晚期的主题。[23] 这些诗作大致可以分为两类。

第一类是男性英雄诗，例如《追寻》（"The Quest"）、《完美的骑士》（"The Perfect Knight"）和《先锋》（"The Pioneer"）等，主题均为踏上征途的纯洁的男性英雄。这些诗歌里的男性都是硬汉，其中一位主人公的力量足以撼动山峦（"他力拔山兮气盖世"——《完美的骑士》），另一位则令"观众不禁好奇/男人是否也有脆弱的时刻"（《先锋》）。不过，他们都有弱点。在《追寻》中,这个弱点便是女人。该诗的主人公是一名骑士,他所追寻的启示以主人声音的形式向他显现("东方之城和西方之城……旷野荒原和沼泽湿地,我目力所及,天下之土莫不被我尽收眼底")。可是他没能听从主人的召唤,放弃了使命,做出了不智之举,拜倒在女人裙下,却只收获到失望("我全部魂灵所包容的爱意,却遭了她的唾弃"),他这才重新听到了主人的召唤。其他诗作中,主人公的弱点则是孤立隔绝,比方说《沉思的朝圣者》("A Pilgrim in Meditation")和《革新者》("The Reformer")。

在雷的这些诗作中,我们能清晰地辨识出其后期作品的特质:拥有弱点的孤单男人,以及危险的女人。其中有些女人善于魅惑男人("为了少女的胸脯,我放弃了满腹学识,/我鄙夷我的智慧,只为变作她的奴仆"——《追寻》),而且她们会轻易地抛弃男人:

> 我必须离开你,亲爱的?
>
> 我是不是必须走?
>
> 那么正如你所愿,
>
> 而你想必早已知晓。
>
> [《女人的伎俩》("A Woman's Way")]

《长眠不醒》中的卡门·斯特恩伍德和《再见,吾爱》中的海伦·格雷里都是毁灭好男人的危险女人的典型,她们都能在这些诗作中找到原型。

第二类诗作比较晦涩难懂,比如《艺术》("Art")和《玫瑰花床》("The Bed of Roses")。这些诗作里的英雄人物是诗人和艺术家。艺术家能够进行艺术创作:

但是在惨遭践踏的（玫瑰花）床侧，

诗人默不作声地等候着，

给它浇水，为它注目，

直到一朵玫瑰花蕾抬起脑袋。

然后他迅速地将它采撷，

飞快地将它带走，

因为健硕的农夫，

也在等候收获的时节。

（《玫瑰花床》）

这些诗作带我们领略了雷蒙德·钱德勒的另一面，其中亦不乏他后期作品的多愁善感。

诗歌与令他名动天下的创作相距甚远，不过这类诗既源自他在达利奇所受的教育，也是报刊读者喜闻乐见的类型。罗伊德-史密斯认为"窈窕淑女，君子好逑的主题是诗人的老本行"[24]，而斯彭德同样钟情于传统诗歌，后来他甚至阻挠未来将成为现代主义诗人的侄子斯蒂芬·斯彭德（Stephen Spender），让他不要创作带有同性恋意味的诗歌[25]：

我耗费了许多时间，像解谜一样苦苦思索着 T. S. 艾略特诗歌的深意……诗歌竟然要靠解谜才能读懂，而且读解方式与布朗宁或者无名希腊诗人的诗歌全然不同，光是这一点就彻底抹杀了我对诗歌的兴趣。[26]

雷的这些诗歌是对他写作能力的证明，他写的东西是有市场的。

尽管他只是亦步亦趋地重复了乔治王时代诗歌的所有陈词滥调,但读者为这类诗歌买单。现代主义正在埃兹拉·庞德(Ezra Pound)和詹姆斯·乔伊斯(James Joyce)等作家的头脑中酝酿,但他们的作品某种程度上也在回应雷的诗作所代表的巨大市场。

钱德勒并非一位勤勤恳恳的记者。首先,他在这行缺乏训练,简单来说,他常常都不知道自己在干些什么。比方说,报社给他送去的校样,他应该检查错误,确保刊登的作品文字经过他的把关。可惜从来没人告诉他还有这样的流程,所以他也就从来没有复核过校样。只有发工资的时候,他才会去办公室领钱。他会在一本巨大的账簿上盖上印章,并在印章上签字确认已经拿到工资。不难想象,他第一次领工资的那天是多么为自己感到骄傲:他终于成为一名"作品能够卖出真金白银"[27]的诗人了。

雷自己估算过,他处于高产的状态时,每个星期可以从《威斯敏斯特公报》领到大约三基尼的报酬。不过不幸的是,我们很难确定他到底写了多少诗作,因为他的许多作品在登载时都没有署名。

多数初出茅庐的作家都有一种感受,想要引起编辑的关注并非易事,但是雷在这方面有他独到的办法。他不会大海捞针地给各种编辑寄送作品,而是给报刊的所有者写信,表示自己有兴趣收购这份刊物。他初次尝试,见到了《珍闻》(*Tit Bits*,一家品位庸俗但赚钱有方的周刊)的所有者乔治·纽恩斯(George Newnes)爵士。雷被邀请至杂志的办事处,显然对于商讨一份他出不起的报价有些胆怯。不过他很走运,接待他的秘书是个聪明人,"百分百是公立学校出来的",他告诉雷杂志目前运营状况良好,不过雷的办法"至少还有点独创性"。这么鲁莽行事而没有惹出任何麻烦,雷多少应该是松了口气,但是他也没有获得任何回报,应当也有些失望吧。

他继续尝试,后来又接触了创刊于 1869 年、专注于文学领域的《学院》(The Academy)。起先它只是一份月刊,但是由于文学讨论在 19 世纪下半叶变得越来越火热,它也就变成了一份周刊。[28]《学院》有一条规矩,所有文学评论均匿名发表,以此鼓励人们诚实地探讨文学问题,到了 19、20 世纪之交,它已经取得了一定成功。1902 年,《学院》与另一家期刊《文学》(Literature)合并,更名为《学院与文学》(The Academy and Literature),但是这桩生意并没有给它带来成功,于是在 20 世纪初,它几经易手。1907 年,阿尔弗雷德·道格拉斯(Alfred Douglas,他最出名的身份大概是奥斯卡·王尔德的情人)勋爵买下这份刊物,并担任其主编,可是到了 1910 年,杂志已经由塞西尔·考珀(Cecil Cowper)接管,而答应与雷会面的也正是此人。雷曾经在信中提及,考珀"并不打算出售自家杂志,但他指了指办公室里的一个大书柜,说里面放的都是书评样书,问我有没有兴趣带几本回家写点书评"[29]。

于是在 1911 年和 1912 年,杂志上开始出现雷写的书评。雷收到的书多半都是没什么名气的作家写的,这也意味着当时的他在书评行业还是个学徒,不过这也说明在 20 世纪第二个十年,出版业的规模已经相当庞大。与此同时,他还就各种文学话题发表文章。雷的文章都是些绕来绕去的长篇大论,和他的诗作一样具有代表性,反映出那个时代对华丽迂回的文风的嗜好。一篇文章题作《现实主义与仙境》("Realism and Fairyland"),比较了现实主义和理想主义这两种写作手法,认为只要理想主义手法道出了真相,那么它就必然优于现实主义手法,这篇文章条理清晰,没有明显的硬伤,就一位年轻人的文章来说显得不凡。文章以高屋建瓴的方式结尾:

任何人只要在路灯初亮的时分，走过一条平凡城市的街道，就能够回答说，这样的艺术家绝不可能是现实主义者，而是最为勇敢的理想主义者，因为他们将现实从污秽中抬升起来，化作一幅梦幻的景象，他们从卑微的灰泥和尘埃中，创造出纯洁的美丽。[30]

另一篇文章题作《上流艺术家》（"The Genteel Artist"），有着雷后期作品的影子，它将已经在社会上成名的艺术家与那些仍旧在葛拉布街①上奋力写作的无名作家相对照。他想要表达的意思是，富裕的艺术家要比清贫的艺术家低上一等：

在其他条件对等的情况下，我认为伟大的诗歌更可能诞生在牌桌上而非雕花黄檀木桌上。住在阁楼里的天才可能生活处处不如意，但是比起那些坐享荣华的文学敌手，他至少有一个巨大优势：不得不将身躯和灵魂都投入作品创作之中。[31]

毫无疑问，雷的这一立场和他自己的经历有关，因为他自视是一位住在阁楼里的天才。不过从这篇文章中，我们也可以看出他后期许多更为成熟的作品的影子，比方说《简单的谋杀艺术》（"The Simple Art of Murder"）和《好莱坞作家》（"Writers in Hollywood"），它们同样对现实权威进行了攻击。《上流艺术家》结尾如下：

他（上流艺术家）创作小说或绘画，就像机器生产一盎司装烟草一样干净利索、冰冷无情，这三种产品在人世间的价值恐怕也

---

① 葛拉布街（Grub Street）位于伦敦的穆尔菲尔兹区，是清贫作家聚集的地方。

相差无几。[32]

权威艺术家创作出的艺术作品，其艺术价值要低于清贫艺术家的创作。这是局外人的知识分子立场，是受到排挤的他者对权威的抱怨，表明他不是权威的一部分，而是权威的对立面。这便是雷眼中的自己。这一点也不奇怪，因为雷的自我意识源于家庭，源于他和弗洛伦丝始终无法摆脱的二等公民的生活常态；这一自我意识还受到他求学经历的影响，父亲的缺席和美国文化的印记给他的同学关系带来了隔阂。这种置身局外的感触并没有局限于个人的范畴，而是发展成一种知识分子立场，因为他在置身局外的同时也在试图找寻归属感。他延续了公立学校的穿着风格；他的写作风格迎合爱德华七世时代的风气；他在某种程度上迫切地试图融入主流。换言之，雷在自我认同方面有着很深的裂痕。一方面，他是一名拄着银头拐杖、打着达利奇学院领带的公立学校学生；另一方面，他却攻击权威。要保持这样的平衡是很难的。

1912年，一个机会找上门来，雷可以借此从事长期的写作：

在那段时间里，最令我感到诧异的一件事情，便是被人引见给《真相》（*Truth*）的主编贺拉斯·沃尔斯（Horace Voules），他们那儿的保安是个穿常礼服和条纹裤的温文尔雅的剑桥人。沃尔斯给我指了条路，让我给报纸写连载故事，他们每个星期付我六基尼的报酬。说这工作再简单不过，只要不停地写就行了，直到他们喊停，然后另起炉灶。你想想看，当时的我穿着西区裁缝为我量身打造的蓝白条纹法兰绒西装，戴着手套，拄着拐杖，打着一条老派的领带，头戴一顶清爽的草帽，上面饰带的颜色也同样老派,然后这个故作优雅的家伙却让我去写这样的垃圾,还有什么东拼西凑的文字比这更骇人听闻? 我回以嫌恶的笑容,然后转身离开了这个国度。[33]

雷的反应体现出他当时艰难的处境。一方面,他和那位"温文尔雅的剑桥人"半斤八两(显然都穿条纹裤);另一方面,他的知识分子立场却把他们区分开来。雷迫切地想要融入这个行业,但是他在智性上的不妥协占了上风。在他看来,这些机构生产的都是最没有价值的作品,他不愿意与它们为伍,就算因此错失本可能获得的回报也在所不惜。尽管这样的立场很难保持,但也体现出他高尚的一面,以及某种自我牺牲的精神,甚至连加拉哈特爵士都可能对他赞许有加。而且从根本上来说,他正是因为具有这样的立场,以后才能成为一位伟大的作家。

然而,《学院》杂志的额外收入并没有缓解他的经济困境。1909 年之后,他似乎退掉了布卢姆斯伯里的小公寓,搬回到母亲的住处(现在的她在福里斯特希尔有一栋房子)。对于一位心气很高的年轻人来说,这样的决定是一种倒退。促使他辞掉公务员职务的动力开始减退了。1910 年,他决定要教书育人,又与中学时的老师 H. F. 霍西取得了联系,试图在达利奇学院谋取一份教职。1910 年的秋季学期到1911 年 7 月,他被聘为代课教师,总共赚到了 53 英镑 6 先令,不过跟那些全职教师相比,这点收入就非常寒碜了(霍西一年能赚到 333 英镑)。这份收入令他得以维系生活开支,并继续向各种杂志投诗歌和文章,但他也暂且放弃了以写作为生的梦想。他仍旧会身穿剪裁得当的西装,打着老派领带,挂着银头拐杖,在伦敦西区行色匆匆,但是已然无法负担与这身行头相符的生活方式。生活开始令他感到压抑。

其实作家们的遭遇大抵如此，雷意识到这一点后，对现实越来越失望。理查德·米德尔顿（Richard Middleton）与雷相熟，他于 1911 年在布鲁塞尔自杀身亡。米德尔顿是诗人也是短篇小说作家，不过他和雷不太一样，平日在皇家交易所保险公司做着一份正式工作。但这份工作让他很不开心，于是为了排解郁闷情绪，他便常常在晚上逛窑子。尽管他的作品在他身后被编纂成集，但是他从来都算不得多少成功。我们并不清楚米德尔顿何时与雷相识，不过雷似乎对他抱以同情，在信中将他的死亡归为"绝望的自杀"[34]：

> 这件事给我造成了很大的影响，因为在我看来，米德尔顿的天才远非我所能企及；如果他没法借此出人头地，那么我恐怕也机会渺茫了。[35]

这样一位比他更有才气的人都自杀身亡了，这件事迫使雷反思自己的文学抱负。他认为，尽管他受过一定教育，对自己的写作能力具备信心，而且在文坛的人脉也日渐扎实，但是他已经陷入了瓶颈。他既没有正式工作，也没有投资收入，如此无依无靠，光靠打拼，想要成为职业作家，可能性微乎其微。

不过，他依然身处伦敦的文学界，并且目睹到一场新运动的发轫。对于现代主义的登台，雷的反应是写了一首题为《自由诗》（"Free Verse"）的戏仿诗作，尽管他并没有投给任何刊物：

> 不过我发现，不知道为什么，
> 我还需要多一点自由，
> 来表达我不朽的灵魂

（假设灵魂真的不朽——读过弗洛伊德之后，

我便对此抱有疑虑）。

他还毫不避讳地对语言实验发起了攻击：

我喜欢

随性地写下一个词

然后歪着头

静静地看着它，

然后围着它打转

转得有点晕头转向，

然后再坐下来

含糊地唠叨着

进入

我脑海里的

陈年往事。最后我用我的诗才

像用铲子一样，你懂的，把它铲起来，

然后异想天开地将它挥洒在

几张

白纸上，

然后一首诗

就差不多成了。

尽管雷对新生的文学运动抱有轻蔑的态度，但是他没有故步自封，而是跟进了最新的趋势和思想。他偏爱传统诗歌，这样一位对文学实验抱有成见的人，却最终撼动了侦探小说的传统，这其中多少也有些讽刺的意味。

自 1908 年起，为了成为一名成功的作家，雷尽了最大的努力。这番努力耗费了他将近四年时间。尽管他写下了不少诗歌和文章，也符合当时的文学标准，但是从他这个时期的作品中，我们无法看出他将在未来取得如此伟大的成就。他失败了。他像过往和将来的许多人那样，怀抱着希望去美国追梦。尽管他对美国的了解胜过当时大多数英国人，但是和其他真正的移民一样，他也认为去美国就有机会彻头彻尾地改变自己。

从雷的书信以及他对伦敦时期的记述中，我们发现雷一而再地被同一块绊脚石绊倒，那便是阶级。在他看来，他是出身中上层阶级的公立学校毕业生，这也是他希望展现给众人的形象。尽管他从小到大所受的教育确实优于别人，但是他的处境却没有那么明确。他有人脉，但没有投资收入。他和同学一样，穿着中上层阶级的服饰，但是他又与同学有所不同。往好了说，他是个盎格鲁-爱尔兰裔美国人；往坏了说，他就是个"没有国家的人"。这种割裂的身份令雷无所适从，总是令他孤立于众人，以局外人的身份看待周遭的生活。这一处境，加上他失败的文学生涯，促使他下定决心离开英国。美国允许他卸下阶级的重担，加入白手起家之人的行列，从头开始。

他鼓起勇气来到欧内斯特舅舅跟前，寻求他的帮助：如果欧内斯特能够借给他 500 英镑，他就前往美国，从此不再找舅舅帮忙。欧内斯特应允下来，于是雷就拿钱买了张头等舱的船票，前往他出生的那个国度。离开伦敦时，他是个郁郁不得志的英国作家，来到美国后，他则成为一个全新的人。

第四章

欢迎来到洛杉矶

1912 年 7 月 10 日,雷在利物浦登上了"梅丽恩号"远洋轮船。他穿一套剪裁合身的西装,拿着银头手杖,兜里揣着 40 美元。他此行要前往美国。一方面,这是一趟返乡之旅;另一方面,他要离开母亲,以及他所熟悉的生活。这想必是一趟激动人心的旅程,但是想到即将离开熟悉的一切,雷的心头恐怕也会有些惆怅。他挥手告别英国之时肯定想不到,五年后还会回来一趟。

　　这段旅程给雷带来了意外的收获。他在头等舱结识了劳埃德夫妇,他们将成为他一生中最重要的几个朋友。沃伦·劳埃德(Warren Lloyd)是一家之主,他比雷要矮一两英寸,晒成褐色的圆脸上嵌着一双动人的灰色眼睛。他的妻子卡罗琳[Caroline,朋友都管她叫阿尔玛(Alma)]与他个头相当,有着一双蓝眼睛和一头柔软的棕发。这对亮眼的夫妻给雷留下了不一样的印象,和他在巴黎遇见的那些美国人全然不同。沃伦上过加州大学伯克利分校,并在耶鲁修得博士学位,此时的他刚刚在欧洲游历了两年,带着全家返回美国。劳埃德一家都是有文化的聪明人,每个人都光鲜亮丽,而且非常非常有钱。雷很快就融入了这个家庭的生活。劳埃德一家也非常愿意接纳雷,他们的女儿埃丝特尔(Estelle)甚至爱上了雷,他们谈论法国和德国、欧洲和美洲。沃伦和阿尔玛还与雷谈起他们返程的目的地,也就是他们的家乡,这个地方将和雷蒙德·钱德勒结下不解之缘：加州的洛杉矶。

洛杉矶显然是劳埃德夫妇引以为傲的一座城市，他们甚至建议雷在那里定居。他是否因此对洛杉矶产生了兴趣？对此我们并不清楚，不过他显然没有立即采纳这一建议。因为他当下另有打算。从利物浦起航的十一天后，"梅丽恩号"远洋轮船抵达费城，劳埃德一家和雷在交换通信地址后，奔赴各自的目的地。分别之时，雷压根儿就没有想到，这一家人对他而言将会是多么重要。

后来，雷回忆往事，把抵达地点说成了纽约，然而这显然是在美化真相，希望给自己远渡重洋的故事增添几分浪漫色彩。抵达费城之后，他前往奥马哈，投奔仍旧住在那里的格蕾丝姨妈和欧内斯特姨父。雷出生后头几年的夏天都在菲特家中度过，但是自 1900 年离开美国之后，他们便再也不曾见面，菲特一家恐怕也不太清楚该怎么招待这位于 1912 年出现在他们面前的帅气小伙。尽管雷的这趟美国之旅多少有些返乡的意味，但是他后来倾向于掩盖这一事实，并将自己包装成背井离乡的英国人。可是至少在菲特一家眼里，雷的美国之行实际上是返回故里。

格蕾丝和欧内斯特在当地的五金店给雷找了一份工作。这份工作毕竟有些收入，因此缓解了雷的经济困境，但是对这位年轻的诗人来说，五金店的差事依然是一种退步。雷不习惯这类工作："当时我刚从英国来，而五金店就是个'买卖行当'，（所以）在这里，我不太可能（和哈利）结到什么交情。"[1]新生活必然是艰辛的。他意识到五金店的工作对他来说是一种贬低，也是对才能的浪费：他通常都被唤作"小子"，多数时间都用来帮人跑腿送威士忌苏打水，碌碌无为。这样的处境与他在达利奇学院的同学形成了巨大的反差，那些人可正走在成为医生、律师和公务员的康庄大道上。

后来他告诉朋友,轮船抵达纽约后,在紧随而至的那个寒冬,他在密苏里州圣路易斯市谋得了一份办事员的工作。尽管这可能是真的,但他对奥马哈生活的生动记述更符合现存的旅行记录,他的密苏里州之旅似乎有可能是捏造出来的,好掩盖他实际上在"买卖行当"工作的尴尬经历。无论真实情况怎样,他并没有在普拉茨茅斯停留太久。1912 年 12 月,在抵达奥马哈仅仅半年后,他又背起行囊。这一次,他的目的地是旧金山。

雷离开英国后,弗洛伦丝变得孤苦无依。她不仅同儿子分隔两地,还同家人不相往来(我们在前文提及过,欧内斯特·桑顿在伦敦有着多处房产,此时,弗洛伦丝的妹妹已经搬到他位于伦敦北部埃奇韦尔的另一处房子里),她想必感到孤单,甚至有被人遗弃的凄凉感受。当儿子寄来家书,告诉她自己已经在旧金山安顿下来,准备好接她过去的时候,她总算松了口气。这几乎是他移民美国的一个必选项:为了从欧内斯特舅舅那里借到钱,雷可能答应从此往后赡养母亲。1912 年 12 月,他已经准备就绪,并在旧金山湾的伯克利租下了一栋房子。

劳埃德一家曾经建议他去洛杉矶闯荡,此时这一想法尚未在他脑海里生根发芽,不过雷已经来到了加利福尼亚,显然靠得越来越近了。当弗洛伦丝抵达西海岸时,雷正加班加点地做着一些卑微的工作,尽可能地攒下点积蓄。有一段时间,他在一片杏园干活,每天要摘十小时的果实。后来他在一家体育用品店当店员,负责给网球拍重新上线,每个星期能赚 12.5 美元。那是一段沉闷的时光,不过雷也许把它看作另一种形式的葛拉布街历练:他已经不再是住在阁楼里的天才,而是农民诗人,是给球拍上线的作家。

尽管生活困苦,雷仍旧在意自己的穿着打扮,他会穿着伦敦时期的那套高档行头,穿梭在旧金山的大街小巷。1912 年至 1913 年,比尔·汤恩德(Bill Townend,达利奇校友,同时也是P. G. 伍德豪斯的朋友)也住在旧金山,他和雷一样喜欢戴着达利奇学院的草帽。有一天,他走在城市的街道上,发觉有人拍了拍他的肩膀。他转过身,站在他跟前的正是雷蒙德·钱德勒。尽管他们在学院里并不相识,但是两人很快就成了朋友,这段友谊也经历了岁月的考验。汤恩德记得当时的雷尽管"根本就没有几个钱",却仍然要打肿脸充胖子,并迫切想给人留下好印象:

> 雷邀请我去一家昂贵的餐厅吃午饭,我决绝地对他说不。他手头拮据,我也手头紧张,所以雷听从了我的提议,我们就在便宜的饭馆搓了一顿。[2]

雷打肿脸充胖子是有原因的,他显然希望让大家看到,尽管处境堪忧,他仍旧是个好客的人,而这也是达利奇人应有的品质。此外,这份好客之中也有其他方面的诉求:在这座城市,雷初来乍到,孤身一人,他很希望能拓展此地的人脉。这种行为也展现出雷在这个时期的胆怯心态。他基本上信不过美国人,曾经向朋友坦言自己初抵美国时"瞧不起当地人"[3],所以他这么主动和英国人交际,也就不足为奇了。

打工结束之后,雷依旧坚持写作,不过他大概已经放弃了在旧金山成为职业作家的念头。他手头很紧,而体育用品店的工作也只是权宜之计。他清楚自己必须为以后的生活打下更为坚实的经济基础,所以又开始寻找机会。由于他向来对数学特别在行,所以决定去学习记账的本领。后来,他曾以其特有的自大口吻回忆过这段往事:

> 刚去夜校学习的时候,我对记账还一无所知,结果六个星期

后,老师就放我走了。他说我已经学完了三年的课程,他的所有本领都已经被我学去了。[4]

尽管雷没把会计课程放在眼里,但它确实将他那身不接地气的英式教育转变成了一张受美国雇主认可的证书。不过,雷还要过段时日才会让这一新本领派上用场,因为在 1913 年,他做出了一个重大的决定。他受够了旧金山入不敷出的生活,决定听取去年在"梅丽恩号"上遇见的那一家人的建议,搬到那座天使之城去。

如今,洛杉矶已然跻身世上最非凡的城市行列,可是在 1913 年,当雷第一次走在这里惨白的日光下时,洛杉矶仍是美国西海岸的一座小城,而终有一天,雷会让公众铭记它的日光。洛杉矶这座城市的诞生完全是从无到有。它在一片干燥的荒漠上拔地而起,这里的自然资源极度匮乏。当地的历史学家凯里·麦克威廉斯(Carey McWilliams)曾在 1946 年写道:

> 这个地区几乎所有东西都靠进口:植被、花卉、灌木、乔木、人口、水、电能,甚至是泥土。这是一片潜在的富饶之地,但需要高度发达的技术来开发它所具备的资源,开启它惊人的丰饶之力。[5]

洛杉矶的先驱们都很清楚,这座城市想要获得成功,人才是重中之重,所以他们开始向全世界推销这座城市。没过多久,它便成了全美曝光率最高的城市[6],各路人才纷纷涌向此地。尽管后来的洛杉矶和汽车结下了不解之缘,但是第一批游客却是坐着火车过来的。那些控制铁路的公司组织了讲座、展览、访问,以及最厉害的宣传手段——旅行团。这些举措使得数以千计的中西部美国人坐上火车,到加利福尼亚南部做短途旅行。来到洛杉矶后，他们便可以自由行动，探索这片区域，而这座城市的推广者则为他们编织移居此地的美梦。旅行团的策略取得了巨大的成功，数以千计的人被这里温暖的气候、丰盛的水果蔬菜，以及遍地的工作机会所吸引，把家搬到了这座看似没有毒蛇的伊甸园。

在洛杉矶的历史上，1913 年是举足轻重的一年，不仅仅是因为它在这一年迎来了雷蒙德·钱德勒，还因为一项更为重要的资源：水。

没有水，洛杉矶绝不可能发展成如今这座伟大的城市。1900 年，洛杉矶只能供应 10 万人的生活。[7] 对于一座有着宏图大略的城市来说，这还远远不够。1904 年，为了在周边地区寻找水资源，一批调查人员来到了欧文斯山谷。洛杉矶水电管理局局长威廉·马尔霍兰（William Mulholland）和洛杉矶前任市长弗雷德·伊顿（Fred Eaton）勘探了这片山谷，他们都认可上帝已然用此地回应了他们的祷告。唯一的问题在于，他们该怎么把水从欧文斯山谷输送到洛杉矶。为了克服这一困难，他们计划建造一条水渠。

马尔霍兰和伊顿保守着这项规划的秘密，只将他们的意图透露给一小批富裕的洛杉矶人：《洛杉矶时报》（Los Angeles Times）主编哈利·钱德勒（Harry Chandler，与雷没有亲戚关系），《时代》杂志出版人哈里森·格雷·奥蒂斯（Harrison Gray Otis）将军，银行家约瑟夫·F. 萨托里（Joseph F. Sartori），铁路大亨亨利·E. 亨廷顿（Henry E. Huntington），铁路公司执行主席 E. H. 哈里曼（E. H. Harriman），《洛杉矶快报》（Los Angeles Express）出版人 E. T. 厄尔（E. T. Earl），铁路局主管 M. H. 舍曼（M. H. Sherman）。1905 年，这些人组建了一个财团，由哈利·钱德勒等人出资，以较低的价格收购了圣费尔南多山谷的大片土地。拿到土地之后，他们携计划与市政当局进行商讨，并毫不意外地获得了马尔霍兰和 M. H. 舍曼（当时他也在水电管理局挂职）的支持。计划得以通过，只是最终方案并未将水资源直接导入洛杉矶市，水渠的终点设在了圣费尔南多山谷，多余的水资源将用来灌溉山谷中原本毫无价值的土地。

1910 年，这一计划的股东控制着山谷中 10.8 万英亩的土地；1913 年，水渠完工，他们大幅抬高地价，将土地销售出去。据说他们从中获利达 1 亿美元，无论具体数字是多少，这一买一卖的巨大差价令这件事染上了诈骗的嫌疑。洛杉矶市共为水渠投资了 2500 万，但是其红利却落入了少数人的腰包。尽管它确实为洛杉矶带来了发展所必不可少的水资源，但是其中却牵涉着肮脏的交易：从很多方面来说，这桩交易都代表了这座城市本身。[8]

劳埃德一家自是张开双臂欢迎雷和弗洛伦丝·钱德勒的到来。像雷这样在英国长大的聪明的知识分子竟然会听从他们的建议，这本身已经让他们喜出望外。而这份喜悦最直接的表现便是，他们竟然慷慨到邀请雷和弗洛伦丝住到他们家里来。

他们的宅第坐落在邦尼布雷街 713 号，与当时城市最西边的麦克阿瑟公园比邻。如果再往西走上一段路，你就能看到好莱坞（当时不过是一小片房屋）和比弗利山庄①（当时不过是一个小小的村庄）。现在的皮科大道和奥林匹克大道在当时仍然是一片荒地，路上只有零零散散的汽车，数目远远比不上马匹和马车。洛杉矶还有待生长。1913 年，麦克阿瑟公园（当时叫西湖公园）乃豪宅区，这里住着洛杉矶的上流人士。由于人工湖（最早是一座饮用水水库）的灌溉，这片公园草木

---

① 比弗利山庄（Beverly Hills）有"全世界最尊贵住宅区"的称号，是洛杉矶市内最有名的城中城，住着许多好莱坞明星和社会名流。

丰茂，每到周末，许多家庭就会来这里散步、乘船。这是一片优雅之地，住的也都是优雅之人，周边坐落着如此多的酒店和豪宅，它也就渐渐获得了"洛杉矶的香榭丽舍"的美名。能够住进这等奢华之所不就相当于雷为了彰显身份而购置的银头拐杖吗？

劳埃德一家确实是很讲义气的朋友，为雷和弗洛伦丝提供了庇护。他们不仅提供了住所，还在城里为雷觅得一份工作。沃伦是洛杉矶奶油厂的法律顾问，厂里的财务主管是他大堂姐的丈夫，于是在他的安排下，雷在厂里当起了会计。这么多年来，雷总算有了一份稳定的收入。

最重要的是，借劳埃德夫妇的光，钱德勒母子得以同这座城市的社会名流有了交际，如果没有他们，雷就必须全靠自己打拼。每到星期五晚上，劳埃德夫妇就会敞开大门，将城里的音乐家和知识分子请到家中，谈论和分享各种观点。出于目前尚不清楚的缘由，这个圈子被叫作"乐天派"，而像雷这样的知识分子在这里大受欢迎。这些人痴迷于印度哲学、心理学和唯灵论，像雷这般身着剪裁精良的优雅西装、一副英国绅士派头的人，自是给这个圈子增添了国际特色和别样的色彩。这些充溢着鸡尾酒和闲聊的夜晚，有时候会以沃伦·劳埃德在显灵板上施展通灵术而收场。弗洛伦丝表面上拘于礼数，但骨子里其实是个叛逆之人，所以尽管她并不直接加入这类活动，却很可能乐意做一名观众。

劳埃德是个很有魅力的人，不仅有着极高的专业素养，还是个波希米亚式的学者，他虽是律师，却在哲学系修得了博士学位。他甚至挤出时间参与了《心理学，正常与不正常》（*Psychology, Normal and Abnormal*）的写作。雷身兼诗人与会计、作家与官僚的角色，尽管相对内向，却与劳埃德个性相近。他是否在心中将劳埃德当作自己的父亲？他们俩确实相处融洽，其中一部分原因在于他们俩同样有幽默感。有时候，他们会结伴去电影院，分别坐在观众席的两端，在毫无笑点的时候开怀大笑，看看能不能影响到其他观众，让他们也跟着发笑。雷认为这是一种心理学实验，但也可能就是一种幼稚的恶作剧。

阿尔玛·劳埃德热爱声乐，所以每个星期五的沙龙都包含音乐的元素。一个星期五的晚上，她将一位名叫朱利安·帕斯卡（Julian Pascal）的钢琴师、他的妻子茜茜（Cissy），以及他与前妻的儿子戈登（Gordon）邀来参加"乐天派"的聚会。帕斯卡一家在聚会上大受欢迎，很快就融入了这个圈子。

朱利安生于西印度群岛，本名古德里奇·鲍恩（Goodridge Bowen），移居纽约之前，他是伦敦吉尔德霍尔音乐学院的音乐教师。他因为职业发展而改名叫朱利安·帕斯卡，2007 年茜茜与他完婚之后，也将自己的姓改成帕斯卡。朱利安的身体一直都不太好，他之所以辗转来到洛杉矶，不仅因为这座城市气候温暖，也因为它蓬勃发展的艺术能够让他有机会在艺术道路上继续前进。他的妻子也是一位技艺精湛的钢琴师，移居西部之初，她本想在洛杉矶发展自己的演艺生涯，可是她每天都要照顾朱利安和戈登的饮食起居，到最后实在是无暇他顾。戈登比雷年轻几岁，他梦想有一天能够成为一名演员。这个面色白皙的男孩有着一双棕色的眼眸和一头黑色的头发，他和雷成了要好的朋友。与此同时，弗洛伦丝也和帕斯卡的妻子交了朋友，毕竟弗洛伦丝也就比她大了九岁。

尽管雷和弗洛伦丝有了劳埃德一家和"乐天派"的陪伴，洛杉矶对他们母子来说依然是一处异乡。他们不可能一直住在劳埃德家里，在他们找到一个长久的落脚点之前，洛杉矶的日子和过去这些年没什么两样，都是朝不保夕、寄人篱下的生活。在小说中，雷借菲利普·马洛之口表达过许多孤绝的感受，而这毫无疑问折射出雷对洛杉矶的主要印象。在这里，每个人都来自他乡，洛杉矶也由此变成了一座陌生人的城市，住在同一条街或同一个街区的邻居也可能连一句话都没说过。移民有时候是一把双刃剑，朋友来得快，去得也快。

由于洛杉矶的这些特色，其市民也就发展出独具一格的交际方式。同州社团便是一种解决方案。这些社团实际上就是俱乐部，将来自同一个州的移民集结起来。最早的同州社团由 G. C. 哈斯金斯（G. C. Haskins）在 1882 年组建，他借此将所有生活在洛杉矶的宾夕法尼亚州老乡都聚拢在一起。从此以后，此类社团如雨后春笋般冒了出来，爱荷华同州社团成了洛杉矶规模最大也最为重要的社团之一。当雷来到洛杉矶时，爱荷华同州社团组织的野餐会已经能够吸引到 1.5 万人。此类活动可不是普通的朋友聚会，而是提供音乐和餐饮、秩序井然的大型聚会。这些社团也渐渐具备了越来越大的政治影响力。所以，雷也就理所应当地想要加入某个同州社团，但是他到底该加入哪一个呢？他是不是应该算作芝加哥人，所以理应加入伊利诺伊同州社团？又或者，他应该算作英国人，所以任何同州社团都没有他的一席之地？在这方面，他又一次变成了局外人，若不是劳埃德一家的照料，钱德勒母子恐怕会在加州过上完全不同的生活。

劳埃德夫妇也继续鼓励着雷，不断地告诉他，他的写作之梦并非遥不可及。他经常为其他"乐天派"成员写几首小诗。1914 年 6 月 14日，"在从好莱坞前往伯班克的路上"，他同埃丝特尔以及沃伦·劳埃德一起写了一首诗，题作《明天》（"To-Morrow"）。大概是由于受众的关系吧，这首诗确实洋溢着"乐天派"的情绪。"明天"永远在我们前方，明天一切都会变得更好：

我们会揭穿在阴影中

嘲笑我们的秘密，

并将世界的缘起，

告诉上天诸神。[9]

雷之所以将这首诗留存下来，大概是出于文学价值之外的缘由。它象征着一段纯粹自由与幸福的时光，但是变化很快就要发生。在他写下这首诗的两个星期后，十七岁的波斯尼亚民族主义与恐怖主义者加夫里洛·普林西普（Gavrilo Princip）在萨拉热窝枪杀了敞篷汽车上的奥匈帝国皇位继承人弗朗茨·斐迪南（Franz Ferdinand）大公。这起事件震惊了全世界。当时的德意志对大英帝国积怨已久，并且日益感受到俄国的威胁，于是它抓住了这个机会，在1914年8月4日对法国、俄国和大不列颠宣战。

这些国际事件的触手甚至伸到了阳光明媚的南加州。尽管美国迟至1917年才参加第一次世界大战，但是那些在欧洲有着众多亲朋好友的"乐天派"，却在第一时间就受到战争的波及。雷曾经游历过德国南部，并且热爱那片土地，但他也很清楚，许多达利奇校友已经应征入伍、奔赴前线。爱国主义是达利奇学院的核心原则。那些沙场捐躯的校友会被学院供奉起来，他们的壮举将会受到人们的敬仰。雷大概和同学一样，很想去前线作战。劳埃德家里的话题也都围绕着战争。阿尔玛·劳埃德此时左右为难，她的母亲是德国人，而父亲则是法国人。（实际上她的父亲就来自阿尔萨斯，这块地区曾多次易主，一直是德法两国你争我夺的地盘。）他们密切地跟进欧洲的战事，到1914年8月底，已经有7.5万名法国人死于战争。原先阳光明媚的乐天精神和知识探索，渐渐被团团乌云所笼罩。

可是生活仍在继续。钱德勒母子终于下定决心离开劳埃德一家的庇护。他们在邦克山找到了住处，那里有一条名叫天使铁路的登山铁道，可以将当地的居民带往洛杉矶市中心，而他们的房子在铁道的最高点附近。雷曾在1942年的小说《高窗》中描述过邦克山的破败景象：

> 邦克山是一座老旧的小镇……（它）曾是这座城市最上乘的居住区，镇上还矗立着几座尖顶的哥特大宅，有宽敞的门廊，覆盖着圆形瓦片的墙壁，以及占据整个墙角的凸窗和尖尖的塔楼。

从这段描写中，我们可以看到邦克山的旧日景象，那时候雷和弗洛伦丝刚刚搬到这个区域，邦克山还没开始改变。

如今的洛杉矶车流如梭，我们几乎难以想象这座城市一度依靠火车和有轨电车运转。不过在20世纪头十年，洛杉矶有着世界上最为先进的公交系统。雷只需乘坐火车就能抵达洛杉矶市中心，来到办公场所，在加州明媚的阳光下，他想必回忆过伦敦的时光，在那里，他也只需坐火车就能便捷地从伦敦南部直达白厅。他现在尽管移居美国，但仍旧需要赡养母亲，也依然做着文员的工作。生活似乎不曾真正改变过。

雷和弗洛伦丝在城市里过着漂泊不定的生活，不曾在任何一处久住。1915年，他们搬到了洛马大道311号一间配有家具的小平房。1916年，因为雷工作升迁，他们得以搬到圣芭芭拉县的德拉韦纳街1419号，离南边的沙滩只有约一英里的距离。那里离洛杉矶很远，雷突然跟各路朋友断了联系，身边只剩下母亲与他做伴。

与此同时，战争的脚步声越来越近。1917年2月，德国改变了U

型潜艇的作战规则。在此之前,德国潜艇均遵守"巡洋规则",如果在英国水域遭遇商船,它们会浮出水面,登船检视货物。如果他们在检视过后打算击沉商船,也会在发射鱼雷之前,给船员和乘客留出登上救生筏的时间。如果它悄悄靠近,对那些可能搭乘商船的妇女儿童不管不顾,不做任何预警,便径直对商船发射鱼雷,那么德国人就会被视作野蛮人。温斯顿·丘吉尔甚至曾在1914年表示,他绝对不相信任何人会无耻到采取这样的战术。然而在1917年,德国人已然饥肠辘辘,并把粮食短缺的问题怪罪到英国人头上。他们也想向英国人证明,自己能让对方吃到大苦头,于是便在不发出警告、不浮出海面、不给乘客登上救生筏的时间的情况下,将那些商船一艘艘击沉。这一行动并没有让德国的最高指挥官如愿以偿:不列颠承受住了这番打击,而美国终于坐不住了,宣布要加入战争。

1917年6月初,美国政府开始对二十一岁至三十一岁之间的所有男性公民进行登记,希望在加入这场已经扩散至全球的战争之前,能够充实军队的力量。这一年,雷已经二十八岁,从军参战的可能性就这样突然来到他面前,不过他不仅担心自己,也同样担心母亲。如果自己上了前线,那么谁能照料她的生活起居呢?如果他战死沙场,母亲又会落得怎样的命运?后来他告诉朋友,自己已经向美军报名,但是因为视力不好被淘汰了。这是谎言。雷根本就没有报过名,因为他不敢离开弗洛伦丝。当征兵局给他打来电话时,他解释说自己需要赡养一位没有工作能力的老人,并因此被他们放过了。他当然也可以借口说,自己是英国公民,没有资格加入美国军队,可是他的征兵注册表上却显示,他已经在申请加入美国国籍。

即便如此,雷也并非懦夫。他这么做主要是出于对弗洛伦丝的担心。如果他上了战场,美国军队是不会照顾她的生活的,所以雷只能转而寻找其他参军门路。他显然有参战的欲望，并发现加拿大军队会给军人家属提供津贴，解决他们的后顾之忧。8 月，钱德勒母子返回洛杉矶，搬进南旺多姆街 127 号，与朱利安和茜茜·帕斯卡同住在一栋房子里。雷和戈登谈及了战争，他可能说服了这位年轻的朋友与他同行。当然，他们一起报名参军，在宣誓表格上把彼此写作见证人。

雷的表格向我们透露了一个特别有趣的信息：他在"职业"一栏里填的是记者。自从他来到洛杉矶，他的工作一直都是会计，可是他内心深处却不这么认为。但加拿大人对他的职业没什么兴趣。他们将他编入加拿大远征军（CEF）第五十五团，将他派到加拿大太平洋西北地区的维多利亚进行新兵训练。

尽管雷受过良好的教育，但他出人意料地被分配了一个二等兵的军衔。早在当公务员的时候，他就受够了仰人鼻息的生活，这样被人怠慢恐怕也会让他有所怨恨。幸好戈登始终都给予他精神鼓励。加拿大军队和美国军队不同，这是一支国际部队，因此两人都顺利地融入了这个集体。在加拿大远征军战地记者 F. A. 麦肯齐（F. A. McKenzie）的笔下[10]，加拿大军队"就跟这个国家一样具有世界性"，它的士兵"来自各式各样的国家……焊成了一个伟大的集体"。这里有英国人，在加拿大出生的英国人后裔，以及一整支直接继承自古老高地团的"苏格兰"军团。

戈登和雷蒙德在维多利亚遇见了另一位年轻的军人，并从此成为挚友。他的名字叫作威廉·利弗（William Lever）。他出生在北安普敦，和雷一样是英国公民。来到美国后，他以制鞋为生，他的宣誓文件上所列的通信地址为旧金山基督教青年会。他时年二十二岁，身高1.65米，有着一头浅棕色的头发和一双灰色的眼睛。他同雷和帕斯卡一样，从未受过军事训练，于是在训练初期便抱成一个小团体。对三人来说,这将是一份重要的友谊。在摄于这个时期的一张照片上,雷穿着卡其色的褶裥短裙①和戈登高地兵团(与之相对应的是加拿大远征军第五十五团)式宽顶无檐软帽。他的笑容似乎在揶揄这身打扮。在这个阶段,战争似乎仍旧虚无缥缈,就像"穿军装"一样不过是假把式而已。然而,过家家的战事很快就要结束了。

　　1917 年 11 月 26 日,雷和战友们启程离开新斯科舍的哈利法克斯,扬帆驶向利物浦,并于十一天后抵达目的地。到达后的第二天(即 12 月 8 日),他来到萨塞克斯的一座小镇锡福德,并被编入加拿大预备役营。这是他有生以来第二次在没有母亲陪伴的情况下过圣诞节,他定然很想念她,但眼前即将横渡英吉利海峡的任务不容许他分心。他在 1918 年 3 月 16 日奔赴前线。

　　在 1915 年,加拿大人便加入了第一次世界大战,而在 1917 年,接踵而至的维米岭战役和帕斯尚尔战役令这一年显得尤为血腥。对部队而言,这一年的冬天特别难熬。俄国人撤军之后,东部前线的德国部队信心满满地向西面进军。美国部队还在集训,而德国人已经占据上风。鲁登道夫将军②决心要发起一场势如破竹的最后战役,帮助德国取得最终的胜利。尽管德国人的隐蔽工作十分出色,但是这场战役却很容易未卜先知:德国人别无选择,必须在击退俄国人之后、美国人到来之前的这个短暂真空期内发起行动。协约国已有所意识,所以在 1917 年末就开始为这一仗做准备。

　　雷在德国发动猛攻之前几日来到了前线。及至此时,他已经加入了加拿大远征军第一师第七营。他们被部署在朗斯,负责保卫法国北

---

① 　苏格兰军团士兵所穿的制服。

② 　埃里希·冯·鲁登道夫(Erich Von Ludendorff,1865—1937),德国将领,第一次世界大战期间德国最重要的主将,后来还协助希特勒发动啤酒馆政变。

部的最后几座煤矿和通讯枢纽。青年时期的游学经历使得法国在雷的心中留下了美好的回忆，可是如今他抵达的这个国家已经面目全非。到处都是战斗的伤痕和残骸，一片混乱。他来到前线的那天，天气异常好，他很可能加入了保卫战线的准备工作，和战友们一起架设了 200 台机关枪，铺设了 300 英里的铁丝网。

当德国人在 3 月 21 日发起进攻时，加拿大人总算松了口气：德国人的冲锋指向了加拿大远征军战线南方的第三和第五集团军。不过，他们依旧没有摆脱危险。英国陆军元帅黑格①下令他们做好准备，随时支援那些战况最激烈、风险最高的地区。3 月 23 日，第一师被列为第一集团军预备役；3 月 27 日，调动再次发生，这一次他们被列为第三集团军预备役。虽然调动频繁，但是雷所在的营却始终待在阿拉斯南部，部署在阿拉斯—康布雷大道的两侧，不曾参与正面交锋。

随着战事继续在身边推进，雷首次目睹了一种全新的战争机器：坦克。协约国希望这种武器能够帮助他们取得优势。第一次世界大战发端之时，19 世纪的战术思维仍旧占据主流地位。当时的将军认为，他们可以凭借过去所向披靡的战术来赢得这场战争。可是，尽管在克里米亚战争②中，轻骑兵至少还能通过冲锋杀到俄国枪兵跟前，在1914 年，步枪却已经能够射杀一英里之外的战马了。而大炮则能够歼灭三英里远的骑兵部队。将军们很快明白，陈旧的战术已经无法突破机关枪暴风骤雨的火力。到了 1918 年，人海冲锋的战术已经被淘汰；

---

① 道格拉斯・黑格(Douglas Haig，1861—1928)，英国将领，第一次世界大战爆发后，他出任第一集团军司令，凡是他参加指挥的战争，敌我双方的伤亡都极为严重，令他获得了索姆河屠夫的称号。

② 1853 年至 1856 年间，俄国为了同英法两国争夺小亚细亚地区的控制权而进行的一场战争。

在新的作战方式中，小股部队利用炮弹坑的庇护迅速冲锋，并相互提供火力掩护。雷和第七营的战友必须学会这些作战手段；他们必须习惯与坦克并肩作战，适应新的战场态势。

随着 3 月过去，4 月来临，德国人发现己方开始现出疲态，取得决定性胜利的希望已经变得渺茫。原本作为后备役的加拿大远征军第一师被抽调至斯卡佩前线，并于 4 月 8 日支援了英国的第四师。次日，德国人在弗兰德斯发动了第二波大规模进攻，在南部取得了一些战果，并在北部将优势进一步扩大；加拿大人又一次避过了德国人的锋芒，但是其处境进一步恶化了。这是雷有生以来第一次身处前线，尽管他幸运地避开了最为激烈的战斗，但是加拿大人已经被德国部队三面包围，情势极其危急。他们的指挥官阿瑟·柯里（Arthur Currie）中将认为，想要活命的话，必须采取进攻姿态。

雷和战友们向德国的战壕发起突袭，并目睹了纷飞的炮火和毒气攻击。后来，他在 20 世纪 30 年代的文章《战壕突袭》（"The Trench Raid"）中，详细地描写了这段经历。在他的笔下，我们会在爬满老鼠的战壕里看到些随意的防御装置——那些挡在防空洞洞口的脏床单能够或多或少地抵挡德国毒气的侵袭。

炮火的声响比平日更为震撼。阵阵狂风吹熄了头顶的蜡烛。防空壕里的老鼠都不敢随意动弹。可是疲劳的人却可以在这样的环境中入眠……日历上面说，今天的夜晚可以看到满月，可是炫目的照明弹却把（外面的）天空照成了一片白色和金色，仿佛整个世界已经患上了麻风病。经历过枪林弹雨后，背墙①边缘的土

① 为了抵挡炮弹碎片的杀伤力而在战壕或掩体后面构筑的土垛。

块已经崎岖不平，这道边在白色天空的背景上勾勒出的轮廓，仿佛一队神志不清的骆驼在噩梦的迷惘月色中奋力前行。[11]

雷所在的部队只在前线待了一个月，就在 5 月退回到后方去了，如此短暂的一段经历却给他带来了深远的影响。那些没有上过战场的人根本无法想象，战场上有着无休止的轰鸣声，战士们时刻都在担心能否活过今天，甚至能否活过这一小时。他写道，光是每时每刻留心炸弹的爆炸声就已经令人筋疲力尽：

他开始打起精神注意炸弹。永远都要打起精神注意炸弹。如果你留心炸弹，那么它们就永远都炸不到你。于是他小心翼翼，分辨那些有可能掉落在他附近，由此让他走向来生的炸弹。他怀抱着冰冷、疲惫的热情，留心炸弹的声响，直到刺耳的声音渐渐平息，表明它已经向补给部队飞去，他才终于放下心来。[12]

从"疲惫的热情"这一生动的表述中，我们可以读出极度的恐怖。士兵们每天都要努力地活下去，但是日复一日的重复令人疲惫不堪：一成不变的状况总是要求一成不变的反应，要么战斗，要么逃跑，循环往复，没有停歇。

后来，雷被提拔为中士，带领一个排在战场上冲锋，实践柯里将军所谓的"进攻姿态"。雷参与了多次突袭行动，但他后来声称自己作战时从未感到害怕：

许多年前，我是一名排长，尽管人生中有很多冒险的事情令我感到害怕，但是在战场上，我从未心生胆怯。如果任务要求你必须占领高地，那么你就得努力让士兵们保持距离，减少伤亡。这件事可不容易，尤其是那些新兵和伤员会给你带来很大的麻烦。因为在密集的火力面前，相互抱作一团是人类的天性。[13]

这是非常有趣的一个段落，雷在谈及实际的作战时，表明自己愿意听从指挥，遵守战术安排。通常情况下，雷在信件中谈论过去发生的事情时，倾向于夸大自己的所作所为，当收信人是一位女士时，他的这种行为就会变本加厉，所以我们对此要格外小心。实际上，他关于战争的许多记述都不太可靠。他曾经写过：

> 我亲历过第一次世界大战，当德国人最后从兴登堡防线溃退的时候，他们把机枪小队留下来殿后，尽量拖延住追击的部队，这些人虽然起身试图投降，却全部被我们刺死，一个都没活下来。[14]

可是，雷并没有参加 1918 年夏末的追击行动，他撤出前线，加入了英国空军(Royal Air Force)。弗兰克·麦克沙恩(Frank MacShane)在 1976 年出版的钱德勒传记中，为我们复述了雷的另一个故事：

> 6 月，钱德勒在法国的从军生涯戛然而止，他所在的作战部队被一轮密集的炮火击溃，这些 11 英寸口径的炸弹炸死了所有人，而雷是唯一的幸存者。他自己也被炸弹波及，脑部受到震荡，被带到后方不久，就被送回了英国。[15]

这个故事具有典型的雷蒙德风格，将他塑造成一个历经重重困难的英雄，这也是他愿意向书迷们讲述的故事。可是这故事中有两个漏洞:6月,雷应该已经撤出前线,转入预备役,后方尽管也会受到轰炸,但是可能性非常小;而第二项证据更为有力,他的军事记录里包含所有任务、升迁和受伤的明细,里面并未提及他被炸弹波及、脑部受到震荡的情况。

但这并不意味着雷没有在战场上见识过战争的恐怖。他的战场见闻不仅影响了他的身体,也影响了他的精神。他在英国空军接受训练时拍摄过一张照片,照片上的他面色枯黄、两颊深陷,形似行尸走肉。早年照片中我们常常可以看到的明媚笑容,如今已经失去了活力。后来他写道:

> 如果你曾经作为排长,带领兄弟们向着机关枪冲锋,那么此后你的世界就再也回不到从前的样子了。[16]

战争是人世间极为可怕的事情,经历过战争后,雷在许多方面都发生了改变,而其中有不少变化要到多年以后才会显现出来。尽管我们不太清楚他在战场上是不是也喝酒,但是早在1918年,他就开始酗酒了。酒在当时几乎唾手可得,它自然而然地成了很多人消愁解忧的良药。R. C. 谢里夫(R. C. Sheriff)在剧作《旅途尽头》(*Journey's End*)中塑造了一个名叫斯坦霍普的退伍军人,他曾经骁勇善战,后来却每日沉溺于酒精。我们永远都不可能知道有多少人会沉沦至此。雷在给朋友的信中曾写道:

> 当我还是个年轻人,在英国空军服役的时候,我常常喝得酩酊大醉,醉到四肢伏地,爬着上床。可是到了次日早晨7点30分,我又变得像麻雀一样欢快,叫嚷着要吃早餐。不过话说回来,

这并非一种值得羡慕的天赋。[17]

大概就是在这个时期,或者说应当就是在这个时期,雷在酒精和解脱之间画上了等号。

6月,也就是雷后来声称自己被炸弹波及的那段时间,他决定参加英国空军。优雅骑士的梦想仍旧在雷的心中盘桓不去,所以他也就不可避免地想要成为飞行员(别号"空中骑士")了。第一次世界大战期间,交战双方的飞行员都被视作高贵的斗士,他们以绅士的方式,以天空为战场决一胜负。当"红男爵"里希特霍芬[①]在 1918 年 4 月 21 日被击落牺牲之后,协约国军队高层以英雄的规格厚葬他。己方飞机执行空袭和侦查任务时,时常会飞过己方战壕的上空,雷对它们的轰鸣声和飞行杂技应当都不陌生。他还在战场上目睹过激烈的空战。尽管德国人的机关枪射击速度更快,但是英国空军[当时还叫皇家飞行军团(Royal Flying Corps),1918 年 4 月更为现名]却经常主动请战,表现出一种不畏强敌的气概。而德国人尽管也明白制空权的重要性,却倾向于保留空军实力,只在能取得最大战果的情况下才安排空军出去作战。

雷看着友军的飞机在头顶翻转呼啸之时,肯定想过这其中某架飞机会不会是他的老朋友戈登·帕斯卡驾驶的。帕斯卡早在加拿大就报名参加英国空军。从加拿大远征军中培养出来的飞行员都很优秀,而击落"红男爵"的关键人物中便有一名加拿大人。帕斯卡信中所描述的部队氛围可能令雷感到熟悉,它和英国公立学校没什么两样。我

---

① 曼弗雷德·冯·里希特霍芬(Manfred von Richthofen,1892—1918),德国王牌战斗机飞行员,人称"红男爵"。根据英国历史学家诺曼·弗兰克斯的研究,里希特霍芬一生中击落的敌机多达 80 架,如果算上未确认的战果,总数可能超过 100 架。

们不妨读一读一位年轻飞行员写给父母的家书：

> 昨天晚上，我正要上床睡觉，突然间，一块浸透水的海绵飞进来，把整个屋子弄得是一团糟。我朝外面泼了一壶水，结果马上就被回敬了一壶。屋子里实在是湿答答的，我只好跑进花园里，结果跌进了一个巨大的泥坑。回来的路上，我弄来了两个洋葱，好对付那些混蛋。我们的床铺都湿透了。不过到最后，我们还是把房间都收拾干净，睡上了安稳觉。这里实在太好玩了，真过瘾。[18]

报名之后，雷被送去林肯郡附近的沃丁顿参加训练。空军训练本身就充满危险，第一次世界大战令 14166 名飞行员失去了性命，其中超过半数都死在训练阶段。雷接受了全套训练，已经具备驾驶飞机的能力。这件事想必令他欢欣鼓舞，而且飞行员的角色也同他独特的个性相吻合。驾驶飞机与地面战斗不同，是孤军作战，全凭自己本事。到了天上，飞行员只能依靠自己，而雷天生就不喜欢和战友抱得太紧。

1918 年 11 月，参战双方签订了停战协定，战争结束了。雷的训练也突然中断，他打道回府，返回了加拿大，并在 1919 年 2 月复员。我们并不清楚他复员后做了什么，但他可能返回了洛杉矶。

1919 年初，雷的身上发生了一件重大的事情，给他以后的人生带来巨大的影响：他终于明白自己爱上了挚友的母亲，茜茜·帕斯卡。

第五章

雷米奥

如果说雷第一段人生的主心骨是母亲，那么他第二段人生的主心骨就是茜茜·帕斯卡。然而比起弗洛伦丝，茜茜更像是一个谜团，隐遁于阴影之中，闪烁着微光，拒绝走上打满灯光的舞台。

1870年末，大约是在10月，她出生在俄亥俄州的佩里湖，原名珀尔·尤金妮亚·赫尔伯特（Pearl Eugenia Hurlburt）。[1]她的父亲尤金（Eugene）是一位木匠，母亲玛丽亚（Maria）则负责料理家事。19世纪70年代，这一家人漂泊不定，先是跨越两个州，搬到了新泽西，茜茜的妹妹利昂娜（Leona）于1872年在此出生；过了一段时间，他们又搬到了宾夕法尼亚州的切斯特谷，茜茜的二妹拉维尼娅（Lavinia）于1879年在此出生。

珀尔出落成一个光彩夺目的红发女孩，有着漂亮的脸蛋和明亮清澈的眼眸。她还非常聪明，从小就学习弹钢琴，阅读广泛，而且学会了多门语言。后来她挣脱了切斯特谷小镇环境的桎梏，在19世纪90年代早期来到了纽约，住进了时尚且荡漾着波希米亚风情的哈莱姆区。

1893年的《哈莱姆月刊》写道："古老而高贵的哈莱姆村必将在不久的将来成为时尚、财富、文化和智慧的中心。"[2]延伸至此的高架铁路和规划中的列克星敦大道地铁延长线，使建筑商纷纷在这块区域安置活动房屋，建起公寓大楼。珀尔来到此地时，纽约巨人队的体育馆仍旧是一片马球场，几乎每一间酒吧都飘出钢琴声。

她在莱诺克斯大道333号的一栋红砖楼里租下一间公寓，跟阿波罗剧院离得不远。来到这里后，她做的第一件事情便是抛弃本来的名字（"珀尔"这种名字一听就知道是乡下人），取了一个更为精致、更具大城市风范的新名字：茜茜。

茜茜热爱艺术，于是找到一份模特的工作，供城市里的画家涂抹画布。她很快就被吸纳入他们的世界，这件事在雷和她结婚之后，经常被雷翻出来讲。茜茜的那段人生只留下一张照片。照片上的她打扮成希腊女神的形象，站在一张茶几上摆着姿势，背景是一团暗沉的鸢尾花。照片上，她的发色似乎比几年后要深，但是那张小嘴还是一模一样。她看起来特别迷人。

茜茜的人生经历真真假假，我们很难分辨清楚。关于她的大部分谣言似乎起于20世纪40年代，也许是雷想要给她的履历增加点趣味。一则谣言说，她曾经全裸担当一幅画作的模特，就挂在纽约一间酒店的墙上，就算这是真的，也从来没人找到过那幅画。雷也说自己随身在口袋里放着一张她的裸照。还有传闻说，茜茜在狂欢派对上像个小姑娘一样吸鸦片，而纽约也确实是一个给人提供这种可能性的地方。

茜茜在1897年12月28日嫁给了一个名叫利昂·布朗·波尔谢（Leon Brown Porcher）的男人。波尔谢有着一双深沉的棕色眼睛和一头浓密的黑发，长相非常帅气。这位纽约本地人做着一份旅行推销员的工作。他跟茜茜结婚时只有二十一岁，比妻子足足小了六岁，不过当时茜茜自称只有二十三岁，从这里我们发现，她后来谎报年龄的习惯在她年轻的时候就已经有了苗头。雷从来不曾在信中提及，嘴上也不曾谈论茜茜的这段婚姻，不过他肯定是知道的，他直到过世都一直保存着那张结婚证。

举行婚礼的地点位于第五大道和第 9 街的交叉口，那是一座基督显光堂，有着意大利的建筑风格。结婚地点的选择可以说是意味深长，这座教堂其实很有名，许多演员、艺术家、穷人和逃离家乡的人都在这里结婚。这座教堂由牧师乔治·亨德里克·霍顿（George Hendric Houghton）博士在 1848 年建成，始终都欢迎贫穷和困苦的人，并在美国内战期间敞开大门，为非裔美国人提供庇护。它与演艺行业的缘分始于 1870 年，当时附近一座教堂的牧师拒绝为一个名叫乔治·霍兰（George Holland）的演员主持葬礼。在当时的社会上，演员仍旧是被大众排斥的对象，于是牧师建议家属去"拐角处的小教堂"，那儿也许可以。负责霍兰葬礼的演出搭档约瑟夫·杰斐逊（Joseph Jefferson）高喊，"上帝保佑那座拐角处的小教堂"，这个名号便从此传开了。[3] 1914 年，P. G. 伍德豪斯在这里举办婚礼，后来还多次在小说中将此地设为婚礼的地点。他在一首抒情诗中赞美了这座"拐角处的小教堂"，赞美它赋予鲁莽的年轻人缔结婚约的权利：

> 亲爱的，亲爱的拐角处的小教堂，
> 那么多人生在这里启航，
> 身无分文的人也很认真地想过，
> 两个人过日子可比一个人划算。

茜茜和利昂偷偷摸摸地举办了这场奇怪的婚礼。他们在结婚档案上登记的家庭住址是各自父母的住址，而茜茜更进一步，在填写父母姓氏时用的是母亲娘家姓氏格雷（Gray）。婚礼的两位见证人是霍华德·伯顿（Howard Burton）和范妮·格廷斯（Fanny Gettings），他们在过去的几个星期里还充当过其他几对新人的见证人，这意味着他们常常给那些冲动之下结婚的夫妇帮忙。[4]

1900 年，波尔谢夫妇总算在这座城市安家，在西 138 街买下一间小公寓。利昂换了份更稳定的工作，在一家保险公司做职员，茜茜则负责打理家事。这段婚姻没能维系多久，七年后他们选择离婚。根据离婚协议，我们得知利昂"不曾出面，不曾答复，不曾提出反对意见"，茜茜相当于丧偶，拥有再婚的权利，而利昂则必须等到茜茜真的过世，才可以再婚。这也就意味着，从法律上来说，茜茜是这段婚姻中受害的一方。这份协议给了茜茜再婚的自由。离婚后，波尔谢大约仍旧住在纽约，并且工作业绩出色，升职为业务经理。后来，他应征入伍，参加第一次世界大战，从此往后，我们就再也找不到跟他有关的记录。

离异六年后，茜茜搬到了西 135 街的新住处，跟原来的家只隔了几条街。尽管从法律上来说，她已经可以变更回娘家的姓氏，但她还是保留了前夫的姓氏。她的合租对象是一位名叫伊丽莎白·富利(E-lizabeth Foley)的护士，而且跟她一样是离婚独居。茜茜决定在艺术领域寻求发展，在 1910 年的人口普查里，茜茜登记的职业是水彩画家。可是从事这一行赚不了多少钱。

几个月后，她离开曼哈顿，同另一个年轻人结为夫妻。朱利安·帕斯卡于 19 世纪 60 年代末或 70 年代初[5]出生在岛国巴巴多斯，父亲是英国人，母亲是来自西印度群岛的白人。他们给他取名古德里奇·鲍恩，不过他给自己改名叫朱利安·帕斯卡，并从此将它当作正式的姓名。他是一位才华横溢的钢琴家，名声传遍岛屿，于是他开始考虑前往美国或欧洲寻求职业发展。1892 年，大概是在英国，他娶了安妮特(Annette)，一位比他年长、非常美丽的英国女人，并生下了两个孩子——戈登和埃尔莎(Elsa)。后来，为了照顾朱利安的职业发展，他们全家都搬到了纽约。安定下来之后，他立即开始以钢琴家的身份在艺术圈里打拼。他似乎取得了一些成功，并在艺术圈里成了一位颇具魅力的人物，在第五大道许多名流的客厅里举办过私人音乐会。他还为慈善活动参加义演，并且在包厘救济所举办过演奏会，那里的听众最喜欢的曲目是《我的宝贝》（"My Dearie"）[6]，由爱德华·斯特朗（Edward Strong）演唱，朱利安·帕斯卡伴奏。

　　一段时间过后，安妮特和朱利安离了婚，她和孩子们搬到了东19街的新家。我们并不清楚这段婚姻为何走不下去，但是安妮特斩断了与这位巴巴多斯人的所有联系。1915年，她申请护照时，并没有将离婚的事实告诉当局，而是说自己的丈夫在战场上牺牲了。事实上，朱利安搬到了西135街，与茜茜的住所只隔了一两个街区。

　　茜茜接受过一些音乐训练，这对伴侣的相遇很可能是因为她想让朱利安教她弹钢琴。这位功成名就的巴巴多斯钢琴师想必在当时表现得既帅气，又迷人。他们很快就坠入爱河，没过多久就订了婚。这一次，她再也不想搞地下恋情，他们的婚礼于1911年4月15日在康涅狄格州的格林威治举行，婚礼主持人是杜鲁门·R. 拉吉特（Truman R. Radget）。这一次可不是什么幼稚的私奔，茜茜很想为上一次仓促的婚姻做出弥补，于是将母亲玛丽亚请来见证婚礼。这对新婚夫妇并没有在格林威治居留多久，只在纽约待了一年就搬到了加州。在这里，朱利安将在生机勃勃的电影业中追求他的音乐事业。

　　茜茜和朱利安所融入的音乐人圈子很快就让他们结识了劳埃德夫妇，并进而认识了雷蒙德·钱德勒和其他"乐天派"成员。朱利安和安妮特的儿子戈登长大之后也想进入演艺行业，便在几个月后来到加州投奔父亲，也融入了这个圈子。在"乐天派"聚会上，人们会自然而然地结伴，茜茜和弗洛伦丝很快就熟络起来，雷和戈登也是如此。沃伦和朱利安都热衷于玩国际象棋,每到星期天的下午,这两个男人就坐在棋盘两侧,屋子就会被沉默所笼罩。

这样的日子在洛杉矶持续了一段时间,直到 1917 年,戈登和雷报名参军,走上了第一次世界大战的战场。当两个年轻人前去欧洲的时候,帕斯卡夫妇将弗洛伦丝接到家中,两位母亲都经常担心孩子的安危,于是走得更近了。弗洛伦丝显然不是雷肚子里的蛔虫,尽管儿子回国令她感到高兴,但是当她得知他爱上了茜茜时,心里肯定很受伤。茜茜也为雷的归国感到高兴,因为曾有人听她说,尽管她还爱着朱利安,但她更爱雷蒙德。

这些消息无疑让弗洛伦丝和帕斯卡夫妇的关系紧张,沃伦反倒是处之泰然,并鼓励雷、茜茜和朱利安把互相的关系梳理一遍。帕斯卡夫妇最终决定离婚。令人颇为诧异的是,雷在这个过程中并没有待在洛杉矶,而是先去西雅图拜访了一位战友,然后又前往旧金山,在银行找了份工作。人们通常认为,第一次世界大战之后,雷为了浇灭自己对茜茜的爱火,选择离开洛杉矶,一直拖到圣诞节才回去。可是茜茜在 1919 年夏天就准备离婚了,而且动作迅速,到 9 月就达成了协议。这意味着她在雷从欧洲返回后不久,就和雷开始了恋情。

帕斯卡夫妇的离婚协议让茜茜占到不少便宜。她不仅分到了所有家具(不包括朱利安工作室里的家具)、半数战争债券,还有每月 100 美元的生活费。朱利安并没有到庭听取最终的裁决。[7]这对夫妇真的如我们想的那样是和平分手吗?雷之所以离开洛杉矶,很有可能是因为在这桩艰难的离婚案中,他不想和曾经的朋友们反目。

雷只在旧金山待了一阵子。他不适合在银行工作。他先后在两家银行(先是在益格鲁与伦敦巴黎国民银行,后来又去了不列颠北美银行)工作后,才认定自己的性情不适合这个行业。他尤其不喜欢和英国人共事，而银行里到处都是这类人，他们崇拜祖国的情结令他厌烦。不过考虑到雷自身的英式做派，他的这种反应还真是有些奇怪。

这段时间里，他依旧坚持写作，差点就将一篇模仿亨利·詹姆斯的文字卖给《大西洋》(*Atlantic*)，却功亏一篑，这件事肯定让他非常沮丧。但他最为着迷的依旧是诗歌，他的大部分诗都为茜茜而作。在1919年至1920年间，雷为她写了几首诗，其中一首是1919年的圣诞节礼物，题作《香炉小诗》("Lines With An Incense Burner")。这首诗将叙述者的记忆同祈祷和其他宗教用语相联系，使我们对雷和茜茜感情的实质有了更深刻的理解：

> 我的记忆如是，我的愿景如是，
>
> 都是时间终将铭记的模糊而甜蜜的事物，
>
> 以及很久以前凋敝的梦中
>
> 永远都不会消失的秘密、沉寂和香气。[8]

他把爱情比作对爱人的宗教虔诚，这样庄严的比喻在雷写给茜茜的情诗中反复出现，俯拾皆是。比如说，在《性爱》("Erotic")中，叙述者在一场臆想的云雨之后与爱人相拥，袒露"自己的灵魂中正燃烧着一曲没有旋律的音乐"，给这一体验增添了一道圣洁的光。在《即兴诗：展望》("Improvisation：Vistas")中，叙述者虽然有着重重伪装，表面上是个有权有势的大人物，但他对一位女神生出纯粹的臣服之心，拜倒在她的足下：

> 可是我依旧来到你面前
>
> 跪倒在你前进的路上，

凝视着你的双眼,

想要聆听你没有说出口的话语,

想要被你的手指碰触······

许多创作于这一阶段的诗歌诉说着他对离别之苦的困扰。在一首无题诗中,叙述者所爱的女人不在他身边时,他的世界只剩下黑白,因为没有她来增添色彩:

我曾见过美丽的山谷······

我曾见过熠熠生辉的白色雕塑······

但缺少了你的点评,

缺少了你双眼的顾盼,

这些景象就只剩下孤独······

雷不仅崇拜茜茜,而且把她看作自身的要害部位。辞去旧金山的工作后,他径直返回洛杉矶,和他歌颂的对象生活在一起。可是眼前仍然有一道障碍:弗洛伦丝·钱德勒。

得知雷与茜茜坠入爱河之后,弗洛伦丝怒气难平。她曾经和帕斯卡夫妇一同生活,在她眼里,茜茜应该是她的朋友,而不是雷的伴侣。茜茜比雷整整大了十八岁,相较之下,只比她大九岁的弗洛伦丝与她的年龄更为相近。儿子竟然被她的朋友勾搭去了,弗洛伦丝肯定受到不小的惊吓,这对母子的关系也因而变得复杂。

考虑到这对伴侣的年龄差距,我们很容易得出结论,认为这是雷的恋母情结在作祟,令他爱上了母亲的替代品。弗洛伦丝和茜茜有着相似的经历,她们心爱的孩子都上过战场,她们都在二十多岁的年纪经历了失败的婚姻，并以离婚收场，从此生活在这个社会的有色眼镜之下。她们都是聪颖的女人，周围的男人在这方面无疑低估了她们。尽管她们俩年龄差距不大，但在观念上不属于同辈。弗洛伦丝·钱德勒虽然叛逆，但本质上是个维多利亚时代的人。洛杉矶人常常穿宽松的衣服，肉体也就常常显露在别人眼前，但是弗洛伦丝总是穿着维多利亚时代家庭主妇的黑色服饰：一条黑色长裙和一件其貌不扬的天鹅绒上衣，如果碰上外出，还会戴上一顶宽边黑帽。茜茜则截然不同，她属于 20 世纪，是个放浪形骸、犹如脱缰野马的女人。她是个红发美女，皮肤白皙得犹如瓷器，身材匀称，看起来比实际年龄要年轻许多。她的衣着凸显出女性的魅力，她像许多现代的加州人那样重视身体锻炼，而且锻炼时全身赤裸。

对于忙碌的茜茜来说，蒙森代克功能锻炼法是最为理想的健身运动，因为有了它，茜茜就可以一边做着日常家务（比方说熨衣、吸尘、掸灰），一边锻炼身体。这套锻炼法的创始人是美国人贝丝·蒙森代克（Bess Mensendieck）。19 世纪初，正在巴黎进修美术的贝丝为动作怪异的人体模特所震惊，于是转而研究起人体构造。她的锻炼法能够将日常活动整合起来，变成一套健身的方案。她为此写了一本书，里面配了各种动作的演示图，它由讲究身材的德国人率先出版。不出多久，这套锻炼法在欧洲传播开来，女人们开始全身赤裸地做起家务，以此实现最大限度的行动自如，从而美体塑形。茜茜很有可能在纽约学会了这套锻炼法，搬到加州时，她已经坚持锻炼了许久。雷肯定注意到，茜茜常常裸身做着家务。[9]

雷后来声称，是自己将茜茜从一段失败的婚姻中拯救出来，由于茜茜本人的观点并没有留下任何记录，所以雷的观点便成了我们手头的孤证。雷毫无疑问为她的性感和文雅所吸引，但是这段感情的发端绝对不会这么简单。雷不仅是位帅气的退伍军人，还是个优质的单身汉。劳埃德夫妇可能曾经期望有一天他会迎娶他们的女儿，可是到最后，他竟然同年过五十的茜茜结为连理。难道是她的成熟令他着迷？茜茜已经到了快要绝经的年纪，她的性欲已经和年轻人不一样了。此外，她基本上不可能再生小孩了。雷的性观念本身就很复杂，对他而言，茜茜的这种情况也许反倒令她显得没有那么咄咄逼人，也以某种古怪的方式，令她显得更为纯洁。与此同时，茜茜能够在性事方面为雷提供指引，弥补他在这方面缺乏的经验。

可是，茜茜又看上了雷的什么呢？他确实帅气，却对性有着困惑。英国公立学校体系令他对性产生了厌恶（他的一位朋友说该体系"对他贻害很深"[10]），所以到了1919年，已然三十一岁的他十有八九还是个处男。但他确实很有魅力，不仅会写诗，而且操着一口带有英国腔的美式英语，为他增添了几分异国情调和教养学识。他显然与茜茜的两位前任都判然不同。也许他最吸引人的特质正好与茜茜的魅力截然相反：他是个仍然同母亲一起生活的男人，而她将在这段情感中予他以指引。这是她第一次在爱情中执掌大权。

茜茜也可能推波助澜，令两人的感情迅速升温。雷已经被她迷住了，而且向她吐露衷肠，但他有胆量向茜茜索取一吻吗？在他的小说里，马洛是个常常被人亲吻，却很少主动索吻的人。在《长眠不醒》中，"她抬起臂膀，捧住我的脑袋，用力地吻在我的双唇上"；在《漫长的告别》(The Long Goodbye)中，"她奋力拥入我的怀中，头发摩挲着我的脸庞。她的嘴唇突然凑上来，等待我的亲吻"；通常情况下，率先发出性请求的都是女人。

1920年10月，茜茜和朱利安正式离婚，此时的茜茜已经和他分居，而钱德勒母子也搬到了茜茜住处东面几个街区的南菲格罗街1507

号。这个时期,她想必经常和雷见面,要么是在劳埃德家,要么是在洛杉矶的餐馆里,通常都有其他人作陪。在这个时期的照片里,雷显得开心、惬意,对南加州的生活方式很是享受。一张照片里的他穿着条纹泳裤躺在沙滩上,露出了笑容。不过,这段时间里他和母亲依然关系紧张。在同时期的另一张照片里,神情愉快的雷躺在树荫下,领带松开,正享受地吸着烟斗,而弗洛伦丝则身穿维多利亚时代的黑色长裙,还搭配了钟形帽,背靠在树干上席地而坐。她看上去不仅和雷是两代人,她简直来自另一个世界。母子俩的紧张关系并没有缓和的迹象,因为雷依旧迷恋着茜茜,他的行为准则也绝不允许他违背对茜茜的诺言。

雷即将进入洛杉矶岁月的一个非常时期:如今的他在洛杉矶下城生活和工作,正身处这个世界上最激动人心的城市之一,不过他自己对此倒还没有太清醒的意识。从那时起,他会像一块海绵那样,将洛杉矶的城市氛围和独特之处吸纳进体内。他还从朋友那里受益良多,比如在加拿大远征军受训时结交的朋友威廉·利弗。利弗如今也回到了这座城市,住在洛杉矶奶油厂附近的南奥利夫街上,在鞋厂里做着裁剪工的活计。在这段时间里,他和雷走得很近,雷也很珍惜这位在年龄和世界观上都相对接近的朋友,况且他也能借着和朋友的交际,暂时逃离弗洛伦丝的身边。

既然茜茜已经同朱利安离婚,那么无论是否与她结婚,雷都必须承担起照顾她的责任。他发现,洛杉矶奶油厂的收入已经越来越入不敷出,难以同时负担茜茜和弗洛伦丝的生活。他勉强靠这份工资生活了两年,不过很快就支撑不住,转而向沃伦·劳埃德寻求建议。从许多方面来说,雷所选取的这个时机都再恰当不过,因为在 20 世纪 20 年代初,洛杉矶突然变成了石油工业大繁荣的中心城市。

汽油本来是炼油产业的廉价副产品，最早用于清洗炉灶，煤炭才是彼时发动机的燃料。然而在19、20世纪之交，事情开始出现转变。美国西部的铁路放弃了燃煤的蒸汽发动机，转而使用烧油的发动机，这也使得燃油的用途大为拓宽，走进了千家万户。而以汽油为驱动力的汽车的流行更是引发了巨变。汽油突然从一种微不足道的副产品，摇身一变成为石油工业钻井、采油、炼油的首要理由。1899年，美国只有8000辆汽车；到了1919年，这一数字已经暴涨到800万，占美国汽油使用量的85%。[11]对于洛杉矶来说，这可是大好消息，因为在1920年，经勘探发现，南加州有着全美最多的石油储量。第一批开采区域位于亨廷顿海滩。标准石油公司在没有石油储量报告的地区钻了一批初探井，其中在水库山区开采出一个中型油田，日产石油40桶。有了这次成功经验后，他们又在福音沼泽地的边缘地带发起了一轮更为重要的开采。一开始，开采引发了爆炸，爆炸声连15英里之外的地方都能听见，轰隆一声后，油井似乎也醒转过来，初期每天能生产2万桶油。五个月后，皇家壳牌公司的锡格纳尔山钻井点又引发一阵低沉的隆隆声，一道高达114英尺的油柱冲向天空。加州的石油热正式宣告来临。

很快，钻井机开始星罗棋布地出现在锡格纳尔山，为它带来了"豪猪山"的绰号。每个人都想从中捞上一笔。在加州南部，就连常人想都不会去想的地方（比如说自家后花园）都出现了钻井设备。人们开始做起了炒地皮的投机生意，希望能够将它们租赁或贩卖给石油公司，不费钻井的功夫就把钞票赚到手。一家百科全书出版公司甚至在他们的书中列出了靠近油田的地皮名录，以此为销售手段贩卖图书。可以说人人都被石油冲昏了头脑。

劳埃德一家从最早的时候起就涉足南加州的石油产业。沃伦·

劳埃德的父亲刘易斯·M. 劳埃德（Lewis M. Lloyd）就参与了文图拉土地与水资源公司的运作，并于 1913 年在公司名下位于西米谷市的一片农场上开采石油。后来，刘易斯·劳埃德和沃伦的哥哥拉尔夫·劳埃德（Ralph Lloyd）同约瑟夫·B. 达布尼（Joseph B. Dabney）一起创办了达布尼石油集团。来自爱荷华州的达布尼生于 1858 年，这个非同凡响的人物曾经因为大胆地在未经勘探的地区钻出石油而名声大噪。他们公司的土地位于文图拉县，尽管一开始频频失利，可是自从他们把土地租给大型油企，就赚到了非常丰厚的租金。

沃伦·劳埃德知道达布尼需要一名会计，所以就将雷推荐给他。雷在 1922 年加入这家公司，工作地点位于奥利夫街的意大利银行大厦，离洛杉矶奶油厂不远。有时候，他也会去锡格纳尔山的油田，不过多数时间都待在洛杉矶市区，守在这座石油即是一切的城市的中心。

雷喜欢这份工作。对于一个此前从没在哪份工作中安定下来的人而言，这想必是个惊喜。在伦敦的时候，他曾做一份毫无意义的差事，甚至令他放弃了写作的念头，然而石油行业里全然没有这类工作。有生以来，他第一次发现自己在过去习得的各类技能（尤其是算术的才能）竟然很有价值。

不过在 1922 年 8 月，沃伦·劳埃德的突然死亡给雷的快乐蒙上了一层阴影。这一不幸事件令所有人都深受震动，而导致他死亡的原因竟然是剃须时不慎刮破的一道口子。他因此感染了败血症[12]，被送到好撒玛利亚人医院，发病六天后就匆匆过世。雷最忠实的支持者以及亲密的朋友从此不在人世。先是他的父亲，如今又轮到劳埃德，一而再被生命中重要的男性"抛弃"的情感冲击对雷影响太深，日后这将成为雷的作品中最常出现的主题之一。触发《长眠不醒》剧情的导火索是鲁斯蒂·里根（Rusty Regan）的失踪，在小说的后半段，雷安排将军向我们道出了被人抛弃的痛苦：

> 只要能找到鲁斯蒂，我愿意再付你一千美元。他也不是非得回来不可。我甚至不是非要知道他人在哪里。每个人都有权利去过自己的生活。我并不会因为他抛下我的女儿，甚至不会因为他不辞而别就责怪他。这大概是一时冲动。无论他人在何处，我想要确认他如今平安无事。我想要直接从他嘴里确认这个消息，如果他正好手头紧张，需要钱，我也要帮他这个忙。听清楚了没有？……我猜我现在就像一头感情用事的老山羊……一点军人的样子都没有。我真挺中意这个孩子。我觉得他很纯洁。看来呐，我对自己看人的眼光有点太过自负了。给我找到他，马洛。找到他。

这是单相思的少女才会说的话。可实际上，将军是一位把女婿当成儿子的老人。这样的场景只有雷才写得出来。后来，他在《再见，吾爱》中重提这种感情，马洛坦言自己对"驼鹿"马洛伊抱有"奇怪的"好感，很多人认为这段情节暴露了雷受压抑的同性恋倾向。这件事我们暂且按下不表，下文再谈，不过马洛确实常常渴望同男性建立真正的感情，又因为这似乎难以实现而感到遗憾。从马洛的经历来看，男性朋友总是背叛他，离开他的身边，这一现象在《漫长的告别》中最为明显。在这部晚期小说中，我们本以为马洛真的同特里·伦诺克斯结为朋友，可是到头来，伦诺克斯欺骗了马洛，这段友谊也就灰飞烟灭了。

为了走出好友早逝的阴霾，雷全身心地投入工作。他很快得到升迁，不过事业上的成功除了归功于他的慧眼独具外，也有好运的成分在里面。1923年10月，雷无意中发现了公司内部的一桩丑闻，他的所作所为向我们证明,马洛的道德准则正是源自雷本人的刚正不阿。[13]公司审计员 W. A. 巴特利特(W. A. Bartlett)涉嫌挪用公司资金,而雷的检举使得他锒铛入狱。巴特利特转移了三万美元的公司资金。就算事发之时,达布尼还不太清楚手下的这位雷蒙德·钱德勒是个怎样的人,整件事情过后,他也已经有所了解。后来,雷表示自己加入了检控团队,帮助检察官提出正确的问题("这个蠢货对自己手头的案子一无所知"[14])。这场风波过后,雷被提拔为新任外聘审计员约翰·巴兰坦(John Ballantine)的助理。两人合作很愉快,不过这一和睦关系在一定程度上是因为,这位比雷年长的人和他一样也是漂泊在洛杉矶的异乡人,这位苏格兰人能够理解雷的个别心思,与他惺惺相惜。

当雷在石油行业的工作有所起色之时,他母亲的健康却每况愈下。她得了癌症。1923 年,弗洛伦丝已经病入膏肓,最终在 9 月 26 日逝世。雷陪伴着母亲走过了人生的最后 10 小时,她始终昏迷不醒。雷眼睁睁地看着用于止痛的大剂量吗啡最终结束了她的生命,对他来说,这想必是一种难以忍受的折磨。弗洛伦丝贯穿了雷的前半生,无论两人关系紧张与否,雷都爱着她。他始终都试图给予她保护,先是保护她不受莫里斯·钱德勒的虐待,后来又保护她不受外婆的欺侮,可是到最后,面对死亡他却无力拯救她。雷很少在文字中提及母亲的过世,但是在 1950 年给文学代理人的一封信中,他写道:"如果我势必要陪她走完最后一段路,那么要是它只持续两秒钟该多好!"他无法面对丧恸,于是向茜茜寻求帮助。弗洛伦丝在过世后的第二天火化了,雷的一半人生也就此随她而去。

雷用了好几个月的时间,才终于接受了母亲的过世。他搬出了和弗洛伦丝同住的斯图尔特街 723 号,终于同茜茜结了婚,这一次,弗洛伦丝再也没法提出反对意见了。在当地牧师卡尔·S. 佩顿(Carl S.

Paton)的主持和茜茜的妹妹拉维尼娅的见证下，婚礼在 1924 年 2 月 6 日举行。那想必是一场很小的仪式，前来参加婚礼的人大概只有同事、战友以及阿尔玛·劳埃德。这是雷的初婚，也是茜茜的三婚。茜茜又像过去那样谎报了年龄，跟牧师说自己只有四十三岁。而此时的雷三十五岁，我们很好奇他到底知不知道茜茜的真实年龄。不过在好些年后，情深义重的雷为了帮茜茜圆谎，还更改了她死亡证明上的出生年份。

这对新婚夫妇在利沃德大道 2863 号（茜茜可能早已住在这里）安家落户。这段婚姻当然不同寻常。茜茜应该已经到了更年期，甚至过了更年期，性欲已然减退。而雷所处的阶段则正好相反。茜茜很可能是第一个与他发生性关系的女人，她势必要在性生活的基本要义上给予他指导，令他终于能够解放长久以来被压抑的性欲。茜茜自然试图在这段婚姻中展现出性感的一面，她会穿戴年轻姑娘的服饰，还把卧室装饰成女性特质十足的粉色闺房，和电影里那种夸张的房间不相上下。雷对妻子的评价总是"相当火辣"和"极其性感"，可是这位"在性观念上被学校教育毁得一塌糊涂"［语出好友约翰·豪斯曼（John Houseman）］的人所谓的"火辣"到底是指什么呢？少数几次，雷曾谈及他和茜茜的性生活，可是我们从中体会到的崇拜之情要远远大于肉欲：

> 你永远都不可以贬低女人。像我这样的男人往往比女人自己还高看她们三分。毕竟对她们自己而言，肉体不过是件寻常之物；可是对有些男人来说，那可是一座神坛。[15]

在去世前不久，雷曾就两性话题为《圣迭戈论坛报》（*San Diego*

Tribune）写过一期专栏，更为深入地探讨了这个问题：

> 在经历了三十年的婚姻之后，我想我对此应该有所了解，不
> 过我其实从来不曾以那些（生物的）术语思考过这个（性）问
> 题……如果你像我一样，彻彻底底而且永不变心地爱着一个女
> 人，你可能就不会以这样的角度思考问题。你只会想到这一关系
> 是多么神奇和荣耀……[16]

雷在这个时期创作的诗歌也表达出类似的情感，不过与此同时，
它们也暗示性甚至可能会带来威胁。这一首在婚后献给茜茜，同样题
作《性爱》的诗歌就证明了这一点：

> 用过于慵懒的嘴唇再亲吻我一次……
> 然后突然庄重，又半是害怕地，
> 抱住我，静静地深埋在枕头里。

总而言之，性似乎是这段关系中相当次要的元素。他们全身心投
入其中的浪漫才是主角。很早的时候，茜茜就为雷取了一个爱称叫
"雷米奥"（Raymio），将雷视作他一直心向往之的骑士英雄。他们也花
了很多时间去"约会"，两人通常会去夜总会吃饭跳舞，如同一对恩爱
的年轻夫妇。

在人生的这个阶段，尽管他们还在租房，雷也比较节俭，但他毕竟
刚刚得到提拔，所以日子过得还算宽裕。情况很快又发生了变化，那
位苏格兰审计员约翰·巴兰坦突然在办公室心脏病发作，继而过世。
雷打电话报了警，并协助警察就上司的死亡做了笔录的工作。葬礼之

后，雷被委任为公司新任审计员，他在职场上继续平步青云。这也让他有机会观察洛杉矶黑暗而又令人着迷的商业世界，并最终将它写进小说。他在意大利银行大厦静静地吸纳着那里的氛围、人物和环境。

20世纪20年代的洛杉矶是一座黑暗的城市，这里也是硬汉小说的种子能够生根发芽的沃土。美国正经历第二次革命，洛杉矶便是这场革命的领头羊。20世纪20年代是一个充斥着狂欢派对、汽车、非法酒类（禁酒法案于1920年1月16日生效），以及裙子短到诱人犯罪的轻佻女郎的时代。克拉拉·鲍（Clara Bow）等好莱坞明星引领着夜夜笙歌、滥交和酗酒的风潮，这些行为都记录在当时新发明的小报上，广为流传。按照F. 斯科特·菲茨杰拉德（F. Scott Fitzgerald）的说法，那是"史上最盛大、最华丽的狂欢"[17]。

从沙漠中生长出来的洛杉矶不仅是时代的弄潮儿，也是这个时代最岌岌可危的城市。这座城市的发展过于迅猛，导致市民跟不上它的步调，负责保护它的机构也难以应对它的各种变化。尽管禁酒令已经生效，但是人们可以轻易地在非法的地下酒吧，以及隐蔽的商店买到走私或自家酿制的酒。卖淫的行当也很繁荣，每天都有越来越多的女孩来到这座城市，希望能够在好莱坞成名，却在梦想落空之后成了皮条客的饵料。赌博更是司空见惯，被法律明令禁止之后就转移到了城市的外围，不过依旧伸手可及。

在这些犯罪行当的背后有着一个黑道老大的团伙。他们行事低调，虽然每个人的名头并不响亮，可是洛杉矶人都知道这个团伙的存在，他们才是洛杉矶真正的统治者，被洛杉矶人称作"系统"。这个强人团伙控制着警察系统，能够让警官帮他们收钱（即这些黑道老大从各自辖区的犯罪行当收取的保护费）。他们控制着洛杉矶的政局，在1921年，"系统"的一位首脑查理·克劳福德（Charlie Crawford）通过幕后运作,令乔治·克赖尔(George Cryer)当选为洛杉矶市长,在位时间长达八年。任何人只要得到"系统"的保护,就算杀了人也可以逍遥法外。据当时一位记者所说,"'系统'是整个国家最来钱、最高效、最稳固的组织"[18]。所以也难怪,好多天真的中西部美国人原本想来洛杉矶寻求更好的生活,却很快就梦想破灭了。

朱利安石油公司丑闻可以说是那个时代最大的骗局之一,而且直接影响了雷。整桩骗局始于1921年,当时一位名叫考特尼·昌西·朱利安(Courtney Chauncey Julian)的年轻人来到洛杉矶,想要发上一笔横财,却落得一败涂地。这位身无分文的加拿大人有着很大的野心,而且就像20世纪20年代早期南加州的所有人那样为石油着迷。一开始,他以中介身份向石油公司出租地皮,可是做不成生意,后来就自己把地租下来,并于1922年在圣菲斯普林斯发起了一批初探井的建造项目。这些项目都需要钱,于是他在当地报纸上接连购买广告版面,利用加州的石油热敛财。朱利安是个天才,极其善于利用他如簧的巧舌,将投资散客和资金吸引到自己的项目上来。他最出名的一则广告登在报纸上时使用了巨大的加粗字体:

> 输不起的人,就不要来投资朱利安的项目!寡妇们、孤儿们,这种项目可轮不到你们来投资。

20世纪20年代的洛杉矶人总是盼望着天下有免费的午餐,巴望着能够迅速且毫不费力地发家致富,而朱利安的广告很快就变成了洛杉矶日常生活的一道风景,最能打动的也正是这一类人。此外,洛杉矶也到处都是满怀希望来城里打拼的中西部人,他们希望能在这里过上更好、更惬意的生活,而朱利安那些强调勤奋工作和坚忍不拔的广告，也能吸引这些人的目光：

> 来吧，伙计们，光是在一旁看着可是连一个铜板都赚不到。这一回，我手头有个保准会赚钱的项目，百分百成功。我们没有任何失败的可能性。在我们加州，喷油井遍地都是，我们必然会大捞一笔。来吧，伙计们，快来搭乘我们这班致富列车。

于是乎，钱如流水一般涌入朱利安的口袋。他甚至在广告上宣布自己筹到了多少钱，其中一条写道，"我用六天就拉到了六万美元的投资"，而到了第二天，广告语就变成"我用七天就拉到了七万美元的投资"。当圣菲斯普林斯的四座初探井都钻出石油的时候，朱利安的项目变得更加吸引人了，而洛杉矶人更是源源不断地把钱投给他。这当然使得朱利安可以将分红发给第一批投资客。石油的产量也有了（朱利安进一步扩大了钻井项目），并且以有利可图的价格出售给下游。朱利安靠融资一下变成了好莱坞的名流，当他和查理·卓别林（Charlie Chaplin）发生口角，并被卓别林打倒在地时，这桩八卦甚至登上了报纸。

朱利安石油公司甚至利用自己对投资散客的独特魅力，开了一系列加油站，名字取得非常讨巧，叫作"拒不服从"（Defiance）。但是朱利安石油公司有一个致命问题：它销售石油赚取的利润并不能兑现朱利安对投资客的承诺。于是，朱利安效仿查尔斯·庞兹[①]和更为新近的

[①]　查尔斯·庞兹（Charles Ponzi，1882—1949），庞氏骗局的始作俑者。

伯尼·麦道夫①，将新筹到的投资款当作"利润"返还给早期投资者。换言之，C. C. 朱利安必须不断拉到投资才不至于入不敷出。

1925年，朱利安石油公司被一位德州律师 S. C. 刘易斯（S. C. Lewis）以及他的副手杰克·伯曼（Jake Berman，别名杰克·本内特，绰号"西海岸的庞氏小子"）接管。他们发现了一个绝佳的机会，能够以数十万投资者的资金为代价大赚一笔，并迅速甩掉了朱利安，让骗局升级。他们开始控制证券行，虚假地抛售股份和股票。他们组建了所谓的"投资圈"，先拉拢大投资商，用他们的名头来鼓励小投资商投钱。在这样的运作下，朱利安石油公司在洛杉矶总共吸引到4万名来自各行各业的投资客。洛杉矶记者盖伊·芬尼（Guy Finney）如此描述这些投资客：

> 他们知道他们的城市在以令人心慌的速度飞奔。他们已经被赚钱轻而易举的狂欢情绪所摄住。每一座建筑、每一个股票交易平台、每一间热闹的夜店和咖啡馆、每一座售报亭和每一支乐队都歌唱着这首繁荣之歌……美元的符号招摇过市。它像麻疹一样从银行家传染到股票经纪人、商人、公司职员、速记员、女清洁工、办公室勤杂工、手持饭盒的工人等，你没必要对此大惊小怪。疯狂的大众急不可耐，连一天都不能再等。19

朱利安公司不断地扩张，最终，泡沫在1927年5月6日星期五彻

---

① 伯纳德·劳伦斯·"伯尼"·麦道夫（Bernard Lawrence "Bernie" Madoff，1938—　），美国金融界经纪人、前纳斯达克主席，发明了一种全新的庞氏骗局（层压式投资骗局）。

底破灭。一位审计员透露朱利安石油公司存在股票超发问题，股票交易被紧急叫停，结果数千人在一夜之间损失了所有积蓄。洛杉矶人早晨起来时发现，他们被薅了1.5亿美元的羊毛，而所谓的朱利安石油公司，则是一场彻头彻尾的骗局。

洛杉矶市民为此大为火光，想让公司付出代价，可是在这座城市，竟然连牵涉面如此之广的骗局都可以被掩盖了事。大陪审团对刘易斯、伯曼等人提起诉讼，可是当地方检察官阿萨·凯斯（Asa Keyes）于1928年1月将他们逮捕，并带到法官和陪审团面前时，他竟然建议撤回对他们的指控，令所有人都震惊了。凯斯很快就尝到了恶果，他因随后的丑闻事件，丢了自己戴了二十四年的乌纱帽。

雷蒙德·钱德勒和好友威廉·利弗便是朱利安石油公司丑闻的受害者。它被并入日落太平洋公司之后，雷和威廉都收到了相应的股份。但是雷在20世纪30年代写道："这些股票没有办法售出，而且公司的负债如此严重，这些股票几乎已经没有任何价值了。加州的石由①生意已经过了暴富的阶段。"[20]在雷的一生中，这不是他最后一次被骗局所波及（后来他还会再度受骗），他的这桩经历向我们表明，即便是那些对行业非常了解而且人脉很广的聪明人，也可能成为此类骗局的受害者。当雷把这座城市写到小说里时，他会将这个腐败的暴发户世界设为故事的背景。

20世纪20年代，还有一起丑闻给洛杉矶带来了冲击。麦艾梅（Aimee Semple McPherson）是一位极具感染力的福音传道者，她耗资整整150万美元，建造了安吉利斯主教堂。那是一座蔚为壮观的建筑，共有5000个座席，还有一套价值7.5万美元的广播设备。麦艾梅

---

① 雷把"石油"一词拼错了。

是位非同凡响的女性,以其令人沉醉的布道词激发了数以千计的洛杉矶人的想象力,聆听她的教诲就像观摩神学展览一样有趣。有一次,她仿佛用干草叉追得魔鬼在台上团团转。另一次,她为观众演绎了索多玛和蛾摩拉的覆灭。还有一次,她身穿警服,骑着一辆洛杉矶警察局的摩托车,围绕着一群信众转圈圈。她用自己标志性的嘶哑嗓音(其中带有独特的性暗示)播送这些精彩的节目,对信众产生了深刻的影响,她的节目像一条皮鞭那样令听众为之疯狂。人们传说她能够凭借信仰治疗疾病,所以在这座第一热门问题是"你从哪里来?"而第二热门问题是"你身体感觉如何?"的城市,人们非常愿意听从她的教导。信徒因渴望聆听上帝的教诲而拥向洛杉矶,麦艾梅便通过广播节目和教堂布道满足了信众的这一渴求。可是在1926年5月18日,她突然人间蒸发了。

她最后一次被人看见时穿着泳衣出现在海洋公园的沙滩上,于是人们很快就猜测她是溺水而亡了。数千人来到沙滩,为这位失踪的信主姊妹默哀。还有人专门派飞机越过她失踪的地方,将鲜花抛撒在沙滩和海域上。5月23日,一位狂热的追随者为了寻找她的尸体而不幸溺毙。三天后,她却在亚利桑那州再度现身,声称自己遭人绑架,并在荒漠中徒步13个小时,才逃脱了绑匪的控制。媒体对她的说辞照单全收,而她返回洛杉矶的整个经过和她的失踪一样充满戏剧性。抵达洛杉矶之后,从火车上下来的她躺在了一张玫瑰床上。当汽车载着她驶过洛杉矶时,十万人拥向街道迎接她的归来。她的随行人员还包括一支身穿白色制服、演奏银色铜管乐器的乐队,以及二十位牛仔保镖和一支警察小队。

曾经被她告上法庭的八卦小报对整个事件生出了兴趣,决定仔细调查她的失踪过程。他们追溯了她消失之后的行踪,发现在她失踪期间,曾有人在海滨小镇卡梅尔看到过她和教堂前任广播操作员。她因此被警方逮捕,坐上被告席,被控以提供错误信息、试图干扰正常司法程序的罪名。然而,刘易斯和伯曼的戏码再度上演,警方撤回了指控,于是她又回归到传布福音的工作中去。[21]

在麦艾梅事件和朱利安石油公司丑闻中,受伤最深的都是洛杉矶市民。他们最为信任的人做出了令他们深深失望的事情。洛杉矶尽管有着完美的气候和宛若伊甸园的景象,却暴露出其阴暗和危险的面目。在这座城市,哪怕最为显赫的人士都不值得信任,这无疑给洛杉矶染上了一层挫败失望的情绪。

人们也因此担心,那些旨在保护市民的机构并不能胜任它们的职责。朱利安石油公司丑闻的幕后黑手逃脱了审判,麦艾梅也并未被绳之以法,而1929年2月发生的一起事件更是令洛杉矶市民感到,他们所谓的保护者完全就是些渎职之徒。尽管雷没有被卷入后面两起事件,但是未来的二十年间,它们将在他的小说中不断回响。[22]

1929年2月17日清晨,警方接到报警,赶到贝弗利山的格雷斯通,小爱德华·"内德"·多希尼(Edward "Ned" Doheny Jr.)的住宅。这座气宇非凡、斥巨资打造的豪宅建于1928年,是石油大亨老E. L. 多希尼(E. L. Doheny)送给儿子的礼物。它的配套设施极尽奢华,包含数间温室、一座长达60英尺的泳池、羽毛球场和网球场,以及从80英尺高的山丘上倾泻而下的瀑布,下方是点缀着白睡莲的人工池塘。豪宅内部的装潢有过之而无不及,包含一座两道保龄球场、健身房、步入式毛皮珠宝库、影院,以及一间配有隐藏式酒吧的台球室,只需按下按钮,酒吧就会缩回墙后。这座豪宅的名字(Greystone,字面意思是"灰石")取自日落大道经过岬角时一段3英尺厚的印第安纳石灰岩矮墙,人们可以在这里欣赏到这座城市和圣莫尼卡的美景。这座矗立在洛杉矶土地上的豪宅所耗费的巨资自然是来自石油行业，有些合法，有些则令人生疑。[23]那天早晨，警察在豪宅发现了两具男性尸体。

地方检察官派出年轻警探莱斯利·怀特（Leslie White）来一探究竟。他所目睹的案发现场着实令人感到害怕。在一间奢华卧室里发现的两名死者均倒在血泊中。其中一名死者便是房主内德·多希尼，他的脑袋上有两个弹孔，子弹从一只耳朵里进去，从另一只耳朵里出来。他仰躺在地上，满脸都是血。内德的秘书休·普伦基特（Hugh Plunkett）俯卧在地上，脑花整整溅了一面墙。他手里夹着一根抽了一半的雪茄，警察搬动他的尸体时，在底下发现了一把点45口径的柯尔特左轮手枪。

多希尼从小有多么富贵，普伦基特从小就有多么贫寒。普伦基特一开始在多希尼亲家的修车行工作，他们相识的那一天，多希尼正巧来这家车行给他诸多汽车中的一辆更换车胎。他们出人意料成了朋友。普伦基特被雇为多希尼家的司机，并和内德在同一天应征入伍，共赴第一次世界大战的战场。从欧洲返回之后，休就开始负责监督格雷斯通的建造，并帮助内德签支票、管家事，成为他不可或缺的伙伴。在他们死亡的那天晚上，普伦基特来到格雷斯通，将内德从床上拽起来，去另一个房间里谈话。大约一个小时后，人们听到了枪声。根据目击者的证词，那几天里普伦基特一直表现得很异常，又拒绝去疗养院休养。内德喊来自己的医生，想让他帮忙说服这位秘书暂时放下手头的工作。可是根据医生的证词，当他来到格雷斯通时，内德已是一具死尸，医生试图破门而入，但没过几分钟，普伦基特就断了自己的性命。

这座豪宅里的每一个人，从家人到仆人，都异口同声地支持这个故事，但是莱斯利·怀特总觉得有什么地方不太对劲。一方面，内德的尸体上有火药灼伤,普伦基特的尸体上却没有,这表明内德在 3 英尺之内被开枪射杀,而这位自杀身亡的秘书却有办法以更远的距离对自己开枪。另一方面,普伦基特手里有一支抽了一半的雪茄,它表明普伦基特死时正在抽烟,这与自杀理论相冲突。怀特认为真实的故事应该倒转过来:多希尼才是杀人后自杀身亡的那个人,而普伦基特应当是被害人才对。于是他非常自信地将证据提交给地方检察官布隆·菲茨(Buron Fitts)。可是在政治上异常老练的菲茨心里很清楚,不应该去惹 E. L. 多希尼这等富人的麻烦。于是他裁定,此案不宜追究过深。他在新闻发布会上宣布:"我方断定休·普伦基特毫无疑问是精神病发作,先枪杀了内德·多希尼,然后把枪口对准了自己。"没有审讯也没有尸检就结案了。[24]

对雷来说,这桩案子代表了洛杉矶的所有症结所在。可怕的犯罪事件发生之后,罪名却被安在了无辜之人的头上。他知道这案子里有人在掩盖真相,因为它在第一天还是耸人听闻的报纸头条,可是接下来,所有的后续报道都戛然而止。老多希尼的权势给所有媒体都上了封口令。几年后,雷和怀特在通俗杂志《黑面具》(Black Mask)的撰稿人宴会上相遇。雷在这份杂志上初次牛刀小试,而怀特则给他和达希尔·哈米特[①]拍下了那张后来非常出名的照片,这大约是雷和怀特的唯一一次相遇。雷读过怀特的书《我是一名警探》(Me, Detective),怀特的下述文字应当会引起雷的共鸣:

　　我怀着"开放的心态"走进了地方检察官的办公室;我对此等

---

① 达希尔·哈米特(Dashiell Hammett,1894—1961),美国"硬汉派"小说家,代表作为《马耳他之鹰》。雷曾称赞他说:"哈米特把谋杀从威尼斯花瓶中解放出来,然后丢到了暗巷里。"

复杂而又庞大的机构几乎一无所知,有着强烈的求知欲。我很快就发现,"我们"(警局里面的条子)可不光光是警察。我们的工作中还牵涉很多政治因素,而且我们必须时刻谨记,自己在某种程度上也算是一名政客。我们都是些杂种:被法律哺育,却被政治"诅咒"。[25]

格雷斯通的这起枪杀案在许多方面都给雷带来了影响。有些人认为,怀特是马洛的一个原型,因为马洛也曾是地方检察官麾下的警探。格雷斯通曾经在《长眠不醒》中作为斯特恩伍德府出现,从对欧文·泰勒途经路线的描述,我们可以很清楚地判断出它的方位。它也在《再见,吾爱》中改头换面,变成了格雷里府:"这房子倒算不上多么气派,也就比白金汉宫小一些,它的颜色在加州算是比较灰的,窗户大概比克莱斯勒大厦少几扇。"这起案件还在另一本小说《高窗》中登场,马洛在其中详细地谈起了一桩"卡西迪案",不难看出其原型就是格雷斯通的案件。当马洛在这一幕的结尾提出他的质疑时,雷的重要主题之一浮出水面:

> "你可曾停下来想一想……卡西迪的秘书也许有母亲,有妹妹,有爱人——也许三个都有呢?她们有骄傲,有信念,她们爱这个孩子,而他却被诬蔑成整天酩酊大醉的偏执狂,就因为他老板的爹是个亿万富翁。"

这段话道出了硬汉小说的一大核心观念:在这座城市里,受人欺侮的总是那些平凡的人。洛杉矶一再因为政治、金钱和法律,剥夺其人民生而为人的资格。在朱利安石油公司丑闻中,在多希尼-普伦基特谋杀案中,在麦艾梅失踪事件中,受到欺骗、彻底梦碎的都是小人物,而富人则借此飞黄腾达。雷在《长眠不醒》里写道,在洛杉矶,"那阳光明媚的花园怎么看都有些蹊跷,仿佛总有一对凶狠的眼睛躲在灌木丛背后虎视眈眈,仿佛阳光中总有一道诡异的色彩"。这道诡异的色彩便是洛杉矶及其人民疲敝、晦暗的精神。它便是雷在这座城市的空气中闻到、尝到且感受到的东西。

尽管雷日后文学成就的几大要素已然开始集结,可是在这个阶段,他距离成为一名作家还非常遥远。他很享受婚后的生活、与朋友的交际,以及公司高管的职场定位,他还将获得晋升。1926 年,他觉得手头已经非常宽裕,于是就给自己买了辆克莱斯勒,有时候也会借给威廉·利弗开。在 20 世纪 20 年代末,他已经晋升为"三家公司的主管和三家公司的董事",虽然他常常会告诉旁人,自己"不过是个收入很高的打工仔"。[26]他的人缘也很好,公司里的人都管他叫雷,从来不称呼他为钱德勒先生。此外,用他自己的话来说,大家都认为他"是整个洛杉矶最棒的公司职员"[27]。他所管理的办公室似乎非常现代化,他号称自己"办公室的大门从来不曾关闭"[28]。而且,他付给员工的薪水"要比他们在任何其他公司能够拿到的都更为丰厚"[29],而这令他与公司高层起了冲突。雷总是坚定不移地认为自己的方法就是最优解,以下两个事例可以表明他的决心如何引导着公司的政策:

> 我手头似乎总有要打的仗。有一次,我雇了六个律师;有几个擅长这件事,另外几个擅长别的事。他们寄来的账单总会把董事长惹恼;他说这帮人要价也太高了。我总是照单付钱,因为就处理的案子来说,他们要价不算太高。[30]

在另一起牵涉律师的事例里，雷向我们表明他的决心可以坚定到什么程度。有一次，在锡格纳尔山附近的公路上，一辆汽车撞上他们公司卡车运输的石油管道（它远远地伸出卡车之外）。汽车的司机和乘客声称，卡车违反了法律，石油管道上没有警示的红灯，所以他们根本搞不清楚它到底伸出卡车多远。可是雷确信管道上不仅有红灯，而且灯是亮着的，所以当保险公司认为为此进行辩护开销过大，决定赔偿对方的时候，雷大为火光。在雷看来，明明是汽车司机和乘客理亏，所以他们必须在法庭上见分晓。向骗子让步，拱手让对方取得胜利，这有悖雷的道德准则。他告诉保险公司，他的公司要出庭辩护，如果保险公司不支持他的主张，他就要起诉他们，让他们承担赔偿。雷写道：

> 我们派最好的律师出庭辩护，我们证明警示灯在正常工作，我们还去长滩寻找酒店常客（这多少要花点钱，但这笔钱花得值当），（证明）他们（即司机和乘客）曾经被三家酒吧扫地出门。我们轻松获胜，保险公司也就只赔偿了原定金额的三分之一，他们一付清款项，我就取消了他们的保单，把它签给别家保险公司。[31]

如此坚定的决心帮助雷在事业上取得了成功，不过能够从他的行为中看出他的道德操守也是一件颇为有趣的事情：在他的世界里，对和错是泾渭分明的。他对于另一桩事件的反应向我们表明，商业世界有时候对他来说也很光怪陆离：

> 我认识一位来自华盛顿州阿伯丁市的银行家，他曾因为以无担保贷款的形式将银行资金发放给银行旗下农场的经营者，而在

联邦监狱里蹲了两三个年头。他是个极其诚实之人，不曾从自己的违法行为中捞过一分钱……这位银行家毫无疑问违反了银行法。他也供认不讳。可是他到底诈骗了谁呢？难道是银行的股东？他自己就是股东，而其他股东都是当地豪门。银行的股票并不进行交易。他只是在用他所知的唯一方法，挽回银行濒临崩溃的收入来源。他受到审判，被定以罪名，银行也关门大吉……我们的司法系统只会将诚实之人定为罪犯，而那些匪徒和诈骗犯却只有在逃税的时候才会遇上麻烦，这其中必然有着某种悲剧性的错误。[32]

在雷看来，商业的堕落与生俱来。商业本身没有意义，而且他深信"如果不约束大型商业组织，放任自流，它们必然会扭曲，进而堕落"[33]。这并非左派信念所催生的言论，而是一种坦诚，承认在洛杉矶（或者更广一些，在美国），那些用来保护公民的机构根本就达不到应有的标准。当禁酒令在 20 世纪 30 年代被废止之后，雷在写给友人的信中打了个比方：

> 典型的诈骗犯和那些狡诈行业的商人没多大区别，在石油、房地产、体育推广、剧院、夜店、酒店和餐馆这类行业，这种人比比皆是。[34]

雷有这种想法，是因为感到一个完美的世界已然被人玷污，而他也只有在洛杉矶这般光怪陆离，商人和犯人每日摩肩接踵的城市里，才能发展出这种观念。

整个 20 世纪 20 年代，雷的事业都处在上升期，可也正是在这个时期,酗酒开始成为一个严重的问题。他其实在"一战"期间就常常酗酒,可是这一问题似乎要到 20 年代中后期才真正影响到他的生活。那个时候,他开始对酒精产生依赖,以至于打乱了他生活的平衡。雷的酗酒背后有诸多原因:虽然他从未刻意提及,但战争的创伤回忆想必不是一件容易对付的事情;工作会有很多压力;不过归根结底,酒对雷来说相当于每日的面包,酗酒是一件无法避免的事情。他的父亲就是酒鬼,而雷的酒量又很好,这些都是具有危险性的组合因素。如果酒不是那么触手可及,他也许可以逃过这个宿命,然而在洛杉矶,酒可以说是一种无处不在的东西。

比方说,雷时而会跟着"达布尼团伙"——财务主管米尔顿·菲利奥(Milton Philleo)、保险推销员路易斯·奈特(Louis Knight),以及同事奥维尔·埃文斯(Orville Evans)——去加州大学洛杉矶分校和南加州大学看橄榄球比赛。有时候,他也会去帕洛阿尔托市或伯克利市观看斯坦福大学和加州大学伯克利分校之间势均力敌的比赛。出门看球赛必然会豪饮,不过对雷来说,想要跟公司同人相处融洽,喝酒就不只是一种娱乐,更是一种必需。

达布尼团伙就连打网球的时候,都会在赛前、赛中和赛后喝酒。雷发现,为了和这些年轻人(尤其是他们年轻貌美的妻子)相处融洽,他只能越喝越多。问题就出在这里。通常情况下,饮酒能够帮助雷摆脱拘谨,让他更容易跟大家打成一片,故而是一种自我调节的行为。可是一旦饮酒过度,他很快就会变得不再讨人喜欢,而是阴沉易怒。有一天,他去米尔顿·菲利奥家打网球,结果菲利奥夫人伊芙琳(Evelyn)恰巧身体不适,网球赛也就因此无法进行。雷心里有些失落,紧接着酗酒使得他做出了后来追悔莫及的事情:他跑到楼上,试图将伊芙琳从床上拽起来,非说她是在装模作样,这样他们夫妻俩就能对他避而不见。我们当然可以理解，米尔顿为此非常生气，要求这位朋友立即离开他家。可是雷跑到客厅，抽出一把枪，威胁要自杀。雷只有在喝醉之后才会这么胡闹，和他平日的职场形象截然相反。这表明尽管雷在表面上取得了成功，似乎严于律己，可实际上，20世纪20年代对他来说是一段压力巨大的岁月。

压力同样来自婚姻。结婚之后，雷大概意识到了茜茜的真实年龄。至少他发现，她没有自己声称的那么年轻。在一首诗作的早期草稿中，他毫不避讳地提及了两人年龄的差距，后来又为此感到后悔，将此内容画去。他周围有很多年轻而富有魅力的人，这只会更加突出茜茜的年长。这注定导致恶性循环：他因为困扰而酗酒，而酗酒令夫妻关系变得更加紧张，反过来使他喝得更凶。达布尼集团的另一位同事约翰·艾布拉姆斯（John Abrams）认为雷是个孤僻之人，喝酒只是为了将家庭生活抛诸脑后："有一次，我在比尔特莫尔的千人油气年会上遇见他，钱德勒整个人阴沉沉的，喝得酩酊大醉，身边簇拥着一堆舞女，一副讨人厌的模样。"[35]

雷生活中的其他女人无疑是一种诱惑。如今的雷已经初经人事，由于同茜茜的性生活多少有些不同寻常，所以那些年轻又不那么矜持的女性就必然会引起他的兴趣。他为了克服紧张情绪所喝的酒，只会让他更可能在接近她们时遭到拒绝，结果就让他越喝越多。不过雷曾经也勾搭上一些女人，比如说达布尼石油集团的一位秘书就与他有染。两者之间的干柴烈火与其说是因为爱慕或者欲求，不如说是因为各自都有酗酒的问题。他们会双双离开办公室，并带着微醺的神情回来，几次之后，这段不正当的关系也就为大家所知了。

也许雷终究还是将茜茜当作母亲的化身。她和弗洛伦丝不仅年龄相近，她们与雷的相处方式也相似，而雷在这种关系中只需扮演忠诚的追随者即可：一位宛若骑士的救星，像加拉哈特一般纯洁。当时的八卦小报上充斥着滥交的故事，它们也许给雷施加了影响，让他觉得自己的人生好像错过了什么东西。雷知道自己长相帅气，但是这副皮囊却派不上什么用场。很多年后，他在《湖底女人》(*The Lady in the Lake*)中安排一位角色说道："你也知道婚姻是怎么回事，所有人都差不多。一段时间过后，像我这样算不得什么好人的普通男人，就会想摸摸别的女人的腿。也许听起来挺下流的，但婚姻就这么回事。"

雷和茜茜每年都会在洛杉矶寻一处新家，他们通常都租住在洛杉矶东部，不会远离下城。1929 年，他们住在南高地大道 1024 号。雷的酗酒问题给他们的婚姻带来巨大的压力，到 1930 年的时候，茜茜已经对他的醉酒不归感到厌倦了。像她这般坚韧且阅历丰富的女性通常都有很强的忍耐力，但即便是对她来说，雷的所作所为也已经太过出格了：茜茜忍无可忍，两人于 3 月 3 日签订了分居协议。签订分居协议不等于离婚，但它也具有法律效应，明确指出这对伴侣因为"不幸出现分歧"[36]而决定分开生活。这份协议并没有指出双方的具体分歧，不过我们可以从协议中看出，具体的和解办法偏向于茜茜，表明引发分歧的主要责任人是雷。茜茜曾经为了这个男人离开了朱利安·帕斯卡，可如今，这个男人却投向了酒瓶和其他女人的怀抱。根据分居协议，她分到了全部家具、汽车以及雷缴纳的三份人寿保险的收益。雷还同意每月分两次各支付茜茜 150 美元，直到她再婚为止。对茜茜来说这可不是一笔小数目，不仅令她能够独自生活，还能够维持之前的生活标准。

与此同时，孤身一人的雷则陷入了无家可归的境地。他暂且在办公室附近的梅费尔酒店住下，并且越喝越多。他继续工作，却在分开一段时间后，反反复复地给茜茜打电话，甚至以跳楼为借口要挟她。

这般歇斯底里的雷想必令茜茜颇为头疼。不过她还是想出办法，劝说他不要采取极端的行为。

我们并不清楚这对伴侣分居了多久，不过签订协议书这一行为表明这段关系出现了严重的裂痕，很有可能导致离婚。不过，茜茜并没有彻底放弃雷。过了一段时间后，他们互相和解，又住到了一起。不过，双方之间仍存在龃龉。茜茜怎么可以在年龄问题上对他撒谎？雷怎么可以变成花花公子？她的雷米奥到底怎么了？更何况，雷也不曾放下过酒瓶子。

尽管雷在酗酒和婚姻方面问题重重，但是他在达布尼集团的岗位却非常稳当。他是一名深受信任的员工。1927 年，当阿瑟·勒布（Arthur Loeb）为朱利安丑闻一事叩响达布尼集团的大门时，雷被安排处理此事。勒布极具个人魅力，而且同雷和达布尼一样，因为入股朱利安石油公司而蒙受损失。不过勒布和朱利安石油公司的纠纷涉及更多私仇的因素，他曾在股东大会上与人打斗，致使他的一只眼睛被人挖出。朱利安公司倒闭后，涉事人员并没有受到真正的惩罚，这令勒布极为愤慨。于是，他找来高级法院前任法官盖伊·克伦普（Guy Crump）担任首席律师，试图将朱利安公司告上法庭。两人将案子告诉了雷，而雷立即建议达布尼参与这一控诉。这一案件渐渐地牵涉了包括勒布和达布尼在内的众多朱利安公司股东，索赔 1500 万美元，并最终走向了敲诈、谋杀和绑架。[37] 所以当雷开始提笔写作犯罪小说的时候，洛杉矶成为他的故事背景也就毫不奇怪了：在整个 20 世纪 20 年代，他已然目睹这座城市最为黑暗的一面。

他们于 1929 年 10 月 8 日提起诉讼，然而牵涉其中的人很快就被另一桩大事件所席卷。三个星期后，美国遭遇了一场极为可怕的经济危机。股价于一夜之间跌入谷底,宣告大萧条正式来临。美国国力受到重创,之前的自信消失殆尽,银行家们纷纷跳窗自杀,整个国家陷入了混乱。雷挺过了这个黑暗时期,始终在达布尼集团供职,这表明他对公司,特别是对约瑟夫·达布尼个人来说,都有着很大的用处。似乎只要他工作出色,个人问题、酗酒和拈花惹草都可以被原谅。但是这种生活并不能维系多久。

1931年,公司同事约翰·艾布拉姆斯找雷的麻烦了。艾布拉姆斯特别讨厌雷。我们也得说句公道话,雷已经不再是一位和蔼可亲、受人欢迎的公司领导了,不仅对收费高昂的律师变得粗鲁,对下属也越来越苛刻。艾布拉姆斯向约瑟夫·达布尼打了小报告,而达布尼将他招呼到自己的湖边别墅。艾布拉姆斯如约抵达时,这位老人正光着上身,顶着个大肚子,双腿架在阳台栏杆上休憩。艾布拉姆斯将不满悉数倾倒而出,雷则因为这番小报告而被达布尼处以警告。雷本想状告艾布拉姆斯是在行诽谤中伤之事,可是不知出于何种原因,始终没有真的这么去做。这段导火索最终令雷在1931年6月被炒了鱿鱼。[38]

雷被彻底挫败了。几年后,他在寄给威廉·利弗的信中解释说,自己是因为别人的"阴谋诡计"才被公司辞退。他也坦言自己负有一部分责任,但是认为"我已经尽我的努力,在不怎么样的摊子上做出了大生意",并表达了对约瑟夫·达布尼的失望之情。达布尼也是一位赢得雷的尊敬,令他产生依恋,却最终将他抛弃的男性:

> 如果达布尼心胸开阔一点,我有可能已经让他成为石油界有头有脸的人物了,并且让我自己也跻身富人的行列。我有这种组织本领,可是这个老家伙能力有限,当生意的扩张超出他理解的范围之后,他就再也没招了。而且随着年纪越来越大,他的商业

判断也越来越糟,到最后,他的成功已经谈不上什么能人之事,而纯粹是某种侥幸。到最后,他的生意已经被人接手,他的资产被人冻结,他的投资也大大缩水了。[39]

雷在信的最后写道,离开石油行业之后,他反倒过得更加快乐:"我不过是失去了一份薪酬过于丰厚(达布尼也是为了心安才给我这么多钱)的工作,除了体力衰竭和道德厌恶以外,它没法给我带来任何收获。离开这个行业对我有好处,我反而过得更好、更快乐了。"[40]不过他始终对达布尼怀有恨意,所以当沃伦·劳埃德的儿子爱德华(Edward Lloyd,雷在1913年便与他相识)指控达布尼将文图拉大道油田(这片土地归于劳埃德家族的名下)的石油收益据为己有时,雷出庭作证,证明达布尼在生意上做过很多见不得人的事情。劳埃德家族对他的所作所为很是感激,于是每月给他100美元的津贴,对已然失业的雷来说,这笔钱是一场及时雨。

如果一个人把希望、梦想,以及对自我身份的认同都押在工作上,那么失业对他来说就是一件极其可怕的事情。雷就是这样一个人,失业的次日清晨,当他从床上醒来,却没有办公室可以去时,他感到不知所措。他在职场上的奋斗已经土崩瓦解,他再也没有目标了。1931年,雷四十三岁,不得不重新拼凑自己的生活。他想起了已被自己遗忘的抱负,想起了他深爱的一项事业,从中看见了一丝希望。他写信告诉威廉·利弗:"这个世界上只有一个我真心向往之地,现在我已经走到了它的边界。我正在成为一名初出茅庐的作家。"[41]

第六章

初出茅庐

失业后不久，雷和茜茜把行李塞进克莱斯勒的后备厢，沿着太平洋海岸线向美国西北部进发。[1]20 世纪 30 年代的最初几年并不好过，他们也确实被一系列事件弄得伤痕累累。雷突然被达布尼公司解雇，钱德勒夫妇因此失去了方向，他们大约认为离开洛杉矶一段时间，会有助于他们重新找回人生的道路。

雷后来说过，他正是在这一段旅途中对通俗杂志熟稔起来："1931 年，我跟太太常常以休闲放松的节奏游览太平洋海岸，到了晚上，为了给自己找点东西读，我会从书架上挑一本通俗杂志。"[2]这当然也是雷试图重拾写作的那段旅途。自从来到加利福尼亚，他的文学产出基本上就只有诗歌了。除了一篇模仿亨利·詹姆斯的文字外，他几乎不曾涉足小说这种体裁，而缺乏经验的问题很快就变得明显。在他自己看来，在华盛顿州相对凉爽而又潮湿的气候中写下的几篇短篇小说只能算作"不成气候的作品"[3]。他很快就意识到，想要成为一名驾轻就熟的小说家，他还有很长的一段路要走。不过他也发现，为通俗杂志撰稿在这方面有一项独特的优势："我一边学习写作，一边还能赚到稿酬。"[4]度过犹如无头苍蝇的几个星期之后，他的罗盘开始指向新的方向。

回到洛杉矶后，钱德勒夫妇的日子也过得不怎么体面。从前的许多朋友如今都不再给他们打电话了，雷也因为近期一系列事件的巨大压力，身体出了问题[5]，他要足足花上一年的时间才能恢复健康。不过既然已经决定重新写作，雷就开始探索他眼前能够选择的几条路。首先，他得解决自己缺乏专业知识的问题，刚来加利福尼亚的时候他曾经上过会计夜校，如今也报名修习起短篇故事写作的函授课程。他在第一篇故事刊出之后写信告诉威廉·利弗："我必须回到起跑线上，从头开始学习写作。"[6]

他所修习的课程看起来非常基础，内容包括"构建场景"和"构建人物"，以雷现有的写作知识，这些内容自然是不在话下。他显然课业成绩优异，评分也很稳定（不是 A 就是 B），而且他并未放弃对骑士和城堡的世界的痴迷。他的一篇习作开头如下："伊尼弗拉斯城堡有着宏伟的灰色围墙，那种灰色令人联想起阴暗的行为和一轮太过苍白而显得不太友好的月亮。"其他写于这个阶段的短篇故事表明雷正在与几位影响他的作家较量，他们的写作风格会在雷的文字中反复浮现。亨利·詹姆斯便是其中一位，但是雷最终将海明威树立为自己的榜样。雷还将一则故事——《军士长帽子里的啤酒，或太阳照常打喷嚏》（"Beer in Sergeant Major's Hat，or The Sun Also Sneezes"）——题献给海明威，并称他是"美国现存最伟大的小说家"[7]。从整个故事中，我们都能清晰地看出海明威对他的影响：

> 汉克去浴室刷牙。
>
> "去他妈的，"他说，"她不该这么做。"
>
> 这是间不错的浴室，很小，绿色涂料从墙上剥落下来。不过去他妈的，当他们对拿破仑说，约瑟芬正等在外面时，拿破仑就是这么回答的。浴室有一扇宽窗户，透过这扇窗户，汉克能看到松

树和落叶松。它们一副平稳、安逸的模样,枝头垂着细雨……

　　汉克旋开了牙膏盖子,想起那天他在帕库雅河上钓鲑鱼,也曾这么打开咖啡罐的盖子。那里也有几棵落叶松。那是条很不错的河,鲑鱼也很不错。它们喜欢被人钓上来。一切都很不错,只有咖啡很糟糕。他照沃森的方法煮的咖啡,在背包里整整煮了两个半小时,喝起来味道就像是被遗忘之人①的袜子。[8]

　　尽管我们可以看出雷对海明威亦步亦趋的模仿,但其中也有着明白无误地属于雷的元素:像绿色墙皮剥落的浴室这种细节正是他以后会不断描写的。

　　雷修完写作课程的时候,他的经济状况已到了窘迫的地步。钱德勒夫妇虽然靠着不多的存款拮据地生活了一段时间,可很快就要靠变卖家当才能维持生计了。他们一度沦落到所有财产只剩家具和汽车、每个星期的开销只有 25 美元的地步。[9]尽管生活中有许多艰难困苦,但是雷和茜茜过得很快乐。逆境令他们的关系变得紧密,并且弥合了近几年来在他们之间出现的裂隙。虽然情感生活的走向令他们心满意足,但是缺钱的问题仍旧是雷的当务之急,他也正是出于这个原因,开始为通俗杂志撰稿。他已经注意到,这些杂志一方面允许撰稿人不断地打磨写作,另一方面还给他们开出稿酬。于是他选择了当时最高产也最受欢迎的通俗小说作家厄尔·斯坦利·加德纳(Erle Stanley Gardner),对他创作的故事进行解析。他挑选出来的大概是《手套谜案》("The Glove Mystery")、《火与火之间》("Between Two Fires")、

---

① 被遗忘之人(the Forgotten Man)是美国的一个政治概念,最早出现在威廉·格雷厄姆·萨姆纳的小说《被遗忘之人》中,后被富兰克林·罗斯福用来指代为改革计划买单、其利益遭到忽视的受害者。

《隐形的戒指》（"The Invisible Ring"）等故事，雷的目标是剖析这些故事，习得其形式的机杼，并对其进行重写：

> 我给您的故事列出了一份极为详细的提纲，以此为基础进行重写，然后将我的版本与您的版本进行对比，再回头改写，如此反复。最后的文字漂亮极了。[10]

雷开始为通俗杂志撰稿的时机堪称完美。20 世纪 30 年代初，在大萧条的阴影下，通俗杂志却经历着全盛时期。当时的市场大约有两类杂志：一类是高档杂志（slicks），用上档次、油亮的纸张印刷，定价适中，靠大量广告来维持收入；另一类则是通俗杂志（pulps），用廉价、不光洁的纸印刷，印刷节奏快，销量很大，售价则极其低廉。尽管通俗杂志都很便宜，但它们内容极其丰富多样，从犯罪和西部小说到间谍和爱情故事，几乎无所不登。读者群的扩大使得业界对作者的需求也大幅增长。《黑道世界》（*Underworld*）、《一分钱侦探故事》（*Dime Detective*）、《一分钱西部故事》（*Dime Western*）、《冒险》（*Adventure*）、《爱情故事》（*Love Story*）等杂志都依赖能够迅速且大批量炮制故事的作者网络。尽管通俗故事的质量通常不高，但是其写作依旧需要相当的技巧，所以无论书写侦探、牛仔，还是间谍，最好的作者总是供不应求。

通俗故事是美国特有的，其灵感都源于美国西部的英雄。及至 19 世纪，一代又一代的美国人不断往西部拓展，而这一变化也使得美国人愈发将早期移民的欧洲根基抛在身后（既有字面意义，也有比喻意义）。西部开拓者不仅将开化的行为带到未经驯服的荒野，也从荒野中汲取了力量和个性。[11]换言之，秩序与无拘无束的自然的碰撞造就了美国人的精神。最典型的通俗杂志（被称作"廉价惊险读物"）的封面上往往会有牛仔的图片,他们已然成为新美国的化身。他们都是硬汉,在野外如在家中,不过他们也将法治的精神带到了荒野。这一新美国精神的表达也出现在严肃文学之中,比如詹姆斯·费尼莫尔·库柏(James Fenimore Cooper)在 1826 年出版的《最后的莫希干人》(*The Last of the Mohicans*)。

到了 20 世纪,西部探索已经完成。因此通俗小说作家的目光开始远离西部边疆,转而将故事设定在城市背景中,可是他们笔下的人物以及写作手法依然沿袭了西部故事的套路。这些故事的主角通常是男性,而这名男主角多半是独行侠。他必定是硬汉,具备区分好坏、判断对错的严格道德标准。这类故事的文字也往往具有简洁、有力,甚至粗暴的特点。

最著名的通俗杂志莫过于《黑面具》。它由 H. L. 门肯(H. L. Mencken)和乔治·金·纳森(George Jean Nathan)在 1920 年创办。两位创办人希望通过这些类型小说的巨大人气,来资助他们手头的另一份杂志《精英阶层》(*The Smart Set*,一份高档杂志,虽然吸引到很多现代主义作家向其投稿,却无法盈利)。从一开始,《黑面具》的宣传语就表明该杂志囊括"最上乘的冒险、悬疑、侦探、浪漫、爱情和离奇故事"。该杂志创刊于禁酒法案颁布不到一年后,这一事实说明为其供稿的作者从来就不缺原始素材:报纸上每天都充斥着有组织犯罪的新闻。这份杂志很快就大获成功。

在这一成功的背后,这份杂志在 1923 年被卖给报业大亨尤金·克劳(Eugene Crow)和他的商业伙伴、华纳图书公司当时的老板埃尔廷奇·"波普"·华纳(Eltinge "Pop" Warner)。在业务经理菲尔·科迪(Phil Cody)的经营下,他们将一系列作者招至麾下,其中包括达希尔·哈米特和厄尔·斯坦利·加德纳。虽然为杂志供稿的作者有几百人,但是到最后,他们俩成了与《黑面具》渊源最深的作家。哈米特曾在平克顿侦探事务所担任侦探,加德纳则是执业律师。两人结合各自的专业经历所写就的现实主义硬汉故事受到了杂志读者的热烈追捧。现实主义小说很快成为《黑面具》杂志的重要版块,哈米特曾在信中强调他所写的故事和现实有着多么紧密的关系:

> 关于那则故事[即《恶性循环》("The Vicious Circle")[12]]:尽管所有角色都是虚构的,但我认为,只有当作者周围的人有过类似的真实经历,他才有可能构建出那些人物。至于剧情则非常接近现实。在"私家侦探"的行当里试手的那些年里,我接手过好几件案子,都是所谓的"朋友"在帮忙处理敲诈勒索的过程中,跟敲诈犯狼狈为奸,或者干脆干掉敲诈犯后取而代之。我就知道至少有一桩案子,敲诈犯像"布什"一样被"英奇"①干掉了。[13]

正如此信所示,对于哈米特,写作中重要的不仅有现实主义,还有人性和角色塑造。他在这方面为雷蒙德·钱德勒指出了一条明路,证明丰富且人性化的细节完全不会阻碍故事的动作元素。在早期《黑面具》的一则故事《迪克之家》("House Dick")里,叙述者是一位能够令读者惺惺相惜之人:

> 从我的身后传来一声尖叫,以及少女晕倒在地时咚的一声。我自己感觉也不太稳。我并不是多愁善感的人,我也在一生中见过很多惨烈的场面,可即便是在几个星期后,我还是会看见那三

---

① "布什"(Bush)和"英奇"(Inch)都是《恶性循环》中的人物。

个死人从衣橱里跌落出来,堆在我的脚下:(几乎故意地)慢慢地跌落出来,犹如一场"跟随领导"的恐怖游戏。

在这段描写中,叙述者已然没有了硬汉的姿态,只剩下一副可以辨认的人之躯壳。这是一个很有力量的瞬间,在早期《黑面具》的故事中很罕见。

尽管达希尔·哈米特对于小说有着艺术上的追求,但他也是一位实用主义者,对他来说,写通俗小说是谋生计的手段:"问题在于,我的侦探情结已经沦为我赖以维生的饭票。"[14]哈米特不仅向雷展现了通俗小说的原创可能性,还证明它可能带来的经济回报。对于雷来说,后者至关重要。虽然他已经决定投身写作事业,但是在他的决定背后,必然也有着经济因素的考量。而达希尔·哈米特的表率已经证明,雷不需要彻底牺牲他的艺术良知,也可以靠写作来维持生计。

1926 年,约瑟夫·T. 肖(Joseph T. Shaw)被委任为《黑面具》主编,使得杂志向辉煌的未来又迈出了重要的一步。肖使得《黑面具》真正走上了正轨,没有人比他更适合这份工作:他不仅体力好(是个击剑行家,独创一种没有防御策略的重剑比赛形式[15])、聪明,而且具有这份工作所必需的英雄主义情怀[第一次世界大战期间,他是美国陆军上尉(captain),被底下的士兵们亲切地称为"Cap"]。他后来声称,自己在被委任这一职务之前,对所谓通俗小说几乎一无所知。可是他即便没有撒谎,也毫无疑问是发现杂志真正强项的那个人:既不是西部故事,也不是爱情故事,而是犯罪故事。

肖在新官上任之后立即明白,哈米特所写的故事类型可以帮助他将杂志发展壮大。肖写道,哈米特拥有成功的写作"所必需的闪光点和原创性",他能够"以一种全新的欲望和真实性"讲故事。[16]这正是肖试图为这本杂志定下的基调，于是他致信哈米特，道出了他的设想。哈米特的回信表现出极大的热情："这也正是我心中所想，并致力去做的事情。就我所知，我所设想的创作方式尚无人尝试。那仍然是一片开阔的处女地。"[17]在肖的策划下，《黑面具》以哈米特为范例，闯出了一片天地，尽管其中仍然有很多谋杀和暴力故事，但绝非一本只有烂大街的通俗小说的杂志，而是已经胜出其他杂志一筹。

在肖的鼓励之下，作家们开始拓展范围，从为通俗杂志撰稿发展为创作长篇小说。哈米特的首部长篇作品《血色收获》(*Red Harvest*)在 1929 年由克诺夫出版社发行。哈米特也是经过一番考量，认为该社波索尔悬疑系列(Borzoi Books)的苏俄牧羊犬商标有着专精悬疑和犯罪小说的气质，才选定了他们。克诺夫出版社的创始人之妻布兰奇·克诺夫(Blanche Knopf)买下此书，帮助哈米特从通俗文人一跃成了小说家。出版过著作之后，哈米特可以开始对写作的文学性进行耕耘了：

> 像我这样有些文化水平，又严肃对待侦探故事的人，恐怕是不多的，不知道除了我以外还有没有。我这话可不是说，我只严肃对待自己或某人的作品，我严肃对待的是侦探故事这一写作形式。总有一天，会有人将它变成"严肃文学"[福特的《好兵》(*Good Soldier*)只需稍作改编，就能变成一部侦探小说](原文如此)，我现在虽然还没有什么资质，但是自然有几许私心，希望我的作品也能够如此。[18]

就这方面来说，哈米特算得上是雷的前辈，向他证明在相对有限的通俗小说领域，也可以有所作为。尽管雷还没有意识到这一点（他后来错误地写道，"我怀疑哈米特压根儿就没有什么经过深思熟虑的艺术诉求"[19]），但哈米特已经为雷的小说开垦出一片沃土。

这便是雷将在 1932 年涉足的世界。他选择通过为通俗杂志撰稿来磨炼自己的技艺，内心深处却有着写出严肃小说的抱负。

不过，这并不意味着他不喜欢读这些杂志。他曾在 1939 年谈及他早期的写作生涯："如果不是因为我一度很喜欢读《黑面具》，我本来是不可能试着为这份杂志撰稿的。"[20] 他当时如果有余地，也许会选择写文学性更强的作品，不过后来还是明白过来：

> ……在任何时代，作家都拿不到可以随意填写金额的空白支票。他必须接受外部环境所施加的条件……（并且）试图讨好特定的人群。也就是说，可能得迎合教会、富有的赞助人、被普遍接受的优雅标准、出版商或编辑的商业智慧，甚至是一系列政治理论……没有一个作家能够随心所欲地写作，因为没有任何内容是完全属于他个人的，他想写的任何内容都不可能是纯粹个人化的。[21]

即便到了这个时期，雷也依旧靠重写他人的作品来学习写作的技艺。这很像他在达利奇学院学习古典文学的方法。[22] 在过去，他曾经抄写成百上千行拉丁语或希腊语诗歌，并将它们翻译成英语，由此弄清楚每首诗作的结构。正如雷所说："人们也许会以为，古典文学教育对硬汉派小说家来说派不上多大用场。我的观点则恰恰相反。"[23]

除了结构之外，雷还要学习一种全新的语言。达利奇虽然没有将通俗小说的词汇教授给他，却已然开发出他的语言天赋。雷将美式英语和通俗文风当作外语来学习，将报纸里读到的陌生俚语列入"生词

表",记在笔记本里供日后使用。他渐渐地爱上了这种新的方言:

> 刚开始(写作)的时候,我一心想与这种令人着迷的新语言进行游戏,并且在没有被任何人发现的情况下,探索它作为表达方式的潜能——也许可以停留在非智性思考的层面,却获得某种力量,表达出通常只有文学语言才能诉说的内容。[24]

撒开语言的因素,通俗杂志中具有魅力、男性气概十足的形象也足以吸引雷的目光。通俗杂志所贩卖的观念非常明确:男人应该是什么样的。这一形象反映在杂志上登的商业广告之中,比如查尔斯·阿特拉斯(Charles Atlas)的健身体系广告、工人牛仔裤广告,以及夜校广告。其中一则广告敦促男人们去学习电工,由此换来更为稳定的未来:

> 不要再拿你的未来打赌了,今天就来学习电工课程,在这个行业,工人供不应求,周薪 50 美元起步。

《黑面具》的读者几乎清一色是男性,他们不仅想要成为广告里的男人,也想成为故事里的英雄:强悍,强壮,能克服重重困难存活下来。由于雷和母亲曾经被父亲抛弃过,所以雷总是对他生命中的女人怀有强烈的责任心,而这一责任心只会在他与茜茜的关系中愈来愈强。他在这些杂志中找到了硬汉的典范,并将自己对骑士精神的向往也贯彻其中。就这方面而言,他同自己未来小说的读者有着很多共同之处。

雷自认为已经掌握了通俗杂志的机杼和语言时,就开始构思自己的第一个故事。通俗小说的世界依赖作品量的堆砌,但是雷不打算采取这种策略。他的通俗处女作《勒索者不开枪》("Blackmailers Don't Shoot")用了一年多才写完。[25] 直到自己彻底满意，他才将这篇作品寄给了约瑟夫·T. 肖。

雷第一次投稿就有些失礼，模仿莱诺铸排机排出来的杂志版面，给稿子的右侧留出了大片空白。这份古怪的投稿令肖有些疑惑，不过也引起了他的兴趣。[26] 他读过后显然印象深刻，立即将其寄给自己麾下的另一位撰稿人 W. T. 巴拉德（W. T. Ballard），并附上一张纸条，说这名作者要么是个天才，要么就是个疯子。肖认为这是一篇优秀的稿件，于是决定将它刊登在杂志上，并以杂志最低稿酬标准（每单词 1 美分）支付了 180 美元。这篇耗时一年多[27]、前后最少修改过五次的故事刊登在 1933 年 12 月的《黑面具》上。雷再度成为一名能够拿到稿酬的作者。

与雷的后期作品相比，《勒索者不开枪》是一则相当粗糙的故事，不过刊登在《黑面具》上倒是得其所哉，并且显现出与杂志上其他故事截然不同的特质。表面上看，这则故事讲的是洛杉矶的一位私家侦探帮助好莱坞女演员朗达·法尔（Rhonda Farr）追踪敲诈犯。可是大量的人物、老套的名字（比方说科斯特洛和斯利佩·摩根）以及层出不穷的枪支令剧情的吸引力大打折扣。然而就算有这些缺点，这篇硬汉犯罪故事引人入胜的修辞还是抓住了读者的胃口。我们来看看故事中那位纵欲过度的女明星，她的身上混合着强悍和女性的特质：

> 朗达·法尔生得非常美丽……（她戴着）一顶白色假发，原本是为了掩人耳目，却令她宛如少女……朗达·法尔抬起脸，向他投来如大理石般坚硬的目光。

故事里有腐败的警察，有一位名叫马尔东的恶棍，不仅名下有一家夜店，而且与小说中的事件走向有着千丝万缕的关系。故事里有着许多鲜活、无端的暴力场面，其中各种纵情于野性的描写也必将得到《黑面具》读者的青睐：

> 瘦高男人收起笑容。他飞快地闪到一侧，手里突然变出一把枪。一声高亢又猛烈的咆哮响彻整个房间。接着又是一声咆哮。
>
> 瘦高男人的动作从侧闪变成倾斜，从倾斜又变成跌倒。他看似从容不迫地伏倒在空无一物的地毯上。他静静地躺在地上，一只眼半睁着，仿佛在盯着麦克唐纳⋯⋯
>
> 麦克唐纳抬起手搭在门框上，俯身靠在上面，开始咳嗽。他的嘴角流下鲜红的血。他的双手沿着门框缓缓垂挂下来，然后肩膀一阵抽搐，就像激流中游泳的人一般向前倾倒，摔在地上。

这篇故事的一大败笔在于，它的每一幕场景仿佛彼此孤立，雷分别润色了这些场景，却没有在它们的联系上花多少心思。因为在写作课上，老师就是这么教雷的，而他在模仿其他通俗作家的故事时，最关心的也是每一幕恰切的效果，而非连贯的剧情。不过也正是这些效果向我们展示出雷的写作潜力。比方说，上述引文是如此结尾的："他面朝下栽倒在地，帽子仍旧扣在脑袋上，后颈处凌乱地蜷曲着一缕鼠灰色的头发。"这句描写令这位丑恶、腐败的警察突然间变得人性化了，点亮了这篇原本略显生硬、乏味的小说，令读者为麦克唐纳的死而触动。十五年后，雷在信中谈及了小说中这些片段的重要性：

> 在我为通俗杂志撰稿的岁月⋯⋯他们（读者）和我真正关心

的，是对白和描写中的情感营造；能够印刻在他们记忆中、令他们动容的，并非某个角色的死亡，而是他在垂死的过程中，还奋力地从光洁的桌面上抓起一枚回形针，可是它不断地从指尖滑脱，他的脸因此而扭曲，半张的嘴露出苦涩的笑容，最为迫近的死亡却从未掠过他的脑海。[28]

雷从第一篇通俗作品开始，就试图隐秘地满足自己的文学诉求。他写信告诉阿尔弗雷德·A. 克诺夫（Alfred A. Knopf，他的第一部长篇小说将交付给这位出版家），自己的这些行为就像是在瞒着编辑夹带私货：

> 从我写作之初，从第一则通俗故事开始，这个问题就一直纠缠着我（当然，首要的问题是到底怎么写故事）：该如何向故事注入读者压根儿就意识不到其存在，却又无从闪避，会在他们的头脑中留下深长意味的内容？[29]

对于雷想写的那类作品而言，这一深长意味至关重要，而《勒索者不开枪》里面有好几处示例，为我们描绘出他未来的写作之路。其中一例便是故事主人公的名字：马洛礼（Mallory）。除了他以外，还有哪位通俗作家会用《亚瑟王之死》（*Le Morte D'Arthur*）的作者托马斯·马洛礼（Thomas Malory）爵士的名字为自己的主人公命名？雷用这个名字暗指主人公具备兰斯洛特爵士和高文爵士的骑士品质。此类典故（就算逃过了编辑的双眼，也不被读者注意）揭示了雷所塑造的英雄的内核：他们在混乱的世界中秉持善的原则，抵挡住诱惑，守护着自身的纯洁。尽管这篇故事和雷后期伟大的长篇、短篇小说差距甚远，但它不仅引出了马洛的名字,还为他的登场做好了铺垫。

我们还可以从这篇故事中窥见雷独树一帜的文字风格。他不像其他通俗作家那样,靠接连不断的打斗接续情节,他总是盘桓于细节之中:"天花板高而模糊,就像炎热日子的黄昏。"这些细致入微的描写能够躲过编辑蓝笔的修改,想必令雷感到非常愉快。他告诉威廉·利弗:"一位被误导的读者甚至称赞它是该杂志创办以来最好的一篇故事。"[30]雷的这番话虽在自贬,却也表明他对此感到骄傲。这篇故事中还有其他许多例子,其中肤浅空虚的城市氛围后来将成为他作品中洛杉矶的典型特征:

> 两个无所事事的男人饶有兴致地看着她(朗达·法尔)。这名黑人女性正闷闷不乐,思索着要不要给自己调一杯能够放倒一匹马的苏打威士忌。那个脖颈肥大、汗流不止的男人一副已经睡着的模样。

这篇故事大受欢迎,雷并不意外。早在故事刊登之前,他就在信中讲过:"我知道它会成功,因为我明白自己想要达成怎样的效果,在做到这一点之前,我连一个字都不会寄给编辑。"[31]

按照雷原先的计划,《勒索者不开枪》有可能是以马洛礼为主角的系列故事的开篇之作,后续作品甚至会有长篇小说。在故事的结尾,马洛礼说道:"我可能还会在附近出没……有一家工作室交给我一桩案子。"在第二篇故事的开头,马洛礼受雇于一家电影工作室,负责处理另一起勒索案。雷在写给威廉·利弗的一封信中,给自己的这个阶段做了总结:"我正在成为一名初出茅庐的作家……你要是知道我在写什么,肯定会笑话我。我啊,有着一身浪漫和诗意的本能。我要写

出惊动世人的侦探小说。"[32]接着,他解释起自己为什么要写这种小说:

> 当然了,这种小说写得再好也算不得成功,但它可以为成功打好基础。你也可以只写文辞漂亮、内容机灵的豆腐块,偶尔卖几篇给那些故作高深的杂志,不过用不了多久你就会饿死。可要是写点有剧情、有很多动作元素的侦探小说,你总会有饭吃。在我供稿的那家杂志,有那么三两个家伙已经把小说卖到电影行业去了,每年能赚十万美金,其中有个家伙,一个故事的版权就卖了两万五。当然了,我跟他们还差得远,不过我正朝这个方向努力。而且,我宁愿每个月靠写作赚个几百美金,也不愿意赚五倍的薪水,却只能在办公室里当个经理或文员。[33]

从雷为《勒索者不开枪》投入的大量时间和精力中,我们可以看出,他愿意付出刻苦的劳动,不仅为了让自己的写作精进,也为了谋生。而且,他所谓的谋生绝非勉强度日,他想要过上优渥的生活。犯罪小说能够带来丰厚的经济回报。他并不喜欢打斗场景,在他看来,那无非是"血腥与暴力"[34],可他还是接受了它,因为它能够助他抵达"真心向往之地……的边界"[35]。他的壮志雄心盖过了这一小说类型的所有负面因素。更何况在雷看来,尽管打斗是犯罪小说的必备因素,但是对于他想要取得的成就而言是次要的。可是……他到底想要取得什么样的成就呢? 他还没怎么想明白:"就目前而言,打斗场景是我谋生的最佳选择。我希望有一天有更好的选择。"[36]

第七章

通俗作家

雷在一段无常却并非不幸的岁月写下了《勒索者不开枪》，实际上，失业反而令他步入一个稳定和幸福的时期。刚被炒鱿鱼时，雷和茜茜的生活确实出现了变动，然而到了 1933 年，当他们在银湖湖畔的瑞兹代尔大道 1639 号定居下来时，生活似乎又回到了正轨上。银湖是洛杉矶的一片丘陵地带，位于下城的西北方，在雷的小说中改头换面成了灰湖。在《线人》（"Finger Man"，1934）中，这片典型的洛杉矶景致出现在他的笔下——此地的道路反倒比道旁寒碜的房屋更值钱：

> 夹在两片丘陵间的灰湖是座人工水库……狭窄而造价高昂的道路沿着丘陵盘旋而上，却只为散落在山间的几座廉价平房提供了便利。

雷和茜茜都喜欢这个地方。他们温馨的小家门前有一片草坪和一座小花园，最重要的是，"可以享受山间新鲜的空气和美丽的山景"[1]。

"除了家具"[2]和新鲜的空气之外，小屋里几乎什么也没有，他们每周的生活费只有 25 美元。搬到此地后，在写给威廉·利弗的最初几封信中，雷表示尽管有诸多困难，但是他和茜茜"过得比之前任何时候都快乐"[3]。他发现住到这里之后,他虽然从来不曾彻底戒酒,但确实减少了饮酒量,使得饮酒变成一件可控的事情。他还写道,此外,"我不再为了解脱而把自己灌醉,因为这样我会神志不清",毕竟神志不清的人没有办法专注写作。

雷也从茜茜那里汲取了力量。他们一度分居,使得雷陷入绝望和错乱的境地。他绝对不想重复这种经历。在雷的短篇小说《我会等候》("I'll Be Waiting",1939)中,一位名叫伊芙·克雷西的角色说道:"红头发的人从不放弃,托尼。他们会坚持下去——然后渐渐凋零。"茜茜的头发就是红色的,而且显然有着在艰难时期坚持下去的品质。1933 年 3 月,一场震中位于长滩附近海域的地震摇撼了洛杉矶。地震发生的当晚,夫妇两人和衣而睡。每当雷感到地面发生震动时,他都会跳下床去,跑到厨房里切断电源总闸。茜茜表现得很镇定,雷因而在信中写道:"茜茜好像一点都不在乎,在我认识的人里面,没有人比她更处变不惊。你根本就吓不到她。"[4]

他们共同的生活弹奏出和谐的旋律。雷每天会早起写作,直到下午才停下来休息。钱德勒夫妇会一同享受别致而又有些正式的下午茶。雷负责沏茶,夫妇俩会闲谈。到了傍晚,茜茜开始准备晚饭。她的厨艺精湛,勤勉地收集各种菜谱,上面被她做了各种笔记,留待日后烹饪时使用。晚饭后,他们会调制鸡尾酒,打开收音机,坐下来收听"石油公司晚间音乐会"节目播送的古典乐。这样的生活简朴而怡人,夫妇俩在这段时间里过得很快乐。他们买了只黑色波斯猫,取名叫"塔基"(Taki),这只猫给他们带来了很多乐趣。雷还开始收集玻璃动物小摆件(工艺简单的大象、天鹅、猫),管它们叫"艾缪尔"(amuel)。对茜茜而言,雷是她的"加利贝奥特"(Gallibeoth,这一绰号暗指雷心目中的骑士英雄加拉哈特爵士);而她是雷的"双鸭"(Double Duck),有时候雷还直接管她叫"妈妈"。

后来,雷曾夸大这一阶段经历的贫穷和困苦,有一次甚至声称自己一连五天除了喝汤以外,什么东西都没得吃[5],可是在同期与威廉·利弗的通信中,他虽然说过自己手头不太宽裕,却从来没有提及过这样极端的困难。在那个年代的洛杉矶,这样一套房子的年租金大约是50美元[6],所以钱德勒夫妇每月100美元左右的生活费虽然跟几年前他赚取的高额薪水相差很远,但也足够他生活并继续写作了。

尽管雷并不高产,但是他的出产非常稳定,在第一篇小说取得成功后,他有了自信,能够不断地推进写作,每一个新故事都能有所进步。他的第二篇作品《自作聪明的谋杀案》("Smart-Aleck Kill")比起处女作就进步了很多。这篇小说的剧情更加连贯。在《勒索者不开枪》面世七个月后,《自作聪明的谋杀案》刊登在 1934 年 7 月的《黑面具》上,主角又是马洛礼[7],这一次他的任务是找出杀害演员德里克·沃尔登的凶手。通俗小说的各种元素齐备(酗酒的金发美女、受人贿赂的警卫,以及腐败的议员悉数登场),不过,《勒索者不开枪》的每一幕场景结束时必有枪击、出卖或死亡,而《自作聪明的谋杀案》非常克制,直到故事结尾才出现激烈的暴力场面,它的处理方式也更加张弛有度。其中有些角色甚至大难不死。雷对马洛礼这个人物的刻画也更加深思熟虑。此处的马洛礼厌倦自己工作生活的城市,厌倦它的暴力和堕落:

> "给我起来,约翰尼,"他(马洛礼)的声音中透露着疲惫,"给我起来,既然你这么聪明,你来告诉我这个可怜的傻瓜蛋,这下你要怎么瞒天过海!"

在故事的结尾,马洛礼和卡思卡特上尉推杯换盏:

> "我们该敬什么?"上尉问……
>
> 马洛礼说:"喝吧,不敬什么。"

马洛礼想要忘记自己在这团乱麻中扮演的角色。后来,雷在《简单的谋杀艺术》中详细地探讨了他对于侦探英雄原型的思考,他写道:"这个并不卑劣的人,不得不行走在卑劣的街道上,他不曾被腐蚀,心中也没有恐惧。"尽管这番言论发表于多年后,但是使其成形的想法早在 1933 年和 1934 年就已经处于发酵之中,在这第二篇故事中,马洛礼和菲利普·马洛一样,都是这一想法的产物。这位侦探超越了这个故事,留存下来,他尽管对自己所处的世界感到厌倦,却不曾被其玷污:"这就是我的工作——我能说的也只有这么多。"

在下一个故事《线人》中,雷终于找到了感觉。这是他第一篇采取第一人称叙事的《黑面具》故事,我们从中开始听到最终将属于马洛的只言片语。同《勒索者不开枪》和《自作聪明的谋杀案》一样,《线人》的创作耗时长久,而它也得到了应有的回报。它获得了这一杂志的最高认可,被选为 1934 年 10 月刊的封面故事。此时的雷才写出三篇故事,却已经走到了这一行当的前列,同前辈哈米特一样,为自己赢得了不小的名气。他也不失正当地对这一成就感到自豪:

> 最近,我的名字上了杂志封面。也许在你看来,这算不得多大的荣誉,但是对于写作者来说,成为"封面"作家是件意义重大的事情。它意味着对于这份杂志的读者来说,我已经是一张广告牌了。[8]

此时，雷已经能够在写作这条路上看到扎实的未来了："情况已经非常明了，我在写作这个行业闯出一番名堂只是时间问题。"⁹就剧情而言，《线人》在他前两篇故事的基础上再进一步。第一人称非常适合他，不仅降低了动作场面的描写难度，而且使得雷能够更轻而易举地传递情感。雷依旧坚持将每一个场景都打磨到完美的程度，而在《线人》中，第一人称的使用令他能够让《自作聪明的谋杀案》中出现的疲惫感进一步弥漫。

《线人》的故事围绕着卢·哈格展开，他通过在轮盘赌博里出老千，赚了一大笔钱。哈格失踪之后，他美丽的红发助理格伦小姐委托我们这位无名的叙述者搜寻他的踪迹。侦探顺着线索寻找，结果发现自己同一位既是政客也是圣安吉洛市一系列犯罪事件幕后黑手的弗兰克·多尔扯上了关系。多尔是这一故事的关键人物，因为他便是"系统"（即洛杉矶掌控政治与有组织犯罪的权势人物的真实网络）的化身。侦探实际上不可能取得真正的胜利，因为他所调查的犯罪事件不过是一张犯罪大网的一部分，而他永远都无法看见或理解这张大网的全部。他完成了自己的工作，却没法击败隐藏在这座城市背后的邪恶势力。这个时候，大众的想象力尚未被阴谋论所攫获，雷这一略带狂想的想象无疑是一种先声。这一观念也将在日后成为雷的小说中反复出现的重要主题。

在《线人》里，我们一眼便能看出，圣安吉洛市其实就是洛杉矶市，雷通过这样的设定，第一次为他熟知的城市描绘出一幅面目清晰的画像，描写它的嫖客和皮条客、漂亮的男孩和女孩、骗子和美少妇。当侦探得知哈格已经死亡时，他对这个光鲜却肮脏的世界的回应令我们感同身受："我倚在电话亭的墙面上，感到我的眼睛变得枯槁无神（haggard）。""Haggard"不是常见词，在发音上与哈格（Harger）相近，雷的措辞显然是刻意为之。这也暗示出，当侦探得知朋友难逃一死时，他有多么疲惫和无奈。第三人称叙事想要传达如此强烈的情感，难度会比第一人称大很多。

故事的结尾也表明，侦探已经意识到，他与犯罪活动的斗争永远都不会结束：

> 我遇到了一点麻烦，不过不算太多。芬韦瑟（地方检察官）用力搅和了一番。所以，即便没有真相大白，也足够市政厅那帮身穿两百美元西装的家伙手忙脚乱一阵子了……
>
> 格伦小姐倒是溜得干净，从此再也没有听过她的消息。我想结果大概就是如此，还有一件事情，哈格留下了 2200 美元，我得交给公定遗产管理人。他留出 200 美元算作我的报酬，还有 9 美元 20 美分的车马费。有时候，我也会想，剩下的钱都被他拿去干什么了？

这篇故事的最后一句给读者留下了悬念，暗示腐败仍然在继续，但是我们也欣慰地得知，这位侦探守住了自身的纯洁。在这座城市，他也许只是一个坚守在自己岗位上的渺小人物，但在关键时刻，他能够挺身而出，反抗主宰城市的政治力量和犯罪力量。而且，在传达侦探的立场和情感时，雷所使用的手法没有滞重的感觉，他的语言相当精巧、微妙。

对雷来说，《线人》的成功开启了新的人生阶段，他在写作领域变得活跃起来。尽管雷认为自己是个笔头不快的人（与其他通俗作家相比，他写作确实慢），但是随着每一篇故事的面世，他的文字变得愈发凝练和大胆。除了写作以外，他在阅读方面也涉猎广泛，尤其读了不少惊险小说,从中学习它们的写作技巧。他半带挖苦语气告诉利弗的话表明,他其实本来就喜欢看这类小说:"当然了,对我来说,最大的乐趣是看看这些小说如何达成它们的叙事效果,这纯粹是一种专业的兴趣。"[10]在此后的一系列短篇小说中,雷将构思进一步拓展开来,在他的故事中总有一个隐隐约约指向"系统"的庞大且腐败的组织,而他笔下侦探的职责便是与其战斗。他不需要去别处寻找灵感,他在小说中虽未直接提及,却对 20 世纪 30 年代洛杉矶的各类恶性事件多有借鉴,从而得以创造出独特的小说氛围。

1934 年,性格古怪的素食主义小说家厄普敦·辛克莱尔(Upton Sinclair)差一点就代表民主党赢得加州州长的竞选。一开始他并不被人看好,但是他的竞选活动取得了相当程度的成功,而这一成功与大萧条的余波有着密不可分的关系,因为在那个年代,大萧条已经将加州逼到了命运的岔路口,前方的道路一条通往共产主义,另一条则会走向法西斯,都蕴含着风险。由于重工业并非加州的经济根基,所以同美国其他州相比,加州用了更长时间才感受到大萧条的全面影响,而当它真正来临之时,其力量是毁灭性的,给洛杉矶的中产阶级带来了极为严重的打击。房地产和石油投机行业曾助力洛杉矶,令其飞速发展,可是当大萧条来临时,其储蓄和投资的资金流遭到重创,搅得人心惶惶,很多人一夜间破产。朱利安石油公司丑闻已然证明,人们的信心是多么不堪一击;而在 30 年代初,大萧条使得数百万投资散客的储蓄和投资化为乌有,他们也终于在苦痛中明白了这一点。

正是因为中产阶级遭受了如此沉重的打击,所以这一危机开始出现不同寻常的转向。1934 年,厄普敦·辛克莱尔参加选举,他所推行的 EPIC 项目(End Poverty in California,即"给加州的贫穷画上句号")呼吁生产要把实用而非利润作为首要目的。这一运动的口号是"我生产，我保卫"，不过我们并不清楚这一保卫生产的运动到底是为了抵御怎样的敌人。在既是小说也是宣言的《我是加州州长，我如何给贫穷画上句号——关于未来的真实故事》中，辛克莱尔描绘了他对于加州的乌托邦设想。他建议征收高额的不动产税，并且建立公社，组织失业人口在公社里种植作物或生产产品，用来和他人或国家进行交换。与加州政坛的右翼因素相对照，所有这些措施和建议令人联想起布尔什维主义的策略，但是它们赢得了大批中产阶级的支持，因为他们正是大萧条的最大受害者。

1934 年，一群右翼分子（包括好莱坞几位最具权势的电影大亨）试图联手阻挠辛克莱尔的竞选活动。他们认识到，中产阶级的选票将会决定这场选举的结果。米高梅公司的制片总监欧文·塔尔贝格（Irving Thalberg）与赫斯特发行集团联手伪造了一批新闻影片，投放到全国各地。在这些影片中，许多貌美的好莱坞女性和具有威信的商界人士都在摄像机前说出了他们的想法，认为应该把选票投给辛克莱尔的共和党竞争对手，也就是后来当选州长的弗兰克·梅里亚姆（Frank Merriam）；而那些打算给辛克莱尔投票的人都是衣衫不整、胡子拉碴、口音很重、其心必异的外国人。这一伎俩颇有成效：辛克莱尔被玷以共产主义的"污名"，并因此输掉了选举。不过对那些右翼分子来说，烦恼并没有因此而结束，辛克莱尔获得了不少选票，为他以后的行动提供了基础。

当辛克莱尔发展并推销他的加州乌托邦理念时，加州各地爆发了多起罢工工人与政府当局的冲突事件。1934 年初，因皮里尔县的莴苣采摘工人上街罢工，希望将工资提高到每小时 35 美分。[11] 政府反应之迅猛令人惊叹，它立即成立准军事组织，对罢工运动进行镇压。这一组织包括当地农场主组成的领导班子（名为"因皮里尔县种植户和运输户保护协会”）、反共协会（其领导成员被称作指挥官）、美国退伍军人协会，以及县级官员和警察局长。罢工领袖受到了他们的骚扰，遭到逮捕后被投入监狱，并被控以流浪、扰乱治安、私闯领地和拒捕的罪名。用一位历史学家的话来说，“即便是温和的保守派，都会将这一由利益相关者构成的组织定性为法西斯”[12]。

1936 年，这一趋势变得愈发明显。这一年，洛杉矶警察局长戴维斯（Davis）将 126 名警官派到 16 处高速公路和铁路的入口，拒绝那些无法证明自己是加州居民的流动人口入境。这件事之所以耸人听闻，是因为这代表着一座城市的一部分人正试图攫取对整个加州的控制权，使其成为一个“警察州”。虽然大家都认为，流动人口确实是一个需要解决的问题，州政府也确实设立过一些形如集中营的机构来收容流动人口，但是警察局的这一举措以及公众对其的欣然接受，表明人们对外来人口的焦虑已经达到全新的高度。洛杉矶在这一方面尤其突出，在这座缺乏重工业、在虚幻的好莱坞产业投入大量资金的城市里，人们普遍有一种偏执的观念，认为这是一座特别阴暗的城市。这座天使之城①虽然有着永恒的夏日气候和光鲜的外表，却到处都是被地方政治霸主剥夺权利的可怜之人。他们有着很强的危机感，认为大萧条的威吓会以流动人口的形式将这座城市变成人间地狱。

通俗作家詹姆斯·M. 凯恩（James M. Cain）以这一危机为素材，在 1934 年出版了长篇小说《邮差总按两次铃》（*The Postman Always Rings Twice*）。在这部小说中，一名流浪汉来到双橡木酒馆，对酒馆的老板娘生出了爱意（或者更准确地说，是肉欲）。两人坠入爱河，并密谋要杀掉老板。这则故事实际探讨的是肉欲和负罪感。故事的开头

---

① 洛杉矶（Los Angeles）出自西班牙语，本义便是天使。

如下:

> 中午时分,他们把我从干草车上丢下来。前一天晚上,我在靠近边境的地方偷偷爬上来,躲到盖布下面,睡起大觉来。在蒂华纳待了三个星期后,我实在是太缺觉了,所以他们停下车让发动机冷却一会儿的时候,我还在呼呼大睡。他们发现盖布下竟然伸出一条腿,就把我给拽了下来。我试图跟他们说笑,可是他们的脸木得跟平底锅一样,所以我也就无计可施了。不过,他们赏了我一支烟,我一路露营过来,到处找吃的东西。

当时的读者能够立即明白主人公是何许人。他不仅与社会脱节,并且身陷绝望之中,这些特质给予他某种是非不分的外表,令人心头不安,也将故事推进下去。

尽管雷从未直接审视此类政治问题,但是他写于1934年至1938年的一系列短篇却探索了这一政治处境所激化的猜疑和幻灭感。在以下于1935年至1936年间刊登在《黑面具》上的短篇里,雷曾影射过的"系统"变得清晰且具体:《内华达瓦斯》("Nevada Gas")、《西班牙血盟》("Spanish Blood")、《齐拉诺夜总会的枪声》("Guns at Cyrano's"),以及《狗痴》("The Man Who Liked Dogs")。在《内华达瓦斯》中,手脚不干净的律师休·坎德利斯被客户的兄弟残忍地杀害。在雷的故事里,律师通常都没有好下场,他们都是些危险人物,而且他们所寻求的正义通常都掺杂了个人利益。在《西班牙血盟》中,剧情出现了反转,"系统"的领袖多尼根·马尔似乎是被律师伊姆利(同时也是助理地方检察官)刺杀身亡的。可是,这个故事的主人公,洛杉矶警察局的警官萨姆·德拉圭拉却说"我和多尼根·马尔曾是密友",令这篇故事显得更加扑朔迷离。这段友谊令他遭人陷害,为了还自己清白,警探开始追查案件,却发现谋杀的真相更为龌龊,杀手实际上是马尔的妻子,也是德拉圭拉的好友。警探别无选择,只能试图掩盖杀手的真实身份,也因此感到自己是个肮脏的人:"这是我第一次陷害他人……希望会是最后一次……我虽然拿回了警徽……但是它已经不像过去那么干净了。可能与大部分警察一样干净,我猜。"雷想要表明的是,此类堕落会四处传染,无论警探原本多么纯洁,他都无法躲避这种污染。

此外,这篇小说系真实故事改编,这也使得它更为意蕴深长。1931 年,有潜力成为法官的检察官戴夫·克拉克(Dave Clarke)枪杀了洛杉矶犯罪与政治系统的一位首脑查尔斯·克劳福德(Charles Crawford)。克拉克承认自己杀害了克劳福德,但解释说他之所以这么做,是因为克劳福德给他施加了很多压力,告诉他如果他还想成为法官,就必须停止对黑社会分子的检举。克劳福德安排与克拉克见了面,聊到最后克劳福德却从口袋里掏出一把枪。克拉克声称自己是出于自卫才枪杀了这个人,并因此被法庭无罪释放。但我们可以明白无误地看出来,克劳福德试图将克拉克拉拢进来,克拉克尽管拒绝同流合污,却因此犯下了罪行。

在创作这些新作品的过程中,雷和茜茜决定离开银湖,把家搬到海边。1935 年 3 月[13],他们在太平洋帕利塞德①的哈策尔街 943 号租下了一栋房子。在这片住宅区,好房子通常是位于太平洋海滨的海景房,不过雷和茜茜租住的房子比较靠里,接近山脚地带。这栋房子有阳光房和他们喜欢的花园,里面种着两棵桃树、一棵柚子树和一棵"高

---

① 太平洋帕利塞德(Pacific Palisades)是洛杉矶西区的一个住宅区,第二次世界大战期间有许多德国和奥地利的艺术家流亡至此。

产"的柠檬树，一派典型的加州风情。雷和茜茜开始学习种花，并从中获得了很多欢乐。[14]有些人认为，对于钱德勒夫妇而言，30 年代是一段动荡的岁月，这种观点与现实相差甚远。自从雷失业之后，他们先是住在银湖，现在又住在太平洋帕利塞德，这十年间还会再搬一次家。尽管对于中年夫妇来说，十年搬三次家也许是频繁了一点，但是将此形容为动荡未免有些言过其实。他们的波斯猫塔基和他们饲养的两条金鱼为这个没有孩子的小家庭增加了成员。夫妇俩时不时地会把行李装进克莱斯勒，出城旅行几日，而只要逮到机会，雷就会享受一把飙车的乐趣。

在这段时间里，雷的书信中反复提到茜茜的幸福生活："茜茜过得开心快乐……她向你致意。"[15]这些信都是写给威廉·利弗的，在雷的通信记录中，这些信非常与众不同。他们两人一同经历过许多事情，所以往来书信所谈及的也都是私密的话题，忠实地传达出这个时期雷和茜茜心满意足的生活。1935 年，雷在茜茜生日时给她写了首诗。他在诗中坦言自己献给她的不过是"在日暮边缘潜逃的荒年，/枯瘦又背负着回忆"[16]，然而茜茜给予他的回报，却是坚定地站在他身边：

> 你把它们串成珠宝，佩戴在发间。
>
> 这就是爱的真谛，这就是爱的真谛。
>
> 如果爱能够如此伟大，绝望哪还有立足之地？[17]

看来，尽管酗酒曾给雷的婚姻带来诸多问题，但到了这个阶段，茜茜已经原谅了他。

按照雷的说法，夫妇俩搬到太平洋帕利塞德，至少有一部分原因在于他们觉得洛杉矶了无生趣。雷甚至开始考虑返回英国。他在加州生活了二十多年,已经开始感到厌倦。太平洋帕利塞德"田园牧歌的氛围"[18]是城市生活的解毒剂,不过还是缺了点什么。对于雷来说,英国成了一座遥远的天堂。茜茜也是个向往上流社会的人(她们家从来就没有普通的沙发,只有一种坐卧两用的达文波特沙发),所以她很可能赞同丈夫的观点,认为相较于洛杉矶的卑劣,英国显然是个更值得向往、更有教养和文化的地方。不过只要他们依旧经济拮据,这想法就只能是个梦而已。

到了这个阶段,雷已经闯出了一番名头。及至 1936 年,他已经发表了好几篇故事,除了最开始的作品以外,都被推选为杂志的封面故事。在这些初步成绩的激励下,雷启动了更为严肃的写作计划。他想把故事登在他所谓的"上流社会"杂志上,比方说《星期六晚邮报》(*Saturday Evening Post*)。《星期六晚邮报》是一份刊登连环画、社论、短篇小说的双月刊,其小说作者均为最一流的作家,比方说威廉·福克纳(William Faulkner)和 F. 斯科特·菲茨杰拉德。1933 年,雷曾声称该杂志"几乎所有故事"都无聊透顶[19],不过这番言辞很可能是出于酸葡萄心理。他从头到尾都很明确地表示,为通俗杂志撰稿不过是一种学习写作的手段,而他在写作上有着更高的追求。

写于这个阶段的故事显示出,雷正在拓展写作的边界,试图脱离通俗杂志。《狗痴》延续了堕落的话题,不过将舞台从洛杉矶搬到了加州的滨海地带(可能是圣莫尼卡)。在这座无名的城市里,警探们被牵涉进一桩阴谋之中,要瞒着当局藏匿一名逃犯,先是藏在一家专治酗酒的诊所,后来当阴谋被故事的叙述者、私家侦探特德·卡马迪发现时,又将他转移到一条离岸的赌博船上。在这篇故事里,雷回归了第一人称叙事,其中透露出来的愤怒情绪最终将成为马洛的典型风格:

我犯恶心地说道："你和你那帮喽啰把我当傻瓜啊？你们以为这小镇很干净，实际上它臭气熏天。谁不知道它看起来刷得白白净净，其实压根儿就是一座坟墓。这地方是骗子的避难所，只要那些土匪强盗有钱疏通关系，别去招惹地头蛇，就能在这里过上舒坦日子。如果这边形势不对了，他们还可以坐上快艇，逃到墨西哥去。"

我们明显可以看出，后来雷利用这篇故事的大量素材，重构出他的第二部长篇小说《再见，吾爱》，而《狗痴》也再次表明，第一人称叙事有利于雷宣泄对腐败的愤怒。这篇故事的结尾如下：

到那时，市大陪审团已经将这座沙滩小城的半数警察送上了被告席。我听说，市政厅里出现了不少新面孔。其中有一位名叫诺加德的红发警长，说他欠我 25 美元，不过暂时还不上，他刚刚回到原职，得先用这笔钱给自己买套西装。他说等到他破了第一起案子，拿到奖金就把钱还我。我说我会给他帮忙，耐心等待。

此前，雷喜欢标新立异的结局，但是这篇故事一反往常。主人公欣慰地看到朋友得到了应有的嘉奖，故事的结局也因此显露出侦探温柔的一面。雷从一开始就明白，想要成为一名严肃小说作家，他必须专注于人物的塑造，用最适合人物的语言探索角色的塑造。他最早一批短篇小说已经把角色建立起来了，但它们也必须满足小说类型的诉求。《狗痴》是他第一次超越了类型的诉求，展现出他在创作思维方面的转变。

《狗痴》发表之后，《午街报应》（"Noon Street Nemesis"）和《金鱼》

("Goldfish")紧随而至。对于我们现在的读者来说,《午街报应》[现在
一般叫《午街取货》("Pick-Up on Noon Street")]会让人有些不舒服,
因为它的故事背景设定在洛杉矶的中央大道(该区域是洛杉矶的黑人
聚集区),而且雷使用的语言也带有明显的歧视意味。在这则故事里,
黑人角色统统被称作"黑鬼",而英雄气概十足的主人公却名叫皮特·
安格利希(Pete Anglich),其盎格鲁-撒克逊白人的身份意味再明显不
过。长久以来,雷在种族问题上的观点都影响着他的声誉,类似的情
况以后还有许多。

雷以《帷幕》结束了这一批短篇故事的创作,而《帷幕》的部分故事
元素将分别在《长眠不醒》和《漫长的告别》中重新登场。《帷幕》集结
了他当时学会的各种写作技巧和创作观念。在许多方面,它都可以算
作他在成为长篇小说家之前的准备阶段写过的最上乘的故事。在故
事的开头,特德·卡马迪侦探在一天清晨被朋友拉里·贝策尔喊醒。
拉里告诉他,私酒贩达德·奥马拉的失踪并非那么简单,曾发生过一
起谋杀。拉里离开卡马迪的公寓后随即遇害,于是侦探决定对这起案
件进行彻查。他拜访了奥马拉的岳父戴德·温斯洛将军,最终受将军
委托,寻找奥马拉的下落。这篇故事也像其他通俗小说那样,行进到
高潮时迎来了枪战和谋杀,但是它处理这些桥段的方式与《黑面具》杂
志的常规手法有所不同。卡马迪前往温斯洛将军的宅第报告事情真
相时,奥马拉的继子向他开枪。卡马迪发现,这个男孩就是凶手,而且
他患有精神障碍。悬疑故事各种各样的剧情反转,目的就是不断地让
读者猜测真凶,并在结局才揭晓答案。尽管读者已经习惯了此类反
转,但是卡马迪的反应以及他与奥马拉夫人的对话还是颇具新意:

"你为什么不收走他的枪?"我怒斥道,"你到底在想什么?"

"他的状况比你想的要糟糕。我要是拦着他，他说不定会做出更糟糕的事情。我——连我也很怕他。"

"带他走，"我说，"离开这里。离开老家伙。他还很年轻，只要方法得当，能够治好的。带他去欧洲。远远离开这里。现在就带他走。将军要是知道这一切都是自己的外孙干出的好事，肯定会被活活气死。"

《帷幕》不仅仅是一个谋杀故事，它审视了财富会如何败坏一个大家族，令其罪行自上而下地传递、愈演愈烈。在故事的结尾，这个孩子并没有被处决，也没有受到惩罚，这很重要，毕竟他还有治愈的希望。温斯洛家族已经被金钱所腐蚀，我们能够从卡马迪与将军的会面中闻出这个家族的腐败气味，最为典型的莫过于宅第的内饰："在巨大的大理石壁炉上方高悬着一个玻璃橱，里面有两面布满弹痕的——或者被虫子蛀透的——骑兵三角旗。"将军的人物描写如下：

> 除了一双眼睛外，他那张脸没有一点生气。那双深陷的黑眼睛闪烁着光芒，又拒人以千里之外。脸庞的余下部分不过是死亡的灰色面具。凹陷的太阳穴，挺直的鼻子，一对招风耳垂，嘴巴像一道严丝合缝的白色切口。

将军的女儿奥马拉夫人看起来想要摆脱父亲的命运，于是只好过极度朴素的生活，没有任何色彩，也没有任何生气：

> "这房间整个铺着白色地毯。几扇窗前的象牙白窗帘从高处垂挂下来，疲软地堆在白色地毯上……奥马拉夫人四肢伸展，躺

在白色的躺椅上……"

为了表现出这个家族深入骨髓的堕落,雷运用了通俗小说一般不会采用的一些文学写作技巧。初出茅庐的时候,他还得瞒着编辑,偷偷地把这些文学元素塞进自己的故事里,现在的他显然早已超越了这个阶段。

这篇故事同样从细节着手,描绘了洛杉矶:

> 在那栋房子背后,山坡缓缓下沉,没入了洛杉矶城的拉布雷亚老油井之中。如今这座油井半是公园,半是废弃的围栏荒地。几座木头打造的油井塔依旧矗立着。

但是雷的描写并没有到此为止,他还将洛杉矶与温斯洛家族的堕落和衰败联系了起来。我们来看看这一段接下来的部分:

> 几座木头打造的油井塔依旧矗立着。正是它们成就了温斯洛家族的富裕,而这个家族却为了躲避这些沟渠的臭味,搬得远远的,住到了高高的山上。不过也不算太远,只要他们从前门的窗户远眺,就能看见这些为他们带来财富的油井塔。

雷的描写毫不含糊,无论从字面意义还是从隐喻意义上来说,沟渠都代表阴暗的事物。它们敛聚的钱财正是温斯洛家族衰败的源头,而杀害达德·奥马拉的邪恶青年就是这一堕落的最终产物。比起之前的故事,《帷幕》以更为完整的方式讲述了堕落的源头,及其自上而下的传播。他已然明确了自己想要探索的主题,并且已经磨炼好笔锋，可以怀揣着自信书写这一主题。

1937 年，雷又发表了两篇故事——《芳心难测》（"Try the Girl"，《黑面具》，1937 年 1 月）和《翡翠玉石》（"Mandarin's Jade"，《一分钱侦探故事》，1937 年 11 月），继续探索堕落的主题。这两个故事他都很喜欢，所以被他改头换面，成了《再见，吾爱》的素材，不过它们也表明他的故事产出量在 1937 年大幅下滑。其中一部分原因在于，约瑟夫·肖被解除了《黑面具》主编一职。据另一位通俗作家弗兰克·格鲁伯（Frank Gruber）所说，管理层认为他的薪水太高[20]，而且通俗杂志的市场当时慢慢开始出现下跌的趋势。在雷看来，这份杂志"已经被去了势"[21]，于是转而同《一分钱侦探故事》合作，因为他认为后者仍然具备他的作品所需要的锋芒。他为这本杂志写了三篇故事，其中有两篇在 1938 年发表，为他赚到了 1275 美元的稿费。尽管这笔钱跟油企管理层的收入相比是小巫见大巫，但是就这类体裁而言，已经是相当体面的收入了。在经济方面有了保障之后，他开始认真考虑创作第一部长篇小说。在五年艰辛的创作之后，他已经做好准备迎接下一个挑战。

第八章

创作《长眠不醒》

《长眠不醒》并非雷蒙德·钱德勒本人最青睐的长篇小说,但毫无疑问是他最名声卓著的作品。后来,《长眠不醒》《马耳他之鹰》(*The Maltese Falcon*)和《双重赔偿》(*Double Indemnity*)成了硬汉派小说的三大代表作。在这三大代表作中,《长眠不醒》又是最为出色的一部。很多人都知道这本书的大名,而且因为它在 1946 年被改编成电影,由亨弗莱·鲍嘉(Humphrey Bogart)担当男主角,这使得它已经超出了文学的界限,成了一部家喻户晓的作品。

　　《长眠不醒》的初稿成于 1938 年 5 月。雷和茜茜在那个月搬到大熊湖畔,打算在那里度过炎炎夏日,也许还会待上整整一个秋天。雷患上了严重的感冒,努力想要康复,他希望山区的空气能够对自己有好处。他们在山里租了一间小屋,那座村庄的名字非常浪漫,叫作“松树结”。从洛杉矶换到此处的环境,雷的心情大为舒畅,用他的话来说,洛杉矶“太过拥挤,太过炎热,街道上永远充塞着车辆”[1]。山间的空气干燥、清新,气候也很温暖。简而言之,这正是他们需要的环境。他们的小屋家具齐备,却少了燃气炉,所以钱德勒夫妇只好用烧柴火的炉子做饭,连柴火也要他们自己捡拾。尽管生活有诸多不便,但是他们过得很愉快。雷写道:“茜茜(仿佛)浸润在青春不老的泉水中,像早春的玫瑰一般盛放。我完全无法想象我们两人也都会有老去的那一天,虽然掰着指头去数的话,这一天显然不可避免地总要到来。"[2]

过上了安静的隐居生活后,雷得以空出许多时间,专注于修改《长眠不醒》的第二稿。故事情节选自他的两个短篇故事:《雨中杀手》("Killer in the Rain")和《帷幕》。雷将它们合并成一个更有力量也更为充实的故事。他对初稿并不满意,不过既然他连第一篇通俗故事都打磨了很久,修改到自己彻底满意为止,那么他显然也已经做好准备,严肃作品该打磨多久就打磨多久。

长篇小说是雷必须要走的下一步。他已经在短篇小说的形式上竭尽所能,尽管并未放弃这一体裁,却再也没能超过他在 20 世纪 30 年代的《黑面具》杂志上达到的高度。他发表在《一分钱侦探故事》杂志上的故事毫无疑问也都是他最好的短篇小说,但是它们没能展现出他更为深刻的才能,更多只是重复过去的样式而已。1937 年,他尝试将故事发表在《科利尔》(Collier's)、《星期六晚邮报》[3]等"上流社会"杂志上,可到了 1938 年,他就改了主意。因为他明白过来,登上高档杂志的版面给他带来的坏处要多于好处;在他看来,此类杂志所登载的文章有着"最欠缺自由的写作形式"[4]。他担心成功会招致"一整套新的拘束",这可不是他的初衷。[5]一个从小到大都被教育要拒绝矫揉造作的人有这种想法毫不令人意外。在古典学所受的熏陶令他对任何故作姿态都保持警惕,而他也开始意识到,通俗中篇小说的语言在表现力方面要远远强过传统的"文学"语言。他仔细研究了《马耳他之鹰》和《邮差总按两次铃》,发现自己不仅能够写出和它们类似的作品,而且最后还能在其力所不及之处超越它们。雷开始努力"耕耘自己的文学风格",并相信这么做能够使他创造出一种使用语言的新方式,写出他自己也爱看的作品。[6]

尽管《长眠不醒》取材于雷的早期作品,但他还是决定将故事彻底推倒重写,仅凭借记忆将早期片段植入新的小说中。他还放弃了特德·卡马迪、萨姆·德拉圭拉、马洛礼,以及其他角色,创造出全新的第一人称侦探:菲利普·马洛。我们并不知道这一名字有何缘起。有观点认为,它源自达利奇的一个学院,不过雷在那里读书的时候,分院制尚未引进。[7]另一种理论认为,侦探的名字来自菲利普·西德尼爵士[①]和克里斯托弗·马洛[②],但就算如此,雷本人也从来没有承认过此种观点。雷在给早期人物取名时用了很多的心思,而我们却没有办法确定马洛名字的缘起,这多少让人觉得有些遗憾。不过,也许这正是关键所在。马洛的名字暗示着严肃的剧作家和英雄主义的旧时代,但是这一关联从未变得确凿,始终扑朔迷离,和角色本身一样。无论真相如何,马洛都已经从通俗故事的阵地向前迈进了一步:他是一个人格丰满的角色,而不是惊险动作的载体。雷希望大家一眼就能看出来,马洛是个风趣、人性饱满的硬汉。他的出场画面如下:

> 10 月中旬,一天上午 11 点,太阳不曾露面,丘陵地带的上空显现出暴雨将至的气息。我穿着浅蓝色西装,内着深蓝色衬衫,打着领带,西装胸前的口袋里插着手帕,脚上蹬着黑色布洛克鞋和黑色羊毛袜,袜子上绣着深蓝色的时钟图案。我把自己收拾得整洁、清爽,脸刮得干净,人也清醒,至于有没有人注意到,我不在乎。总之,衣着得体的私家侦探该有什么派头,我就有什么派头。

---

① 菲利普·西德尼(Philip Sidney,1554—1586),伊丽莎白一世时期的廷臣、政治家、诗人和学者,被认为是当时的模范绅士,代表作为《阿尔卡迪亚》和《诗辩》,他的诗作对莎士比亚有很大的影响力。

② 克里斯托弗·马洛(Christopher Marlowe,1564—1593),伊丽莎白一世时期的剧作家、诗人,为莎士比亚的同时代人物,以写作无韵诗和悲剧闻名,代表作为《马尔他的犹太人》和《浮士德博士悲剧》,有学者认为他在世时比莎士比亚更出名。

我正要拜访一位身家四百万美元的客户。

在这部小说的开篇段落里，我们立即能够感受到马洛的形象。他脑袋灵光，口才了得，而且从"我把自己收拾得整洁、清爽，脸刮得干净，人也清醒"这一句中，我们也能猜到他是个酒鬼。我们还能看出，他为人风趣，尽管大多数时间不拘于礼数，但有必要的时候，也懂得在公众场合表现得文雅有礼。这段文字很有力道，大声朗读能够予人以出色的节奏感和平衡感。

节奏感对他来说很重要，为了确保小说的节奏感，他有个不同寻常的方法。他会将 8.5 英寸×11 英寸的黄色信纸裁成两半，将它们"竖着"[8]卷进打字机的纸筒里。然后使用三倍行距打字，这样每张纸上就只能打 125 个到 150 个单词。他认为这样急促、简短的写作方式，能够使得他的文字朴素而有力道："如果不在每张（纸）上都写出点真材实料的东西，那么写作就有问题。"[9]如果仔细审视《长眠不醒》的文本，我们有时可以很清晰地看出，它是由不到 150 个单词的豆腐块组成的。评论家们已然指出，《长眠不醒》与作为素材的两个短篇故事有许多差别，这清晰地向我们证明，雷在处理大体相同的材料时，在写作上较以往更有野心。这种见解确实不假，与此同时，它也显示出，雷在重写的过程中其实做了非常多的处理，因而简直是在"锦上添花"。他充实了旧作的元素，补充了新鲜的内容，而在套用基本上现成的剧情时，他也有精力去关注对他而言更为重要的方面，比如角色塑造和故事效果。

在雷开始写犯罪小说的年代，大部分悬疑作家都把心思放在剧情上，用故事吊住读者的胃口。就连注重角色塑造、探索现实主义写作路线的达希尔·哈米特，也至少给予剧情和动作同样程度的关照。雷与众不同。他始终把角色塑造置于悬疑之上，而这正是他成功的秘诀。

为了深入挖掘马洛，雷着重刻画了侦探与老将军之间的关系。短篇小说中的温斯洛将军也因此摇身一变，成了《长眠不醒》中的斯特恩伍德将军，我们可以从他的名字中猜到他是个不苟言笑的人①，《帷幕》中隐约的关系也在《长眠不醒》中变得非常直白。在短篇小说中，卡马迪非常敬重老将军，所以他不想让温斯洛知道杀害他女婿的凶手正是他的外孙。而在《长眠不醒》中，马洛不仅仅是敬重老人，他还对老人产生了感情："（将军，）你随便想对我说什么都行，我不会生气的。我想把你付给我的报酬还给你。这么做也许对你没有任何意义。对我来说却有意义。"斯特恩伍德似乎也喜欢马洛，至少管家诺里斯是这么认为的：

"他没有看起来那么虚弱，先生。"

"如果真那么虚，他也估计要入土了。那个叫里根的家伙，将军到底看上他什么了？"

管家平视着我，面无表情的脸庞略显奇怪。"年轻气盛，先生，"他说，"还有那双军人的眼睛。"

"就跟你的一样。"我说。

"依我看，先生，倒是跟您的很像。"

如此温情的瞬间在通俗作品中显得格格不入，甚至在雷的作品中也略显突兀。在通俗作品中，英雄人物总是被击败恶人的欲望所感

---

① 斯特恩伍德的英语原文为"Sternwood"，字面意思为"严厉的木头"。

召,然而在这本书中,马洛的动机却是保护将军。在马洛和斯特恩伍德初次见面的场景中,他们因为都爱喝酒,都熟悉私酒贩、冒险家和罪犯的黑话而拉近了关系。故事的最后,他们发展出一种隐约的父子关系:马洛拼命地想要打动老人,取代已然失踪、为老人所疼爱的女婿鲁斯蒂·里根。《长眠不醒》为我们提供了看待这位侦探的一个全新的视角:马洛是一个渴求真情的孤独之人。他超越了对斯特恩伍德将军的职责,却没能因此求得好结局,他收获的唯一真情似乎是埃迪·马尔斯的妻子。他吻了维维安·里根,但目的是借此撬出她丈夫失踪的真相;他也吻了绰号叫"银头发"的马尔斯夫人,这一吻的意味就截然不同。在小说的最后几行,马洛用戏仿守灵的方式,哀悼了这段真情的逝去:"在进城的路上,我把车停在一家酒吧,喝了几杯双份苏格兰威士忌。它们没有让我好受一点,只会让我更加想念'银头发'。从此往后,我再也没有见过她。"《长眠不醒》在结尾处给我们留下了一个哀悼所失、孤苦伶仃的男人的形象。它就像是一张挥之不去的孤独人生的快照,比当时大多数悬疑小说干净利落的结尾更震撼人心。

在《长眠不醒》中,雷也终于有机会优雅地使用他在过去十年间勤勉收集的犯罪世界的语言,这么做不仅仅是为了给小说增色,更是为了准确地塑造人物形象。全书散落着许多俚语:"给我出去……去外面凉快去。我嘴皮子都跟你磨破了。滚得远远的。"他喜欢这类充满弹性的语言,也喜欢稍微逗弄读者。有一幕中,他写到一个角色讲话时操着"电影中硬汉刻意为之的随意语气"。在马洛看来,"电影的影响让他们说话的语气都一模一样"。人们不仅会在电影中听到罪犯的黑话,还会从雷所写的通俗故事里学到俚语的用法。他这么做,是在用一种旁敲侧击的方式指涉自己的艺术形式。1949 年,名下已有多部长篇小说的雷写道:

（美国人）是不是不明白，我们这一行的写作当中有着很强烈的讽刺元素，还是说只有那些知识分子看不明白？这就好比公众明明自己喜怒无常，却希望作者能够镇定如一……悬疑小说中有着很强烈的幻想元素；任何遵守公认准则的文学作品都含有幻想元素。悬疑作家的写作素材是戏剧性事件，是对我们通常经历的暴力和恐惧进行的夸张……[10]

雷这段话想要表达的意思是，他的小说是现实世界的夸张版本。在其第一部长篇小说中，雷便通过对流氓暴徒货真价实的语言进行艺术处理，大胆地表明了这种观点。

他对语言的使用超越了单纯的文学技巧。这也使得雷可以写出精彩的对话，他笔下角色的交流与当时典型的悬疑小说截然不同。雷写道："只要给我两个人物，隔着桌子互放狠话，我就心满意足了。人物过多的场景只会让我不知所措。"[11]他在短篇小说中写过两名角色互相争执的场面，但只有在《长眠不醒》中才第一次达成了他想要的对话效果。我们不妨来看看维维安·里根和马洛之间的对话：

快走出房门的时候，她停下脚步，拿出照片仔细看了看。

"她（卡门·斯特恩伍德）这小身段挺美的，不是吗？"

"嗯哼。"

她身子稍微向我靠了靠。"你该看看我的。"她故作严肃地说。

"那能安排一下吗？"

她突然发出了尖利的笑声，然后穿过门洞，转过头来冷冷地说："马洛，你是我遇见过的最冷血的野兽。我可以管你叫菲尔吗？"

　　"当然可以。"

　　"你可以管我叫维维安。"

　　"谢谢，里根夫人。"

　　"你去死吧，马洛。"她头也不回地走出门去。

　　此类互放狠话的场面在雷的笔下最为鲜活，他不仅仅是为了在马洛和维维安之间增添紧张情绪，更是为了表现他们的性格。在这段对话中，维维安虽然显得比妹妹含蓄，却也是个水性杨花之人；相较之下，马洛在不失机智的情况下，显得相当保守。

　　雷在《长眠不醒》中跨越的最大一步，是把故事聚焦在洛杉矶城。在之前的短篇里，洛杉矶总是隐匿在背景中，偶尔在后期的短篇中隐约步入聚光灯下。而在《长眠不醒》中，雷对这座城市的感受变得更为具体。我们已经探讨过"系统"如何在他的短篇中起到越发重要的作用，而在这部某种程度上是家庭小说的作品中，"系统"再度登场了：

　　"你应该出面阻止这种豪赌。"我说。

　　"我们这里有个一手遮天的大财团，你又不是不知道。成熟点吧，马洛。"

　　在这段对话中，马洛和伯尼·奥尔斯聊的是埃迪·马尔斯在拉斯奥林达斯开设的一家非法赌场。我们很清楚，马尔斯正是洛杉矶地下权势世界的一员。该主题也不乏其他例证，比如腐败的警察对盖格的淫秽书店睁一只眼闭一只眼，因为只要它能正常营业，他们就能从中捞取好处。雷在短篇小说中向我们明示，导致这种局面的堕落之所以发展到这步田地，是因为洛杉矶人本身便很堕落，或极易堕落。然而，在《长眠不醒》中，这座城市不再是一具空壳，它本身就能够使人堕落。《长眠不醒》中的洛杉矶不再仅仅是故事发生的场所，而且是一个毒窟；它不仅是孤独者的家园，而且是他们孤独的病根。马洛与"银头发"的相处就凸显了洛杉矶的这一特征："我在雨中驾着车，困顿地行驶在高速公路上，'银头发'缩在角落里，一句话也不说。等到我们抵达洛杉矶的时候，我们似乎又成了素昧平生的陌生人。"在这座城市里，谁都找不到真情。

斯特恩伍德家族的堕落也是如此，也是因为遭到了洛杉矶城的毒害。斯特恩伍德一家与这座城市纠缠太紧，无法脱身。将军的祖父曾经参加过美墨战争，这场战争的一大结果是，墨西哥的上加利福尼亚省被割让给美国，并在 1850 年变成了加利福尼亚州。他们还是个石油世家，而石油业正是洛杉矶城繁荣的支柱产业。在故事中，马洛在斯特恩伍德的宅第中向外眺望远方几座半废弃的老油井塔：

> 斯特恩伍德家族已经搬到了高高的山上，再也闻不到油田污水的臭味，不过他们只要从前面的窗户远眺，还是能够看到那些为他们带来财富的油井塔。如果他们还想看的话。不过我猜他们已经不想看了。

洛杉矶城和斯特恩伍德家族的相似性在这段描述中显露无遗。它们都靠石油发家致富，而城市就像斯特恩伍德家族一样，试图和油田保持距离，撇清关系。在雷看来，石油便是堕落的关键所在，并且已经一代又一代地感染了这个家族的每一个成员。将军和两个女儿一样堕落，如他所言："维维安被宠坏了，虽然聪明，但是对人苛刻，性情冷酷。卡门就是个孩子，喜欢揪掉苍蝇翅膀。她们俩的道德感还比不上一只猫。我也一样。斯特恩伍德家族里谁也没有道德感。"维维安不仅遗传了将军煤黑色的眼睛，还流淌着和他一样的血液："这血脉一向狂野，却……并非从一开始就腐坏了。"它曾经狂野，如今却已经腐坏——这也是洛杉矶走过的路。这一论调也在贯穿全书的城市扩张及其后果中不断回响："如今，洛杉矶已经是一座大城市了，埃迪。最近，有很多非常粗野的人已经入驻这座城市。这就是扩张的惩罚。"

当然，雷并非唯一一位描绘这座城市黑暗本质的作家。纳撒尼尔·韦斯特(Nathanael West)在《蝗灾之日》(*The Day of the Locust*)中也挖掘过这个主题。韦斯特的这部中篇小说与《长眠不醒》同一年面世，其主人公陶德·哈克特的艺术天才逐渐被好莱坞金碧辉煌的世界所摧毁。这座城市的一切都是单调、肤浅、假冒的。

> 这是一座怪里怪气的房子。房顶上有一根歪歪斜斜的巨大石烟囱，一排小小的老虎窗，窗檐很大，茅草屋顶则低垂在大门两侧。门板明明用的是劣质枫香木，却刷得跟橡木一般，挂在巨大的铰链上。虽然这些铰链是机器生产的，但已经被小心翼翼地磨损到如同手工打造一般。同样的手艺和小心翼翼还被用在了茅草屋顶的铺设上，那实际上根本就不是茅草，而是厚实的耐火纸，只是颜色和铺设方式跟茅草很像。

雷在《长眠不醒》中也写过此类假冒质感："加州的房子只有一处地方你无法涉足，那就是它的大门。"房屋的单调在城市居民身上催生出一种诡异的厌倦情绪，纳撒尼尔·韦斯特对此有专门的解释：

> (洛杉矶)这种城市，太阳底下无新鲜事。居民们都不知道该

怎么打发时间……他们百无聊赖地看着海浪冲上威尼斯海滩……可是只要看过一道浪，你就已经看尽了所有浪。格伦代尔机场的飞机也是如此。要是飞机能够时不时地出点事就好了，他们就能看到乘客被"毁灭之焰"（这是报纸上的措辞）所吞噬了。可飞机从来没出过事。

他们的百无聊赖变得越来越可怕。他们发觉自己是着了这座城市的道，愤恨在他们心里熊熊燃烧。

困扰韦斯特小说中新洛杉矶人的诡异的单调和厌倦，也同样笼罩着斯特恩伍德家族。其中卡门尤其为其所困：无聊的生活令她变成无可救药的花痴，也最终令她变得残暴。洛杉矶之所以令人堕落，是因为它既给予人刺激的希望，又用惨淡的现实将希望彻底击碎。

雷在《长眠不醒》中取得的最为恒久的成就，便是创造了菲利普·马洛。达希尔·哈米特在创作《马耳他之鹰》时，通过两类手法故意拉开了读者和侦探萨姆·斯佩德（Sam Spade）之间的距离。首先，他采取了第三人称叙事；其次，他笔下的斯佩德是一个古怪另类之人：

塞缪尔·斯佩德的下巴很长且瘦骨嶙峋，相对柔和的 V 字形嘴巴下面是更为尖利的 V 字形下巴。他的鼻孔向里凹陷，又形成了一个相对较小的 V 字。灰黄色的双眼呈水平状。鹰钩鼻上方的两道褶皱之外，V 字形在粗眉毛上重现。高高的太阳穴上方是浅棕色的头发，刘海则垂挂在额头上。他的样貌就像不那么讨人厌的金发撒旦。

古怪的双眼、V 字形构图，以及与撒旦相仿的模样，都剥去了斯佩德身上的人性特质。马洛则与他相反，极具人性的特质，长相迷人，还很有智慧。

马洛的第一人称叙事包含了诸多隐喻和明喻，正是它们成就了钱德勒具有代表性的写作风格。你通常无法在通俗小说中读到这样的写法，但它们在《长眠不醒》中俯拾皆是："将军缓缓地开口说话，小心地调动气力，仿佛它是失业的广告女郎的最后一双长筒丝袜。"再举一例："她向我走来，浑身上下的性挑逗意味足以掀翻一顿工作午餐。"这不过是其中两例，此外还有很多很多。这些描写起到了一个非常重要的作用：马洛不仅仅是因为强悍、因为手中握着枪才成了英雄，还因为他懂得如何表达自己。

马洛的魅力还在于他具有受伤的可能性。他不是超人，不是米基·斯皮莱恩①笔下的迈克·哈默，不是通俗故事中那种怎么都打不死的英雄。他酗酒后也没法全身而退：他会宿醉。他也会抑郁。马洛和读者一样，会对卡门和维维安的行径犯恶心，并将这种感受诉诸文字：

> 起床的时候，我感到疲劳、怠惰，便起身望着窗外，嘴里仍然残留着斯特恩伍德一家黑暗、苦涩的余味……原来不是只有喝酒才会令人宿醉。女人就令我宿醉。女人令我犯恶心。

雷希望能够用一些死亡场景在情感上撼动读者（"只有在对话和描写中创造出来的情感才是读者真正在乎的，也是我真正在乎的"[12]）。

---

① 米基·斯皮莱恩（Mickey Spillane，1918—2006），美国犯罪小说家，代表作是以迈克·哈默为主人公的系列犯罪小说。哈默曾在第二次世界大战中服役，在太平洋战场上同日本人作战，他生性残暴，随身携带一把 M1911 手枪。

通过马洛的双眼描写哈利·琼斯之死时，雷显然做到了这一点：

> 我擦掉脸上的汗。我走到了办公室远端的角落里，面对墙壁站着，一只手扶着墙。我缓缓地转过身，望着哈利·琼斯矮小的身躯，躺在椅子上对我做着鬼脸。
>
> "好吧，他被你给耍了，哈利。"我大声地说出口，自己的声音听起来特别怪异。"你骗过了他，跟个小绅士一样，把氰化物一口喝了下去。现在的你，跟被毒死的老鼠一样，可是哈利，你在我眼里可不是一只老鼠。"

这一幕不仅传达出琼斯之死的感伤，更展现出马洛因此而受伤。马洛和许多传统侦探故事的主角（比如说赫尔克里·波洛[①]）不同，故事最后的他已经和出场时有所不同，而他显现这种转变的方式与其说是像犯罪小说的主人公，倒不如说是像严肃文学作品中经历了人生剧变的叙述者。

在故事的开始，当马洛看到斯特恩伍德宅第进门大厅处的彩色玻璃时，他的开场白透露出天真和英勇的本能：

> ……宽大的彩色玻璃上画着一位身穿暗色铠甲的骑士，他在挽救一位被绑在树上的仕女，虽然她没穿任何衣物，长长的头发却得体地盖住了胸部和私处。为了表示友善，骑士将头盔的面甲掀起，正虚情假意地拨弄绳索和绳结，看似为仕女松绑，却完全

[①] 赫尔克里·波洛是阿加莎·克里斯蒂所著系列侦探小说的主角，主要的出场作品有《东方快车谋杀案》《尼罗河上的惨案》等。

没有解开它们的意思。我站在门口,心想如果我住在这栋房子里,总有一天我会钻进画里帮他一把。他好像并没有急人之所急。

此处的马洛是骑士,随时准备着要解救遭遇困难的无知少女。在小说走向结尾的时候,马洛已经对这种自我定位感到失望:"在这场游戏中,骑士没有任何意义。这不是一场骑士的游戏。"

《长眠不醒》的结局清楚地展示出马洛所经历的巨大变化:

> 人死之后,命送何处又有什么所谓?是死在臭水沟里,还是死在高山山顶的大理石高塔里,又有什么分别?你已经死了,你已经长眠不醒……油和水,就像风与空气一样,对你已经没有分别了。当你长眠不醒,你没法计较死法和葬身之地的龌龊。而我,现在已经是这种龌龊的一分子了。

《长眠不醒》里也有让人不适的部分。马洛对待女性的态度令人感到不安,而且在此之前,我们并没有在雷的写作中看出这种端倪。当卡门·斯特恩伍德在深夜造访马洛的公寓,试图勾引他时,马洛将她赶出了家门。他回到公寓,紧接着发生了这样的事情:

> 我回到床前,低头看着床铺。枕头上仍旧留着她脑袋的形状,床单上仍旧留着她堕落的身形。
> 我放下了空玻璃杯,残暴地将它们撕成了碎片。

马洛的反应古怪而暴戾,甚至有点像精神病患者。请各位读者注意,他的反应并不针对她的肉体,而是肉体留下的痕迹,惹恼他的显然也正是其中剥离了肉体的部分。后来,他看到了一只避孕套,它同样令他恶心,虽然这一次反应没有那么剧烈:"在一面布满涂鸦的墙壁下方,阴暗的墙角处有一只被人丢弃的乳白色避孕套。真是一座齐活的大楼啊。"这些性暗示令马洛如此恼怒,多少有点让人奇怪,人们对此有过许多讨论。正如有些人所提出,这种反应是否意味着马洛(并进而引申到雷)是一个没有出柜的同性恋者?雷喜欢家庭,对他来说,家不应该被性所腐蚀。我们能够从他写给朋友詹姆斯·桑德(James Sandoe)的信中读出他对这一问题的真实想法:"我发现我没法尊重那些与男人同居的女人。随便她怎么跟男人睡觉都行,随便跟哪个男人睡觉都行,甚至随便在哪里睡觉都行,但同居对于家庭生活的廉价模仿会让我生气。"[13]正如朱迪思·弗里曼(Judith Freeman)所指出的,对雷来说,"性行为不会让女人降低身份。只有明明未婚却玩起过家家的游戏时,她才会因此而自贬身价"。床铺的痕迹象征着长期的关系,意味着因为长久的陪伴给床铺带来的损耗。但是卡门的肉体痕迹却完全相反,意味着廉价、无爱、不纯洁的性关系。这在某种程度上解释了《长眠不醒》中令人不适的段落,但它没能解释为什么雷在小说中总把最危险的角色设定成女性,也不能解释为什么马洛总是只对男人萌生真情。

1938年底,雷已经完成了令他满意的《长眠不醒》终稿。他将其寄给了文学代理人西德尼·桑德斯(Sydney Sanders)。桑德斯对《黑面具》类型的通俗作品非常熟稔,他很喜欢雷的这部长篇小说,并且立即决定它应当由成功运营过哈米特作品和凯恩作品的克诺夫出版社出版。在硬汉小说领域,这两位作家吸引了最广大的读者群体。《马耳他之鹰》和《邮差总按两次铃》的成功之处在于,它们不仅吸引到侦探小说读者,还吸引到了严肃文学读者。克诺夫出版社成立于 1915 年,有着过硬的文学出版口碑,经营过西奥多·德莱塞(Theodore Dreiser)、D. H. 劳伦斯(D. H. Lawrence)和西格蒙德·弗洛伊德(Sigmund Freud)等作者。该出版社旗下的"波索尔悬疑系列"由阿尔弗雷德·A. 克诺夫的妻子布兰奇运作。所以桑德斯很有可能将《长眠不醒》的稿件直接交给了她,而她也直接审读了这份稿件。这标志着一段友谊的开始,从此往后,克诺夫夫妇只要来到加州,就会想办法同雷见面。

在《长眠不醒》的筹备阶段,克诺夫决定斥巨资对其进行营销推广。1938 年秋天,他在《出版人周刊》(*Publisher's Weekly*,美国图书行业的领头刊物)的封底上刊登了整版广告。广告语的前三行如下:

1929 年,达希尔·哈米特

1934 年,詹姆斯·M. 凯恩

1939 年,雷蒙德·钱德勒

这则广告意思明确:克诺夫签下了一位新星,一位硬汉派小说的正统接班人。不过把日期和名字排成这样的形式,这则广告怎么看都有点像墓碑,而且它给雷贴上了局限性的标签。诚然,雷是一位硬汉派犯罪小说家,但他的抱负不限于此。这则广告和其他营销手段使大众形成了对雷的刻板印象,从此往后,雷始终都试图摆脱硬汉派的标签。

不过,在 1939 年,年过半百的雷终于实现了毕生心愿:他不仅能以作家自居,而且是位名副其实的小说家了。他终于得偿所愿。

第九章

"生蚝上的几滴辣酱"

1939 年伊始，雷带着茜茜和波斯猫塔基，搬到了加州的里弗赛德。过去的几个月里，大熊湖畔的气候凉爽怡人，到了冬天，他们就搬到这座不大不小的城镇，享受这里近乎地中海的宜人气候。多变的气候是加州的一大魅力，钱德勒夫妇尽情地享用了这一点。每到冬天，他们会搬到温暖的海岸，夏日时节，他们又搬到凉爽干燥的山区。不过这么大费周折，主要还是为了照顾茜茜，她的肺已经开始出现问题了。从山区搬走的时候，钱德勒夫妇本想住在圣迭戈北部的小镇拉霍亚，不过大概是因为那里的生活成本太高，所以他们只停留了一小段时间，就搬到了稍显逊色却相对划算的里弗赛德。

　　在里弗赛德住下的时候，雷已经有了很多心事。2 月，《长眠不醒》刚刚在美国面世，作为一名刚出道的长篇小说作家，他对市场反响非常焦虑。他很在意这本售价两美元、蓝白红配色、设计大胆的精装图书能否得到读者的认可。雷可不止花了几个月的时间埋头写作，这部小说代表了多年的努力，这一集大成的写作计划可以追溯到 1932 年，追溯到他刚开始为通俗杂志撰稿的时候。

　　一开始，评论不太多，评价也不太正面。新书资讯基本都刊登在犯罪小说版块，这一点让雷深深地感到失望。有些评论非常伤人，比如《纽约先驱论坛报》(*New York Herald Tribune*)的这一则：

不过在我们看来，钱德勒先生在书中夹带了太多耸人听闻的黑帮故事，糟蹋了这本小说，让它显得头重脚轻，所以真该有人让他去墙角罚站，给他分析分析，告诉他这点本事应该做什么行当。[1]

《纽约时报》(New York Times)的一篇评论使得雷感慨说，它"令我彻底泄了气"[2]。在钱德勒看来，《长眠不醒》"这部侦探小说对人物的兴趣高过剧情，它试图以小说的形态立足，而悬疑要素只是生蚝上的几滴辣酱"[3]。对于大部分评论者来说，《长眠不醒》和市面上层出不穷的犯罪小说没什么两样。也有一些正面评价。《新共和》(New Re-public)评论道："如果你喜欢精巧的匠人之作，不要错过这部作品。"[4]《洛杉矶时报》认为雷是足以"让詹姆斯·M. 凯恩出局"的那个人，这句话令雷欢欣鼓舞，他在给朋友的信中写道："今天的我不像昨天那样，觉得自己总是品尝到时代的道德沦丧。"[5]不过我们必须说句公道话，评论界的反馈好坏参半，雷没有如愿以偿地得到大家的认可。

完成第一部长篇小说后，他开始了下一部的创作计划，希望能够借犯罪小说实现更为远大的目标。

我最少要再写三部长篇悬疑小说，才会考虑涉足其他题材。[6]

对雷来说，在通往其文学目标的道路上，犯罪小说是路标，关于自己真正想写什么，他已经心中有数。《长眠不醒》问世一个月后，雷开始规划未来，他让茜茜将这份计划打在硬卡纸上，可以夹在皮质笔记本里。计划的开篇写道："既然所有计划都很愚蠢，写下来的计划从来都实现不了，那么在加州的里弗赛德，在 1939 年 3 月 16 日这一天，我们来定一个计划。"在 1939 年余下的日子里,在整个 1940 年和 1941 年的春天,他将专注于侦探小说的写作,并在为后续作品暂拟的书名边写上故事梗概:《金可御律》(*Law Is Where You Buy It*,"主题——在一座加州小镇里,警察堕落到与诈骗犯同流合污,面子上却公正得宛若黎明"),《布拉舍金币》①(*The Brasher Doubloon*,"一部滑稽的中篇通俗小说⋯⋯几乎全新的剧情"),《暮光之域》(*Zone of Twilight*,"一个阴暗却不乏诙谐的故事,写商界政客之子与某女郎的关系,上层社会与下层社会的相逢⋯⋯")。接着,他又为另一本书列出了大纲:《英格兰夏日》(*An English Summer*),这是他一直都想写的作品。他希望借这本小说回到英国,而它也将与前面四部侦探小说截然不同。《英格兰夏日》基于他非常年轻时创作的一个短篇故事(除此之外没有进一步的信息了)。他对于这部小说有着清晰的构想:

> 一部紧凑、轻盈、篇幅不长、文笔上乘的剧情小说,基于我之前写下的一则短篇故事。表面的主题是雅士的腐朽,与正直、诚实、慷慨和大无畏,总而言之是最好的美国人,形成了强烈的反差。[7]

在雷的计划中,《英格兰夏日》将是他超越悬疑小说、进入全新领域的敲门砖。他并不打算彻底放弃犯罪小说,但也不希望自己被这一类型所困:他并不希望自己终其一生都只写犯罪小说。

我们该怎么看待他的未来规划呢? 考虑到他在计划开头写下的

---

① 布拉舍金币是美国最早铸造的金币,被认为是美国钱币史上最重要的硬币之一,已知存世仅有 7 枚,最近一次交易完成于 2018 年 3 月,售价高达 500 万美元。

戏言,我们很难相信他对此抱有很大的信心。茜茜似乎也对丈夫的计划抱有疑虑,她在计划的最后补充道:

> 亲爱的雷米奥,未来某一天,你看到自己有过这般徒劳的梦,也许会会心一笑。不过你也可能笑不出来。

茜茜的这番话未卜先知了——雷永远都无法"放下悬疑小说"。妻子对丈夫说出这样的话,也许还有点刺耳,甚至有点刻薄,但这么理解则是断章取义。它体现的不是茜茜的刻薄,而是他们的关系有多么亲密。这是雷罗列过的最雄心勃勃的计划。从中我们可以瞥见雷的形象:一个手拿拐杖,身着精良西装,来美国奋斗的人;一个在洛杉矶仍是荒漠中的一座小城时就搬到这里的人;一个驱车行驶在荒无人烟的海滨公路上,读着随处都能买到的廉价杂志,并深受其鼓舞,相信自己总有一天也能成为作家的人。茜茜本能地察觉到,丈夫的计划中有着过于狂妄的激动,有着不切实际的白日梦,而没有真正脚踏实地的决心。差不多在同一时期,雷还构想了另外一批书名。其中一个叫作《伴我做梦,在我身旁》(*Sit With Me While I Dream*),雷的笔记显示,这个书名可以用于他的自传。然而,茜茜担心她太有野心的雷米奥有点操之过急了:毕竟,他才出版了一本书而已。

任何旅程都需要起点,而急于上路的雷认为,要想动笔写下一本书,最好的准备工作就是重读上一本书。他发现自己在写作《长眠不醒》时"发挥并不稳定",有些场景仍旧令人回想起通俗杂志的典型桥段——当时他是通过通俗杂志初习写作的——但他也知道,《长眠不醒》是他向正确方向迈出的一步。当他开始准备第二部作品时,销售数量给他带来了慰藉。美国版的《长眠不醒》卖出了约1万册,给雷带来了 2000 美元的版税收入。尽管《长眠不醒》的销量不及达希尔·哈米特的《瘦子》(*The Thin Man*)的十分之一[8]，但出版社认为雷的小说已经勉强算得上成功了。克诺夫对雷说了很多鼓励的话，希望他能够继续写作。同样，英国版的《长眠不醒》于 1939 年 3 月由哈米什·汉密尔顿出版社推出后，也得到了汉密尔顿本人的肯定，他和克诺夫一样期待雷的下一部作品。

来自各方的肯定增强了雷的信心，但它们也不乏负面影响：突然间，雷的头脑里就乱哄哄地充斥了各式各样的想法。3 月下旬，他安顿下来，开始动笔写他计划中的第一本小说，也就是《金可御律》，可没过几天，他就放弃了。多年以后，连他自己也想不起来为什么要放弃它，只记得它"无疾而终"了。他转向另一项构思，并最终成了《再见，吾爱》的核心架构。这一构思最初采用的书名是《来自棕皮肤家族的女孩》(*The Girl From Brunette's*)，一开始进展顺利。到 1939 年 4 月 12 日，雷已经写了 10 页稿纸；4 月 23 日，他写道，"题目改成《来自弗洛里安家族的女孩》(*The Girl From Florians*)"；五天后，他就写完了他准备好的 127 张黄色短稿纸。这一进展一直持续到 5 月，然后他突然改变了主意：

> "这个故事成不了。简直都臭气熏天了。我想我不得不放弃它、另起炉灶了。"[9]

没过多久，他动笔写一篇题作《托尼出逃》("Tony Gets Out"，最后它将变成《我会等候》)的短篇小说，不过写了一段时间后，他就没法再集中注意力了，于是又回过头来写《来自弗洛里安家族的女孩》。到了月底，他再度放弃，转而投身又一新的构思。我们并不清楚他是否重拾《金可御律》的写作，还是另起炉灶了，不过接下来的几个星期，他始终都在埋头创作。他的笔记显示，他正专心塑造一位名叫艾德丽安·弗洛姆塞特的角色，后来她将在《湖底女人》中登场（尽管名字的拼写从"Adrian"变成了"Adrienne"），所以在 1939 年 6 月，他所做的工作实际上为 1943 年的小说做了铺垫。在这段时间里，他虽然有所进展，却也遭遇了困境：

> 我再一次不幸地发现，在我建造的这栋房子底下有一只死猫。房子已经盖了超过四分之三，依旧是白费力气。[10]

雷把写作中经历的困惑都详细地记录在日记里，并在多年以后告诉了他的律师。这些材料向我们披露了许多内幕，令我们得以一窥其写作方法和写作模式。他很少预先设定故事的走向，小说中的一幕幕场景都是坐在书桌前临场写下的。他对故事素材的运用为小说提供了框架，但这框架是灵活的。有时候，早年写过的通俗故事能够为小说提供场景或者人物，乃至更多，但它们很少提供故事的结局。有时候，两条剧情线的合并会带来问题。有时候（比如说《长眠不醒》），这种剧情线的合并也会奏效，但是并非常态。写作方向的缺失给雷带来了无穷无尽的问题，其中最大的困难，莫过于他必须将许多彼此之间无甚关联的事件串在一起，构成一个无缝衔接的完整故事。到最后，时间和经验会帮助他完善这种方法，但是在 1939 年，他还在试探写作的道路。他还没彻底搞清楚自己的强项和弱点。他仍旧陷于半成品构思的沼泽中，努力寻找通衢，这有时候会令他感到焦躁，并进一步妨碍他专注于写作。

1939 年年中，困扰雷的可不止剧情和故事结构的问题。他也很关心发生在遥远欧洲的战事。他密切地关注事态发展,并且敏锐地认识到,德国占领奥地利、入侵捷克斯洛伐克将带来重大的历史后果。雷参加过第一次世界大战,曾与德国人正面交锋,他很清楚如果让这样的战争再次发生将意味着什么,所以他始终都放心不下。在给布兰奇·克诺夫的信中,雷写道:"我努力地让自己的头脑不被战争的消息所占据,可是这么做的时候,我也让自己的智力减退到七岁的程度。"[11]他越担心欧洲的战事,就越无法提起工作所必需的干劲。

里弗赛德的白天气温逐渐升高,超过了钱德勒夫妇的舒适范围,所以他们再一次打包好行囊,搬到了更为凉爽的山区。他们在夏天(至少在 8 月之前)回到了大熊湖畔,而雷也试图在绿树的环抱中与山区动物柔和的叫声中重新专注于小说创作。一开始,进展非常顺畅。7 月,他再度拾起了《再见,吾爱》的初稿,对其进行修改。到 8 月底,他早先的失望似乎已经烟消云散,因为他写信告诉布兰奇·克诺夫,自己再写 12000 个单词就能完结全书,并承诺下个月就能把初稿交给她看。9 月 15 日,他在信中写道,自己已经完成初稿,但还需要至少六个星期才能修改完毕。此时,德国已经入侵波兰,导致英法两国对德宣战。尽管雷住在伦敦的亲戚都是远亲,可是当人们预料已久的事态终于成真的时候,他还是为此忧心忡忡。9 月 29 日,他再次试图应征加拿大远征军。在他看来,在这场战争面前保持中立是毫无意义的,而达利奇学院给他灌输的爱国主义也敦促他履行自己的责任。要是当时的他再年轻一些,也许真的会再次奔赴战场,与德国人作战,但是他已经五十一岁了,他的申请也因此立即遭到了拒绝。雷并没有松一口气,反倒是感到挫败,他的创作也受到影响。《再见,吾爱》本来离修改完毕只差两个星期了,如今被雷默默地束之高阁,他需要做点其他的事情来分散自己的注意力。

写不出新书,雷的手头就越来越紧张,于是他又转而写起短篇故事。他的文学代理人西德尼·桑德斯已经游说他很久,让他写点可以卖给高档杂志的故事,但是雷并没有理会,因为他坚信"连载故事写得再好也成就不了一部好的长篇小说"[12]。可是当经济压力压在肩头时,他开始动摇了。最后,他将从夏天起就一直在润色的《我会等候》寄给了桑德斯。桑德斯安排它刊登在1939年10月14日的《星期六晚邮报》上。

《我会等候》和雷过去的短篇故事一样,结尾处留有余韵,能够让读者在阅读完毕后长久地回味。但它和此前的通俗故事有着显著的区别,也因此获得了极大的成功。主人公托尼·雷泽克在一家酒店工作,他悄悄放走了一名躲藏在这家酒店的罪犯,不想却导致他的朋友被杀。这篇故事的力量在于,我们不仅对于托尼痛失朋友感同身受,也认为他在一定程度上把朋友给害死了。故事的结尾,托尼接到一通电话。他本以为是朋友阿尔打来的,他拿起话筒,传来的却是另一个人的声音:

"我们跟你们酒店的一个伙计做了笔小买卖。结果这家伙想溜,被我们逮到了。阿尔猜到你会放他走,所以就跟踪了他,把他堵在街角。不太妙,出了点岔子。"

托尼紧紧地握住听筒,太阳穴因为汗水蒸发而发凉。"接着说,"他说,"我猜你还没说完。"

"就剩一点了。那家伙干掉了大个子阿尔。死了。阿尔——阿尔说过要跟你道别。"

托尼重重地倚靠在前台上。他嘴里吐出了声响,却不成话语。

这是一个有力量的瞬间。托尼仿佛在一瞬间被掏空了五脏六腑，而结尾也明白地告诉我们，他恢复正常的可能性微乎其微。它有力地向我们证明，自 1932 年开始文学创作以来，雷已经取得了多么巨大的进步，能够写出多么有力量的文字。不过他依旧对这类高档杂志感到不自在。他在信中写道，此类杂志所施加的约束使得这篇故事"带有人工的痕迹，并不真实，在情感上也不坦诚"[13]。雷的自我评价过分关注故事的弱点，其实也许没有必要这么苛刻，但是它也显示出，在这一时期，他最看重的便是作品的情感品质、角色的丰满，以及他们一举一动的现实性。虽然为高档杂志撰稿能够给他带来稳定甚至丰厚的回报，但是雷拒绝接受它们的摆布，他回到了自己在年初时起草的写作计划。

到目前为止，雷创作第二部长篇小说的各种尝试都尚未成功，不过他也没闲着，继续摆弄着其他构思，比如一篇名叫《黄铜门》（"The Bronze Door"）的故事，该名字于 1938 年首次出现在他笔记本上的一份名单中。它的设定并非犯罪故事，而是一则幻想故事。1939 年，雷将这篇故事的创作推进下去，并在初夏把它写完了。它于当年 11 月发表在一份名叫《未知》（*Unknown*）的通俗杂志上。该杂志的主编约翰·W. 坎贝尔（John W. Campbell）同时也是《惊奇科幻小说》（*Astounding Science Fiction*）的负责人。他对于那些包含古怪奇妙之事的故事有着敏锐的眼光，比如说，他曾经委托别人写过一个游泳队教练招募美人鱼帮忙训练的故事。当《黄铜门》被递交到他的书桌上时，他很快就买下了版权，交付出版。

雷到底是出于怎样的动机，写下了这一类型的故事？我们会发现，有很多原因使得这篇故事成了他自然而然会迈出的一步。首先，他始终自认为是一名极具实验性的作家，这一构思对他形成了独特的挑战：能否在现实世界的范围内表现非现实的主题？其次，犯罪小说已然成为他的工作，而这一新的构思具有趣味性，也具有必要性，能够让他暂时脱离堕落的洛杉矶这一主题。

《黄铜门》的故事地点设定在伦敦。主人公詹姆斯·萨顿-科尼什是个婚姻不幸、酗酒成性的男人。有一天，他回到家中（当然喝醉了酒），发现火冒三丈的妻子正打算离开这个家：

> 她用可怕的眼神看着他，然后再一次转过身，背对着他说道："一切都结束了，詹姆斯。我们的婚姻到此为止。"
>
> 萨顿-科尼什先生惊讶地说："天哪，亲爱的，莫非我们结过婚？"
>
> 她原本又要转身，却作罢，仿佛发出了被人在地下室里掐死的声音，然后走了。

> 房门像麻痹的嘴一般大开着。萨顿-科尼什先生站在门里面，愣愣地听着。他一动不动，直到听见楼上传来了脚步声……他叹了口气……然后悄悄地下楼，进到门厅旁狭长的书房里，灌起了威士忌。

此情此景是否折射出喝醉的雷同茜茜争吵的画面？

萨顿-科尼什离开家后，他的人生出现了稀奇古怪的转变。他招呼来一辆双座马车，车夫竟然不知道发生过第一次世界大战（"啥战争啊，老板？"）。后来，事情变得越来越奇怪，他在一家拍卖行里发现了一扇黄铜门，可以让所有穿门而过的人凭空消失。被吊起胃口的他因此买下这扇门，并自然而然地用它让妻子和她烦人的狗消失了。然而萨顿-科尼什遭到了报应,一位苏格兰场的警察开始调查此事。萨顿-科尼什没能将这位警察推进门,自己却最终消失在门里面。

这是一则古怪的故事,但它有着自然的呈现方式,这也是它成功的关键。我们来看看萨顿-科尼什第一次发现这扇门的魔力的时刻:

> 他直起身子,用惬意而懒散的动作将手杖送进了门洞。然后,那天晚上出现了第二件不可思议的事情。
>
> ......
>
> 萨顿-科尼什先生低头看了看自己戴着手套的右手。原先握在手里的手杖消失了。他的右手空空如也。他绕到后头观察。可是门背后落满灰尘的地板上也没有手杖的踪影。
>
> 整个过程中他都没有异样的感觉。并没有人从他手里夺过手杖。它只是部分穿过了门洞,然后就不复存在了。

为了给故事增添真实感,雷动了很多脑筋。他在最初的计划中记道,他打算写的每一个幻想故事都要达成不同的效果。它们既是雷写作方法的实验,也表明他始终对写作技巧兴趣浓厚,他在学习犯罪小说的艺术时就表现出了这种兴趣。

尽管雷为幻想故事设定了远大的目标,不过他很少真的能赋予它们生命,帮助它们从笔记本上走出来,变成真正的作品。《黄铜门》是其中罕见的例外。它代表了雷在不同领域的牛刀小试,如果不是收回精力,专心创作《再见,吾爱》,他很有可能会进一步探索幻想小说。

1939 年 10 月,雷和茜茜开始思考他们下一站该去哪里。大熊湖的气温开始变得寒凉,它已经散播出讯息,他们是时候离开山区,回到温暖的地方了。雷在这片乡野之地断断续续地工作,已经为两部长篇小说写下了很多片段，不过它们都尚未成熟，离出版还很远。钱德勒夫妇一开始选择了他们这两年间曾短暂停留的拉霍亚。这座小镇坐落在陆地的岬角，像个伸向太平洋的拳头。沙滩和海岸都离居民区很近，气候温暖而令人倦怠。用雷的话来说，它将"冬夏两季完美的气候"以及"这个国家太平洋沿岸最好的海岸线"与"有教养的居民"结合在一起。[14]只要有钱，他愿意一直住在这里。

1938年，他们曾短暂居留此地，并且与当地的文学圈["这里有不算太多的几位作家，没有过于放纵的氛围（不过他们会请你喝上一杯）"[15]]有所交往，但是一年过去了，情况已经有所不同。作家们要么已经离开此地，要么更糟糕，变成了有钱人：

> 自从我们去年离开之后，此地的文学圈子经历了一些变化。那些赚到钱的孩子如今都在沙滩俱乐部打网球了。肮脏的等级体系又开始运转了。我倒没觉得这沙滩俱乐部的收费有多贵，不过从作家的威士忌口粮里扣掉那么几美元，就足以扼杀他的想象力。[16]

如今的拉霍亚已经没有那么生气勃勃，没有那么浓厚的文学氛围，更重要的是不再像他们理想的定居地了。雷本来梦想着能够在冬天住在拉霍亚，然后在山区拥有一座避暑小屋。可是出乎意料且令他感到失望的是，拉霍亚如今只给他带来压抑感。他已经对居无定所感到厌倦，可即便他内心对稳定下来有所渴望，拉霍亚也显然并非适合他们的地方：

> 这么多年了，我们都没有一个（家），所以我回头看时，但凡是

我们居住长达六个月的地方,都让我有点怀念。我觉得我们也不应该在这里住太久。生活成本太高,空气太潮湿,老年人太多,今天下午有位游客说,这里对老人以及他们的父母来说是个好地方……[17]

大约在钱德勒夫妇看来,拉霍亚居民的平均年龄也是它的一大缺点。钱德勒写信告诉布兰奇·克诺夫,"增长的年纪"令他不想待在拉霍亚[18],尽管这番话表面上是在说他自己,但也有可能指的是茜茜,毕竟她已经快要七十岁,却始终竭力保持年轻的状态。此外,天气也是一个因素。他们是为了逃离寒冷的天气,才从山上搬到海边,可是这座小镇却很潮湿,不仅影响了茜茜的健康,就连雷也受到影响——他的一条手臂开始出现风湿性关节炎的症状。他们在小镇挨过了圣诞节,新年过后就搬家了,而接下来的1940年,安宁又将会是多么难以企及。

他们离开拉霍亚后,来到了位于圣盖博山脉脚下、洛杉矶城北方的蒙罗维亚。可是邻居太过吵闹,害得雷无法专心工作。几个星期后,他们就向西搬到了3英里外、位于洛杉矶盆地的小镇阿卡迪亚,在平房林立的区域租下了一间公寓。自从钱德勒夫妇结婚以来,这是他们最不安定的一段岁月,居无定所的压力也开始对他们产生影响。雷没有办法把精力投入新书的创作中,而创作的荒芜也引发了另一种压力:

我只能暂且把第二本书丢下,这样一来,过去的半年里我几乎一事无成,而未来的半年里,我就生计堪忧了。[19]

不过到最后，雷还是在蒙罗维亚重拾了写作的动力。虽然他光靠偶尔写几篇通俗故事也能维生，但是他重拾写作，在一定程度上也确实是迫于生活所需。雷已经有好几个月无法集中注意力了，现在终于又能专心创作那部几近完稿的侦探马洛小说。短短的几个星期后，他就将初稿交给了布兰奇·克诺夫。

这本书的书名在交稿之前几经更改，每次更改都显示出雷对于其写作的态度有了一定转变。最早的书名之一《来自弗洛里安家族的女孩》弥漫着通俗杂志的趣味。后来，书名变成了《第二杀手》(*The Second Murderer*)，其灵感取自《理查三世》①，虽然这个书名有所改进，但"杀手"一词清晰地点明了小说的类型：悬疑小说。克诺夫出版社的团队自然喜欢这个书名，并积极地鼓励雷采用它。从他们的角度来看，这个书名是恰切的：一听就知道是本悬疑小说，能够帮助它在书店里定位，摆放在阿加莎·克里斯蒂或雷克斯·斯托特(Rex Stout)的作品旁边。可是，雷改了主意，提出要把书名取作《再见，吾爱》。他费了很大力气才终于说服布兰奇（她"因为这个书名和雷吵得不可开交"[20]，因为它"根本就不是悬疑作品该有的名字"[21]），而她显然担心，该书的读者会因为如此故弄玄虚的书名而错失这本好书。但雷的直觉是对的。《再见，吾爱》是一个迷人的书名，而且与《长眠不醒》不同的是，它和故事并没有太多关联。事实上，我们并不清楚"吾爱"指谁，它本身就是书中的谜题之一。"再见"(Farewell)的扬扬格与"吾爱"(My Lovely)的抑扬抑格相组合，为书名染上与同时代硬汉小说截然不同的色彩，令人难忘。它指向了处于该书核心的情感软肋，对读者

---

① 《理查三世》为莎士比亚的历史剧，剧中的两名杀手奉理查三世之命，前去刺杀克莱伦斯，其中一名杀手良知觉醒，最后没有参与对克莱伦斯的刺杀。

有着很大的吸引力。《再见,吾爱》显然同它第一版护封上推广的另外几本书的书名风格迥异:它们分别是乔治·哈蒙·考克斯(George Harmon Coxe)的《玻璃三角》(*The Glass Triangle*)和埃里克·安布勒(Eric Ambler)的《恐惧路漫漫》(*Journey Into Fear*),它们都有一层冷酷的色彩,与《再见,吾爱》的精妙之处相比,一下子就相形见绌了。这个书名向读者发出了讯息:这本书立意高远,绝不仅仅是悬疑小说。尽管遭到布兰奇·克诺夫的反对,但是雷认为自己才是最了解读者需求的人:

> 我从来不认为图书编辑、出版人、话剧制作人、电影制片人在猜测大众的喜好方面有什么独到之处。现有记录只能证明他们不善此道。我始终都站在终端消费者和读者的立场思考问题,而不想假借这类中介的视角。我始终相信,这个国家有一群数量庞大的聪明人……他们的喜好与我相同。[22]

长远来说,他的观点是对的。

1940 年 7 月,雷通读了校样。稿子一塌糊涂,他耗费了大量精力,纠正了许多由文字编辑带入的讹误。他对语法锱铢必较(他对一位贸然修改他语言的助理编辑说:"当我在不定式结构中插入成分的时候,该死的,我就是为了插入成分才把不定式拆开的……"),因此整个校订过程花了不少时间。他本打算在 8 月把定稿返回给出版社,却因为额外的校订工作而推迟了。最后,《再见,吾爱》直到 10 月才在英美两国出版。尽管作品诞生过程稍有波折,但雷还是在不到两年的时间里出版了两部长篇小说。他理应感到自豪。

在很长一段时间里,《再见,吾爱》都是雷在自己作品中最为青睐的一部。在它出版近十年后,他在寄给戴尔·沃伦(Dale Warren)的信中写道:"我认为《再见,吾爱》是我最好的作品,我可能再也没法将各类素材组合出一部同样优秀的作品了。"[23]

如果说雷凭借《长眠不醒》向世界宣布了他的写作意图,那么《再见,吾爱》则证明了他的写作技艺可以企及的高度。故事起于洛杉矶闹市的中央大道,马洛正在搜寻一位看似无关紧要的希腊理发师。当马洛遇到刚刚从监狱里出来、正寻找旧爱的"驼鹿"马洛伊时,搜寻理发师的事情很快就被他抛诸脑后。马洛伊身材魁梧("壮实得快赶上运输啤酒的卡车了"),并且衣着俗丽:

> 他头戴毛糙的博尔萨利诺帽,身穿灰色面料、白金色纽扣的粗布便装外套和棕色衬衫,打着黄领带,下着褶皱的灰色法兰绒便裤,脚踏一双脚趾处张嘴的鳄鱼皮鞋。胸袋巾和领带一样是亮黄色的。帽子的缎带里插着几根彩色的羽毛,但说实话,他用不着这么打扮。即便在这条全世界着装最为出格的中央大道上,他这副模样也简直跟蛋糕上的塔兰托狼蛛一样突兀。

当马洛伊拽着马洛走进中央大道的一家酒吧时,事态发生了剧变,马洛伊突然间以残暴的方式杀了人,然后就逃逸了。而马洛只是因为在错误的时间出现在错误的地点,就被警察捉去询问。警察利用马洛的身份,想要强迫他调查马洛伊,可是实际上马洛早已打定主意要调查此事——"好奇心就是我的委托人"。没过多久,他就开始追踪珠宝窃贼、神秘兮兮的灵媒骗子,以及黑帮分子。

雷曾在笔记中为《再见,吾爱》列过写作大纲,我们前面也引述过该书的主题,"在一座加州城市里,警察堕落到与诈骗犯同流合污,面子上却公正得宛若黎明"[24],但实际写成的小说远远超越了最初的立意。雷将数篇短篇小说[《翡翠玉石》《狗痴》和《海湾城蓝调》("Bay City Blues")]的素材相互交织,并将小说的主体部分设定在海湾城(明眼人一看就知道它指的是圣莫尼卡),如此构成了这部小说的主心骨。曾有传闻说,雷讨厌圣莫尼卡,但在《再见,吾爱》出版不久后,他就搬到了那里,这种传闻也就不攻自破了。雷在这部小说中的意图表面上是探究警察与诈骗犯的共谋关系,但这部一开始打算描写堕落城市的小说,最后却探究起城市是如何使人堕落的,而雷所采用的方法是将两位截然不同的警官的经历予以比较。其中一位警官被马洛戏称为"海明威",他曾如是评价海湾城:"在这里,你就算想当一个诚实的人,都不可能……要么玩阴的,要么吃不上饭。"另一位警官名叫雷德·诺尔高,他试图在这摊浑水中洁身自好,却因为坚持的信念而被踢出了警察队伍。诺尔高如果放任自己道德沉沦的话,本来也会像"海明威"一样,表面上很成功,内心却对一切感到失望。诺尔高在精神上获得满足,却被炒了鱿鱼,只能时不时地打一些零工,机会还少之又少。

然而海湾城腐败的流毒范围要比这更加广,它只是小说中的典型案例,代表了南加州更为普遍的问题。只要居住在这个环境里,你就必须呼吸这里的腐败散发出来的无孔不入、避无可避的毒气,连马洛都发觉他所秉持的信念遭到了挑战。比如说,在故事中段,他以为林赛·马里奥特之所以遇害,是因为被卷入了一个珠宝盗窃和有组织犯罪的团伙,可事实上,他的死因非常简单:他是最有可能暴露莱温·洛克里奇·格雷里夫人身份的一环,为了阻止这一秘密的泄露,他就必须死。该书部分角色之间相互纠葛,但是连接他们的并非命案,命案只是堕落的必然后果:正如金属会被来自海洋的空气所锈蚀,居民也会被海湾城所腐化。格雷里夫人并非受到了密谋的指使,她杀害马里奥特的行径不过是生活在这片腐化之地的自然结果。[25]

与《长眠不醒》相比，《再见，吾爱》代表了雷对南加州更为深入的挖掘，也展现出他对这一地区的思考经历了哪些转变。很显然，雷对这片他自1913年以来就一直生活的土地有着长久和深入的思考。很多年来，他都在洛杉矶的中心工作，这一"中心"既有字面上的含义（闹市区），也有修辞上的含义（石油产业），所以他能够从生活经历的深井中汲取创作的素材。与此同时，他还能将小说之根扎在这座城市近期的历史中。克诺夫出版社决定在营销推广中强调这一点，其中一则吸引眼球的广告就将该书称作"真正关注当下现实的现实主义作品"[26]。

我们可以举出一例，说明该书如何贴近洛杉矶的现实生活。在结尾部分，雷写到了一艘赌博船，所依据的现实例子是前私酒贩、"赌博企业家"托尼・科尔内罗（Tony Cornero）[27]名下的"国王号"轮船。20世纪30年代，赌博在加州属于非法行为，为了逃避法律，赌徒们把船只停泊在离岸三英里的地方，这样他们就可以声称自己进入了国际水域。1938年，科尔内罗启用了"国王号"。它24小时运营，安全而不受干扰，船上备有优质的食物和饮料，往返陆地的渡轮高效而且廉价。这一整套系统不仅使得"国王号"等船只上有着数量稳定的豪赌之徒，而且重要的是，它们还能吸引另一类顾客：中产阶级。"国王号"运营没过多久，科尔内罗就违反了法律，陷入了麻烦。地方检察官布隆・菲茨试图取缔这艘船，却没能成功，直到1939年，州检察官厄尔・沃伦（Earl Warren）将军出手，才终于将其关闭，过程中还出现了双方的对峙，船员甚至用消防水管冲击试图登船的警力。"国王号"停止运营后，科尔内罗就搬到了内华达州的拉斯维加斯，将这一商业模式带到当地，建造起我们如今熟悉的诸多赌场。[28]到最后，科尔内罗都没有被告上法庭，而"国王号"在第二次世界大战中服役，后来在非洲海岸附近被德国的潜水艇击沉。雷怀疑公家关闭赌场的各种行动是不是在动真格["其他人也试过（或者至少假装试过）……"]，而他得出的结论是，沃伦"以干净利落但毫无疑问违法的方式"[29]解决了问题。这是典型的南加州特色，好人的行为方式跟坏人没什么两样，这一主题将在雷的小说中一而再再而三地浮现。

雷对当地警察以及他们同"国王号"的不正当关系的怀疑是有道理的。《再见，吾爱》出版几年后，他曾在信中讲述过一桩逸事，表明这些警察和黑帮一样堕落：

> 几天前，我想起了你给我提过的建议，让我写一写爆料海湾城（圣莫尼卡）警察的文章。有一次，地方检察官麾下的几名警探得到线报，说圣莫尼卡周边地区有一座海洋公园涉嫌藏污纳垢，经营着一家赌场。于是，他们就去了那里，沿途还从圣莫尼卡调来了几名警察，告诉他们要去端掉一个场子，但没告诉他们这场子在哪儿。这些警察自然是不情不愿地跟着过去了，可是"称职"的警察怎么可以将法律强加在掏钱的客户身上呢？他们发现场子实际上在什么地方的时候，断断续续地咕哝道："伙计们，我们行动之前应该跟布朗上尉打个招呼。他要是知道你们这么做，可不会高兴。"地方检察官麾下的警探才不管不顾，催促他们去扑克厅与牌九厅搜查，抓住了好几个赌博嫌疑人，扣押下许多赌博设备（足足装了一卡车），并将它们锁进箱子，存在当地警局留作证据。第二天上午，地方检察官麾下的几个伙计回来清点赃物，却发现所有东西都消失了，只剩下几把白色的扑克筹码。锁没有撬过的痕迹，卡车和司机也不见了踪影。这些条子只能糊里糊涂地摇摇脑袋，回到城里把这番故事交代给陪审团。[30]

我们从这封信中明显可以看出，雷对于20世纪30年代南加州猖獗的腐败现象有一种疲惫的无奈，相当于某种心照不宣的摇头叹息，底下涌动着雷真正的愤怒。这种愤怒通过菲利普·马洛锋利、辛辣的讽刺更清晰地表现出来：

> 这是一座不错的小镇。大约不像洛杉矶那么扭曲。在洛杉矶，就算你出一大笔钱也只能买下一小块地方。可是用这笔钱，你可以把这座小镇连同原版包装盒和包装纸一股脑儿都给买下来。

如果说，《再见，吾爱》标志着雷对南加州态度的转变，那么它同样标志着他笔下的角色被赋予了新的深度。在雷过世前不久，伊恩·弗莱明(Ian Fleming)曾在BBC上对他进行采访，谈到反派的时候雷说："在我心中，我从来不把任何人当作反派。"这场采访的时间是1958年，这么多年过去了，雷对于角色塑造的观点又发生了改变，即便如此，我们还是可以稳妥地认为，他关于罪犯的写作在《长眠不醒》和《再见，吾爱》这两本书之间成形了。在《长眠不醒》中，卡门·斯特恩伍德是个彻头彻尾的反派，她浑身都蒸馏出源自父亲的纯粹的恶，从未被自然的善所中和，雷不断地提及她的动物本性，也有助于我们看出这一点。而在《再见，吾爱》中，处于中心地位的两个罪犯——"驼鹿"马洛伊和格雷里夫人都被赋予了复杂得多的人性。他们俩都是杀人犯，可是他们也试图赎罪。马洛伊（马洛对他抱有"奇怪的好感"）尽管不止一次杀人，却始终保有不同寻常的尊严，在故事的末尾，马洛评价他说，"他远远不是卑劣如老鼠的人"，仿佛他的行为某种意义上是可以原谅、可以理解的。与之相似，格雷里夫人在就要撒手人寰的时候，对

丈夫表现出很强的怜悯之情,从前她可是做不到的:

> 也许,她终于发现了机会,不是逃跑的机会,因为此时的她早
> 已厌倦了东躲西藏,而是有机会报答这辈子唯一一位真诚待她的
> 男人。

在塑造复杂的侦探方面,雷已经花了许多年的功夫;为反派角色
增加深度和复杂性,则是他迈出的又一大步。雷对他们的动机生出了
兴趣,想要塑造活生生的人物,而不是仅仅与菲利普·马洛对抗的单
向度、功能性的人物。

《再见,吾爱》尽管取得了相当大的成功,但也引发了很大的争议。
它招致批评主要出于两个原因。首先,这部小说包含了具有强烈的种
族歧视意味的内容,我们无法否认,其中确实有不少令人反感的段落。
在第一章里,雷如此描写马洛伊将酒吧的一位顾客赶出来的行径:

> 酒吧的两扇百叶弹簧门向外反弹回来,缓缓地就要静止下
> 来。可是就在彻底静止之前,它们再一次猛然向外打开。有什么
> 东西飞了出来,越过人行道,落在两辆汽车中间的排水沟里。它
> 四肢着地,像被逼到死角的老鼠似的,嘴鼻处发出凄厉的号哭声。
> 它慢慢地起身,捡回帽子,退回到人行道上。它是个窄肩膀、棕头
> 发,穿着淡紫色外套,上面还别着一枝康乃馨的瘦弱年轻人。它
> 有着油亮的黑头发。它始终张着个嘴,呻吟了一阵子。人们茫然
> 地看着它。然后它飞快地打理好头上的帽子,挪到墙边,迈着八
> 字步,一声不吭地沿着街区走远了。

无论如何深挖雷的生平和非公开写作，你都找不出任何借口，为他反复用代词"它"来形容黑人角色开脱。如果仔细研究"老鼠"一词在他书中的使用，我们会从他的写作中辨识出一种令人不适的判断：在他的笔下，杀人犯马洛伊"远远不是卑劣如老鼠的人"，他虽然是个杀手，但还有尊严；至于那个被马洛伊从酒吧里轰出来的人，却"像被逼到死角的老鼠似的"。其中的含义再明白不过了：白人就算杀了人，也还有为人的尊严，而黑人就算没有任何罪过，依然是最低等的动物。

这类语言其实也容易被人放过，仅仅被当作对于当时环境的忠实反映。在雷所创作的这类作品中，种族问题也确实是一个常见的话题。《黑面具》杂志就发表过一篇探讨 3K 党问题的社论，尽管措辞谨慎，没有直接呼吁读者支持 3K 党，但它对于该主题的处理方式却让我们多少觉得，杂志读者和编辑实际上在支持 3K 党。即便歧视性用语在这类文本中司空见惯，即便雷只是在反映他所处的时代，我们也无法否认，他表现黑人角色的方式带有种族歧视的色彩。在其中一幕少见的情景中，雷的黑人角色开口说话了，可是他的台词只反映出雷对黑人的刻板印象："可不是，这酒算是找对人了。"这样的口语与书中白人角色的精彩对话相去甚远。其实很简单，雷在塑造黑人角色的时候，并不像在塑造白人角色时那么用心，赋予角色那么多生命力。这样的人物塑造，加上反反复复用"它"来指代黑人，更别提"黑鬼"一词，种族歧视的罪名已然难以驳回。

雷不只在文学创作中表露出种族歧视的态度，《再见，吾爱》出版数年后，由于找不到合适的人来帮忙做家事，他在给朋友的信中这么写道：

> 每家每户都雇了有色人，在我家里却行不通。我太太压根儿

就忍受不了他们的肮脏。[31]

尽管在 20 世纪 40 年代,此类观点司空见惯,但是雷的这种话依然是无可辩驳的。

那些认为钱德勒有同性恋倾向的人也同样翻遍了《再见,吾爱》的每一个角落,寻找可能的证据。这部小说确实包含了雷在文学创作中用过的最具同性恋意味的语言。比如说,我们来看看马洛是怎么描述诺尔高的:

> 我又看了看他。他那双眸子,你最多只在书里读到过,却从来没有亲眼见识过。紫罗兰眼眸。差不多就是紫色的。女孩-样的眼睛,可爱的女孩。他的皮肤像丝绸一般柔滑……

雷为什么会写出这样的语言,其中的深层缘由恐怕比我们表面看到的要复杂许多。在这部小说中,马洛与两位角色建立了深厚的感情,一个是诺尔高,另一个则是马洛伊。这些真实的情感最终也都烟消云散了,因为马洛伊死了,而诺尔高不得不回到老本行,当起了海湾城的警官。即便如此,我们还是能明确地看出来,马洛能够同这两个角色建立长期、真挚的友谊。与此形成鲜明对照的是,《长眠不醒》中的人际关系永远都难以维系。马洛虽然与将军建立起感情,但是老人行将就木,所以它永远也算不上是真正的友谊。在《再见,吾爱》中,马洛本来真的有机会排解孤独。他描述这两个人的语言充满了同性恋的意味,是因为只有通过这种语言,他才能全面地表达自己有多么渴望与他人建立感情。

许多人认为,雷的小说语言暴露出潜藏在他骨子里的同性恋倾向。在性成熟阶段,他生活在一所管理严格的公立学校,这里的性欲因为体育运动和其他活动而得到了升华,这里也鼓励纯洁的兄弟情谊,并认为它比其他一切都珍贵。英国公立学校小说流行于 19 世纪末和 20 世纪初,是那个时代的怪异产物,主要受众是接受过公立学校教育的男青年。这些小说重现了他们的校园时光,有不少会触及男孩之间的亲密友谊,虽然没有性关系,却充斥着恋爱的影射和意味。H. O. 斯特吉斯(H. O. Sturgis)在 1891 年出版过一部名叫《蒂姆》(*Tim*)的小说,主人公蒂姆与男孩卡罗尔成了密友。作者对这段友情的描写就散发着爱情的气味:

> 听着关于两位过去朋友的故事,(蒂姆)感到他对朋友的爱几乎就是他的宗教信仰……"哪有什么女人能像我这么爱他?"蒂姆看向卡罗尔坐的位置心想。在那个瞬间,一道阳光穿过高高屋顶的一个小洞,落在他金发蜷曲的脑袋上,显得脑袋有些变形;而当蒂姆饥渴的眼神落在朋友的脸庞上时,卡罗尔也转过身来对着他,回以微笑。[32]

公立学校小说里常常有这类对同性着了迷的男孩角色,而且他们会将女性特质赋予自己所爱的对象。雷是否读过此类小说,我们并没有直接证据,但它们几乎随处可见,而且读者甚众。考虑到钱德勒在公立学校中浸淫很深,他很可能读过此类小说。雷也许并未察觉其中潜伏的同性恋意味,却采纳了它们描写情感的手法和它们所描绘的理想化关系。但这不是说他对同性就没有特定的情愫,而是说,关于他在作品中为什么用近似爱情的语言来描述男性之间的关系,存在另一种解释。

《再见,吾爱》于 1940 年 10 月在英美两国同步上市。克诺夫对此书期望很高,认为它的销量肯定会超过《长眠不醒》,首印就印了 7000 册。但实际结果令他们大失所望。大西洋两岸的评论几乎如出一辙,都将它当作普通的硬汉派小说来评论:"钱德勒先生写作技法高超,下笔犹如微风。所有人都会因为阅读此书而度过一段美妙的时光。"[33] 尽管比起上一次,雷已经相对适应了此类评论,但是这样的结果还是令他颇为受挫。布兰奇·克诺夫将销售业绩的惨淡归咎于书名。但是雷对这番说辞并不买账:

> 对于书名以及诸如此类的事情,我很抱歉,因为预售销量实在是令大家都失望,不过你可别忘了,我没有回绝你更换书名的要求,我只是想不出更好的书名,而你给我的时间又太少了。再说了,即便我表示过喜欢这个书名,你也不应该被我的说法影响,做出有悖商业判断的事情。[34]

雷和克诺夫没有因为这件事情而闹翻,但雷显然对这位出版人感到失望。他不明白,为什么"那一群数量庞大的聪明人"还没有发现他的存在。

1940 年 5 月,在将终稿寄给克诺夫后不久,他和茜茜动身离开了阿卡迪亚,再次搬到了大熊湖畔,享受此地凉爽的夏日气候,不过此时的雷开始对这个地方感到厌倦。欧洲战场虚张声势的阶段已经过去,法国战役是场尸横遍野的战争。5 月底,德国陆军劈开了英国远征军和法国陆军的防线,威胁到法国几座重要的港口,它们可能来不及疏散民众,就要被德国人占领了。可是德国陆军却突然停下前进的脚步,给盟军留出了疏散民众的时间。6 月 14 日,德国军队占领了巴黎,三天后，法国总理菲利普·贝当（Philippe Pétain）向德国提出停战，签字仪式安排在 6 月 22 日，并于当月 25 日生效。法国沦陷。

　　雷对纳粹德国的前进速度感到震惊，但他仍然坚信不列颠的强大，相信它能够击退德国的入侵。前往山区前不久，他在寄给朋友乔治·哈蒙·考克斯的信中谈道，要是德国人打算进攻英国，他们将会遭遇哪些困难：

　　　　英吉利海峡最狭窄之处也相当于五十倍的马其诺防线①，英国军队的实力至少和德国人旗鼓相当，而且英国人还有强大得多的殖民地作为后盾。我们只能说，在理论上，德国人有能力安排出足够多的坦克、机枪和突击部队登陆英国，拿下整个国家，但这比纳粹目前为止采取的所有军事行动都要难无数倍。要是希特勒手上有一副最好的牌，那么在这个世界上，他最想摧毁或者拿下的敌人恐怕就是英国军队。[35]

他还在这封信中分析了轰炸可能带来的后果：

　　　　轰炸肯定会带来惨烈的后果，但它会是一柄双刃剑。如果希特勒对英国使用毒气弹，那么英国会以其人之道还治其人之身。如果他轰炸了伦敦，那么柏林也在劫难逃。况且，英国人专精于夜间轰炸，操练过二十五年了。最重要的是，英国的普罗大众是

---

①　马其诺防线由时任法国陆军部长的安德烈·马其诺从 1929 年起下令建造，1940 年基本建成，造价为 50 亿法郎。由于造价昂贵，所以它仅防御法德边境，结果德军从法国和比利时边界不易运动作战的阿登高地突破，从背部袭击而使马其诺防线失去了作用。

全世界最处变不惊的人。[36]

雷的这番结论立场明确,尽管已经离开英国近四十年,但他仍旧心系这个国家的命运,而且这番话也表明他对于这个国家的观点富有多么浓郁的浪漫主义色彩。在雷看来,帝国主义的精神与实体哺育出一个斯多葛[①]民族。这一描述符合当时流传甚广的有关大英民族坚定沉着、不愿意情感外露的刻板印象,也表明他已不再了解现代不列颠的真实情况——在他的心目中,英国仍旧是一个完美的国度。

上一次他们来到大熊湖畔时,雷几乎完全找不到写作的灵感,而这一次,灵感似乎又回来了,雷开始创作短篇故事。也许,促使他回到短篇故事的原因跟经济状况有关,毕竟《长眠不醒》和《再见,吾爱》都没能让世界眼前一亮,而通俗短篇则是稳定的经济来源,能够帮助钱德勒夫妇避免入不敷出。除此之外,雷可能想在两部长篇小说之间写点短篇故事,以此保持头脑的活跃,毕竟能够写出通俗故事总好过无所事事:

> 我写通俗故事是为了让我觉得自己在从事具体的工作,没有虚度光阴,但说实话,我自认为已不再擅长这种类型了。[37]

战争犹如沉重的乌云压在雷的心头,并进而威胁到他的创作,令他误入歧途。雷机敏地察觉到这种可能性,为了避免其发生,他决定将战争纳入短篇故事中去。《山中太平》("No Crime in the

---

① 斯多葛主义由古希腊哲学家芝诺创立,在社会生活中,斯多葛派强调顺从天命,要安于自己在社会中所处的地位,要恬淡寡欲,只有这样才能得到幸福。

Mountains")是他最后一篇通俗故事,若非其中包含了战争的元素,这篇故事本来可能并不起眼。在这篇故事里,一位洛杉矶侦探被人喊到普马角(即虚构的大熊湖),并协助警方揭露了德国人制造伪币的犯罪行径。故事的高潮是这位名叫埃文斯的侦探、当地警长和德国伪币犯一同被困在了山中小屋里。这位名叫卢德斯的德国人明白他的计划已经失败之后,用纳粹的方式了断了自己的性命:

> 他(卢德斯)的脸非常缓慢地褪去了所有表情,变成了一张灰色的死亡面具。他举起枪,与此同时笔直地抬起了右臂,高过了肩膀。手臂像棍棒一样僵硬。
>
> "希特勒万岁!"他抬高音量大喊道。
>
> 他迅速地收回枪,把枪口塞进了嘴巴,然后开枪自杀了。

尽管这篇故事没有直接表明雷的立场,但是其立场是不言自明的。他感到纳粹德国对美国构成了威胁。虽然这一威胁并不直接,但他希望美国能保持警惕。1940年,就如何应对欧洲战事的问题,美国有过一场激烈的争论。一方面,富兰克林·D. 罗斯福总统正在为第二次连任做准备,他的竞选承诺是虽然美国在私底下会支持不列颠,但总体上要置身战争之外。另一方面是国会在9月通过的《选征兵役训练与服役法》,这是美国历史上第一部在自身没有战事的情况下通过的征兵法。它要求所有二十岁到三十六岁的男性都要在军方登记,并且当年要从中征兵90万人。这一法案给出的讯息与罗斯福总统的竞选承诺截然相反。《山中太平》便是雷对这一争论的贡献,虽然他认为德国人"从本质上来说和美国人一样体面"[38],但是纳粹党人则与他们不同,他的这篇故事就试图阐明这一区别。

大体上来说,主流媒体对于战争的态度同样暧昧不清。1940 年最流行的歌曲是迪士尼公司动画《木偶奇遇记》的主题曲《当你向星星许愿》①。它基本上就是一首歌颂逃避现实的赞美诗。我们再来看看 1940 年上映的电影,其中包括《公民凯恩》(*Citizen Kane*)、《愤怒的葡萄》(*The Grapes of Wrath*)、《人鼠之间》(*Of Mice and Men*)和《费城故事》(*The Philadelphia Story*),都是只关心美国而不曾提及欧洲。不过,查理·卓别林确实在《大独裁者》(*The Great Dictator*,与《再见,吾爱》同一年问世)中讽刺了纳粹主义,《一个纳粹间谍的自白》(*Confessions of a Nazi Spy*,1939)和《致命风暴》(*The Mortal Storm*,1940)等惊险电影也都隐约地表达了美国应当插手第二次世界大战的观点。雷也是一早就呼吁美国参战的文化界人士。他曾向布兰奇·克诺夫解释过:"我并不中立,也不假装中立。"[39]

到这个阶段,雷和茜茜已经极其渴望能够进入一段安稳的生活。10 月,他们再一次搬家,这一回搬到了圣莫尼卡的圣文森特大道,希望至少能够住上半年,为此甚至带去了他们囤积的一些家具。[40]次年 2 月,圣莫尼卡对他们而言已然太过喧闹,于是他们又搬进了太平洋帕利塞德的艾利夫街上一栋带花园的小房子。[41]雷正专心创作一部新的小说,书名初步取作《布拉舍金币》,他在 1939 年 3 月的计划中曾草拟过该作品的主要内容。他最初将其设想为模仿中篇通俗小说的滑稽作品,其侦探主人公设定在俗常的世界里,带有侦探小说黄金时代的风格,脱胎于短篇小说《恼人的珍珠》("Pearls Are A Nuisance"),名叫沃尔特·盖奇,是个面容枯槁、善于辞令、手部有伤的业余侦探,此外

---

① 《当你向星星许愿》("When You Wish Upon A Star")获得了 1940 年第 13 届奥斯卡金像奖最佳原创歌曲奖,演唱者是吉米尼·克里克特(Jiminy Cricket)。

还有一位身形魁梧、在通俗小说世界里俯拾皆是的壮汉亨利。这部以沃尔特的第一人称为视角的小说将两种截然不同的风格兼收并蓄,如果真的写出来,这将是一部难以归类的作品。可是,这一关于滑稽模仿作品的想法并没有从笔记本中走出来,也许是因为在整部小说中将亨利和沃尔特两个角色维持下去实在是一件太过费心费力的事情。

于是,雷还是回到了菲利普·马洛。此前的习作虽然没有真正落实成作品,但也为雷提供了足够多的剧情灵感,他因此认为自己可以创作出一部全新的小说,而无须借助以往的短篇故事:

> 我想,我不用再绞尽脑汁,试图从以前写过的中篇小说中提取素材了。这差事真的是困难到令人害怕。[42]

1941 年,雷的写作进展缓慢,不过因为雷电华电影公司(RKO)用2000 美元买下了《再见,吾爱》的电影版权,他在经济上暂时有了保障。9 月,雷已经完成了初稿,次年 3 月,他开始安排作品的打字稿,并准备将它寄给布兰奇·克诺夫:

> 我担心,这本书可能对你来说一点都不好。没有动作元素,没有讨人喜欢的角色,什么都没有。侦探在里面啥事都没做成。[43]

这番评价并不公平。《高窗》也许无法跻身雷最出色作品的行列,但它并不像雷所说的那么糟糕。这部小说围绕一枚丢失的布拉舍金币展开。马洛接受委托调查其丢失一事,委托人默多克夫人是一位肥胖而又嗜酒如命的女性,她的儿子是个纨绔子弟,媳妇则在夜店担任歌手,她担心金币就是被媳妇给偷走了。故事始于帕萨迪纳市,这座城市是洛杉矶东北方一块富裕的飞地，于是故事中的富人也就与雷前两部小说中的富人非常不同。《长眠不醒》中的斯特恩伍德家族和《再见，吾爱》中的格雷里家族代表的是老一代富人，而默多克家族则与他们相反。他们的房子破破烂烂，内部装修品位极差：

> 上面的房间四四方方，非常宽敞，然而环境阴郁，带有丝丝凉意，就像一座供人长眠的殡仪馆，气味上也如出一辙。三面光秃秃的粗糙灰泥墙上挂着挂毯，侧面高窗外的铁格栅模仿复古阳台，笨重的雕花椅子配有奢华的坐垫，椅背前后都覆盖着织锦，两侧垂挂着金色流苏。后头是一面网球场大小的彩色玻璃窗……大理石桌面下方是弯曲的桌腿，镀金的钟，几座用两色大理石雕成的小雕像。一大堆废物，需要花上一星期才能把灰掸干净。遍地都是钱，却都白白浪费了。

默多克家族代表的是另一种洛杉矶居民：他们从中西部抵达这座城市，一代之内就白手起家变成富人。相应地，《高窗》也带领我们领略了雷在此之前从未向我们展示过的那部分洛杉矶风貌：

> 邦克山是一座老旧的城市，迷失的城市，破败的城市，扭曲的小镇。曾经，在很久很久以前，它是这座城市最上乘的居住区，镇上还矗立着几座尖顶的哥特大宅，有宽敞的门廊，覆盖着圆形瓦片的墙壁，以及占据整个墙角的凸窗和尖尖的塔楼。如今，它们都变成了出租公寓，它们的橡木地板布满了刮痕，曾经光洁的表面如今残旧不堪。宽阔的楼梯年深日久，又用廉价的油漆覆盖住几代人留下的尘土，已经发黑了。这些高高的房间里总是传出蛮

横的女房东与狡诈的租客的争吵声。几位老汉坐在凉爽宽敞的前廊,他们凄苦的模样沐浴在阳光下,双眼空洞,面容犹如打了败仗。

雷熟悉这个地区,这番描述也非常鲜明,由此实现了他的意图,为读者展现出洛杉矶生活的另外一面。

《高窗》也在其他方面显现出与此前作品的不同之处。前两部小说探索了两种不同形式的腐败,《高窗》则审视了洛杉矶与其居民的荒唐本性。整部小说中,我们可以在许多处发现,表象与真相并不吻合。莱斯利·默多克也许面带"百无聊赖的贵族微笑",他的母亲却让我们明白,他是个很没有教养的人。此外,还有洛伊丝·马吉克:

> 在三十英尺外,她看起来非常优雅。可走到十英尺外,就会发现她这身打扮只能让人打三十英尺外看她。

在南加州,外表可以具有欺骗性。这种现象部分是由于电影产业的影响,我们可以从《高窗》中的人物亚力克斯·莫尔尼身上察觉到这一点。这位曾经的二流电影演员特别擅长扮演暴徒,结果他在现实生活中也变成了暴徒。但他的所作所为其实是一种表演,这一点逃不过马洛的双眼:

> 莫尔尼将烟从嘴边移开,眯着眼睛看着烟头。每一个动作,每一个姿态,都直接出自他的表演库。

根据雷的分析,洛杉矶这种虚幻、虚伪的本性不能全部归罪给电影产业,因为这座城市的本性就鼓励此类行径。每一件事物(包括人)的崭新意味着对于历史或传统的任何暗示都不过是谎言。此外,书中对于贵族气质的多次提及也向我们表露了雷的写作意图,从莱斯利·默多克的笑容到莫尔尼家族的司机,他用力擦拭汽车的模样,仿佛是19世纪高贵的英国家庭所雇佣的马夫:

> 他看起来像个块头太大的马夫,他一边擦拭车子,一边嘴里发出嘶嘶声,仿佛他在为一匹马儿梳理毛发。

司机的行为方式指向了一种隐含的阶层设定:汽车谁都买得起,但只有富人才雇得起马夫来打理马匹。我们似乎会根据这些外在的贵族特征做出判断,认为他们早已在洛杉矶扎下了根,但实际上,无论是对洛杉矶来说,还是对其社会阶层来说,莫尔尼家族和默多克家族都是初来乍到。他们都在演戏。乔治·安森似乎也认为,只要穿上了私家侦探的行头(他甚至盗用了平克顿①的商标,印在了自己的名片上),他就能因此变成私家侦探。但事实并非如此,他也为此付出了代价。

在洛杉矶,金钱能够买来权力,因此金钱也能操控各类事件,至少能操控新闻报道。在《高窗》里,马洛谈到了"卡西迪案",在这桩案子里,一位年轻的秘书被认为杀害了他年轻而富有的老板卡西迪,然后畏罪自杀。这便是公众对于该案的了解;可是马洛明白,事实与此相去甚远:

---

① 美国平克顿侦探事务所(Pinkerton National Detective Agency)是一家历史悠久的侦探事务所,创立于1850年,因声称化解了一场瞄准林肯总统的刺杀行动而名声大噪,在其鼎盛时期是全世界最大的私家侦探机构。

地方检察官知道真相并非如此,他麾下的警探却只花了几个小时就打算结案了,连尸检都没做。可是,城里的每一位刑事案件记者、每一位了解案情的警察都心知肚明,开枪杀人的是卡西迪才对。真相是卡西迪喝得酩酊大醉,他的秘书想要出手阻止,却根本控制不住他,最后秘书想要逃跑的时候,动作又不够快。卡西迪的脑袋上有近距离开枪的枪伤,而秘书的伤口却不是。秘书是个左撇子,而且他中枪的时候,左手上还夹着一根烟。就算你是右撇子,你也不会一边优哉地把烟换到左手上,一边开枪杀人。

这是《高窗》中的重要节点,因为正是在这个瞬间,马洛与充斥警察队伍的道德腐败划清了界限。尽管这部小说没有明示,但是每一位洛杉矶读者都会立即明白,所谓的卡西迪案改编自真实的案件,即1929年涉及石油巨亨之子内德·多希尼及其秘书休·普伦基特的命案。无论是《长眠不醒》还是《再见,吾爱》都有掩盖案情的桥段,但都属于私人的行为(斯特恩伍德家族决定自行处理卡门;格雷里先生则试图保护妻子,不让警察逮捕她),然而卡西迪(多希尼)案却暴露出公共机构的腐败。警察、地方检察官,以及新闻媒体都没法对真相进行揭露,这使得马洛希望破灭,对其不再信任:

除非你们这些家伙不再出卖自己的灵魂,才能获取我的信任。除非你们这些家伙每一次都值得相信,在任何情况下都值得相信,永远都试图寻找真相,不顾任何黑恶势力,坚持要查明真相——直到这样的时代来临,我才能遵从我的良知……

当那些本该保护市民的机构无法坚持真相时,真相到底为何物也就成了问题,这也是雷在《高窗》中提及多希尼一案的原因所在,他试图展现的是:洛杉矶公共机构的腐败影响着市民的行为方式。当他们无法区分真实和虚假、真相和谎言时,城市也就成了危险的场所。

故事的结尾出现了好几枚默多克家族的布拉舍金币,然而能够区分真伪的专家只有一位,那就是伪造金币的蒂格尔。默多克家族没能找回失窃的金币,却对于收下一枚假币感到心满意足。蒂格尔被无罪释放,毕竟严格说来,他并没有犯下任何罪行。既然如此,这枚所谓的布拉舍金币到底价值几何呢?它到底是如默多克夫人所说的那样,价值1万美元,还是等值于铸造它所用的黄金?马洛似乎找到了答案:当真实和虚伪的界限模糊不清时,他只相信自己的感觉和判断。为了表明这一观点,雷在全书各处安排马洛看着镜子中自己的形象,仿佛是为了确认自己仍旧真实地存在着。为了凸显这一观点,小说以如下撼动人心的场景收尾:

> 夜深了。我回到家中,穿上了老旧的居家服,摆好棋子,调了一杯酒,又玩了一把卡帕夫兰卡国际象棋①。这一把下了五十九步。美丽、冰冷、不为所动的国际象棋,它沉寂的坚定中有着近乎毛骨悚然的意味。
>
> 下完棋后,我在开着的窗前,听着外面的动静,呼吸着夜晚的空气。然后,我把杯子拿到厨房,洗干净,倒满冰水,站在水槽边

---

① 卡帕夫兰卡国际象棋(Capablanca Chess),由国际象棋大师何塞·劳尔·卡帕夫兰卡(José Raúl Capablanca)在20世纪20年代发明。当时的卡帕夫兰卡预言国际象棋的可能性将在几十年后被穷尽,所有国际象棋大师都将战成平局。为了革新国际象棋,他引入了两种新的棋子,并将棋盘扩充为10×8,甚至10×10。

抿了几口,然后看着镜子中我的面庞。

"一边是你,一边是卡帕夫兰卡。"我说。

小说到此为止,其寓意便是:国际象棋大师卡帕夫兰卡是"坚定"和"不为所动"的,马洛也是如此。国际象棋是纯粹的,马洛也自视如此。故而意义就只有通过像马洛般纯洁的人,才能够得到落实。这是一个终将萦绕于读者心头的结局,其现代主义的意味超越了体裁的局限性。

1941 年 12 月——《高窗》正在创作过程中——日军偷袭了珍珠港,美国几乎是一夜之间被卷入了第二次世界大战。遗憾的是,雷在这个时期写下的信件基本都遗失了,但他想必为战争的升级而松了口气。在 20 世纪 30 年代,加州经历了某种形式的法西斯主义,同情纳粹的人也在全国各地为德国摇旗呐喊。查理·卓别林在回忆录中讲起了这么一个故事:

第五大道上,一些油头粉面的纳粹小伙站在桃花心木的讲坛上,对着底下的一小群人发表长篇大论,真是一副光怪陆离的景象。其中有个家伙滔滔不绝地说:"这个工业时代有很多弊病,希特勒的哲学则是对它们的深刻研究,掮客和犹太人在这种哲学中可没有立足之地。"

一位女性出言打断。"这人在说什么鬼话!"她大声呼喊,"咱们这可是美国。你以为你是谁啊?"

这位虽然帅气却奴颜婢膝的年轻人笑了笑。"我可不就在美国,而我也恰巧就是个美国公民。"他平静地说道。[44]

在雷看来,第一次世界大战后,德国人已经尝够了战败的苦果,而希特勒"在这个国家急需强心针的时候,给它胳膊上来了一针。他就是这一切的推手"[45]。但独裁者希特勒在雷眼里是个被"一帮盖世太保"围在中间的"卑鄙小人",完全是因为"他本人好大喜功"才挑起了战争。雷显然同查理·卓别林在纽约遇到的那些美国纳粹党势不两立。

1942年初,钱德勒夫妇住在布伦特伍德海茨的设得兰街12216号。住在这里的时候,他们目睹了这场战争中诡异的一幕。2月24日晚,洛杉矶的军事机构进入了戒备状态,整座城市熄灭了灯火。有传闻说,一架身份不明的飞机飞过洛杉矶上空。凌晨3点12分,散布于城市各处的防空炮向着天空开火,炮弹在空中爆裂成一团团火焰。一个多小时后,防空警报开始呼啸,探照灯和曳光弹扫射着夜空,却一无所获。洛杉矶仿佛经历了一场好莱坞式的闪电战:真实与虚构的界限再一次变得模糊。尽管到最后也没有发现敌机,城里却有好几个地方被掉落的弹片击中,有五人不幸丧生——其中有三人死于交通事故,有两人死于心脏病发作。突然间,战争的恐怖变得近在咫尺。[46]

这场所谓的"空袭"想必惊吓到了钱德勒夫妇,促使他们下定决心前往艾迪尔怀尔德避暑。那是一处与大熊湖畔极其相似的山区度假胜地,但位置更靠南一些。雷已经厌倦了湖边,而茜茜又坚持要远离城市,所以艾迪尔怀尔德便成了双方能够妥协的选择。1901年,曾有一家治疗肺结核的疗养院在那里开业,却没能运营多久。到最后,艾迪尔怀尔德依据阿尔卑斯山村的形态被改造成度假胜地,我们能够从很多方面看出此地对阿尔卑斯山村的模仿,比如当地店铺的名字。当雷和茜茜抵达时,当地的商户正在拆除招牌,以免影射到欧洲的战事,为游客徒添烦忧。雷正是在这里收到了《高窗》的样书,他也喜欢该书的装帧设计。不过,茜茜有点意见——封底的作者像拍得不太好;她眼里的丈夫要比照片上帅气多了。

10月,雷再一次得知,他新书的销量并没有达到出版社的预期。《高窗》的首印量是6000册,可是到10月,实际销量却不足4000册。[47]美国读者没怎么注意到这本书,反倒是英国的反响还热烈一些,《泰晤士报文学增刊》(*The Times Literary Supplement*)还刊登了书评。即便如此,雷对于《高窗》糟糕的市场表现却并不意外:"销售惨淡并没有令我感到失望。这书能出版就已经算表现不错了。"[48]

然而,雷无法摆脱他在《黑面具》杂志扎下的根,这一点仍然令他颇为受挫。他在1942年3月的一封信中写道:

> 有一件事情让我特别低落,当我写出充斥着谋杀和人身伤害、内容粗暴、剧情紧凑的故事时,我会因为故事充斥着谋杀和人身伤害、内容粗暴、剧情紧凑而遭人批评。可是当我将故事写得更为和缓、挖掘场景的心理和情感要素时,我又因为超前地将这些元素引入侦探小说而遭人诟病。[49]

他在这封信中抱怨的是某些对《再见,吾爱》的批评,还预计了《高窗》又会遭遇哪些批评。我们可以很清楚地看到,囿于悬疑故事这一体裁已经开始让雷感到恼怒。那年晚些时候,在另一封写给布兰奇·克诺夫的信中,他的这种情绪变得更为强烈:

> 我希望有一天不用再像街头艺人的猴子那样,围着哈米特和詹姆斯·凯恩打转。[50]

他的出版商从开始到现在一直将他与哈米特和凯恩捆绑在一起营销，而现在，雷开始感到这种做法给他带来了很多束缚。他真正想做的事情是"创作出一部新颖且令人惊讶的作品"[51]。可是在评论家的眼中，他此前的所有长篇小说都够不上这一标准。雷开始怀疑，是不是在《长眠不醒》后，自己已经失去了什么东西，而这也许便是他决定回到自己早在 1939 年就开始创作的《湖底女人》的原因。

一开始，《湖底女人》也许是《再见，吾爱》的一个姊妹篇，至少在 1939 年的上半年，雷考虑过这两部小说的创意。[52]它们甚至有可能诞生于同一个创意。从 1939 年 4 月到 6 月，他交替地写作《再见，吾爱》和《湖底女人》，每当遇到困难，就会换一本稿子继续推进。他给 3 月的笔记添加的注脚暗示出，这两本稿子存在某种关联。1939 年，《湖底女人》曾在短时间里用过书名《深暗之水》(Deep and Dark Waters)，而在他的笔记中，位于《金可御律》(《再见，吾爱》原来的书名)的上方，他手写了"暗水之深，湖底女人"几个字。而且你只要仔细比对两本小说中的人物，就会发现关于它们同源的说法是有道理的：《再见，吾爱》所展现的是有钱有势的人如何被海湾城的腐败所影响，《湖底女人》则聚焦于普罗大众。德雷斯·金斯利尽管在吉勒雷恩公司职位很高，但他并不富裕，他的权势也无法延伸到他所处的小世界之外。这样的处境就使得他和格雷里家族，甚至和林赛·马里奥特都相去甚远。这便是《湖底女人》的核心，它探讨的是腐败的日常经验及其对普通人的影响。这种角度可能也解释了，为什么雷费了那么大的力气才写出这本小说，因为他的天分似乎主要在观察和描写富人的生活方面。

评论者并不认可雷的写作技法，这件事令他深受打击，于是他干脆就让《湖底女人》向犯罪小说靠拢，也比以往更为随性地运用起这一文体的修辞手法。这本书里有着不少相当老派、实在的"线索"，比方说马洛用来确定被害人身份的脚镯。此外,湖底尸体的身份也存在混淆不清的情况,此类桥段可以说是悬疑小说黄金时代最为常见的诡计。雷其实在构思这个故事之初就将这些元素纳入其中(比如说《湖底女人》最早的通俗短篇小说版本就包含脚镯的设定),但他在成书之后依然保留了这些悬疑元素,表明他希望这一次作品能够紧贴读者对于这类小说的期待。此前的长篇小说销量都不尽如人意,他也许希望借这种策略帮助《湖底女人》提高销量。雷始终是一个实用主义者,他虽然乐于在小说上进行实验,但也迫切地想让作品取得商业成功。

不幸的是,《湖底女人》同样反映出他对女性的歧视。与《长眠不醒》和《再见,吾爱》一样,雷在最后为我们揭晓,杀人凶手又是一名女性。缪里尔·切斯(又名米尔德里德·哈维兰)在遭人杀害之前至少谋杀了三个人,在雷的眼里,这还不是她犯下的最恶劣的罪行。杀害她的人叫德加默,他是缪里尔曾经的恋人,他已经因为这份爱而扭曲、毁灭:

> 韦伯看着他的拇指。"可是,他没有娶到那个女孩,"他小声地说道,"她倒是做过德加默的夫人。我敢说加德默被她折腾得够呛。他如今这些可怕的品行都是这场失败的感情的后果。"

在这本书里,这才是真正恶劣的事情。缪里尔·切斯是个操纵男人、为了达到自己的目的可以将他们彻底摧毁的女人。马洛对她没有丝毫的同情,说"从来没见过这么冷血的小婊子"。德加默这个腐败的警察虽然也杀了人,甚至设计陷害马洛,却没有招致同样的厌恶之情。普马角的帕顿警长也说,他"不是那种杀人狂",言下之意就是他所犯的罪行不及缪里尔·切斯恶劣。甚至德加默之死都为他保留了某种

尊严。他加速驶离小屋,试图冲过大坝,可是那里有士兵把守,他没有停下车来,士兵们纷纷朝他射击:

> 在峡谷下方约一百英尺处,一块巨大的花岗岩旁有一辆摔得粉碎的小轿车。它几乎底盘朝天,斜倚在岩石上。有三个人下到峡谷底下。他们将轿车稍微挪开了一些,以便从中抬出一具不成人形的尸体。
>
> 而这具不成人形的尸体曾经是个男人。

这便是全书的最后两段,其中的含义是德加默与妻子的关系不仅致他死亡,而且引向了更为严重的后果:毁掉了他的男子气概。在这里,我们依旧可以找到它与《再见,吾爱》的对应之处。在后者中,杀人凶手格雷里夫人因其罪行而遭到了谴责,而"驼鹿"马洛伊尽管也杀了人,却没有受到相应的责问。同样的事情在《湖底女人》中再次发生,我们很难不认为,在雷的眼中,女人犯下的罪行要比男人犯下的罪行更为严重。

雷在 1943 年 4 月写完了这本书,完成这项任务也让他松了口气。这本书整整花了他四年时间,到最后他仍旧觉得《湖底女人》缺乏他希望它拥有的那种魔力。这四年过得并不容易,其间,他在南加州搬迁得越来越频繁。他很想找个地方安家,但仍旧担心自己的经济来源,不过他的生活就要好转了。那一年,克诺夫出版社决定将《长眠不醒》的平装本版权卖给埃文出版社。在 20 世纪 40 年代,平装本仍旧是一种不太受人待见的装帧形式,大多数出版社要么将书做成精装本,要么做成平装本,很少会两个版本都做。克诺夫出版社认为雷是一位优秀的作家,他的书不应该做成平装本,可是由于销售数量没能达到预期，他们还是做出了让步。雷把它叫作"两毛五版本"[53]，不过他实际上挺喜欢平装本，在重读过后也相对放心了。他发现，相较于他的预期，平装本"在有些方面要好得多，在另一些方面则差得多"，他还注意到"有时候会发现这种写作也就只有普普通通的敏感度"。[54]平装本在春天面世，定价25美分，结果在很短的时间内就售出了30万册，此外军队专供版还卖出了15万册。[55]四个月后，口袋书出版社推出了《再见，吾爱》的平装本。

雷在1939年列出的计划并没有如他预期的那样展开，他对此深深感到失望。事到如今，英国显得比任何时候都要遥远，他超越悬疑写作的抱负也变得越来越难以实现。雷开始对菲利普·马洛感到厌倦了，迫切地寻求改变。1943年夏天，一通电话如同天降，即将带来他想要的改变：尽管改编自他小说的电影去年就已经登录院线，不过现在，好莱坞要跟雷蒙德·钱德勒坐下来好好地谈一谈。

第十章

好莱坞

雷蒙德·钱德勒从未主动向好莱坞示好,但在 1943 年,好莱坞主动找上门来。各大电影公司从一开始就有兴趣改编他的作品。达希尔·哈米特的小说《马耳他之鹰》在 1941 年被约翰·休斯顿(John Huston)成功地改编成电影,主角萨姆·斯佩德由亨弗莱·鲍嘉扮演。从此以后,各家电影公司便开始搜罗其他硬汉派悬疑小说,试图将它们搬上银幕。雷电华电影公司买下了《再见,吾爱》的电影改编权,以我们现在的视角来看,他们的改编策略古怪甚至荒谬,不但抛弃了原书名,还抛弃了主角菲利普·马洛。这部名叫《老鹰接手》(*The Falcon Takes Over*,1942)的电影沿用了雷的剧情设定,保留了"驼鹿"马洛伊和安妮·赖尔登这两个角色,却将整个故事搬到了纽约城。马洛的角色被片名中的老鹰所取代,该角色不过是对圣徒的拙劣模仿,在影片中由乔治·桑德斯(George Sanders)饰演。差不多与此同时,《高窗》的剧情也被名不见经传的编剧克拉伦斯·厄普森·扬(Clarence Upson Young)改得面目全非,变成了一部名叫《杀戮时刻》(*Time To Kill*)的电影。在这部电影中,马洛的位置也被迈克尔·谢恩侦探所取代。如果说这些二流影片时至今日还没有被人们彻底遗忘,那么唯一的原因就在于它们改编自雷蒙德·钱德勒的作品。可是,在 20 世纪 40 年代初,雷似乎命中注定要受到电影行业的虐待:小说精巧的构思和丰满的人物总是被急于求成又时间有限的电影制作人随意删改。

话虽如此,但在 1943 年,将他的小说原样改编成电影(无论是将菲利普·马洛如银子般闪烁的形象搬上银幕,还是向观众呈现马洛所栖居的充斥着性与腐败的乌烟瘴气的世界)是不可能的事情。在那个年代,好莱坞受到电影制作守则(MPPC)的控制。这一限制性守则成型于 20 世纪 20 年代初,其设立的缘由在于担心银幕上的卑鄙行径会传播到银幕之外。曾经担任过共和党全国委员会主席的律师威廉·H. 海斯(William H. Hays)受美国电影制片人与发行人协会(其成员均为洛杉矶最大的电影公司老板)所托,出面制定了一系列规则,确保电影行业的作品没有道德上的问题。一开始,这份守则只是某种口头约定,并无强制力,可是在演员梅·韦斯特(Mae West)出现之后,一切都不同了。正是她让如下这句台词声名远播:"你是口袋里有把枪,还是只是看到我很兴奋?"她招牌式的放浪形骸和下流幽默感彻底激怒了美国的道德家。《电影先驱报》(*Motion Picture Herald*)出版人马丁·奎格利(Martin Quigley)就是被激怒的人之一,他这么评价韦斯特自编自演的《我不是天使》(*I'm No Angel*):

> 这部电影本身毫不掩饰,它可不是什么爱情电影,反倒更像一座种马农场……它粗俗下流,而且里面嬉笑怒骂的俏皮话就算无法让我们接受此类本质上邪恶的作品,也试图让我们容忍它。[1]

观众中也有一些人对影院放映的这类影片感到愤怒。天主教会的几位主教组建起道德联盟(Legion of Decency),开始向那些愤愤不平的电影观众征集签名。1100 万人响应了他们的号召,签上了自己的名字,保证"不看那些对道德健康有害的电影"。电影公司担心观众会因此减少,而且乐于答应任何能保障他们不亏本的事,所以各家公司进行了磋商,并接受了电影制作守则。从此以后,所有电影剧本都必须受到电影制作守则执行委员会(PCA,被大众戏称为"海斯办公室",后来又改叫"布林办公室")的审查,得到批准后才可以进入影片制作的环节。如果它们没能通过审查,就算制作出来,也无法在美国电影制片人与发行人协会旗下的影院上映。换言之,这些电影根本就没法投放到目标观众那里。守则执行委员会有着实实在在的权力,而电影制作人只能听凭其摆布。

整个行业的规则好像就要这么确定下来了,不过事情出现了转机,因为派拉蒙电影公司的乔·西斯特罗姆(Joe Sistrom)发现了詹姆斯·M. 凯恩篇幅不长的小说《双重赔偿》。一开始,《双重赔偿》于1935 年以连载的形式刊登在《自由》(Liberty)杂志上。这是一篇阴暗且充斥着性和暴力的故事,根据海斯的守则,它恰恰是一则好莱坞无法改编成电影的故事。然而,西斯特罗姆想要挑战这个体制。我们还从比利·怀尔德(Billy Wilder,这位年轻的德国移民将最终执导这部电影)那里,听到关于西斯特罗姆如何发现这部小说的另外几个版本。其中一个版本是,西斯特罗姆告诉怀尔德,他的秘书不见了,很可能是因为她正躲在洗手间里阅读"那个故事"。

尽管西斯特罗姆和怀尔德都发现《双重赔偿》是个具有潜力的好故事,但他们并非电影行业里最早慧眼识珠的人。1936 年,该作品出版后没过多久,改编的提案就被递交到电影公司高管的办公桌上,可总是遭遇同样的问题:电影制作守则。在守则生效仅两年后,《双重赔偿》的改编提案被递交各家电影公司时,没能通过这些新定的规则是不足为奇的。凯恩还记得守则执行委员会对这部作品的否决:

　　委员会给了它当头一棒……以决不妥协的立场全面禁止这个故事被改编成电影，它属于"任何情况下都不可以"开始，"不能以任何形式、形态"存在的那类故事。委员会反对的理由主要在于，这个故事某种程度上是谋杀的"计划书"，它（会向观众）展示如何为了利益进行杀戮。[2]

　　1943年，当怀尔德和西斯特罗姆第一次读到这个故事时，它的暴力与性元素丝毫未减，而电影制作守则也丝毫不曾松懈，不过这两位电影人仍旧相信自己可以想方设法摆脱守则的约束。这是一个勇敢的决定，不仅会撼动好莱坞，而且将为一类全新的电影开辟空间，这类电影也正是比利·怀尔德一直想拍的。

　　怀尔德于1906年出生在维也纳，曾经于两次世界大战的间隙在柏林干过记者和编剧的行当。他是个犹太人，预感到犹太大屠杀迫在眉睫，因此逃离了希特勒的纳粹德国，而这场灾难后来确实令他的母亲、祖母和继父都在集中营里丧命。[3]在巴黎短暂停留并拍摄了第一部电影之后，怀尔德于1933年来到好莱坞，进入了全球电影产业的中心地带。刚来到洛杉矶的时候，他的编剧生涯并不顺利，可是当公司高层安排出生于美国东海岸、毕业于哈佛、满头银发的查尔斯·布拉克特（Charles Brackett）做他的搭档之后，他的职业生涯出现了转机。布拉克特具备了怀尔德所不具备的所有品质，因此我们也毫不意外地发现，他们俩的相处并不顺利，不过尽管有那么多坎坷，这对搭档还是取得了成功。他们携手创作了《蓝胡子的第八任妻子》（*Bluebeard's Eighth Wife*）、《午夜》（*Midnight*）、《妮诺契卡》（*Ninotchka*）和《火球》（*Ball of Fire*）等电影的剧本，不仅获得了好评，在票房上也取得了斐然的业绩。不过同好莱坞的许多编剧一样，这对搭档很快就明白了一个道理,要想确保电影的剧情遵循剧本的走向,唯一的办法就是同时将导演和制片人的工作牢牢地握在自己手中。怀尔德在巴黎导演首部电影的经历犹如一场噩梦,尽管此后他发誓再也不踏足导演的领域,但他还是被说服,坐上了导演的椅子,布拉克特则担任制片人。两人的合作非常成功,推出了两部电影,接着怀尔德就遇到了《双重赔偿》。

确定下部电影要拍《双重赔偿》后,怀尔德试图拉布拉克特入伙,却被这位满头银发的制片人拒绝了:他认为这部小说"令人作呕"。怀尔德并没有因此而气馁,他向西斯特罗姆提议,请詹姆斯·M. 凯恩亲自改写剧本。怀尔德曾在哥伦比亚影业公司与凯恩共事过,也很欣赏凯恩。实际上,怀尔德曾向他人讲述过一个颇为自嘲的故事:有一天,较为年长的凯恩在上午 10 点来到编剧室,却发现怀尔德正坐在打字机前干劲十足地敲敲打打,于是凯恩告诉他,在哥伦比亚公司,员工们要到老板哈利·科恩(Harry Cohen)于 11 点三刻出现在公司里时,才会开始认真工作。[4] 西斯特罗姆给凯恩打了电话,却发现凯恩和福克斯公司签了合同。不过他另有一个主意,为什么不试试雷蒙德·钱德勒呢? 怀尔德曾说,西斯特罗姆的手里总是有三样东西:"一支烟、一瓶啤酒和一本肮脏的平装书。"他显然是个阅读面很广的人,如果雷已经出版的四部作品中曾有一部出现在他的书桌上,我们丝毫不会感到意外。更何况,克诺夫出版社在推广《长眠不醒》时,曾将雷和凯恩绑在一起,所以西斯特罗姆也不需要动太多脑筋,就能想到雷。他给了怀尔德几本雷的小说,让他带回家读。怀尔德对这些小说爱不释手,而且据影评人理查德·席克尔(Richard Schickel)记载(20 世纪 90 年代,席克尔为了给《双重赔偿》撰写专著而采访过怀尔德),雷的文字对这位导演影响至深,乃至许多年后,他仍然能够清晰地回忆起书中的一些文字。

西斯特罗姆的这通电话出乎雷的意料。他和茜茜最多也只是偶尔光顾影院,而且他虽然在洛杉矶生活了这么多年,却似乎从来没有考虑过进入该行业工作。不过,他对这个邀约兴致盎然,并且在前往派拉蒙总部与西斯特罗姆和怀尔德商谈之前,好好地把《双重赔偿》读了一遍。根据怀尔德所说的一个故事版本,当雷被问及是否愿意就这一项目展开合作时,他的回答是"好的!",并补充说他希望得到 1000 美元的报酬,而且下个星期就能交稿。这个故事被怀尔德讲过很多次,每一次的细节都稍有不同。我们还从 H. N. 斯旺森(H. N. Swanson,正是他将《双重赔偿》的翻拍版权卖给了派拉蒙)那里听到了关于这场初识的另一个版本:

> 有一天,乔·西斯特罗姆给我打了一通电话……他给我通报了他当前的处境,认为我可能帮得上忙。原来西斯特罗姆跟雷蒙德·钱德勒签了份合同……
>
> 西斯特罗姆说:"钱德勒对剧本写作一无所知,不过这也没关系。他对凯恩笔下的那类人物非常熟稔。他很想在这一题材上试试手,也愿意接受我们公司所能支付的每周两三百美元的报酬。你愿意做他的代理人,帮助他跟我们签订协议吗?"[5]

这两个版本都有其真实性可言,并在某些方面是一致的:一开始,雷对这一项目抱有热情,希望进入电影行业,却不知道自己在做些什么。尽管他没有行业经验,但西斯特罗姆很愿意将他招至麾下,并相信经验丰富的怀尔德能够熨平这个新手身上的所有褶皱。斯旺森答应成为雷的经纪人,并帮助他签订了一份为期十周、周薪 750 美元的合同。[6]如果说雷原本只打算拿到 1000 美元的报酬，那么如今这笔收入可谓相当丰厚了。在过去的十年里，雷一直靠着写作的微薄收入度日，签下这份合同的他肯定觉得自己中了一份头奖。

怀尔德很清楚，要让雷写出一个好剧本，他需要在写作方面为雷提供指导，于是他将一本全新的《双重赔偿》和他自己为《良宵苦短》（*Hold Back the Dawn*）改编的剧本交给这位新同事，让他回家好好研读，并在周末尝试动笔写作。雷的初稿写得很快，将凯恩书中的对话凸现出来，编排成他眼中剧本应有的形态。其中有"淡入""消失"等指令，大概在雷看来，这是剧本的必要元素。怀尔德作为导演，并不喜欢编剧给他下指令，不过虽然一开始就需要磨合，他们还是坚持了下来。他尊重雷的文字能力，也迫切地需要一个搭档能够在写作方面弥补他的不足。他曾有过与人合写剧本的经历，似乎也喜欢这种工作方式。

到最后，两个人关系的复杂程度将超过乔·西斯特罗姆的预期。这样的发展令人有些意外，因为他们俩有着很多共同点。在加州，怀尔德和雷一样是局外人，是欧洲的流亡客。两人都会说德语：怀尔德的母语是德语，而雷则热衷于学习德语。他们同样对美式英语非常着迷：怀尔德对于俗语的关注在《火球》等电影中有着集中的呈现，在《火球》中，由芭芭拉·斯坦威克（Barbara Stanwyck）饰演的夜店歌手在东躲西藏的时候就藏身在研究美国俚语的学院。比利·怀尔德还有很大的野心，曾经写下过豪言壮语，"要让好莱坞大吃一惊"，这和雷试图在悬疑小说领域掀起的改革不谋而合。怀尔德甚至随身携带一根马六甲手杖。即便他们有这么多共同点，两人的关系还是很快就蹦出了不和谐的音符。

导致关系紧张的原因有好几个。首先，好莱坞电影公司的工作方式令雷大吃一惊。他写长篇小说和短篇故事的时候，可以在任何时间以他喜欢的任何方式开展工作。没有截稿日期的人生是艺术家享有的特权，可是好莱坞要的不是艺术家：它需要的是剧本生产者，他所提供的材料得为影片提供充分的形态和结构，方便导演和制片人开展工作。这样的工作和小说写作截然不同，不仅需要固定的工作时长，还需要严格的自律精神。这些年来，雷一直过着平稳的生活，偶尔拜访朋友，如果编辑到访洛杉矶，就和他们见个面。他也随着冬去夏来，在山区、荒漠和海岸之间来回迁居，和茜茜过着二人世界。这便是他的生活。后来，乔·西斯特罗姆打来了电话，突然间，他又有办公室要去，又有会议要参加，又有截稿日期要追赶。他本以为这个新世界会珍惜好故事、好文章，却发现好莱坞更像是一座工厂。而比利·怀尔德要是愿意的话，会在拍摄前夕彻底重写剧本，他也很少体谅雷的艺术家脾气。

在 1943 年的整个夏天和秋天，雷和怀尔德在派拉蒙公司共事。他们共用编剧大楼的一间办公室，这座大楼因为有着一座回廊庭园，并且住满了古怪的文学人士而被戏称为"校园"。他们的办公室很小，只有四堵白墙和最基本的办公设施：一张书桌、几把堆叠椅、一部电话和一张老旧的沙发。每一天，雷都要在固定的工作时间，坐在这个局促的办公室里，如果说习惯这样的工作模式已经很艰难了，那么对他来说，与他人共事只会难上加难。好莱坞所习惯的观念似乎是，编剧的工作太过复杂，一个人通常独木难支，而通力协作则非常普遍。但是，对雷来说，在创造性工作上与其他人协调配合就算不是完全不可能，也实在有些怪异。对于他们俩该如何配合，怀尔德已经想清楚了：

　　……结构由我来引领，此外我还会写一部分对话，他弄明白我的意图后，开始构筑剧本……[7]

这句话是怀尔德和雷共事多年之后说的。毫无疑问,他的这番话有点事后宣示主权的意味,但它也确实表明这位导演如何看待自己与钱德勒的关系:他们俩是向导和助手的关系。在某种程度上,这样的关系有其必要性,可是一段时间过后,雷就开始对怀尔德及其坚持自己做主的行事方式感到失望。我们很容易想象这两个人同处一间办公室会是怎样一幅景象:怀尔德拄着马六甲手杖,从办公室的一角踱到另一角,而雷坐在沙发上,拿着手写板,一边记录下各种想法,一边暗暗生气。雷不仅是怀尔德的下属,他很快就意识到,自己在整个电影公司系统里都处于次要地位。在好莱坞,编剧的日子并不好过:他们的电话受到监听;制片方可能会禁止他们进入片场;有时候,影片试映会都不邀请他们。[8]工作开展了三个星期后,有一天,雷终于到了临界点,再也无法忍受了,那一天他没去上班。

怀尔德在办公室等待雷的出现,他本该在 9 点抵达公司。当时钟的指针绕了一圈又一圈,却完全不见雷的踪影时,怀尔德开始生气了。忍到最后,他打算向西斯特罗姆告状,说他的搭档不来了,结果发现西斯特罗姆正弓着背坐着,专心致志地阅读一张长条状的黄色信纸。那是雷写来的信。怀尔德是这么描述这封信的:

> 那是一封抱怨信,而抱怨的对象正是我:他没法继续跟我共事,因为我这个人太粗鲁;我是个酒鬼;我是个混账;我跟四个不同的妞打电话,有一回他还掐表计时,说我一共打了 12 分半钟;因为办公室外的阳光太刺眼了,我让他把百叶窗放下来,却没有说"请"……[9]

雷从来没有就这封抱怨信发表过看法,不过我们所知的信息与他的实际性格相符。他确实是个易怒且不好相处的人,而当他同较为年轻却经验丰富的人共事时,这种挫败中带有一丝嫉妒的情绪意味着他也在勉强保持镇定自若。怀尔德认为雷的这次发泄有如下几个原因:"我的德国口音……我比他更懂编剧这一行……我过了下午 4 点就开始喝酒……(我)总能跟年轻的女孩子上床……"[10]怀尔德确实有轻微的德国口音,不过考虑到雷很享受他在德国南部度过的时光,甚至在世界大战期间都曾表达过对其民众的喜爱,怀尔德的德国背景不太可能会给相处带来困难。在评价雷的时候,怀尔德从没有提过他有反犹倾向,可是当他的作品进入文学经典的圣殿时,这一指控却落到了他头上。我们大致可以猜测到,令雷不满的因素主要牵涉性和权力,尤其是对方还比他年轻。雷毕竟当过石油公司的经理,喜欢高高在上,他为人和善,甚至会像家长一样关心员工的生活,但从来不会忘记向朋友们表明自己曾在商界爬到过权力的顶峰。后来,他成了作家,渐渐地将办公室政治的麻烦事抛诸脑后,到了派拉蒙,这一复杂关系又凸显出来。雷自认为是小说家,理应得到同事的尊重,但是怀尔德显然没有太多表示。

此外,雷的反抗还有另一副催化剂:酒。怀尔德在接受传记作者莫里斯·佐洛托(Maurice Zolotow)的采访时透露过,雷会悄悄地把酒带入派拉蒙的办公室:

> 怀尔德每一次上厕所的时候,钱德勒就会打开他的手提箱,从中取出一品脱威士忌。这个棕色的手提箱他总是随身携带,里面空间很大,共有三个隔区。手提箱里装着一块不大的手写板、一叠裁好的黄色纸张——以及酒。钱德勒很喜欢在城市里闲逛,坐在酒吧里东张西望。[11]

我们很难评判这一说法的可靠性，因为怀尔德的回忆有可能和现实有出入，并给自己脸上贴金，不过裁好的黄色纸张确实是雷写作专用的稿纸。此外，雷和怀尔德合作编写剧本的阶段还留下了一张合影：照片上快活的比利·怀尔德坐在疲惫的雷蒙德·钱德勒身旁。雷打着一条圆点图案的深蓝色领带，套着一件方格运动外套，注视着镜头。他脸上的胡须有一两天没刮了，双眼下有深深的眼袋，皮肤看起来干枯且松弛。比利·怀尔德的双眼则对准了搭档。他穿着一件开领衬衫，外面套一件浅灰色的背心。他看起来年轻而富有活力，散发出南加州所具备的全部自信。雷仿佛与他隔了一代。他看起来病恹恹的，不太健康，一副饮酒过度的模样。

我们以为雷在 1931 年失业之后就把酒给戒了，可是事实显然并非如此。整个 20 世纪 30 年代，他都在喝酒，只是胃口不像前十年那么大。傍晚的时候，他还是会和茜茜喝上一杯鸡尾酒，他也喝冰镇的苏格兰威士忌，以及红酒。1934 年的一封书信表明，酒仍旧在一定程度上困扰他的生活：

> 我发现就算只在餐前喝一杯鸡尾酒，也会令我头脑迟钝，进而整个晚上都混混沌沌。我希望餐后能有一点好红酒，或者是一点好而不至于太贵的苏格兰威士忌。我现在就敢说，酿酒行业里肯定有骗子大行其道，也许这一行永远都摆脱不了这类人。[12]

这封信，写于罗伯特·史密斯（Robert Smith）和威廉·威尔逊（William Wilson）相识并且创建匿名戒酒会的前一年。这一协会创立于它最应当出现的时代。20 世纪 20 年代的禁酒令催生出一代牛饮豪侠，可是到了 30 年代，这批人就已经必须在生活中处处节制，否则肝脏就会出问题。在威尔逊和史密斯看来,解决牛饮问题的唯一办法就是彻底地走到另一端:完全禁酒。[13]早在这一"疗法"成名之前,雷就有酗酒的问题,不过他没有彻底禁酒,而是凭借意志力将饮酒量减少到可以控制的程度。然而他的意志力并没有大获全胜,或者说这一阶段性胜利在40年代初走到了终点。雷的饮酒量再度节节攀升。

雷再次陷入酒精依赖的境地,可能并非缘于任何单一因素,不过在这段时间里,他确实承受了相当大的压力。无论是《高窗》还是《湖底女人》,都是具有创作难度的作品,雷耗费了心神,却没能收获与其抱负相匹配的结果。他也开始明白,自己一开始用菲利普·马洛这个角色学习写作,到了一定阶段后就将"悬疑故事彻底抛诸脑后"的计划,如今已经变得越来越遥不可及了。他在最近的两部作品中遭遇的写作困境,已经开始令他质疑自己的写作能力,他也担心自己缺乏跳脱这一小说类型所必需的写作技能。光是这一点就足以令许多作家经历自信危机,除此之外,雷还必须照顾不断生病的茜茜,这样的生活充满了痛苦,容易使人脆弱。同怀尔德共事、应对好莱坞体系的经历则变成了压垮他的最后的稻草。不同的人出于不同的原因沉溺于饮酒,而酒精不仅能够给人带来平静,也能给人带来刺激。到最后,他几乎命数使然、避无可避地要回归到酗酒的道路上。

雷突然拒绝继续与比利·怀尔德共事,这是他难以应付电影公司工作的第一个明证。很快,乔·西斯特罗姆就出来说好话宽慰他,怀尔德则开始检讨自己的行事方式。在安抚雷这件事情上,西斯特罗姆处理妥当,而怀尔德就不如他那么妥帖,不过雷还是回到了公司继续工作。酗酒本身就是好莱坞文化的一部分,所以一旦雷在饮酒方面开始失去节制,旁人也没有什么办法能够阻止他,但至少他和怀尔德还是回到了同一间办公室,并且再一次专注于剧本创作。

如果把选择权交给雷，那么他大概不会把《双重赔偿》选作自己的银幕处女作。他不欣赏詹姆斯·M. 凯恩，而且在《高窗》出版后不久，在他被邀请将《双重赔偿》改编成电影剧本前，他曾写道：

> 我希望有一天不用再像街头艺人的猴子那样，围着哈米特和詹姆斯·凯恩打转……詹姆斯·凯恩——我呸！无论什么东西，只要经过他的手，就会散发出公山羊的恶臭。他代表了我讨厌的每一类作家，一个故作天真的骗子，一个套着污秽工装裤的普鲁斯特，一个长着大众脸、手拿粉笔、在木栅栏上写写画画的小屁孩。这种货色是文学界的垃圾，不过并不是因为他们写的主题下三烂，而是因为他们下三烂的写法。他们的作品里没有任何坚固、干净、冰冷和通透的东西。[14]

在雷看来，优秀的作品最有价值的品质是"诚实"。他对这一品质的定义是，作品所使用的语言必须既鲜活又真实。在他看来，将低俗的语言安排给名门之后是一种不着调的写作手法，除非作者想要表现的是此人实际上并非出身名门。故事的叙述者也应该使用最自然的语言。根据雷的看法，凯恩并没有做到这一点。他的语言并不新颖也不鲜活，他的作品里充斥着陈腐的、半生不熟的文字。他没能将合适、自然的语言匹配给相应的角色，而是将他自认为他们应当使用的语言强加给他们。当雷谴责凯恩的小说下三烂时，他瞄准的并不是故事内容中涉及的性和堕落，他炮轰的乃是其行文的品质。在雷看来，凯恩徒有其表的简洁行文不过是暴露了他的装腔作势。他笔下流浪汉所使用的语言并非他们真正的语言，而是出自一位中产阶级作家的想象。我们从他的笔记中发现了一段话，这段话进一步揭示了他这种

态度:

> 这种(写作风格)到底有哪些特点令我如此厌恶?是它虚伪的本质,还是他笔下泛滥成灾的态度,让人体会不到哪怕一点点诚实?还是说,其中若有似无的节奏和克制,里面的每一个词汇,以及思绪中徒有其表的天真等,都说明这位作家要么太过幼稚,要么虚伪到令人无法忍受,要么他的写作不过是在愤世地模仿着过去某种优秀的创作?[15]

文字之于雷,就仿佛手术刀之于外科医生,"干净、冰冷和通透",并且在描写人物和情景时必须准确使用。用雷的眼光来看,凯恩的行文是某种肮脏、空洞,到最后势必意义寥寥的糊状物。往好了说,它也只是某种构思精巧的把戏,绝对谈不上是艺术。不过,雷依旧享受剧本改编的过程。实际上,即便工作困难重重,他也想要尝试一番。也许,他迫切地想在《双重赔偿》中留下自己的印记,向人们展示这部作品到底该怎么写——毕竟,在改编过程中,他也象征性地将作品从凯恩手中夺走了。尽管作为小说的《双重赔偿》属于詹姆斯·M. 凯恩,但如果电影版本取得了成功,那么它将同样被归在雷和怀尔德名下,而不仅仅是凯恩名下。换言之,对于雷蒙德·钱德勒来说,这项工作是他摆脱凯恩的阴影的机会,他应当借此将自己确立为与众不同、高人一等的作家。不过从实际层面上来说,这也意味着,雷和凯恩的名字将在他们未来的职业生涯中越绑越紧。雷其实还是没有准备好彻底摆脱詹姆斯·M. 凯恩。

一开始,雷和怀尔德决定将小说的大部分对话原封不动地保留下来,但是雷很快就发现了其中的问题:尽管小说中的对话不构成阅读障碍,但是它们无法转换成台词。他说,这些对话"戏剧化到不可能演绎的地步"[16]。文字架构上的一些把戏(凯恩删除了绝大多数"他说"之类的对话标记,试图营造出强硬、锐利的文字效果)也许在书上行得通,但往好了说,它也只是某种仅仅存在于纸面上的幻觉。为了证明自己的观点,雷建议安排几位演员大声朗读小说中的对话,虽然一开始遭到了怀尔德的反对,但实施起来后,结果一目了然。这些对话实在是太差劲了。"效果跟糟糕的中学生情景剧差不多,"雷在信中写道,"所有对话都有夸大其词的嫌疑,可是真的说出口时,又听起来平淡得毫无特色可言。"[17]这件事对雷来说是个突破。在这些矫揉造作、令人不适的措辞被大声朗读出来之后,他和怀尔德都明白,他们必须彻底打散这篇故事,才能一砖一瓦地重新构筑它,改写成适合银幕的文本。现在,他们获得了自由,可以大刀阔斧地修改出一部更好的剧本。

他们对原书——尤其是故事的后半部分——做了几项重大的改编。在凯恩的小说里,两位核心人物分别叫沃尔特·赫夫和菲莉丝·纳德林格,这两个名字都要稍作调整,去除其中的滑稽意味,为剧情增添一抹阴沉、强硬的色彩。于是,电影版本的两位主人公分别变成了沃尔特·内夫和菲莉丝·黛德丽松。如果雷和怀尔德没有修改男女主角的姓氏,这部电影最终还能不能取得同样的影响力?很可能不行。首先,这些名字本身就携带着重要的信息。黛德丽松(Dietrichson)这一姓氏暗示角色和玛琳·黛德丽①一样,有着猫女的

---

① 玛琳·黛德丽(Marlene Dietrich,1901—1992),德裔好莱坞演员,在其近七十年的演艺生涯中始终自我革新,与阿尔弗雷德·希区柯克、奥逊·威尔斯、比利·怀尔德、恩斯特·刘别谦等一流导演均有过合作,代表作品为《舞台惊魂》《历劫佳人》《柏林艳史》《天使》。

性感，与此同时，它也可能是在开黛德丽的玩笑，因为她银幕之外的性格有时候非常糟糕。电影史学者戴维·汤普森（David Thompson）认为，内夫也可能是在影射好莱坞知名建筑师华莱士·内夫①。如果内夫这一姓氏确有所指，那也只有业内人士才能看懂。[18]他们还改变了故事的叙事方式。在小说中，叙事通过赫夫寄给首席调查官巴顿·凯斯的忏悔书展开，但是这样的叙事方式不适合银幕。怀尔德和雷想出了一个绝妙的主意，安排内夫录了一卷录音带来忏悔，不仅完好地保留了原作的紧张氛围，也带来了更好的视觉效果。

在角色塑造方面，他们也必须谨慎行事。第一人称叙事的好处在于，无论叙事者多么不堪，它都会使读者不自觉地站在他那一边。我们可以设想，如果《洛丽塔》以第三人称进行叙事，读者是否还会对主人公亨伯特·亨伯特抱有任何同情之心？在银幕上，这一效果却不容易重现；画外音也许近似第一人称叙事，但是其效果有所不同。因此，怀尔德和钱德勒便开始了一项工作，他们要把杀人犯内夫打造成观众会喜欢的角色。其中涉及的技法有时候虽然很简单，却行之有效。举例来说，当内夫第一次邂逅菲莉丝·黛德丽松时，她去里屋更衣，将他独自一人留在客厅。他走到鱼缸旁，将几粒鱼食撒入水中。这虽然是一个微小的细节，却为内夫树立了一种能让观众产生认同感的人性形象。沃尔特是个观众会喜欢的好人。

怀尔德和西斯特罗姆选择弗莱德·麦克莫瑞（Fred MacMurray）来扮演男主人公，这一选角也起到了正面作用。在1943年进入电影行业之前，麦克莫瑞一直在百老汇出演轻喜剧和音乐剧。他是百老汇

---

① 华莱士·内夫（Wallace Neff，1895—1982），美国建筑师，加州地区的建筑风格主要出自他手，其设计风格带有明显的西班牙和地中海特色。

的巨星，也是演出费最高的演员，却从来没有人找他出演沃尔特·内夫这样的角色。他是这个角色的天才人选，不仅能够淋漓尽致地展现内夫的善良品质，而且能够说服观众，他是因为受到恶劣女性的影响才如此败坏。剧本里的内夫举手投足之间"充溢着活力"[19]，这也就给予了麦克莫瑞表演的空间，使得他用足够孩子气的无礼和放肆，将原本有些猥亵的台词表现得幽默而又迷人。在初次邂逅的场景中，内夫和菲莉丝之间的对话是大家耳熟能详的：

菲莉丝：这个州对车速有限制，内夫先生。只能开到45英里每小时。

内　　夫：那我开得有多快，长官？

菲莉丝：我估计有90。

内　　夫：假设你从摩托车上下来，给我开一张罚单。

菲莉丝：假设我口头警告后，就放你走了。

内　　夫：假设我不服管教。

菲莉丝：假设我用指关节教训你。

内　　夫：假设我突然哭着从车子里冲出来，把头埋在你的肩膀上。

菲莉丝：假设你的头埋在我丈夫的肩膀上。

内　　夫：那就太过了。[20]

如果换一个演员，换一部剧本，这段对话可能就会显得色情，不过雷和怀尔德用含蓄的隐喻（"超速罚单"并没有显示出强烈的性意味）使得这段对话不仅更为幽默，并且通过了电影制作守则执行委员的审查。光看电影剧本，演员似乎无法从中演绎出任何性意味。但是拍成电影后,麦克莫瑞脸上微微的坏笑和芭芭拉•斯坦威克的性感立即就使得整个场景充溢着不可言说的性魅力。这是高超的剧本写作与高超的表演相结合的产物。它不仅确切地传达出故事所需要的意趣,而且所有操作都符合电影制作守则的严格限定。《双重赔偿》完全就是部天才作品。

如果要让观众喜欢内夫,就要让他们对黛德丽松太太起疑心。在原版小说中,她是个不多话却显然惹人厌恶的角色,不仅杀害了三个孩子和纳德林格的结发之妻,而且对罪行毫无悔过之意。但是,雷和怀尔德却在菲莉丝身上觉察到一种有趣的特质,并由此决定塑造一个更为复杂的角色,超过凯恩在原著中的设定。在剧本一开始,她是个利用性资本实现阶层升迁的负面角色。她戴的脚链很廉价,表明她品位粗俗,而她身上的香水来自墨西哥的恩塞纳达,表明在洛斯费利兹边缘那个平静的中产阶层社区,她也是个外来人口。她对自己掌控男人的能力很有自信,却没想到其自我认知会受到内夫这样的人的挑战。在电影中,当她前往内夫的公寓拜访他时,她的态度已经昭然若揭:

菲莉丝:那是我从恩塞纳达买的。

内　夫:我们得开一瓶桃红葡萄酒,才跟你相配。可我家里只有波本威士忌。

菲莉丝:波本威士忌就行了,沃尔特。[21]

内夫为什么想来一瓶桃红葡萄酒呢?因为在他眼中,菲莉丝的来访带有浪漫的意味,而菲莉丝为了得到自己想要的东西,也巴不得对方这么想。可是实际上,波本威士忌就行了,因为她真正在乎的是说服眼前这个男人替她杀人。尽管她露骨地引诱内夫，许诺两人从今往后幸福地生活在一起，而交换条件是内夫帮她杀掉黛德丽松先生，但是在电影的结尾，雷和怀尔德却为菲莉丝安排了一场救赎。当影片行进到高潮的时候，当内夫和她针锋相对时，她拔出一把枪，开枪打他。受伤的内夫向菲莉丝走去，问她："你怎么不再开一枪？也许还要我逼得更近？"[22]可是菲莉丝却没法再次扣响扳机：

> 内　夫：你怎么不开枪啊，宝贝？
>
> （菲莉丝用双手环抱住他，彻底向他投降。）
>
> 内　夫：你可别跟我说，是因为你一直都爱着我。
>
> 菲莉丝：沃尔特，我从来没爱过你。也个曾爱过任何人。我已经烂到根子里。就像你说的那样，我利用了你。对我来说，这就是你的存在价值，直到一分钟前[23]。我从来没有想过，这样的事情居然会发生在我身上。[24]

在这一幕美妙又动人的场景中，菲莉丝发现内夫最终拒绝屈服于她的意志，而就在这一瞬间，她爱上了他。当然，这样的桥段无法改变故事的结局，菲莉丝还是非死不可，但是这一桥段为她的死增加了额外的重量：如果内夫早一点抗拒她，她本来是能够得救的。当故事走到尾声，菲莉丝的命运赋予了这部电影悲剧性，当最后一个镜头消逝后，这种悲剧意味仍在观众的脑海里盘桓不去。

事到如今，我们已经无法确知，这部电影的哪些元素出自雷的创作，哪些又属于怀尔德。虽然如此，但他们的工作方式表明，电影剧本是在他们的讨论和争辩中逐渐成形的，因此是真正的合作作品。其中有些文字确实带有雷的写作风格："沃尔特·内夫，保险经理，三十五岁,未婚,没有明显的伤疤。"如果再让我们从整部剧本中挑出最具雷个人风格的一处,那就应当是凯斯和内夫的关系。相对来说,小说中的凯斯是个次要角色,可是在电影中,他却可以同内夫和菲莉丝"平起平坐"。他的胸膛里有个"小小人",他内心的声音牢骚不止,不断地对案件提出令人不安的疑问,而我们从电影中得知,正是他的强迫性人格促使他在婚前调查了他的未婚妻,也因此亲手葬送了幸福。内夫和凯斯的关系之所以富有钱德勒的特色,是因为这种关系在他的长篇和短篇小说中几乎俯拾皆是,他的小说中总有这类充满可能性的男性关系,却总是在劫难逃。怀尔德总说,内夫和凯斯才是这部电影中真正的恋人,理由显而易见。他们好几次对话都以内夫道出"我爱你"结束,尽管这是出于幽默效果,可是当我们将其他因素考虑在内时,这句台词的意味就不仅仅是幽默了。比方说,凯斯身上从来不带火柴,内夫总会适时地掏出火柴,像在女孩面前耍酷的男孩一样,手指一弹将其擦燃,给他把雪茄点上。不过这段关系爱恨双生,当这位保险经理拒绝成为他的助手时,凯斯失望地说道:"我原以为,你会比那帮傻瓜聪明一点。我估摸我是大错特错了。你跟他们一样蠢,沃尔特。你只不过个头比他们高一截。"[25]我们几乎能够切身地感受到,他被拒绝后有多么失望。如果内夫从来不曾遇见菲莉丝,那么他和凯斯本来能够组成搭档,从此以后在一起快乐地工作。

内夫和凯斯的关系之所以如此设计,是为了进一步突出内夫与菲莉丝之间的关系。沃尔特和凯斯能够结为好友,是因为他们有很多相似之处:他们品位相近、天性相仿,两个人合拍到几乎可以谈情说爱的地步(实际上,擦燃火柴就象征着情感关系)。然而,他同菲莉丝的关系却基于性欲,并导向了谋杀。这两对平行关系代表了内夫的内心冲突,撕扯他的两端分别是纯良的凯斯和邪恶、性感的菲莉丝。所以,凯斯是这部电影的道德中心，如果《双重赔偿》的小说出自雷之手，他就大致扮演了菲利普·马洛的角色。

电影于 1943 年 9 月 27 日开机，并在 11 月 24 日杀青。雷似乎到拍摄的最后阶段都在修改剧本，因为在 11 月 13 日，他告诉阿尔弗雷德·克诺夫，他要到月底才能结束手头的工作。[26] 大体上来说，雷对于最终的成片感到满意，并随后致信凯恩，谈及他所做的修改：

> 我认为，我们做的每一处修改与你的基本构想都没有冲突之处。实际上，由你来改编，你也会做出同样的修改。我相信有些修改本可以做得更好，但是修改还是势在必行。我想我们三人在从事这项工作时一定能齐心协力，不会在目标上有任何分歧，只会在实现方式上有各自的看法。[27]

凯恩对结果感到非常满意。影片上映多年以后，在同影评人彼得·布鲁内特(Peter Brunette)和杰拉尔德·皮尔里(Gerald Peary)的一次谈话中，他说：

> 在所有改编自我的作品的电影中，唯独这一部的元素是我希望自己也能构思出来的。怀尔德的结局要好过我的结局，他还非常巧妙地安排主角通过办公室录音机来讲故事——要是我想到了这个点子，我也会这么用。[28]

据怀尔德所述，和剧组人员一起看过试映后，凯恩大步走到他跟前，用拥抱他的方式向他表示了肯定，并对他说这部电影"拍得很好"[29]。

凯恩的赞许得到了电影产业其他专业人士的应和，这部电影很快就在导演和剧本改编这两个方面收获了极佳的评论。不过在叫座方面，这部电影就没有那么成功了。它虽然没有赔钱，但也没赚到太多。[30]不过，就算经济回报不太理想，这部电影还是立即在业内成为一部具有分水岭意义的作品，因为在怀尔德和雷的精巧改编之下，一部原本阴暗、具有性意味、非道德的剧本通过了守则执行委员会的审查。这绝非一件易事。委员会只对其进行了少量修改。他们只要求删去特定毒药的名称，以及使用手套避免留下指纹的片段，因为他们担心这些画面会提醒潜在的罪犯[31]，不过他们对于充斥整部影片的性意味和罪孽感没有提出任何异议。通过这部电影，雷和怀尔德为整个电影产业做了一件独特而重要的事情。在让《双重赔偿》通过审查之后，原本黑暗的犯罪世界紧闭的大门，突然间对好莱坞敞开了。类似《双重赔偿》的电影开始流行起来，这些新片远比《马耳他之鹰》等早期硬汉电影更为阴暗。而这一发展，反过来又为雷自己小说的电影改编铺平了道路。

美国电影产业用传统方式对这部影片表达了敬意：奥斯卡提名。《双重赔偿》总共获得七项提名，包括最佳影片、最佳导演、最佳女主角、最佳剧本等，可是在颁奖晚会上，它却空手而归。在最佳影片和最佳导演的角逐上，它败给了派拉蒙公司另一部早已被人遗忘的电影：《与我同行》[*Going My Way*，男主角是平·克劳斯贝（Bing Crosby），导演则是莱奥·麦卡雷（Leo McCarey）]。颁奖晚会于 1945 年 3 月 15 日在格劳曼中国剧院举行。尽管《双重赔偿》获得了最佳剧本奖的提名，但是出于不明原因，雷并没有出席晚会。不过就雷对这部电影的参与而言，这样的收尾形式倒也算恰当。在给哈米什·汉密尔顿的信中，他写道：

《双重赔偿》……是一段令我感到痛苦的经历，很有可能折损了我的寿命；不过我已经尽我所能地从中学习了编剧的技能，虽然说到底，也没有学会太多。[32]

当时，他没怎么意识到自己完成了一件多么了不起的作品。

随着《双重赔偿》的工作接近尾声，雷又把思绪转回到小说创作中去。那一年，吹过南加州的圣塔安纳风炎热而又干燥，他开始重新考虑自己面前的选择。1939 年 3 月，他曾列出一份雄心勃勃的计划，可事到如今，它实现的希望已经越来越渺茫了。我们可以确定的是，自《长眠不醒》出版后，雷曾不止一次翻开笔记本，重读自己写下的计划。那个时候，茜茜还在一旁写过批注："……未来某一天，你看到自己有过这般徒劳的梦，也许会会心一笑。不过你也可能笑不出来。"此后，雷又分别于 1940 年 9 月和 1941 年 2 月，在这一条目旁写下"确认"二字。1941 年 12 月，他又翻开了笔记本，这一次写下了"再次确认"。看来回首过去的计划，确实让他笑不出来。

不过，他并未完全丧失雄心。他依旧想创作严肃文学，好让自己将"悬疑故事彻底抛诸脑后"，不过他也开始意识到，在他接下来的职业生涯中，菲利普·马洛也许还有戏份。在电影公司的这段日子里，他酝酿出了新的写作创意，并在信中向阿尔弗雷德·克诺夫解释：

这是个关于谋杀的故事，里面有三男两女，除此之外基本上不涉及其他人。故事发生在贝莱尔，除了主角外，其他都是富人。主角就是我的问题所在。我喜欢用菲利普·马洛的第一人称视角。我不必刻意塑造他，因为他的行为会根据周遭的人而有所改变。但这不是一个悬疑故事，我也希望它能够摆脱悬疑的标签。

那么,我有没有可能用已经在其他小说中塑造出来的角色写成这部小说呢?[33]

对于我们来说,他摆脱犯罪小说的动机并不陌生,但这一次,他所采取的方法有所不同。过去,雷不仅要更换写作体裁,而且要把故事的发生地变为英国,这是他所谓的剧情小说,它的主人公势必要彻底改头换面。他现在的主意——把马洛系列小说设定在贝莱尔——则彻底偏离了早先的规划。到底是什么原因促使他考虑这一全新的方法?从表面上来看,这也许是因为他已经感到疲惫了,并且近来又重新开始酗酒。所以他迫切地想要启动一个新的写作计划,于是就想出了一个大杂烩式的点子,最后落在了他擅长的领域,不需要为创新耗费太多心神。不过我们还得考虑到,雷是个实用主义者。他知道,无论是对出版社还是对读者来说,以马洛为主角的小说遭遇失败的风险都较低。但这种解释忽略了他的雄心,雷虽然对自己的抱负有所困惑,却并没有因此放弃。还有一种解释是,他可能开始怀疑自己的文学创作能力已经走到了尽头。当他对克诺夫坦言"……就算我给这个角色取个新名字,到最后,他恐怕依旧会神似菲利普·马洛……"[34]时,他基本上已经承认了这一点。不过这么解释也没有考虑到,雷才刚刚参与改编了一部极为成功的电影,在这项工作中,他完全不曾涉及马洛这个角色。那么这样一项成就会大大增强他对写作技艺的信心吗?我倾向于认为,这个主意可能是雷对自己未来之路的重新校准。就在几年前,他还要通过模仿来学习侦探小说的写作技艺;而如今,他想要学习一种新的写作方式,不过他没有将过去学会的东西统统抛弃,而是选择将马洛用作他的北极星,在这段新的旅程中指引他前行,在这条路的终点——也许要经过几次反复——他就能写出一部不以犯罪为核心的小说了。实际上,在这封信中,我们能够瞥见一个模糊的尚不成形的创意,它将在数年之后凝结成《漫长的告别》。

可是,他在写给克诺夫的信中设想的那部小说,几乎还没开启就中止了。那个时期,雷的生活飞快地变化着,好莱坞事业将他推往一个方向,文学抱负却把他推往另一个方向。雷的文学代理人西德尼·桑德斯很可能意识到,他的这位客户在短时间内是写不出什么新书了,于是便试图说服克诺夫将雷早期的短篇小说结集出版。克诺夫出版社在读者群中做了调查,很快就收到了反馈:

> 雷蒙德·钱德勒的这些故事——其实应该算是五部中篇小说——写于七到十年前。出版它们对于钱德勒并不公平,它们不能代表他的写作水平。它们显然不具备结集出版的价值。[35]

这样的评价估计不会打击到雷,因为他恐怕与读者持有相同的意见。暂且无书可出之后,他作为编剧的声望正随着《双重赔偿》的热映快速上升,他突然间就成了当红编剧。派拉蒙跟他续了约,安排他继续做其他工作。然后他就砰地跌了一跤。一夜之间,他就从《双重赔偿》幕后团队的成员,变成了好莱坞中随处可见的小说家,只能做些润色别人剧本对话的活计。

1944 年,他参与了两部电影的编剧工作,分别是《那么,明天》(And Now Tomorrow)和《藏匿》(The Unseen)。这两部电影均改编自小说,所以派拉蒙总算是给雷安排了适合他的差事,不过这两部电影之间的区别不可谓不大。《那么,明天》是一部为艾伦·拉德(Alan Ladd)量身打造的电影,他在里面饰演一位谈吐强硬、专治耳聋的医生。他遇见了美丽的艾米丽·布莱尔——由洛丽泰·扬(Loretta

Young)饰演——在尝试治疗她的过程中爱上了她。这部电影自然早已被公众所遗忘，它也绝对无法展现出雷在剧本创作方面的才能。拉德所扮演的梅里克·万斯医生话语强硬，嘴里常常会吐出带有钱德勒风格的台词，比如"只有骄傲，不足以让你活下去……"可是，这个设定在新英格兰地区的故事无法同那些设定在洛杉矶的故事相提并论，雷无法全身心地投入进去。当故事超出他的天选之城时，雷所具有的魔力也无法让咒语生效了。

雷的下一步电影叫《藏匿》["比《不速之客》(Uninvited)更致命"，而查尔斯·布拉克特正是在拒绝《双重赔偿》之后担任了《不速之客》的编剧]，它的市场反响倒是名副其实——默默无闻。这是个鬼怪的故事，几乎未曾进入观众的视野。据该片制片人约翰·豪斯曼描述，雷的工作就是为这部影片加入硬汉派的元素。豪斯曼——后来成了雷的好友——曾在纽约与奥逊·威尔斯(Orson Welles)共事过，并在促成《公民凯恩》(Citizen Kane)拍摄的过程中起到了关键性的作用。雷和豪斯曼都在英国上过公立学校(后者是克利夫顿学院校友)，他们似乎也察觉到彼此的相似之处，因此建立了友谊。

这倒不是说雷在派拉蒙公司没多少朋友。尽管怀尔德曾说，雷这个人酸溜溜的，不太好相处，不过雷似乎在公司(尤其是在工作氛围特别轻松的编剧大楼)颇受欢迎。尽管公司要求他准点上班，工作也有乏味的时候，但是雷渐渐发觉，派拉蒙的工作实际上是一种愉悦的体验。好些年后，他写信告诉卡尔·勃兰特(Carl Brandt)："……派拉蒙是我唯一喜欢的(电影公司)。他们不知怎的，竟然在那儿保留了乡村俱乐部的轻快氛围……"[36]而吸引雷的正是这种"乡村俱乐部的轻快氛围"。在改编《双重赔偿》期间，他已经开始偷偷喝酒了，不过在编剧大楼里，他其实不需要小心翼翼，也不需要任何托词。说实话，这里的人压根儿就鼓励大家多喝酒。只要剧本能够按时写好就行,老板完全不在乎编剧的头脑清不清醒,他们甚至营造出饮酒的公司文化,给员工提供海量的红酒、威士忌和香槟,来激发他们的创造力。对于雷这样从未真心实意地戒酒的人来说,这里的诱惑太过致命,他很快就失去了节制。

雷在这家公司可能有点与众不同(他喜欢叼烟斗,穿花呢夹克衫,这些特征会拉开他与其他编剧的距离,他们通常要比他年轻好几岁),不过他的同事们都是些开明的家伙,都能包容他的怪癖。有些年轻的同事还会向他寻求写作方面的建议。有一位名叫罗伯特·普雷斯内尔(Robert Presnell)的同事还记得,有一天他敲开雷办公室的门,想跟前辈谈谈自己的创意,却发现"他聊天的时候尤其喜欢打断别人"[37]。平时和同事喝酒,在食堂吃午饭,或者在公司对面梅尔罗斯大道的露西餐厅聚餐时,他也总是众人的焦点。这些饭局有时候会很吵,因为各种故事和段子会像酒精一样四处流淌:

> 我在派拉蒙的编剧桌(原文如此)上,听到了我这辈子听过的最有意思的俏皮话。有些小伙子反倒是在写稿之外的时间更有才华。我记得哈利·图根(Harry Tugend),他当时在往制片人的方向努力,实际上却烦透了这个行当。他说:"你知道这工作烂透了。你得坐下来,严肃地跟那轻佻的女人聊一聊这部分是不是对她的演艺生涯有帮助,与此同时,你还得留意,别叫人给强奸了。"这个时候,一个天真的年轻人扯着嗓子发问:"你的意思是说,她是个女淫魔?"哈利远远地对他皱了皱眉头,叹了口气慢慢说道:"如果他们能够让她安静一点,她说不定会有点魅力可言。"[38]

在派拉蒙,酒还不是唯一容易令人沉迷的事物:电影公司大楼里到处都流淌着性欲的能量。这个地方到处都是漂亮的人儿,他们常常无所事事,在竞争对手面前也没有特别的优势,所以暧昧的事情难免发生。这样的工作氛围令雷有些心烦意乱。他仍旧毫不动摇地坚持着女性该如何为人处世的刻板观念——女性应该纯真、贞洁、尊严。当其观念遭遇环境的挑战时,他有可能做出过激的反应,比方说他对蓓蒂·赫顿(Betty Hutton)就有很大的意见。这位女演员当时跟雷在派拉蒙的朋友哈利·图根合作拍戏,然而她的幽默感里有太多下流的东西,令雷为之侧目:

> 蓓蒂·赫顿演的电影我不会看。我在派拉蒙工作的时候,她也是签约艺人,所以我常常见到这位女士。她精力旺盛,却粗鄙得令人害怕。据说,她是个夜店女王。我估摸她在养猪场也毫不逊色。[39]

另一方面,他酗酒的时候也越来越难以自控,无法保持对于理想女人,也就是茜茜的忠诚。而且,他并没有对其他女人置之不理。也许,她们散发的性能量令他感到不适,但是他内心也有一部分受到她们的吸引。这一状况就仿佛雷的一侧肩膀上坐着善良天使,另一侧则坐着堕落天使。前者代表茜茜和贞洁,后者则驱策他放浪形骸。不幸的是,每当他酗酒的时候,善良天使的声音会渐渐变得比低语还轻,使得控制权落到堕落天使的手中。

性能量弥漫,再加上酗酒弱化了雷的道德感,雷就又一次出轨了。家庭生活不易,茜茜的健康状况不曾好转,她也不喜欢雷和朋友出去喝酒。雪上加霜的是,如今的他周遭有很多活力四射的年轻美女,她们只会进一步放大茜茜的年老。无论她穿什么样的衣服都无关紧要了,因为同派拉蒙的女孩子们相比,她已经老了。在办公室里,面容憔悴的雷会向同事们抱怨,他与茜茜的共同生活已经没有多少快乐可言,不过他也会说,他永远都不会提出离婚,因为茜茜已经太老了。酗酒的问题令家庭生活变得愈发不愉快,而家庭生活的不愉快则会使他越喝越多。他在一位秘书的怀抱里寻求慰藉,而且就像他在十多年前做过的那样,一度同她远走高飞。当他们回到洛杉矶时,她安静地离开了电影公司,雷则继续在派拉蒙工作。酗酒再一次破坏了他的婚姻,令他陷入了复杂的处境。他仿佛为了短暂的性愉悦和买醉,将1932年学到的全部教训都彻底丢弃了。当疯狂平息之后,雷发现自己需要再次将人生和婚姻拼凑起来。

第十一章

"外行可没活路"

在这个时期,雷不仅成了派拉蒙的当家编剧,还结交了一位笔友,对他的职业生涯产生了重大影响。詹姆斯·桑德是科罗拉多大学的图书管理员,也是犯罪小说的狂热爱好者。桑德认为雷蒙德·钱德勒的小说是罕见的杰作,在他看来,雷和其他那些平平无奇的犯罪小说家决不是一路人。他认为,雷的作品与严肃文学作品一样,值得新闻报纸去关注、去宣传,于是他给克诺夫出版社的编辑伯纳德·史密斯(Bernard Smith)写信,询问雷为什么没有得到他应得的赞誉。史密斯本人对此也困惑不解,表示他搞不懂"为什么评论家没能发掘出这位行文高超的散文家,为什么他们觉察不到他的描写有多么一针见血"[1]。他紧接着建议桑德给几家报纸图书版块的编辑写信,向他们表达同样的观点。桑德真的就照做了,联系了好些人,比如《纽约时报》的书评人奥维尔·普雷斯科特(Orville Prescott)。如果他以为自己这番努力会有所回报的话,他就错了。桑德并没有料到奥维尔·普雷斯科特这类人的偏见有多么根深蒂固;他非常迅速地回信了,不过答复非常生硬,完全没有将桑德的意见当回事:

> 我实在是太忙了,忙着阅读大家更关心的作品,没有时间读这些东西……我已经将您的信转呈给为侦探小说写书评

的人了……[2]

桑德收到的回信多半如此——要么大家不关心侦探小说,要么此类书评并不适合这份报纸。所以他很快就意识到,要办成这件事情,他面临的挑战可不小。桑德并没有气馁,他直接给雷写了信,而雷很喜欢读者来信,并热情地回复了他。以下这封信可以证明,他们两人的观点有相似之处:

> 您提到希望"有人出来做点事情,改变侦探小说被评论者差别对待、不能进入'严肃小说'殿堂的不利局面",我本人完全赞同您的观点。只有在非常偶尔的情况下,侦探小说作家才被当作小说家,这种情况实在是太少见了。[3]

两人开始定期通信,就各种问题交流彼此的观念,从侦探小说到行文的艺术,不一而足。一开始,雷写给桑德的信件用词拘谨且正式,不过几个月后,当他已经能够在这段友谊中放松自如时,他开始在信的结尾署名"雷·钱德勒"。他不再是雷蒙德或钱德勒先生,而是雷——这是他对这段友谊的无声认可。

在他和桑德的早期通信中,谈及侦探小说为什么被排挤在严肃文学之外时,雷给出了几种可能的原因:

> 第一,大多数侦探小说写得很差。第二,大部分侦探小说被卖到了租书店,它们更看重借阅率和可读性,对书评几乎毫不在意。第三,我认为当前侦探小说的营销方法有问题。以现在的方法,指望读者花在小说上的钱多于电影,完全是一种奢望。第四,

作为艺术形式的侦探或悬疑故事已经被探究得很彻底,对于一位作家来说,真正的问题在于,他必须看似在写悬疑故事,却在实际层面上避免它。[4]

对于侦探小说的写作、销售和出版方式,雷持有相当负面的态度。他自己关于犯罪小说写作的"诗学",源自他学习通俗故事写作的经历——通过小心翼翼地解构同时代作家的作品。他写给桑德的信,正是他探究和解释此类思想的一个论坛。在派拉蒙,他也会对愿意聆听的人(尤其是年轻作家)讲解自己的写作理论。他用打字机打出自己的想法,将卡片夹在他用来收集创意和构思的皮质笔记本里时,茜茜想必也听过不少他情不自禁的自言自语。不过,直到1944年,他对于犯罪小说写作之道的思考还只是透露给身边的一小群朋友和同事,但随着他名气渐长,大家也越来越关注他的理论。《大西洋》的编辑查尔斯·莫顿(Charles Morton)仰慕雷的才华,同他取得了联系,希望他能够就侦探小说写点文章,刊登在《大西洋》上。这对雷来说是个不错的机会,能够接触到更广大的读者群体,而他应邀写出的文章已然成为侦探小说的宣言。这也得益于他为这篇文章所取的犹如神来之笔的标题:《简单的谋杀艺术》。

文章创作于1944年上半年,当年12月刊登在《大西洋》上。雷通过这篇文章为硬汉派犯罪小说提供了智识严谨的辩护。他首先将目标对准了那些贬低犯罪写作价值的文化机构,他认为这些讨论小说、试图提升其文化价值的"批评团体"和"小俱乐部",实际上只关心销售数量。但是犯罪小说并不能采用同样的方式来对待,它的营销点并不好抓,销量也因此有所受限,所以它只有通过一种日积月累的方式(雷称之为"缓慢的精馏过程"[5]),才能获取自己的读者。简言之,犯罪小说家只能坚持不懈地创作，直到读者注意到他。这一现实情况的最终结果便是，比起文字质量和艺术水准，犯罪小说出版商更看重产品的数量和速度，所以实际问世的作品皆陈腐而无趣：

> 侦探作品的平均水准大概和小说总体的平均水准差不多，然而你买不到平均水准的小说。没有人会出版这些东西。可是出版商却会将平均水准——或者仅仅略高于平均水准——的侦探小说推向市场。[6]

生产过剩的自然结果便是，每一部侦探小说的经济回报都低于可能的预期，而真正才华横溢的作者不愿意在这种只有三流回报的二流类型文学中浪费时间和精力。能够为犯罪写作带来生命力的男男女女之所以没有投身其中，是因为他们无法通过创作优雅的悬疑小说来维持生计。所以，他们便将才华投入其他领域了：

> 那些能够奉上鲜活文字的作者，对于破解牢不可破的不在场证明这等麻烦差事压根儿就不感兴趣。[7]

接下来，他严厉地抨击了一部名气很大的密室推理小说，A. A. 米尔恩（A. A. Milne）的《红屋之谜》（*The Red House Mystery*），并以隐晦的方式比较了英语侦探小说中的侦探与洛杉矶的现实生活：

> 办案的侦探是个名叫安东尼·吉林厄姆的外行，这个不错的小伙子性情天真、眼神明媚、举止轻快，在镇上有栋漂亮的小房子。他做这份工作根本就赚不到什么钱，可只要当地宪兵弄丢了

笔记本,他总会现身帮忙。英国警察毕竟擅长忍耐,容得下他这等人,不过我一想到我们这座城市警局凶案组的家伙们会如何对待他,就不寒而栗。[8]

雷的意思很明确,这种外行在谋杀的现实世界里只会是个笑话,包裹着侦探小说生了锈的铠甲,与洛杉矶侦探实实在在的形象相比,显得毫无现实感。这些外行的侦探可能熟稔箭毒的知识,但这并不能在现实主义的小说中派上用场。说到底,小说如果不试图创造现实,也就无法创造艺术:

> 这些把脚跷到桌子上的小伙子都知道,这个世界上最容易破解的谋杀案是计划周密的犯罪,真正令他们困扰的,是那些在行凶前两分钟才临时起意的案子。但如果作家要在书中描写真实发生过的谋杀案件,那么他们也必须书写生活的正宗味道。而他们既然做不到这一点,就假装自己写的内容是这个世界上真实发生的故事。[9]

最后一句话实在是一针见血。解谜式悬疑小说家所能做的仅此而已,所以他们也不会朝着真正的文学方向努力。那么问题就来了:到底谁能写出真正的悬疑文学呢?

雷认为,几位为通俗杂志撰稿的作家(其中最主要的便是达希尔·哈米特)已经向全新的侦探小说发起了第一轮进军。用他的话来说,他们所写的是"现实主义悬疑小说",但重要的是,雷在更为宏大的文化转向中为这一变化找到了定位,将哈米特与现代主义作家联系起来。当哈米特为《黑面具》撰写短篇故事的时候,这些作家也正在进行写作的实验：

> 海明威不仅学习过德莱塞、林·拉德纳①、卡尔·桑德堡②、
> 舍伍德·安德森（Sherwood Anderson），也许还曾学习过哈米
> 特……当时，文学革命已经进行了一段时日，揭穿语言和创作题
> 材的虚饰。它很可能始于诗歌领域，接着影响了一切。你要是愿
> 意的话，完全可以将它追溯到沃尔特·惠特曼。但哈米特将它运
> 用到侦探小说的写作上……[10]

此外，哈米特还有第二项重要的贡献：他不仅仅将现实主义纳入
侦探小说的写作，而且他所运用的是真正的美国语言，他的写作"风格
实际上并不属于哈米特本人……它是美国语言的风格……（而且）它
足以道出他原本不知该如何表达的东西"[11]。正是对现实主义和语言
的关注，使得哈米特等作家取得了成功。正是因为他们从现实主义视
角出发，使用了现实主义的语言，所以他们比密室悬疑小说家走得更
远。在雷眼中，他们不只是犯罪小说家，他们还是艺术家。

但雷并没有就此满足。哈米特走得还不够远（毕竟，他仍旧把重
心放在谋杀案上）。雷想要做的不仅仅是书写一桩谋杀案，他要书写
实际发生谋杀案的世界。他向我们描述这个世界的时候，实际上也为
我们奉上了关于硬汉小说的最精到的描述：

---

① 林·拉德纳（Ring Lardner，1885—1933），美国体育新闻记者、幽默作家。海明威、
　菲茨杰拉德、伍尔夫等人都曾赞扬过他的短篇小说。
② 卡尔·桑德堡（Carl Sandburg，1878—1967），美国诗人、历史学家，曾三次获普利策
　文学奖，两次是因为诗歌，一次是因为他为亚伯拉罕·林肯写的传记。

在现实主义犯罪小说家笔下,黑帮分子可以统治城市,也可以统治国家。在这个世界里,酒店、公寓和名声在外的餐厅,它们的老板有不少资产是通过开妓院捞来的;在这个世界里,电影明星可能是暴徒安插的眼线,大厅里看似良善的好人实际上可能是诈骗团体头目;在这个世界里,法官可能在家中地窖藏满了非法贩卖的酒,却因为别人在口袋里塞了一品脱,就将人投入监狱;在这个世界里,你所在的小镇镇长也许通过包庇杀人犯来收取贿金;在这个世界里,任谁走过一条阴暗的街道都无法确保自身安全,因为法律和秩序虽然被我们挂在嘴边,却从来没有被执行……这并不是一个芳香的世界,却是你生活其中的世界……[12]

雷为我们描绘的,是一片本质与表象相悖的土地;它号称给予的与实际提供的并不相同;它散发着腐败的气味,致使其人民也变得腐败。这便是他在 20 世纪 20 年代体验到的洛杉矶,也是他选择在作品中重建的世界。

当然了,这样的世界需要英雄,所以在文章的结尾,雷把目光投向能够在这样的环境中生活和工作的人。于是在短短一瞬间,菲利普·马洛的形象被赋予了更多的重要性:

每一样可以被称作艺术的作品都包含救赎的品质。如果这门艺术采用了高雅悲剧的手法,那救赎便可能是纯粹的悲剧,也可能是怜悯与讽刺,也可能是壮汉粗粝的笑声。那些本身并不卑劣的人却不得不行走在这个世界的卑劣道路上,他们不曾受到玷污,心中也不曾恐惧。此类故事中的侦探必须是这样的人。他就是英雄;他就是一切。[13]

雷借这一段落表达了两个观点。首先，他援引救赎的观念，试图导向的结论是：比起哈米特和《黑面具》的其他作者，他才是更为高明的艺术家。同样重要的是，他开始将形象和名字赋予他笔下的英雄。他必须纯洁，他必须善良，他必须抵挡诱惑：

> 他必须是——用一个相当老套的说法——正人君子，这必须是出于本能、命中注定的，他必须不假思索且不自我夸耀。他必须是这个世界最善良的人，在任何世界都足够善良。我对他的私人生活不太在意；他既不是阉人，也不是好色之徒；我想他可能会引诱公爵夫人，但我很确定他决不会糟蹋未经人事的处女；如果他在一件事上是君子，那么他在所有事情上皆如此。[14]

雷并不是第一个将主角设定为正人君子的作家，但他将荣誉感设定为主角的核心价值时，体现出了自己与同时代作家的本质区别。在雷的眼中，理想的主角属于另一个时代、另一个地域：他是个温文尔雅的英雄，从 19 世纪的世界穿越到美国的土地上。雷对于"荣誉"的再三提及向我们表明，其主角扎根在英国公立学校的体系中。曾就读于英国蓝星学院的伊夫林·沃（Evelyn Waugh）写过，在学校里，"'荣誉'是个他们时常挂在嘴边的词。对我们来说，不诚实、不纯洁和残忍都是无法想象的"[15]。雷的英雄虽然可能和他本人一样出生在美国，却是实实在在的英国传统产物。

在 1950 年，雷的短篇小说结集成册，将《简单的谋杀艺术》收录为前言，同时用作这部小说集的书名。从那以后，这篇文章就成了硬汉派犯罪小说的宣言，被广泛地收录到各种文集之中。此外，这篇文章还成了雷手中的一柄利剑，尽管他创作的四部小说仍旧在争取它们应得的影响力,但至少在美国,《简单的谋杀艺术》已经在《大西洋》的读者心中为雷树立起超越犯罪小说家的形象——他已经升格为艺术家、思想家,以及有着文学抱负的作家。这是他最终进入文学经典殿堂所踏出的第一步。

与此同时,雷和茜茜一方面享受着《双重赔偿》带来的光环,另一方面十年来第一次拿到了稳定的工资,他们做出决定,是时候给山区和城市之间年复一年的迁居画上句号了。1944 年 10 月,他们在威尔希尔以北、圣文森特大道以西的德雷克塞尔大街 6520 号找了间房子(当然依旧是租的),此后的两年都住在这里。这么多年来,这是他们在一个地方住得最久的一次。他们将这些年来囤积的家具搬到新家,将这间徒有四壁的小平房布置起来。房子外面有一座简朴的花园,他们可以沐浴在阳光下工作,波斯猫塔基可以在这里闲逛。经济状况的改善是他们定居下来的一个缘由,而促成该决定的另一个原因则是,茜茜变得越来越虚弱了。最近,她足部严重受伤,需要动个手术。突然间,每到夏日将财物打包、开车前往山间湖区的生活模式变成了一件太过兴师动众的事情。

派拉蒙公司离他们的住处不远,开车很快就能到。每到工作日,雷会穿上西装打上领带,钻进车里,出门干活。他受人欢迎,业绩斐然,但是他容易和年轻女秘书鬼混,也容易酗酒,这两件事大概还是令茜茜担忧。观察下来,我们似乎发现,尽管有过短暂的出轨,但他还是能够将生活重新拼凑起来,而且他作为编剧的事业也在迅速发展。尽管他所负责的项目并没拍出特别精彩的电影,但每签订一份合同,他的收入就会增加一些,他在公司里的威望也随之升高。他仍旧是个对剧本施行手术的医生,不过医术已经很高明。我们可以确信的是,派拉蒙的社交环境以及酗酒缓解了他的痛苦,但是在原创性方面,他却难以摆脱挫败感。一段时间来,他尽管尝试创作小说,却一再搁浅,而他在派拉蒙接手的工作都不够有挑战性。他渴望能再来一个类似《双重赔偿》的项目。

对于派拉蒙高层来说,1944 年是个大年。尽管第二次世界大战还没有结束,但是观影人数稳定在每年 8500 万人次[16],整个电影产业欣欣向荣。不过随着 1944 年过去、1945 年到来,一个新问题浮出水面:派拉蒙的当家影星艾伦·拉德应征入伍了。恐慌感很快传遍整个公司。作为派拉蒙在好莱坞评价最高的领衔演员,他是公司的重要资产。一旦失去他,他们的电影就没法再吸引到如此多的观众,收入也会因此大幅下跌。他们必须迅速为拉德安排一部电影,在他参加基础训练之前拍摄完毕。于是,在接下来的制片人会议中,公司鼓励所有员工献计献策,但似乎没有哪个方案行得通。雷的朋友、制片人约翰·豪斯曼也参加了会议。两天后,他在露西餐厅同雷一起吃午饭,钱德勒告诉他自己最近正在创作一部新的马洛故事,但它很快就夭折了,因为它实在是涉及太多细节,雷不得不放弃了这一计划。豪斯曼来了兴致,提出要看看稿子,于是两人回到雷位于德雷克塞尔大街的家中,雷将这部被埋葬的稿子又翻出来。豪斯曼被他眼前的文字震撼到了,48 小时后,派拉蒙买下了版权,并委托雷来创作剧本。这篇原本被塞到抽屉底部的故事最终变成了《蓝色大丽花》(*The Blue Dahlia*)。

从某些角度来说,战争是好莱坞迫切想要把握的机遇。这不仅仅是因为战争提供了新的敛财手段,也因为它能够改变观众对于电影的观念。达里尔·F. 扎纳克(Darryl F. Zanuck,20 世纪福克斯总裁)等电影大亨希望将电影产业变成美国的标签(类似苹果派),并在观众的脑海中牢牢确立一种观念:电影乃是主流文化的一部分。在美国宣战的几个月后,《小东京》(*Little Tokyo*)和《复活岛》(*Wake Island*)等影片开始在院线上映。这些反日电影传递出信号:好莱坞正试图代表民众的呼声。与此同时,斯宾塞·屈塞(Spencer Tracy)和凯瑟琳·赫本(Katharine Hepburn)等影星也开始参演《自由之火》(*Keeper of the Flame*)等影片,寓意是美国其实很容易遭受法西斯观念的荼毒。《自由之火》同那些反日电影一样试图影响舆论——只要这类软性宣传能增加观众的黏性,好莱坞各家公司就巴不得在影片中夹带此类内容。

不过,随着时间的流逝,公众渐渐厌倦了一成不变的量产电影,由此带来的对于时事的漠不关心也就给《双重赔偿》等影片创造了空间,使得它们一炮打响。《马耳他之鹰》使后来人们所认为的第一批黑色电影①开始流行,《双重赔偿》则将此类电影变得更为冷峻,也更受观众尊敬。很快,所有人都想拍摄由雷和怀尔德推出的此类硬汉动作影片,派拉蒙自然也不例外。他们有合适的影星,有稳定的观众群体,更何况,现在他们的编剧也有了创意。

雷立即开始编剧工作。入行以来,这是他第一次独立负责剧本。电影的前期制作随即展开,使得拍摄过程可以与剧本创作同步运行,乔治·马歇尔(George Marshall)被选定为导演,他虽然并不出名,却很多产。艾伦·拉德和他在银幕上长期合作的伙伴维罗妮卡·莱克(Veronica Lake)领衔主演。雷的写作进展平稳,他也很快意识到,《蓝色大丽花》向他敞开了一扇独一无二的机遇之门。这一次,他不再像过去那样,只是为影片贡献剧本,他实际上就是影片的"作者"。由于这部电影的时间压力格外之大,所以常规的编辑、起草、分镜流程要么被大大缩短,要么就被彻底免去。雷"几乎就在摄影机镜头之下……

---

① 黑色电影(film noir),一般指黑白时代的好莱坞侦探电影,往往表现秩序与反秩序的冲突,抨击物欲所带来的道德腐化。

直接写出了银幕上的故事……"[17] 在此情况下,雷创作的内容很少被调整,结果便是这部电影比起之前任何作品都更具雷蒙德·钱德勒的特色。

一开始,雷很享受这个过程,剧本创作也顺畅:

> 最近我非常忙碌,埋头写一部原创剧本,它比我在电影行业做过的任何项目都更有趣,因为拦在我面前的困难全部消失了——我不需要再将故事译入银幕的媒介中,我可以直接为银幕写故事,并利用其所有优势。[18]

前半部剧本在三个星期内就交稿了。[19] 虽然拍摄过程匆忙,但雷对于整个过程有自己的看法:

> 完成度方面的缺失可以靠影片的运动补回来;如今的电影已经变得越来越缺乏运动的要素了。[20]

此处,雷对于运动(他所指的乃是戏剧性运动①)的关注反映出他对于电影制作过程的看法。他认为,场景调度、剪辑、巧妙的拍摄角度,以及其他导演手法磨平了剧本的棱角,使得它不再具有剧本的原初作用。他深信,只要他获得更大的控制权,最后出来的影片必然会更出色。目前来说,团队压力大,火药味浓,争吵司空见惯,而雷处在这一切工作的中央,今天"为了保护制片人在前台部门大喊大叫"[21],明天又亲临片场帮忙。他甚至在一幕场景的拍摄过程中抢过导演的椅

---

① 戏剧性运动(dramatic movement),即包含了冲突、张力、悬疑或不确定性的表演。

子亲自执导,然而不凑巧的是,我们并不知道具体是哪一幕场景。

然后,灾难开始降临。一度汩汩流出的剧本水流开始枯竭了。开机四个星期后,拍摄所用的脚本每天都在变薄,再也没有新的材料填充进来。雷陷入了僵局,他没有办法解决杀人犯的身份问题。他本打算将这一角色安排给海军退伍军人巴兹·万切克,但这一构思被美国海军否决了,他们不希望自己被刻画成坏人,因为这可能会在战争期间挫伤士气。雷所面临的问题不限于此,因为电影是一边写一边拍的,所以电影前半部分的所有线索都指向了巴兹,这些都已经无法更改了。他进退维谷,而他越是沮丧,就越没有创作灵感。没过多久,雷的恐慌就影响了整个公司。没有人知道接下来该怎么办。派拉蒙在公司办公大楼的一楼召开了一系列剧本讨论会,可是雷却没能拿出什么靠谱的方案。他毕竟是个从来都不注重剧情的作家,他在书中揭晓杀人犯是谁的时候,很少像同时代的其他作家那样,精心设计这一真相大白的时刻。1945 年 4 月 12 日[22],制片人再度召开剧本讨论会,雷坐在桌旁,苦思冥想故事的走向。会议进行到一半的时候,一个年轻人将脑袋伸进窗户,向众人宣布了罗斯福总统过世的消息。没有人知道该说些什么。几分钟后,他们又回到原先的话题,继续讨论剧情,但是讨论已经没什么意义了。雷就没怎么听大家讲话。他只是坐在那里,偶尔点点头,不发表任何意见。

第二天,雷的经纪人 H. N. 斯旺森给他打了通电话,请他在次日上午去拜访制片主管。如果说有什么事情肯定会令他夜不能寐的话,那就是这件事了。他听从安排,在约定时间出现,被领进了一间公司高层专用的木板墙办公室。四周的墙面挂着英国的狩猎风景画,地上铺着奶油色的地毯。制片主管就坐在巨大的书桌后面。雷肯定觉得自己像个被喊到校长办公室的学生。制片主管提出,如果影片能够如期上映的话，他将给雷发一笔 5000 美元的奖金，不过他开出的条件是，雷不可以将这件事透露给约翰·豪斯曼。他一时语塞，不知所措地离开了高层办公室。

后来，雷回到家中，但心里的怒火太过旺盛，根本就睡不着觉。第二天，他去办公室找豪斯曼。在这位制片人眼里，雷的愤怒[23]几乎是摆在明面上的，当他解释昨天发生的事情时，我们可以看出，制片主管对于雷的误解有多深。钱德勒生气的原因在于，派拉蒙公司竟然怀疑他无法完成这部电影。虽然他目前确实陷入了僵局，但他已经签订合同，会拿出完整的剧本，而对于一位正人君子来说，这份合同就已经足够了。5000 美元的奖金完全是一种侮辱，它也许能够激励那些蹩脚的编剧，让他们想办法拿出最好的作品，但是雷认为自己为每一个项目都会竭尽全力，对他来说，给他这笔钱近乎是一种无法饶恕的做法。此外，让他对朋友保密的要求也无异于一种冒犯。几年后，雷解释这番事情的情形出现在豪斯曼的笔下：

> 这愈演愈烈的愤懑情绪令雷陷入了紧绷的绝望中，我过了一段时间才意识到其严重程度。不过最后，他告诉我，他的创作源泉已经枯竭，他别无选择，只能从这个他已经无从贡献的项目里退出了，直到这个时候，我才相信他说的是真的。[24]

雷离开豪斯曼的办公室就去休息了。再过十天，拉德就要去服役了，导演手头的剧本所剩无几，而他们的编剧却刚刚告诉制片人，自己再也编不出余下的内容了。如果说事情进行至此已经陷入绝境，那么公司高层的介入以及完全在帮倒忙的奖金，则是将这个项目变成了一班行将失事的列车。

　　雷没法完成剧本,至少有两个原因在作祟。首先,他只要在办公室就必喝酒,《双重赔偿》的整个改写过程便是如此。其次,茜茜的状况不太妙。她受伤的脚时常作痛,而且肺部感染开始反复发作,令她咳嗽不止,也令她显得更加羸弱。腿部打上绷带后,她没法走远,所以平日几乎都坐在两用沙发上,把脚高高地跷起。雷的出轨给她造成的心理创伤仍旧没有愈合。她活得不快乐。每一天,雷不得不丢下她去工作时,强烈的负疚感就变成他心头的重担。

　　然而,拜访过豪斯曼之后,奇迹发生了,雷冷静了下来,开始制定能够让他写完剧本的方案,与此同时,这也能减轻他对茜茜的愧疚感。他向豪斯曼解释道,酗酒多年之后,他已经有一段时间滴酒不沾了(他当然是在撒谎,但此时这个谎言能派上用场)。他宣告,虽然现在开始喝酒会影响他的健康,却能够实现他们所祷告之事,因为酒精总是能够为他提供能量。雷得出的结论是,完成剧本的最佳方案就是写作的时候将自己灌醉。当雷将方案和盘托出的时候,豪斯曼只有惊讶的份,不过雷已经将细节都仔细考虑过了,并说茜茜虽然并不情愿,却也支持他的方案。他不知用了什么办法让茜茜相信,为了完成剧本,为了维护荣誉,他非这么做不可。既然她把雷喊作她的"加利贝奥特",把他当作自己浪漫史中的游侠骑士,那么她也必然会明白,雷必须不惜一切代价守住他的诺言。雷交给了豪斯曼一张黄色的纸,上面写着他的需求:

　　一、两辆凯迪拉克豪华轿车,必须日日夜夜、时时刻刻在门口待命,司机要能够:

　　1. 请来(我的或茜茜的或两人的)医生;

　　2. 负责剧本在住处和公司之间的递送;

3. 送女仆去市场;

4. 应对临时状况和紧急状况。

二、六名秘书(三班倒,每班两人),必须随时在场待命,任何时候都要能够将他口述的内容记录下来,整理成打字稿,并应对其他紧急状况。

三、一条全天候畅通的电话线,白天接到我的办公室,晚上接到公司的电话总机。[25]

豪斯曼将这几条需求从头到尾读了一遍,却不知道该说些什么,于是出门散步,整理思路。他还去找了乔·西斯特罗姆,问他自己该怎么办。西斯特罗姆的建议是,如果这是能够让电影拍完的唯一办法,那么他就应该答应雷的方案,因为如果电影拍不完的话,他们就要大祸临头了。豪斯曼回到办公室,他要找回"在公立学校读书时才有的全部热情和团队精神"[26],告诉雷自己愿意接受这个方案。钱德勒显然对他的回答感到满意,建议一起出去吃午餐,他立马就在餐桌上喝了三杯双倍马丁尼,餐后还喝了三杯双倍史丁格,把自己灌得酩酊大醉。这顿饭是一场彻底的豪饮,豪斯曼肯定在想,自己刚刚到底答应了什么事情。制片人将雷送回家,豪车和秘书都已经到位,但他还是很担心,不知道接下来可能会发生什么状况。不过第二天,他再度上门,雷躺在客厅里不省人事,身边竟真有一摞打印整齐的稿纸,可以送到公司去了。

在接下来的八天里,雷一边喝酒一边写作;汽车在屋外待命,秘书则紧张地打字;时不时地会有医生上门,给他注射一剂"维他命"。最后的结果便是,剧本按时完成了,竟然还有几天剩余。不过,这样拼命的写法危害了他的健康,也耗尽了他的精神。他要花上一个多月的时间,身体才能恢复过来,至于精力和专注力,则要更多的时间才能够复原。即便如此,他还是以一种近乎英雄主义的方式守住了诺言,也许欧内斯特·海明威见了都要大为赞叹。对雷而言,牺牲是高尚的行为,而在为《蓝色大丽花》写剧本的过程中,他为电影牺牲了自己的清醒和节制,他相信自己因此展现出了极大的勇气。[27]雷当然希望这部电影的创作故事最后以这样的面貌被世人所知;而约翰·豪斯曼显然是个乐意帮忙的同谋,也因此写下了文章《失去的两星期》("Lost Fortnight")。然而有人认为,这整件事不过是为了让雷在家中工作而安排的计策。他完成剧本的速度之快,说明杀人犯的身份问题其实没有那么困难,雷有点夸大其词了。但这种说法忽略了派拉蒙公司自身极端的窘迫处境。他们只想让雷写完他的剧本,如果他的要求只是在家里工作,他们会非常乐意答应,根本不需要他弄出那么大的动静。

《蓝色大丽花》与雷的首部电影代表作《双重赔偿》不同,不仅因为其出色的品质,也因其艰难的诞生过程而载入了史册。它虽然是一部公认的优秀黑色电影作品,却并没有同《双重赔偿》《马耳他之鹰》或《长眠不醒》等电影争夺过这一类型的冠军宝座。从一开始,《蓝色大丽花》就被打上了鲜明的雷蒙德·钱德勒的烙印。在影片开头,当主要制作人员名单闪过之后,画面上出现的是一块巴士站牌,上面清楚地写着"好莱坞"三个字。电影的核心人物有三个:约翰尼·莫里森(由艾伦·拉德饰演)、乔治·科普兰[由休·博蒙特(Hugh Beaumont)饰演]和巴兹[由威廉·本迪克斯(William Bendix)饰演],他们都是美国海军的飞行员,正从太平洋战场休假归来。他们跌跌撞撞地从巴士上下来,被洛杉矶明媚的阳光晃晕了眼,立即到近旁的酒吧寻阴凉。然而,这趟归家之旅并不愉快:约翰尼和其他两人举杯敬过去而非未来,这就意味着比起家的不确定性,战争的确定性倒更令他们快乐。

约翰尼动身前往威尔希尔大道的小屋，他的妻子海伦[由秀色可餐的多利斯·道灵（Doris Dowling）饰演]正在开派对。谁也不曾料到约翰尼会突然回家，屋子里的气氛一下子就变了，其中感受最深的要数埃迪·哈伍德，他是蓝色大丽花夜总会的老板，也是海伦·莫里森的情夫，他脸上很快就挨了海伦丈夫狠狠一拳。客人离开后，屋子里只剩下海伦和约翰尼，不过事态进一步发展，原来忠贞并不是她唯一的谎言。她曾经谎称儿子吉米因病而逝，但实际上是因为她醉驾而死于车祸。短时间内，约翰尼的人生分崩离析了，有那么一瞬间，他想过要用配枪射杀海伦。不过他没有这么做，他放下了武器，转身奔入了潮湿的夜色里。可是第二天，女仆过来打扫房间的时候，发现海伦已经被人枪杀了。

这个时候，我们应当停下来，思考一下雷展现在观众眼前的这一幕。约翰尼离开战场，回到家中，这本该是一件值得开派对庆祝的事情，但是在雷的故事中，威尔希尔大道的屋子不是约翰尼的家，他从来没在那里住过，他闯入的这场派对也不是为他而举行。换句话说，事情本来的秩序被彻底颠倒，家的观念因为海伦·莫里斯而腐化了。这是一个相当具有钱德勒风格的情境。在他的小说中，马洛的家是个神圣不可侵犯的场所：当它被卡门·斯特恩伍德侵入时，马洛的反应非常暴烈，床单被他"撕成了碎片"。对于从战场归来的英雄来说，家也应当是神圣的庇护所，然而事与愿违，接下来故事的展开便围绕着约翰尼·莫里森对杀人犯的追查，也围绕着他对家以及一张可以歇息的床的追寻。

约翰尼头也不回地离开，因此遇到了埃迪的妻子乔伊丝·哈伍德，当时她驱车而过，看见约翰尼正驻足雨中，不过她并没有透露自己的身份。他们一同前往马利布，约翰尼正是在那里得知了妻子的死讯。一开始,他无意追查杀害她的凶手;他唯一关切的事情就是活命,他开始逃亡。

在这个故事里,真正想要破案的人是警察,而指导他们的人则是亨德里克森上尉,这在雷的创作中并不常见。另一个不太寻常的设定是,这支警察队伍里丝毫没有腐败的迹象,他们都是些正派、高效的执法者。在这部电影中,反倒是观众对整个事件有着最全面的把握,最有可能找出悬案的真凶。我们目睹了警察的行径,目睹了埃迪·哈伍德的行径,目睹了"老爸"内维尔的行径(一位年纪不小的保安,他总是在各类派对出没,兜售小道消息),最重要的是,我们目睹了约翰尼的飞行员战友巴兹的行径。在电影开场的时候,我们得知他的脑袋里有一块金属板,这使他的性情变得反复无常:他差点因一位陆军中士演奏的音乐太过嘈杂而将其暴打一顿。在整部电影中,音乐也始终代表着不和谐的元素,令巴兹头脑混沌,甚至昏厥。在海伦遇害的那天夜里,他虽然不清楚海伦的身份,却曾同她举杯饮酒,而这件事成了嫌疑的起点。不过巴兹并非当天夜里的唯一访客,埃迪·哈伍德也曾到访,于是观众只能自己猜测到底谁才是凶手。

约翰尼在发现真凶的过程中并没有起到核心的作用。他只是不小心摔碎了一个相框,意外地发现了可能具有关键作用的证据:埃迪·哈伍德并非其本名,而且他正遭到新泽西警察的通缉,罪名也是谋杀。这桩小事将他卷入了哈伍德的世界,导致他被绑架,不得不面对枪战,才从洛杉矶周边山区的藏匿地点脱身。

故事的结局来得突然且出人意表。在蓝色大丽花夜总会后台,两位嫌疑人狭路相逢,罪名似乎就要落到巴兹头上了。他是海伦生前见过的最后一个人,并且他只记得那天她演奏的音乐仿佛在敲打他的脑袋,令他恼火,除此之外就说不出别的了。但约翰尼不相信巴兹是凶手，虽然只是因为和巴兹是战友，没有更多的理由，而且他一反传统侦探故事的解谜手法，让巴兹自证清白。房间里的人越来越少，谁也搞不清楚凶手到底是谁，就在这个时候，亨德里克森上尉突然揭穿了真相，凶手实际上是"老爸"内维尔，而老人也立即认罪伏法。

我们在前面就已经说过，雷本来设定的杀人犯是巴兹，但是美国海军不允许他这么做。不过从许多方面来说，最后杀人犯另有其人其实是一件好事，因为关于他是凶手的线索埋得太深。如果是那些更熟悉雷的现代观众，知道雷会一边写剧本一边编造剧情，那么他大概会比20世纪40年代的观众更容易猜到真凶。不过从另一方面来说，这位"老爸"并不像他的名字所暗示的那样具有父亲的特点，他也不是一个令人满意的杀人犯：他在整个故事中过于边缘化，而他行凶的动机也太简单了。

不过这些考量对于雷来说都无关紧要。在他的小说中，故事氛围的营造和人物的塑造远比剧情和推理重要。尽管《蓝色大丽花》在氛围营造方面做足了功夫，台词也有不少闪光点，但是人物的刻画却是这部电影的扣分项。这不能怪雷，因为公司安排他戴着镣铐跳舞，为艾伦·拉德写一部他可以本色出演的电影。雷曾评价过这位演员，说他"强悍、苦涩，时而有魅力……但总体来说，他对于硬汉的理解还太过稚嫩"[28]，而这基本上便是雷需要为他刻画出来的角色。由于演员本身天资有限，雷也很难对约翰尼·莫里森做多少挖掘。约翰尼这个角色最具挑战性的表演有以下几处：首先是他妻子告诉他儿子是因她而死时的情景，其次是他发现朋友们竟怀疑他是杀害海伦的凶手。不过这些部分在电影中都太简单，如果放在雷的小说中，这些场景必然会更加丰满。

乔伊丝·哈伍德（由维罗妮卡·莱克饰演）则是个相当扁平的角

色。在《蓝色大丽花》中,她既不性感,也不魅惑,只是一个为其他角色带来慰藉的完美女人。在电影刚刚开始不久,埃迪·哈伍德的商业伙伴说女人"都是毒药。几乎没有例外……"此时镜头缓缓地对准了莱克的照片。后来,约翰尼对她说:"每一个男人都曾经在哪里见过你。而真正重要的是找到你。"我们能明显地看出来,雷并不打算借由她深入挖掘嫁给罪犯的女人,她只是个纯洁完美的女性,最恶劣的行径也不过是说几句无伤大雅的俏皮话。她身上没有任何特点能够引起观众的兴趣:没有性,没有过往,甚至没有现在。与维维安·里根和安妮·赖尔登相比,她是个彻底无趣的角色。雷也许意识到莱克本身有很大的局限性,所以没有在她饰演的角色上面发挥太多,甚至没有按照他小说的套路,将她设定成杀人凶手。他后来曾在信中评价过这位被他称作"笨蛋妮卡·莱克小姐"的女演员:

> 她只有在闭嘴的时候,才有那么一点点神秘感,还能够让人对她生出好感。可只要她自以为有脑子,开始表现起来的时候,她就会失败得很难看。好几幕场景都被她演砸了,害得我们不得不将它们剪掉。我还记得见过她三个糟糕的镜头,一脸不知所措的模样,害我差点把隔夜饭吐出来。[29]

雷的这番评价表明,他原先构思的角色可能更有内涵。后来,他也曾说她"演不了爱情戏",结果"浪费了很多镜头"[30],因此也就将这部电影的短板归咎于她。可是这么做并不公平,因为剧本也有许多可以加强的地方。

到最后,观众之所以记住这部电影,并不是因为它出色的影片质量,也不是因为编剧水准,而是因为它跟一桩残忍的谋杀案扯上了关系。1947年，一位名叫伊丽莎白·肖特（Elizabeth Short）的女性在洛杉矶遇害，被残忍地分尸，上身和下身被分成了两截。伊丽莎白像极了钱德勒小说中的配角。她时年二十二岁，有志成为一名演员。大众传媒疯狂地煽动这个可怖的故事，她被叫作"黑色大丽花"。她永远身着黑色衣服，头发也总是染成黑色，所以有可能是知情的当地人，又或者是犯罪新闻记者，将她同雷的电影扯上了关系。然而，这恐怖的谋杀最终竟成了一桩悬案，以各种形态流传于流行文化之中，包括詹姆斯·艾尔罗伊（James Ellroy）的同名小说。于是，在整个"黑色大丽花"叙事中，《蓝色大丽花》反倒成了一个注脚。

《蓝色大丽花》的创作过程一度令雷身体不适，也折损了茜茜的健康：在这个过程中，她得了流感，这毫无疑问令她本来就敏感的肺部情况越发恶化，也使得她只能卧病在床。厄尔·斯坦利·加德纳向雷提议，让他和茜茜住到自己位于里弗赛德市蒂梅丘拉的一座农场上去，而雷的回信处处透露着谨慎。他坦言自己已经变成"彻底的神经过敏者"[31]：

> 我觉得无论是我太太还是我自己，都没法远足也没法骑马。她的脚去年才动过手术，目前还很脆弱。我们都不会骑马。我自己已经变成彻底的神经过敏者，理论上能走几英里路，但估计做不到你所谓的远足。我们还没有相应的装备。我们只希望能够在差不多中午的时候，到你那边坐坐，跟你聊上几个小时。我们在里弗赛德市有些生意要做，正考虑要去米逊旅馆暂住，然后上午驱车到蒂梅丘拉。[32]

这是雷最难堪的一段时光。工作耗尽了他的精力，他显然迫切需要休息,但又不愿意承认这一点,于是就假托自己有生意要做,如此这般去见朋友,也就不会显得太过狼狈和衰弱。

在电影行业之外,整个世界正朝着光明的方向发展。在雷写作《蓝色大丽花》剧本,以及电影同步拍摄的过程中,欧洲的战事有了就要结束的明确迹象。这让雷大大地松了一口气。美国在欧洲和亚洲的战争中都付出了惨重的代价:它的士兵战死在异国他乡,而配给制度也让国内的生活异常艰难。雷始终关心国外的情况,战争的消息会令他分心,也会令他沮丧。为了支持伦敦的朋友,他定期给他们邮寄食物。哈米什·汉密尔顿及其太太就常常收到雷慷慨的救助;他的导师 H. F. 霍西也在此列。停战的消息从雷的肩头卸下了一副沉甸甸的担了。

如今,多条战线都卸下了重担,这趟里弗赛德之旅对雷产生了某些正面的影响,因为回来之后,他又接下一部新剧。他认为,这一部会和《蓝色大丽花》完全不同,因为这部戏将在《湖底女人》的基础上进行改编。这部小说的电影版权属于他们的竞争对手米高梅电影公司,当米高梅询问派拉蒙可不可以请雷来担任编剧时,派拉蒙没有反对。不同公司之间人才互借的情况时有发生,然而雷只写过几部剧本,米高梅公司竟然希望借调他,这有点不同寻常。他本身就是小说的作者,这肯定是其中一个因素,但这件事也说明,他在编剧行业已经积累了一定名望。在那个年代,电影行业还太过年轻,行业里没有多少一开始就专注于剧本创作的人才,不得不四处搜罗诗人、记者和小说家。雷有一项特别的天赋:他写的对话被表演出来后都显得自然而有说服力。这一天分不是每个人都有的。即便是受人敬重的伟大作家,比如说威廉·福克纳,也会写出演员根本无法表演的对话。[33]

雷搬到了撒尔伯格大厦四楼的一间办公室,他后来将这座装饰艺术风格的白色建筑唤作"那座冰冷的储藏库"[34]。与他对接的制片人是乔治·海特(George Haight),此人后来还为电视剧《阿达一家人》(*The Addams Family*)写过剧本。在雷看来,他是个"不错的家伙"[35],于是雷也就沉下心来,改写《湖底女人》的第一稿剧本。他很快就发现,自己在米高梅公司的影响力无法与他在派拉蒙公司的影响力同日而语。在派拉蒙,他在办公室里工作的时候,可以坐在或躺在沙发上,对着录音机口述剧本,然而米高梅公司的高层对沙发的观念嗤之以鼻,认为躺着的作家根本就不是在写作,而是在睡觉。雷已经习惯了自己的工作方式,于是从汽车里搬出一块垫子,躺在垫子上工作。制片人拜访雷的工作室时,发现这位明星编剧竟然躺在一块野餐垫上,于是立即将楼下的剧本编辑喊来,并且(据雷所说)"大声嚷嚷,说我是一位躺着写作的作家,看在上帝的分上,赶紧送张沙发上来"[36]。雷想必被编剧同事们视作怪人,毕竟大家都用不着沙发,而且这些人很可能对这个初来乍到的人产生了嫉妒心。他说他的同事们组成了"小团体",从他的用词中我们能够体会到,被小团体排除在外肯定让他有些寂寞。在派拉蒙,他是团体的一员,可是在米高梅,他又一次成了局外人,而他的年龄以及他的羞赧(会被人当作自命清高)也会让新同事进一步疏远他。他询问自己能否在家工作时,被告知公司总经理埃德加·J.曼尼克斯(Edgar J. Mannix)曾规定,任何编剧都不得享有这样的特权。雷声称自己无视这项规定,径直离开了办公场所。多年以后,他在一封信中写道,"像曼尼克斯这样位高权重的人,总该有人出面让他改弦更张"[37],不过这样的行为也太潇洒了,所以可信度并不高。

到最后,雷在米高梅的工作进行得并不顺利。从夏末直到秋初,他一直在努力坚持,但最后还是放弃了。《蓝色大丽花》给他带来的快乐部分在于,依据其剧本拍摄出来的电影基本上跟他的设想相符。在

米高梅公司,雷的自由度虽然稍小一些,但也基本上遵循相近的工作模式:

> 我发现,当我开始(将《湖底女人》的剧本)寄给他们的时候,他们已然把它当作分镜剧本(后一道工序直接就是剪辑了),没打算再让其他编剧对其进行修改……[38]

不过这一次,雷的工作内容与之前大相径庭,他所涉足的是他熟悉的自家作品,他对此感到厌倦。在写给詹姆斯·桑德的信中,他将改编自家作品的整个过程比作"翻找枯骨"[39]。编剧通常会在小说的改编过程中遇到诸多难题,可是雷发现自己既没有精力也没有欲望去解决这些难题,"过去的每一天,我的工作都变得愈发机械化"[40]。尽管米高梅公司给予他很高的权重,使他能够极大地影响最终的电影,但他只能以这样机械的方式将工作推进下去,所以他向公司提议,再找一位更有热情和活力的编剧来解决剧本里的问题。米高梅拒绝了雷的请求。他知道自己写出来的东西还远远达不到电影拍摄的要求:

> 等到他们把我榨干之后,制片人的上级领导一定会说,给我听着,我们公司花大价钱雇了这么多作家。看在上帝的分上,安排一个给我把这活干了,拿了这么多钱,活总得干吧。这位作家就会按照他们的意思,费尽心思、大刀阔斧地修改剧本,将他个人的印记加入剧本当中,然后留下自己的名字。我倒不在乎什么名不名的,我只是很厌恶这样浪费我日渐衰减的精力。[41]

乔治·海特对第一稿不太满意,按照雷的说法,他的评价是"糟糕"[42]。米高梅也无法理解,雷为什么生造出书中没有的剧情,他们只想要一个剧情接近的改编版本,并不理解雷想要尝试新鲜挑战的意图。他告诉查尔斯·莫顿,他"已经受够了,再也没法好好改编任何剧本了"[43],最后在进入项目十三个星期后退出了。这一结果大概是米高梅和雷双方都乐于见到的。

最后,剧本工作由米高梅内部的编剧史蒂夫·费希尔(Steve Fisher)完成了,后来他还在20世纪70年代写过一部名叫《警界双雄》(*Starsky & Hutch*)的电影。《湖底女人》由罗伯特·蒙哥马利(Robert Montgomery)执导并主演。不寻常的是,影片从菲利普·马洛的第一视角拍摄,试图捕捉小说中第一人称叙事的感觉。雷看过之后并不为其所动:

> 《湖底女人》的取景技法在好莱坞已经是老一套了。每个年轻的编剧或导演都想过要尝试一番;而鲍勃·蒙哥马利恰巧借职务之便,让整个剧组依照此法拍摄……"我们来把摄像机当作一个角色吧";时不时地,总会在好莱坞的餐桌上冒出这种话。我还认识一个家伙,试图把谋杀犯的角色安排给摄像机;可是这要用上大量的欺骗技法才行。镜头太过诚实了。[44]

到最后,雷拒绝将自己的名字放在演职人员名单里,他还在1945年11月寄给詹姆斯·桑德的明信片上谈及了一些使得他不能再同米高梅公司合作的法律问题。我们并不清楚到底发生了什么,但根据弗兰克·格鲁伯在自传《通俗丛林》(*Pulp Jungle*)中的记载,雷和史蒂夫·费希尔闹了矛盾,向电影编剧协会寻求仲裁,以费希尔获胜告终。[45]无论是这部电影,还是雷自身都给他带来了挫败感,而仲裁一事无异于雪上加霜,进一步消耗了他的精力。虽然他个人遭受了磨难,电影却赚到了钱,而且令他在好莱坞名气更盛。无论是后来被统称为黑色电影的各色影片,还是与其中许多杰作挂钩的雷蒙德·钱德勒,都一下子变得热门了。

逃离米高梅后,雷觉得是时候休息一阵了,于是带着茜茜去了他们最爱的度假地大熊湖畔,在那里享受了他们急需的清静。雷仍旧在化解米高梅公司的经历带来的后遗症:

> 我去了大熊湖畔,想从满身疲惫的状态中恢复,像你这样不知疲倦的人,恐怕永远也理解不了我的体会。我刚用了十三周给米高梅写了部剧本,我憎恨里面的每一个字,而最糟糕的是,它竟然改编自我的故事。我已经彻底沦陷。现在我还读得进去的也就只有佩里·梅森①的故事。[46]

大熊湖畔的空气稀薄且干燥,有利于茜茜肺部的康复,气温也足够温暖,他们只生过一次火。[47]除了劈柴以外,这里几乎无事可做,所以到最后,雷总算是从他沦陷进去的洞穴中爬了出来。而且他产生了创作小说的冲动,在大熊湖畔这也不是头一遭了。也许他重拾了过去放弃的草稿,也许他已经静静地写了一年。到 11 月回洛杉矶的时候,他正在规律地写作,并且乐在其中:

> 我正努力完成一部马洛故事。在给那些混蛋写了那么多电

---

① 佩里·梅森是厄尔·斯坦利·加德纳系列小说《梅森探案集》的主角,此信的收信人正是加德纳。

影对白后，我又爱上了纯粹的文字，剧情大概已经被我忘到九霄云外了……[48]

这部小说就是《小妹妹》(*The Little Sister*)。

当他在山间度假的时候，《大西洋》登载了《好莱坞作家》，这篇稿子大概是查尔斯·莫顿在年初的时候跟雷约到的。[49]确切的写作时间如今已不甚明了。1945 年，雷对于电影行业的观点逐渐改变，这篇文章记录了他在派拉蒙和米高梅所受的许多委屈。他用这篇文章表达了失望之情：

> 除了最上乘的戏剧外，这门艺术可以让其他一切都显得琐碎而造作，除了最上乘的小说外，它能够让其他一切都显得啰唆而缺乏原创性。比起钱财，有些艺术家更关注其他方面，这门艺术不应该沦落到很快就让他们感到疲乏的地步。

雷发自真心地呼吁把电影当作艺术而不只是产业来对待，我们丝毫都不感到意外，因为他虽然经验不多，却相信电影艺术的力量。雷始终都努力理解自己所运用的形式，比方说，他会不断地重写短篇小说，令它们契合通俗杂志，在电影行业，他也始终坚持这种做法。从与比利·怀尔德共用办公室，到在派拉蒙拥有独立办公室，他始终努力把握这种媒介，并由此产生了有悖行业常识的观点："电影的根本艺术是剧本，它是电影之根，没有剧本，电影就无从谈起。"[50]这在某种程度上是雷个人的向往，在他想象出来的这个单纯的时代里，作家是至高无上的。可是好莱坞并非如此，在创作《蓝色大丽花》和《湖底女人》的剧本时，雷已经对银幕上的内容实现了最大限度的掌控，但它们同样证明雷的向往并没有实现的可能。他和同时代的编剧是历史上最后一批因为文学成就而被好莱坞招兵买马的作家，然而在电影公司的体制之下，他们无法成为真正的作家。这是由制片人在上、编剧在下的权力结构所导致的。如果说电影制作全凭公司意志所摆布，那么编剧就算有天资又有什么用呢？正如雷所言："这一体制的本质在于，一面不允许人才存在，一面对人才进行剥削利用。"[51]

公司高层和制片人似乎具有一种共识：但凡从行业之外引入的作家，必须接受好莱坞的再教育，将他们借以获得这份工作的天资的棱角都磨平。就算不把编剧工作当成一门艺术也远远不够，剧本更多是由委员会集体创作而成的。人物、剧情和情境均由剧本讨论会讨论得出，而且此类会议往往不会将剧本改得更丰富、更优秀，而倾向于减少高潮的激烈程度，用陈芝麻烂谷子的套路替换充满新意的事物。电影公司的编剧基本上都是受压迫者，他们只能通过接手的剧本为职业生涯打拼，然而由于他们与电影公司的合同，编剧"只能在狭小的范围内施展拳脚"[52]：

> 谁也没法保证他最好的台词、最棒的创意和最妙的场景不会遭到修改，或在片场被导演所忽略，或者在后期剪辑中被弃置一旁——其中最简单也最本质的原因在于，一部电影中艺术成就最高的内容永远是技术上最容易剔除的部分。[53]

在谈及自己的好莱坞生涯时，雷对于个别对象的批评力度把握得很谨慎。他小心翼翼地说，他个人的经历并不能为某些批评制片人的严厉言论提供佐证，这很可能是为了给自己留一条后路，也许哪一天他还要回好莱坞呢。所以文章的结语倒也没有那么悲观：

　　腐朽的体制兴许是权宜之计，也许有一天会被淘汰，而那些自命不凡的公司高层会明白，只有作家才能够写出剧本，只有自豪、独立的作家才能够写出好剧本……[54]

　　然而，想要实现这一前景，作家就必须变得更为强大，更为强悍，更为自豪：

　　我们也怀抱着一种强烈而美妙的希望，有一天好莱坞作家会自己……意识到，在编剧这一行，半路出家的作家跟外行可没活路，他们的问题总是需要别人出面解决。[55]

　　这一呼喊深具钱德勒的风格，他呼吁作家重新找回他们的荣耀——要为自己的事业感到自豪，要做堂堂正正的作家，而不是杂耍艺人。在一篇整体而言平平无奇的文章中，这样的结尾有些不同寻常。雷并非向其同行和好莱坞发出此类檄文的第一人，但他大概是第一个告诉他们为了成功，必须"拿出点男人的样子"的人。

　　不过令雷感到失望的是，好莱坞对于这篇文章的回应是"冰一样的沉默"[56]。他的经纪人说，这篇文章伤及了他和派拉蒙制片人的关系，而查尔斯·布拉克特据说曾放话："钱德勒的小说还没有好到够格写这种文章，他的电影也没有坏到让他有这个资格。"[57]雷在一封长信里，将这些话一股脑儿倾倒在《大西洋》的编辑面前，并予以回应："如果我小说写得不好，我就不可能被邀请到好莱坞，如果他们能把电影拍好，那就根本用不着邀请我来。"[58]他对最终发表的文章也颇有微词，抗议助理编辑对他用词顺序的改动。在他的抗议中，我们可以很容易地发现，雷很容易嫌弃别人，我们也能从中看出，当他认为别人的文学

地位不及他时,他会以怎样的态度待人:

> 很明显,某人想必自认为能够以此润色我的文字,才修改了用词的顺序,而整个句子长度依旧。我必须坦白地说,这种做法透露出来的文学姿态令我目瞪口呆。我也正是被他的姿态所惹恼,编辑部随便什么雇员竟然以为自己可以比撰稿人写得更好,他竟然自以为对措辞、韵律和用词更有洞见……[59]

雷远远不是作者中对助理编辑发动攻击的第一人,不过我们也应当回想起,他只是偶尔给这份杂志撰稿,所以即便他是编辑的好友,从现实的角度出发,他也不能指望助理编辑像他一样对措辞谨慎。这倒也不是说,他无权对这一结果感到愤慨,我只是提请读者注意他时而展现出来的自负心态。他并不总能在自尊和傲慢之间保持恰当的平衡,随着年岁渐长和酗酒,他恐怕更难做到这点了。

1944年,霍华德·霍克斯(Howard Hawks)开始筹备《长眠不醒》的电影版。亨弗莱·鲍嘉和劳伦·白考尔(Lauren Bacall)将担任主演,这两位演员也才刚刚结束霍克斯上一部电影《逃亡》(*To Have and Have Not*)的拍摄工作。霍华德·霍克斯并非电影公司出身的导演,他独立作业,然后将创意卖给电影公司,是更为现代的独立制片人体系的先驱。他买下了《长眠不醒》的电影翻拍权,并将这个项目卖给了华纳兄弟公司。华纳兄弟也看出了这些冷峻、阴暗的犯罪故事的投资价值。他们邀请了一位年轻小说家利·布拉克特(Leigh Brackett)与威廉·福克纳共同创作剧本。霍克斯第一次发现布拉克特的时候,被她的小说处女作所惊艳,还以为作品出自一位男性之手。她的这段经历像极了雷受邀创作《双重赔偿》剧本的经历,而她在编剧行业的牛刀初试也同样大放异彩。

她的合作对象，南方小说家威廉·福克纳，则是个问题重重之人。他和雷一样耽于酒精，也因此陷入了困难的处境。对他来说，写剧本完全就是为了赚外快，他对待这份工作远远没有自己写小说时那么严肃。

布拉克特和福克纳的合作始于 1944 年 8 月，一直持续到 11 月才结束，虽然有传言说，他们只花了八天时间就拿出了剧本初稿。[60] 不过，霍克斯很可能在拿到终稿之前就开始拍摄了。他不乐意照本宣科，更喜欢通过边拍边改和即兴表演，为影片增添一些趣味：

> 霍克斯拍电影的时候多少有些随性，他会用粗略的剧本拿捏场景，然后一边拍摄一边改写。[61]

后来，霍克斯邀请了从记者转行做编剧的朱尔斯·福瑟曼（Jules Furthman）来担任他的片场编剧，对场景做必要的补充和改写。从 1944 年底到 1945 年初，雷似乎多次密切关注过剧本：他就这一剧本跟霍克斯谈了好多次，所以要不是派拉蒙的合同禁止他插手，他很有可能会亲自动手修改剧本。他对剧本提出的洞见偶尔会给霍克斯帮上忙，但也并非总是如此。霍克斯曾经问过福克纳、布拉克特和福瑟曼，到底是谁杀害了欧文·泰勒，他们谁也答不上来，于是他只好去问雷。结果雷自己也不知道。约翰·萨瑟兰（John Sutherland）在文章《谁杀害了欧文·泰勒》（"Who Killed Owen Taylor"）中猜想，雷这么回答实际上是在戏弄福克纳，他对于杀害司机的真凶实则有着绝妙的想法。尽管萨瑟兰的这番猜想有一定道理，但是我们找不出任何证据证明雷对威廉·福克纳有嫌恶之情，也看不出他对这部电影的编剧有任何怨恨之心。[62]雷似乎从头到尾都很配合他们的工作。

出于各种缘由,这部电影的情况变得相当复杂。首先,鲍嘉原本酗酒成性,并且婚姻问题重重,他在《逃亡》中与白考尔相识之后,两人陷入了一段热烈的婚外恋。第二个因素是战争,它正要走向终点,各家电影公司仍然有大量的战争影片正在制作或等待上映,这些电影的前景都岌岌可危。为了赶在世界和平到来之前,最大限度地榨取这些影片的价值,各家公司开始推迟上映其他类型的影片。这就意味着,《长眠不醒》要到1946年才会在美国上映。一些位于太平洋上的影院(军事基地和前哨)播放过某个早期版本,只有一些试映观众看过这部影片。

总体而言,雷对这部影片和亨弗莱·鲍嘉充满了溢美之词:

> 如果你看了《长眠不醒》(无论如何要看完前半部分),你会发现具备氛围营造的天资和必不可少的隐约施虐狂格调的导演可以在这类故事上化腐朽为神奇。当然了,鲍嘉也比其他所有硬汉演员更优秀,令拉德和鲍威尔相形见绌。今天我就把话放这儿了,鲍嘉就算手上没枪也是个硬汉。[63]

但他继续说道:

> 扮演古灵精怪的妹妹的那个女孩(玛莎·威克斯)太出色了,光芒完全盖过了白考尔小姐。结果他们就将她的场景剪了个精光,最后只剩下一场。这样处理过后影片就失去了意义,所以霍华德·霍克斯威胁要状告华纳兄弟公司,不允许他们上映这部影片。漫长的谈判之后,我听说他又重拍了很多镜头。[64]

然而除此之外，我们并没有找到任何霍克斯因为这部电影要状告华纳兄弟的证据，不过这番话中确实有个别方面听起来很可信。这部电影确实一度返工，雷也参与其中，并与霍克斯商议出一个新的结局。在新的结局里，马洛和卡门困在了盖格的屋子里，埃迪·马尔斯及其同伙则守在屋外；马洛明白，如果他把卡门推出去，她会被开枪打死，反正她也是个杀人凶手，而他则有机会逃出生天；可是他无法面对这一抉择。在经历了内心挣扎，念诵过祈祷词，抛过硬币之后，他让卡门出去，迎接死亡。

> 她正要离开。在最后的一瞬间，当她握住门把手的时候，马洛心软了，让她不要走。她一脸嘲弄地笑对着他，用枪指着他的脑袋。然后她将门推开一两英寸，你看得出来，她要对着外面开枪，此情此景似乎令她彻底地感到快乐。就在这一瞬间，一轮机关枪的火力穿透了门板，将她打成了筛子……[65]

这一场景并没有被电影所采纳，不过它仍旧改头换面出现在电影中，只是最终目标变成了消灭埃迪·马尔斯。如果将上述桥段纳入电影剧情之中，将会更改这部电影的基调。在霍克斯手中，它是维维安和马洛之间的爱情故事，幽默和硬汉元素更多只是点缀。雷提供的这个结局，将会让电影往原版小说的方向迈出一大步。维维安和马洛与其说是恋人，倒不如说是不断拌嘴的搭档，这将有损最终版本的重重迷雾和浪漫气氛。

电影版《长眠不醒》和原版小说都经历了时间的考验，成了各自体裁中的经典作品。1946 年，电影上映后取得的成功也进一步增加了雷蒙德·钱德勒这个名字的含金量。

1943 年至 1945 年对于雷而言是一段重要的岁月。在这一时期，他踏足好莱坞，这也是他有生以来第一次真正发家致富。即便如此，这些成就却没法令他快乐。他重度酗酒，至少出轨过一次，婚姻也不如 30 年代的黄金岁月那么稳固了。他也开始明白，这辈子都走不出犯罪题材了，尽管这件事令他感到郁闷，却也不无助益。1945 年接近尾声时，他再也不婆婆妈妈地怀疑，觉得自己应该写出更有"价值"的作品，而是这么多年来第一次感到可以全身心地投入眼前的任务。雷正要进入他小说家生涯最为丰产的时期。

第十二章

"通俗艺术的局限"

1946 年,雷蒙德·钱德勒处于宿醉的状态。过去的一年里,他受到好莱坞的百般折磨。虽然这段经历教会了他许多,但他体会最深的却是对好莱坞的憎恶。

雷因为《蓝色大丽花》和《湖底女人》的剧本写作而心力交瘁。中途从《湖底女人》中退出后,他本该因为合同的关系,回到雇主派拉蒙那里,再写两部剧本,但倔强任性如他,自然不会乖乖地合作。在他看来,接下来的工作只会给他带来不愉快,于是他表态不再去上班了。雷希望他们要么悄无声息地将他解雇,要么重新同他协商。这位有天赋却不易合作的编剧本来有《蓝色大丽花》的制片人约翰·豪斯曼帮他说话,然而这位盟友也在差不多同一时期离开了派拉蒙公司。雷失去这位代言人后,公司便可以随便怎么对付他了,先是停了他的职,接着又收回了他的秘书和办公室。这本来就是雷想要的结果,所以他也不以为意。雷向对方明确了自己的意图,希望能够将合同一笔勾销,却遭到了公司的拒绝。他们如此不情愿放他走,其中的道理再清楚不过。他们已然在他身上投入了大量时间和金钱,却没有得到多少影片作为回报。确实,他担任编剧的电影在业内获得了好评,但票房没有因此取得足够令人满意的成绩:公司希望他们的投资能够带来更大的回报。

至于雷,他也不想彻底断了自己在电影行业的退路:

> 我想要的东西和别人不一样。我不想被截稿日期束缚,也不想承受非自然的压力。我希望拥有的是和好莱坞中少数有识之士合作的权利,他们的目标是在这门通俗艺术的局限下做出最好的电影,而非仅仅重复前人陈旧粗鄙的套路。[1]

换言之,他希望写剧本能够像写小说一样自由自在。大体上来说,这便是好莱坞发展到现在所形成的工作模式:单个项目由相对自由的团队协作完成。可是在 1946 年,电影公司的合同体制仍旧强大。编剧不过是公司职工队伍的一员,同木匠、电工和摄像师没什么两样,而公司对他们的期望也如出一辙,要求他们每天上午 10 点准时上班,然后干整整一天的活才可以回家。

雷很严肃地考虑过,如果他在派拉蒙待太久,会给自己带来怎样的变化。在文章《好莱坞作家》中,他笔下的电影公司体制往往会磨灭天赋而非培养天赋。1946 年 1 月,他在寄给哈米什·汉密尔顿的信中写道:

> 我只剩下为数不多的几年可供使用了,我不希望自己的天分在这几年过完之后就磨灭殆尽。[2]

雷当时才五十八岁,我们可以说雷的这番话有点夸张,不过他也许很清楚,常年酗酒的恶习可能会缩短他的寿命。此时的他仍旧是个雄心勃勃的作家,依然希望在文学领域取得新的成就,也尚未放弃自己最初在 1939 年做出的规划。

雷在表明立场后,请他在好莱坞的经纪人 H. N. 斯旺森帮他处理这一状况。然而这位"斯旺尼"却不怎么帮得上忙,原因主要在于其客户突如其来的单边行动令他不知所措。雷对此孤立无援的处境感到失望,他在信中写道,"我在好莱坞的经纪人,无论人有多好,也不过是个夏日军人①罢了"[3],并将相关事宜交给其文学代理人西德尼·桑德斯。桑德斯态度强硬,写信同编剧部主任理查德·米兰(Richard Mealand)交涉。米兰被这封信吓了一跳,不敢把它呈交给公司的制片主管,于是这一问题就这么拖延下去。派拉蒙吃亏之后,也开始强硬起来,拿雷曾经离开公司去外面写自己的小说这件事作为话柄,毕竟从原则上来说,雷的这一行为有悖合同的约定。就实际情况而言,事态发展并没有干扰到《小妹妹》的创作,不过雷也确实不得不暂且放下脑海里正在酝酿的所有电影项目。雷对合同事宜一点都不陌生,他明白公司提出的惩罚条款很难落实,不过他同样明白,如果公司强行要打官司,也可以把这桩案子拖到冗长且昂贵的地步。

雷与派拉蒙公司的纠纷并非秘密,双方对峙期间这件事想必早已传遍业内。尽管雷表示自己暂时不会接任何编剧工作,但是各式各样的项目仍然源源不断地向他涌来。一位独立制片人曾找到雷,请他出面为"今年宣传力度最大的电影之一"[4]写剧本。雷觉得自己遭到了侮辱:

> 我也许有种种缺点,但还有荣誉感。我也许会跟人争执,但至少会把问题的焦点清清楚楚地摆在台面上。我绝对愿意让他

---

① 夏日军人和晴天爱国者(the summer soldier and the sunshine patriot),语出托马斯·潘恩的《常识》,指那些只会在获胜概率很大、前途一片光明的时候为国家效力的人。

们查查我的衣袖,看看我有没有出老千。不过,我觉得他们并不想检查。因为如果发现我衣袖空空,他们肯定会吓个半死。他们不喜欢跟诚实的人打交道。[5]

对雷来说,这是好莱坞的核心问题:这个行业没有荣誉可言,信任在这里简直闻所未闻。雷自认为是个说话算数的人,所以在他看来,合同是种让人压抑而不必要的事物。他曾经在信中坦言:"一旦以任何形式被捆绑起来,我就没法像自由人那样行事。"[6]可是派拉蒙公司太过庞大了,它根本信不过君子协定,必须落实到白纸黑字的合同上。

雷与派拉蒙的纠纷在1946年的上半年持续不断。公司为了同他和解,不停地发来工作邀请,甚至做出让步,允许他自编自导。但是就算当了导演,他也难免被制片人掣肘,无法自由自在地执导和编剧。3月,他想过要对簿公堂,但因费用太高而作罢。4月,雷和他的律师以及文学代理人开始寻求折中方案:

> (我们)实际上已经取得了不小的胜利,不过电影公司的法务部门也可以把事情包装成仿佛公司才是真正的赢家。他们为了保住面子,自然不得不这么做。[7]

我们并不知道折中方案的细节,不过最后的结果是,雷又回到公司参与编剧工作了。他想要负责的是《无辜的杜夫太太》(*The Innocent Mrs Duff*)的电影改编工作,这部作品出自伊丽莎白·桑克茜·霍尔丁(Elizabeth Sanxay Holding),这是雷愿意反复阅读其作品的少数几位悬疑小说家之一(雷很少给出这般严肃的褒奖)。[8]一开始,雷顺利地推进着改编工作,将这部以能力高超的酒鬼为主角的小说改写成剧本,不过也许是命中注定吧,工作进行到某个阶段又戛然而止了。尽管这个项目完全是雷自己选的,他还是因为同制片人相处不来,没法将工作继续下去,而且他们的关系迅速恶化。在应当使用角色名的地方,这位制片人总是习惯性地使用演员的名字,这一点尤其令雷恼怒。在剧本的改编速度放缓后,制片主管又找来了一位编辑,试图为项目加速,这当然是给雷的不满情绪火上浇油。整个夏天,这个项目就这样拖拖拉拉地过去了,而雷全无妥协的意思。他依旧慢慢地写,拖到了合同过期的时候。也许他是故意的,时间到了合同自然也就终止了,但他也坚持认为这部电影的失败完全是制片人的责任:

> 如果派拉蒙的高层脑袋灵光的话,他们应该按照我的意思来改编《杜夫太太》的剧本,而不应该放任这位制片人,任由他的想法、野心,以及掌控和主导项目的欲望来干涉我的工作。通过这样的方法,他们也许能够在短时间内拿到作品,也能随时跟进项目进度……但是他们并不明白,想要从我这里得到作品,就必须按照我的方式创作。他们以为能够一面拿到作品,一面控制我的一举一动和创意火花。这种事情根本就不可能。[9]

1946 年上半年,雷一面同派拉蒙纠缠不清,一面缓慢地创作长篇新作。它仍然是一部侦探马洛系列小说,最终书名将定为《小妹妹》。不过,在 1946 年 1 月的时候,雷无法为它构想出任何具体的形态。此时的他刚刚从电影版《长眠不醒》中抽身,还在为剧本改编的事情愤愤不平,更何况,他对自己不得不倚仗菲利普·马洛而感到乏味,可是又丢不下这一角色:

（在这部小说上，）我有点陷入泥潭了。出于实际需要，有很多理由都逼着我要让这个角色继续活下去，比方说，这也是为了一部终将羽翼丰满的广播剧。[10]

伟大的小说绝不会诞生于实际需要。雷开始担心自己将逐渐对犯罪小说失去热情，而他也突然发现，那些曾经给他早期小说注入力量的元素，在他最近的这部手稿中基本上已遍寻不得了：

> 我猜想，哺育出这些故事的品质是某种控制良好的半诗意情绪。我曾有过哺育血腥和悬疑故事的品质，如今却似乎丧失了。[11]

雷尽管已经接受了现实，明白自己已然和菲利普·马洛绑在一起，但仍然不停地在脑海里摸索新的构思，为他的犯罪小说寻找新的可能性。在 1946 年寄给阿尔弗雷德·克诺夫的一封信中，他想出了一个点子：

> 我从好莱坞学到了很多。请不要认为我对它只有彻底的鄙夷，因为这并非我真正的态度……不过就像他们说过的那样，电影行业从业者从整体上来说是个堕落的群体，他们的理想主义大体上是在弄虚作假。那种矫揉造作，伪装出来的热情，习以为常的酗酒嫖妓，为了金钱而不断进行的争吵，无孔不入的经纪人，权威人物（他们通常极其无能，干啥啥不行）的大摇大摆，总是害怕荣华富贵会一夜间消失而自己变得一无是处（其实他们始终都一无是处），各色卑鄙的伎俩，这个圈子真的是充斥着各种肮脏的东西。对于小说而言，这无疑是个绝妙的题材，也许在至今尚无人

涉足的题材中,就数它最棒。[12]

在此之前,雷已经有很长一段时间没提过自己想出的新创意了。电影产业将在《小妹妹》中占据舞台中央的位置,而这部小说的核心结构有可能正是在这一瞬间落地生根。在另一封信中,他谈到了派拉蒙的管理:

> 如今控制这家公司的人,他对电影制作的态度大概是,如果你拥有 1600 家影院,那么你要做的就是尽可能迅速、实惠地将电影炮制出来。[13]

这封信中谈及的老板后来成了《小妹妹》中的人物,一位名叫朱尔斯·奥本海默的电影公司老板:

> "你只要拥有 1500 家影院就高枕无忧了。这可比培育纯种的拳师犬要容易多了。在这个世界上,电影行业是唯一一个你犯了种种错误,却依然能够赚到钱的行当。"

雷曾提及,"我当下的努力……是将一部盛大的讽刺寓言乔装打扮成一部悬疑谋杀小说"[14],这大体上总结了《小妹妹》的部分基调,总结了其中对好莱坞经历的厌弃。尽管钱德勒明白,这又是一部菲利普·马洛小说,但他显然也开始考虑为新作引入更为深刻、更为丰富的内容。雷一直想要跨越悬疑小说的藩篱,写出更高层次的作品,而这将是他实现这一抱负的首轮尝试。

1946 年 1 月至 3 月,他在"创作马洛故事的道路上进展顺利"[15]。

他被这一前期进展所鼓舞,很快就致信哈米什·汉密尔顿,告诉他这部小说在夏天结束前就能写完。可是,当他和茜茜双双罹患流感而病倒时,这一节奏被打断了。茜茜的肺部本来就很脆弱,这一次她更是遭了不少罪,雷也担心她的状况。他一边自己遭罪,一边要担心太太,还要处理和派拉蒙的纠纷,于是小说的写作进度在夏天逐渐放缓,到最后,《小妹妹》几乎陷入休眠。夏天结束的时候,这部作品虽然有了大体的形态,却还没有任何足以示人的干货。也许就像他从前做过的那样,雷毁掉了早期手稿,又或许始终没有从规划阶段进入实施阶段。

在他与派拉蒙公司的矛盾渐渐平息后,他的经纪人开始思考接下来该为他联系什么样的工作,斯旺森希望给他揽到工作,于是安排他与塞缪尔·戈尔德温(Samuel Goldwyn)见面。戈尔德温不隶属于好莱坞的任何大公司,当他名下的戈尔德温电影公司与其他公司合并成米高梅之后,他同大卫·O. 塞尔兹尼克①一样,开了一间塞缪尔·戈尔德温工作室,以独立制片人的身份运作电影。也许斯旺森认为戈尔德温的独立影人身份会契合雷的工作方式。戈尔德温很积极地想要会一会钱德勒,这也说明雷在好莱坞已经具有了极高的声望,甚至他难以合作和酗酒成性的差劲口碑都不能阻挡别人与他共事的意愿。雷得知对方想要同自己会面的消息,心里非常受用,但他并不相信此人会契合自己的工作方式,所以他在与戈尔德温会面之前,心里就已经抵触合作的提议了:

> 我猜想在这个尘世里,每个人都应该见见塞缪尔·戈尔德

---

① 大卫·O. 塞尔兹尼克(David O. Selznick,1902—1965),美国电影业巨擘,《乱世佳人》编剧,连续两年夺得奥斯卡最佳影片奖。

温。我听说每次他拍完电影都自我感觉良好。但整件事都要建立在我为他工作的基础上，而我不打算这么做，到底值不值得呢？[16]

雷已经下定决心，暂且从电影行业抽身，至少就目前来说，跟好莱坞绝缘。不过，在写给斯旺森的信中，他在附言里暗示这只是暂时的状态：他留下了紧急联系方式，并补充说他所谓的紧急情况得是"事情不多，但报酬丰厚的活"[17]。尽管这番话有点半开玩笑的成分，但是金钱对雷来说确实很重要，无论是报酬丰厚，还是内容有趣，都有可能让他重出江湖。

不过，就目前来说，雷想要彻底脱离洛杉矶的生活。他和茜茜给自己放了个假，于 1946 年 8 月前往圣迭戈，到那里后，决定在当地住上几个星期。9 月，他们又搬回了拉霍亚。早在 1939 年，雷就说过，拉霍亚"生活成本太高，空气太潮湿，老年人太多，今天下午有位游客说，这里对老人以及他们的父母来说是个好地方"[18]。七年后，此地一如往昔，但是雷和茜茜已经不同于往昔，如今这个地方变得适合他们生活了。他们现在分别是五十八岁和七十六岁。自结婚以来，他们第一次拥有了房产，在海滨大道 6005 号买下了一座占地面积很大的单层海景房。

这栋房子颇具加州特色。它是当年建造的新房，墙体为粉饰灰泥墙，有一个阴凉的院子，里面摆放着盛开的天竺葵盆栽，还有一座小花园，紫色的叶子花爬上了墙面，波斯猫塔基可以在院子里漫步。屋子里有一间宽敞、明亮的客厅，一扇大大的落地窗俯瞰着洛玛岬外的太平洋海景。他们把茜茜的钢琴放在客厅里，她会在晚间弹奏，雷则坐在一旁抽着烟斗，侧耳倾听。客厅应当算作茜茜的房间，雷的房间则是屋子一侧摆满书籍的书房。从书房可以看到花园的景致,这比较称雷的心意,因为他不太中意海景。他多数时间都待在这个房间里,每天上午都在执笔写作,直到午后不久同茜茜一起享用午餐。午餐过后,他会到镇子上办事、采购。吃过晚饭,茜茜就寝后,他会回到书房,要么读书,要么写信,一边抽着烟斗,将烟灰磕进摇摇欲坠的书堆上面的烟灰缸里。

雷的这间新书房本该是他完成小说的理想场所。如今终于安顿下来,但他在提笔之初感受到的充沛精力也渐渐消散了。9 月,他写信告诉厄尔·斯坦利·加德纳:

> 我正试着开始写一个侦探故事。我感觉自己已经丢失了什么东西,也许它已经被我消耗一空了吧。[19]

我们不清楚为什么雷会说自己开始写一个新的故事,因为最近一年,他都在创作《小妹妹》。也许这番话表明,他正开始写一份新的手稿,又或许,他不想向加德纳这样高产的作家承认自己为了写一本新小说要花费这么长的时间。无论实情怎样,用他自己的话来说,他"已经疲乏了,已经是磨掉了棱角的通俗作家,也是失业的平庸作家"[20]。他不得不艰难地在两个方向上求取平衡,一边是继续创作侦探马洛系列小说,另一边则是求新求变的欲念。如果他希望在公众中维持自己和作品的热度,那么他就必须鞭策自己继续创作,然而商业成功的压力已经渐渐夺走了写作的乐趣:

> 在我看来,我正写作的故事缺乏某种高贵的品质。除此之外,我还觉得它很沉闷。我怀疑自己是不是彻底失败了。[21]

在 1946 年末和 1947 年初,他买下口授录音机,开始对着机器口述至深夜,然后在次日上午由新近雇来的私人秘书誊写成纸稿。这之后,雷的书信就开始流露出一种沉思的口吻,而其中前所未有的坦诚也同他的孤独有关。雷在派拉蒙的社交生活异常活跃,他也享受着同其他编剧的交往,虽然他在拉霍亚也有些朋友,但他在这里的生活似乎更宁静,也更与世隔绝。处在这样的心境下,他开始更频繁地在信中谈及自己的写作特质,而在过去,他只会同少数几位熟识的朋友谈论这个话题。正是通过这些信件,我们才对他在写作《小妹妹》时经历的挣扎有了更透彻的了解。《高窗》是雷的写作实验,刻意回避早年的故事素材,构思全新的剧情,不过雷对最终的成果并不满意。于是,《湖底女人》又回到了过去的套路,用早年的素材搭建起剧情的主心骨。在《小妹妹》的早期手稿中,雷发现自己又在构思全新的场景、全新的剧情,以及全新的人物,他又一次涉足陌生而又坎坷的领域。在写给罗伯特·霍根太太(Mrs Robert Hogan,她曾经就写作向他提了一连串问题)的信中,他谈及了自己的一些怪癖:

> 作为作家,我有个怪癖和难处,那就是任何东西我都不愿意抛弃。我听别人说,这是一种不专业的行为,这是外行才会有的毛病,因为他们看不明白自己的写作是否奏效。就我手头的文字来说,我当然看得明白,但是我没法忽略,我写下这些文字的时候,有我的理由,也有我的感受,如果我不喜欢我写下的文字,那我就该死。因为这种固执,我浪费了几个月的时间……我总是把初稿当作原材料。曾经在里面存活过的文字也理应属于这个故事。哪怕会因此影响故事的简洁。我仍然会将这些凭借自己的双足站立、行走在故事之间的文字保留下来。好故事无法靠设计

实现，只能靠蒸馏萃取。[22]

　　雷之所以能够相对顺畅地写出前面几部长篇小说，是因为这一蒸馏萃取的过程在他创作（作为长篇小说素材的）短篇小说时已经完成。可是提笔写作《小妹妹》的时候，他纠结于构建全新的人物和剧情，无法删去任何内容，结果把这两种要素弄得一团混乱，从而陷入了僵局。当他坦言这本书缺乏其往昔作品的"高贵的品质"时，这想必就是他隐含的意思。

　　那年早些时候，在他与各种问题搏斗期间，还有几条令人不快的消息传进他的耳朵。一位名叫詹姆斯·哈德利·蔡斯（James Hadley Chase）的小说家出版了长篇小说《金发女郎安魂曲》（*Blonde's Requiem*），其中大量文字似乎抄袭自雷和其他多位作家。蔡斯是个英国人，本名叫勒内·雷蒙德（Rene Raymond），原先是个百科全书推销员，他阅读了一些《黑面具》派别的故事和詹姆斯·M. 凯恩的小说，决定涉足犯罪小说领域，而此时的雷才刚刚写完《长眠不醒》。如今，蔡斯已经淡出人们的视线，不过他的处女作《情劫》（*No Orchids for Miss Blandish*）出版时，曾因露骨的暴力和性描写引起轰动，最后不出意料地变成了畅销书。虽然蔡斯迅速成名，但是到第二次世界大战期间，他已经江郎才尽，开始从同时代的美国作家那里寻找"灵感"。他整段整段地从雷、哈米特和其他几位作家那里剽窃文字，他的出版商也没能发现他公然的抄袭行为。得知蔡斯的所作所为后，雷只是感到失望，却没有因此发火。他给自己在英美两国的出版商写了信，询问他们打算采取怎样的行动。克诺夫出版社将此事交给律师处理，不过律师返回的报告看来是帮不上什么忙：这些文本的相似程度还不足以将蔡斯告上法庭。至于英国方面，哈米什·汉密尔顿则更为积极，也许是因为他比克诺夫更清楚地体会到雷的不满情绪,他迫使蔡斯在英国出版业的行业期刊《书商》(*The Bookseller*)上为自己的抄袭行为刊登了道歉信。

蔡斯事件尽管是一件小事,却反映出雷和出版商的关系在发生变化。他和英国出版商越走越近,虽然素未谋面,却在信里将汉密尔顿亲切地称作杰米(Jamie),由此显示出两人关系的亲密程度。汉密尔顿似乎也喜欢与雷通信。对雷来说,与汉密尔顿通信不仅仅是种享受,更为他与拉霍亚之外的世界(更确切地说,是他心爱的不列颠)建立了联系。相较之下,他与阿尔弗雷德和布兰奇·克诺夫夫妇则渐行渐远。双方通信的频率开始下降,虽然其中也有一部分原因是雷还没写完最新的小说,没有太多话可以对他们讲。即便如此,双方的疏远也还有更多的潜在意味。1947 年 5 月,雷在寄给厄尔·斯坦利·加德纳的信中写道:

> 如果说出版商确实是作者或文学代理人的朋友,如其所言地代表他们的利益,那自然很好,但我大体上并不认为这是出版商的真实写照。比方说,我的出版商就不怎么花力气销售我的作品,也不怎么花钱做营销,馆藏精装本的销售从来都不曾取得可观的业绩,任何一部作品卖到一万册都要好久。结果改版成平装本后突然开始大卖……尽管他没花多少力气,但比起我从他花钱花力气做出来的书中拿到的版税,他从后续的版本中捞取的利润要高上一倍。[23]

雷的这番话说的正是克诺夫出版社,以及他的小说后来出的廉价平装本。我们可以明显看出,他已经比 1938 年那会儿自信了许多。

他始终相信侦探马洛系列能够大卖，相信自己是位优秀的作家，不过直到在好莱坞走过一遭后，他才开始在这些一度亲密的人面前表现出专横的一面。好莱坞的氛围让他觉得自己是个重要的人物，并且让他更加随心所欲；拉霍亚将好莱坞产生的效应进一步放大了。

　　远离同事和朋友之后，雷不得不更依赖书信。在昏暗的书房里，他的身边只有塔基做伴，雷的笔友取代了生活中的朋友。拉霍亚有一些作家，但是雷似乎很少和他们来往。不过后来，他和年轻的记者尼尔·摩根（Neil Morgan）交上了朋友。他在 20 世纪 30 年代后期结识的朋友有些已经离开了这里，那些留下来的人都已经发家致富，尽管最近雷也发了财，但他似乎对这些人心怀不满。此外，他也知道自己是个不好相处的人，他在写给查尔斯·莫顿的信中就解释了这一点：

　　　　我在陌生人面前很冷淡也很羞怯，只有喝上必要的几杯威士忌，我才能克服这些情绪。我还特别鲁莽，英国的传统教给我的是，一位绅士只要把嗓音压低，哪怕粗鲁到极点都没关系。[24]

　　来到拉霍亚后，由于不再和别人定期联络，雷越发沉浸在自己的世界里，他的鲁莽和羞怯也愈演愈烈，有时候在信中会直接得令人咋舌（"我认为你做错了，约瑟夫，不过去他妈的，谁都会犯错"[25]）。从 1947 年开始，他写信的口吻开始变得越来越不正式。哈米什·汉密尔顿如今变成了杰米，詹姆斯·桑德如今被称作吉姆，雷还直接用军衔称呼查尔斯·莫顿。在一封寄给厄尔·加德纳的信中，雷将近期的烦恼倾倒而出：

　　　　至于我，我现在不忙，而且看重的事情都没成功。我写不了

自己想写的东西,而实际上写的东西又被我写得一团糟……我太太最近身体不适,她已经患流感十天了,还没好……[26]

在写信这件事情上,雷总是出于实际的理由(通常跟业务有关系),而且通常要花许多时间才会和通信对象熟悉起来。他和加德纳通了好多年的信,可直到 20 世纪 40 年代中期,这些信的口吻才变得私人化起来,才像是朋友之间的书信。此外,书信毕竟和面对面交流不同,就算是亲密的通信,雷也能和对方保持一定距离。

雷已经离开了洛杉矶,但他与好莱坞的瓜葛还没有结束。1947 年伊始,他向经纪人 H. N. 斯旺森提起了新的剧本创意。在努力写完《小妹妹》的过程中,他的脑海里有好些点了在冒泡,这个剧本创意就是其中之一。雷正急于从这本压在他心头一年多的长篇小说的重负下逃窜出来,于是决定转移注意力,做点别的事情。雷就像许多作家那样,有时候会被某个观念摄住心魂,完全无法将它驱赶出脑海:

时不时地,作家脑子里就会出现某种可以叫作强迫性观念的东西,我想我也有过这样的经历……我发现,有时候我能够轻易地摆脱它们,也有时候,它们会迅速生长,衍生出无数枝蔓,最后变得一团糟。[27]

斯旺森将雷的剧本创意交给了《双重赔偿》的制片人乔·西斯特罗姆(如今在环球影业任职)。斯旺森谈妥的待遇很高,雷在信中向詹姆斯·桑德解释道:

我的下一份工作……其待遇之高,在好莱坞里也是闻所未闻，至少他们是这么告诉我的。为了让我写这个本子，他们会付我一大笔钱，电影（利润）也会给我分红，而他们拿到的只有剧本的电影拍摄权。还有一项不寻常的条件，可能会让你大吃一惊，但我可以向你保证是千真万确的，那就是他们跟我没有雇佣关系，只是承诺买下完全用我的方式创作的剧本的电影拍摄权，而不对我行任何管理之事。[28]

该剧本创意的权利卖了 1 万美元[29]，雷可以在拉霍亚自由自在地进行创作，而不受电影公司的干涉。除此之外，他每个星期还会收到 4000 美元的薪水，这使他成了好莱坞收入最高的编剧。雷最近的两部剧本都夭折了，这样的编剧竟可以享有如此高的待遇，确实令人诧异。两次奥斯卡奖提名确实有一定影响，但是雷肯定给了别人一种印象：只要给他足够的空间，他最终可以写出一部伟大的剧本。无论对雷还是对环球影业来说，这份合同都是一次实验，而双方都希望这份合同能够催生出优秀的电影。雷也在其中下了很大的筹码：如果他没法完成这项工作，那么他也就同好莱坞永别了。

他从 1947 年 4 月或 5 月开始专心写作《重播》（*Playback*），不过在6 月，他开始写信向布兰奇·克诺夫抱怨：

> 我正在痛苦挣扎地为环球影业创作一部电影剧本，完全没法享受这个过程。[30]

问题出在剧情上，与往常一样，雷因为前后场景无法顺畅接续而走进了死胡同。最初约定的截稿日期是 8 月 1 日，但很快就无法兑现了，他写信告诉经纪人："故事设定还没好，故事的讲法更是无从谈起。"[31]公司同意将截稿日期延后一段时间,并将西斯特罗姆派到拉霍亚,以讨论的形式帮助雷构思。这一做法取得了积极的效果,雷写道,西斯特罗姆的帮助使得故事"重塑成形……比原来稍稍接近我心中所愿"[32]。但是即便如此,斯旺森还是有些担心,并建议雷把心思放在剧本的完成上:

> 即便不出于其他原因,单单出于经济原因,我也强烈地感到你应该用上你的全部气力,完成环球影业的任务,然后彻底将它忘掉,这样才能去创作其他作品。我感觉如今的它已经变成了弗兰肯斯坦。电影公司想要你粉刷一整座谷仓,而你想要以英雄的姿态,将与他们的报酬等值的作品回报给他们,但你手头却只有一支画家的驼毛画笔。让艺术见鬼去吧……雷,在这件事情上我不想跟你开玩笑。我觉得你应该像当年为《黑面具》写故事一样看待这次任务。你接下这份活是为了结清生活的开支。我们尽快把这份宝贝稿子交上去,再把钱存进银行里,然后靠它过日子,能过多久就过多久。[33]

这样的故事我们已经见过好几次了:雷对项目的热情,会随着他不得不耗费在项目上的冰冷日子而迅速冷却下来。斯旺森谈下了一笔精明的买卖,但无论怎么精明也会有截稿日期。剧本毕竟和小说不同,雷写小说的时候,不会在写完初稿前接受出版方的预付稿酬,但是写剧本的时候,他就没法把剧本搁置一旁,做点其他提神醒脑的事情。他陷入了泥潭,巨大的压力、源源不断的催稿信,以及电影公司的干涉都在不断地削减他的兴趣。他试图遵从斯旺森的建议,却也指出:

你之前说，这份工作如同粉刷谷仓，我却试图用驼毛画笔完成它，但实际上，我已经很努力地不去动用我的驼毛画笔了。即便如此，我还是要向你指出，就算是在我为通俗杂志撰稿的时期，驼毛画笔也一直是我的作画工具。如果你觉得从长远来看这么做不值得，那你不妨去找那些专门粉刷谷仓的家伙。[34]

这便是好莱坞体系及其合同的问题所在。雷的写作缓慢，需要长时间的耐心、付出和蒸馏萃取。他没法仅仅为了完成任务而写作。10月，他完成初稿的时候，突然意识到自己签下的合同还有另外一个限制条件：尽管他获得了自由的创作条件，代价却是这份合同没有解除的期限。在派拉蒙，他可以采取拖延时间的办法，等到合同过期即可，但这一回，这样的办法就行不通了。

在写给哈米什·汉密尔顿的信中，他抱怨了要写第二稿的事情，认为此后的任务会很痛苦：

我已经写完剧本的第一稿，任何人要是见过我的阵仗，都会以为我在造金字塔。我太厌恶它了。而他们说，现在我还得"打磨"它。这意味着要删掉一半的内容，剩下的一半要极尽浮夸之能事。这可真是门精雕细琢的艺术，简直跟洗牙一样令人神往。[35]

这轮修改又拖过了截稿日期，于是双方约定再次延后，将最新的期限从1947年10月修改至1948年初。

到了这个时候，公司方面越发清楚地意识到，就算雷把稿子交上来，还是会有诸多问题，给拍摄带来挑战。1946年，好莱坞的净利润从1945年的660亿美元暴涨到1200亿美元[36]，但这一乐观的数字掩盖了观影人数的下降,以及好莱坞繁荣时期的结束。1945 年退伍的军人如今忙碌起来,在 1946 年,他们忙于组建家庭、上夜校,而不是带着约会对象看电影。当时间流转到 1947 年,雷正在创作《重播》的时期,这些变化的结果开始浮现出来,环球影业受到的影响尤为明显。支付给雷的 4000 美元月薪是笔巨大的人力开支,截至 10 月,环球已经投入了 12 万美元。除此之外,雷安排的剧情(尤其是他设计的戏剧性结局)要求剧组前往边境地区拍摄。雷选定的地点是加拿大的温哥华市,个中缘由可能是他在参加第一次世界大战前后曾在那里待过一段时间。但是这会产生高昂的费用。当地没有可资利用的电影公司,那里的气候与温暖的南加州截然不同,完全无法预测。虽然环球找来了两次提名奥斯卡的一流编剧,但这不能保证他们从中赚到钱。最后,在反复权衡成本以及可能的收益后,环球认为盈利的可能性太低。他们喊停了这部电影,项目就这样戛然而止。

这样的结果令雷感到失望和挫败,即便他可以将剧情和人物另作他用,这点慰藉在做了如此多的工作、经受了如此大的压力之后也显得意义寥寥。《重播》没能登上银幕实在是一种遗憾。从影片设定中我们可以看出,它兼具趣味性和挑战性,具有很多实验性的空间。就像他写于 1947 年前最上乘的作品一样,这部剧本也从早期故事(写于 1939 年的《我会等候》)中汲取了剧情素材。在原本的故事中,一位孤独的女性住进酒店的塔楼套房,等候杀手的到来,在《重播》的开头部分,雷的写法显然呼应了早先的剧情设定:

> 这是女孩一生中最重要的一周,她决定小心谨慎地隐藏身份,用化名在酒店的塔楼套房里度过这一周,她已然接受了命运,将在这一周结束时跳向生命的终点。

然而在下一段中,我们可以看出,雷对早期版本做了扩充:

> 在这一周里,她一生的挫败和悲剧以微缩影片的形式在她眼前重现,仿佛她的命运如影随形,无论去向何方,同样的事情都会发生在她身上。[37]

剧情的新维度比原作更有野心。雷加入了几个新角色:富有的社会名流布兰登,有爱尔兰血统的凶案警探基莱恩,他和雷一样曾在加拿大高地团服役。人物的补充丰富了故事的核心主题:你是否可能逃脱你的过去?

在电影开场的火车上,女主人公贝蒂·梅菲尔德遇见了放浪形骸的米切尔。米切尔是个花花公子,当布兰登在酒店房间举办的派对结束后,米切尔被发现死在了贝蒂·梅菲尔德房间的阳台上。基莱恩闻讯赶来调查这一凶案,除了他以外,所有人都怀疑凶手是贝蒂。贝蒂拒绝谈论自己的过往,但是基莱恩却从她身上觉察出潜在的勇气。在这部剧本中,基莱恩是最接近马洛的角色,这位品行高洁的侦探曾在剧中自称"加拉哈特骑士,是白羽国王"。但是他比马洛更容易犯错,他曾拐弯抹角地承认,当警局命令他逮捕贝蒂的时候,他拜倒在她的石榴裙下:

> 贝　蒂:你怎么可能会爱上我。你根本就不了解我。我可不曾爱上你。
>
> 基莱恩:这些我都知道。
>
> 贝　蒂:但就算你真的爱上了我。
>
> 基莱恩(近乎粗鲁地):街对面有一辆空载的出租车。如果你

很担心,就去打那辆车好了。他知道警局该怎么去。

贝　蒂:你这人做事喜欢来硬的,对不对?[38]

基莱恩这样表达爱意的方式,在某些方面比初次登场时的马洛更能引起观众的同情,这也可能是雷第一次有意识地偏离马洛的形象。而在此之前,他创作的所有剧本都受到原作的限制(《蓝色大丽花》则受到演员的限制)。

在实验的同时,雷也试图让《重播》符合一般意义上的惊险电影,也就是说,它必须给观众带来刺激的感受。在这里,我们又一次目睹了艺术和商业在他的脑海中博弈的情景,以及他想要在两者之间求取平衡的决心。他始终相信自己的作品能够在读者心中留下深刻的烙印,如今想要试试看能否在银幕上制造出同样的效果。10月,雷即将完成初稿之际,显然在考虑故事的叙事方式。他在一封信中向詹姆斯·桑德解释了剪辑的重要性:

我和希区柯克只有一面之缘[39],那一次,他同我谈及了……废片。他的观点……是,好莱坞(以及英国)的大多数导演好像还时时惦念着早期的放映机时代。他们仍旧认为,只要银幕上播放的是会动的图像,人们就自然会感兴趣。[40]

接下来,他描述了"一对多年未见的旧情人"重逢的场景,以及老派导演选择的拍摄方式。关于这种导演手法他得出了如下结论:

这类电影死得彻头彻尾,因为它想要表达的任何意图(如果它还有意图的话)都可以在场景内部得到表达。余下的只不过是

319

摄影机对于动作的痴迷。陈腐、平淡、散发着馊味,在今天已经没有任何意义可言。[41]

陈腐且散发着馊味,这正是雷努力让《重播》避免落入的窠臼,所以布兰登就绑架了贝蒂,并在逃离加拿大警方追捕的过程中,试图在船只的甲板上杀死她。剧情行进到这个阶段,雷已经安排了足够多迷惑观众的假线索,将真凶隐藏了起来。我们来看一段场景指导,它描述的是就在米切尔被害的档口,一位因他而经济损失惨重的年长女性玛戈的举动:

她挂断电话,静立片刻,拿起放在椅子上的外套穿上,探身拿过桌子上的手包。她打开手包,停顿了一下,然后动作缓慢地拉开了桌子的抽屉。镜头给特写,对准她的脸庞,而她则看着桌子的抽屉,我们看不见里面有什么东西。但我们已经猜到里面有一把枪。她身体一动不动,表情也凝固了。当她行动的时候,我们看不见她是否从抽屉里拿出了枪。我们只听到她手包扣上的啪嗒声。然后她转过身,横穿而过,离开了房间。[42]

从这个例子中,我们可以清楚地看出雷从希区柯克那里领会的电影技艺:他希望观众能够因为在早先的场景中看到过抽屉里的枪,而意识到这把枪还在抽屉里,他不想让镜头直接指明枪在那里。同样的逻辑在结局中也有运用:

镜头从布兰登身后拍摄

前方一英里处浓雾弥漫

布兰登

(仿佛在自言自语)

这里总是有雾。

他抬头望着越来越嘈杂的飞机声响传来的方向。

布兰登

放马过来吧。

哈德逊式轰炸机内部—轮船驾驶舱—夜晚

镜头穿过驾驶员和副驾驶员的树脂玻璃面板。

下方水面上的轮船迅速变大,但还是看不清轮船驾驶舱的内部,也看不清里面有多少人。副驾驶员举起了望远镜。

"瓦尔基里号"轮船外部—轮船驾驶舱—夜晚

布兰登一手掌舵,另一手持枪。他盯着上方的飞机。贝蒂不在驾驶舱中。布兰登面朝她的方向,发现她消失不见了,表情剧变。他的脸上现出挫败和绝望的神情。

俯冲的飞机发出的声响变得震耳欲聋。布兰登再次回头望着上方。

视角反转—飞机径直冲向"瓦尔基里号"

布兰登看在眼里。它几乎冲进了镜头。

中长景—海平面

"瓦尔基里号"和飞机。在最后时刻,飞机离轮船只有三四十英尺距离的时候,它突然停止俯冲,调转方向,向上爬升。

中长景—"瓦尔基里号"—镜头从轮船背后拍摄

前方的浓雾死气沉沉。海岸巡逻飞机下落到画面左侧。"瓦尔基里号"驶入浓雾,消失不见。[43]

在这一幕场景中,雷并没有调用太多组镜头或使用不真实的对话,而是主要通过飞机内部和布兰登的"瓦尔基里号"轮船内部之间的镜头转换,以及飞机引擎的声响,来营造紧张的氛围。这是个危险的场景,雷没有运用他更擅长的对话,而是用纯粹的视觉效果和电影手法来予以表现。这个场景处理得很好,如果真拍成了电影,将具有震撼的银幕效果。这表明雷在这一行业已经取得了强大的自信心。就像熟稔侦探小说的手法一般,他对编剧的技艺也足够了解,能够突破其局限,创造出极好的效果。我们也可以公道地认为,这部剧本代表了他好莱坞生涯的顶峰,尽管有瑕疵,却无疑是他最出色的原创剧本,在品质上远远超越了《蓝色大丽花》。虽然如此,他本人却对这部剧本没什么信心,因此当得知环球影业喊停这部电影时,他没有为之而战。他将它搁置一边,然后再次投入他尚未完成的马洛小说。

不过,在1948年初的一封信中,雷向粉丝坦言自己依旧想"写一部好电影"[44],但是在经历过派拉蒙、米高梅和环球的重重困难之后,他认为这一念想已经失去了可能性:

> 我只是不想再为好莱坞出力了。除了不幸、枯竭和不满外,好莱坞几乎一无所有。它的作品和真正的写作没有半点关系。它完全没有写作所带来的满足感。你对手头的媒介没有任何掌控力。没有任何自由,连失败的自由都没有。[45]

这一决定给雷带来了一些新的挑战。拉霍亚是个生活成本高昂的地方,遍布着"疲乏的老男人和疲乏的老钞票"[46],而钱德勒夫妇也习惯了雇佣仆人、秘书和厨师的生活。他在电影行业的薪金足够负担这些开支,但没有这份收入,他就开始担心他们能否负担得起如此铺张的生活。他告诉查尔斯·莫顿:"我的开支高得可怕,我甚至不确定自己能否靠写小说维生。"[47]编剧经历也许犹如地狱,但至少能够为奢华的生活买单,还能让他做许多其他的事情。封闭这条退路之后,雷必须在生活中做出重大的调整,而且虽然没有外部施加的截稿日期的压力,但他最重要的事情依然是把书写完,再把版权卖出去。

在家写小说的时候,他自有节奏。他会在有些日子里写作,在有些日子里停笔,不过无论写不写,他从来不强迫自己。如果某位作家声称自己每天上午都能坐下来写东西,无论有何种感受、何种思想,雷说他会小心谨慎地避开此类人的作品。在他看来,写作是一种肉体上的忍耐。在写给加拿大记者亚力克斯·巴里斯(Alex Barris)的信中,雷回忆了早年曾给他带来灵感的欧内斯特·海明威:

> ……任何有生命力的写作都必然要使上丹田的气力。它必然是一种繁重的工作,使你疲劳,甚至力竭。[48]

许多电影公司主管都见证过,这番话确实印证了雷的情况。1948年,雷整整一年都全身心扑在《小妹妹》的创作上,却只在言之有物的时候才下笔。为了督促自己,他制定了写作日程,每天创作力最旺盛的早晨都要坐在书房里。他跟自己约定,如果这期间没在写作,他也不能做任何其他事情。他希望,无聊的感触能够促使语言从他身上流淌出来。这个方法确实奏效了,他开始推进这部一度停滞的小说。

雷其实明白,菲利普·马洛是个很有价值的虚构角色,但到目前为止,别人用他作品改编的电影没让他赚到多少钱。霍华德·霍克斯版的《长眠不醒》带来的收入尚可,但是其他版本就微不足道了。马洛没能带来可观的二次收入,雷将这方面的失败归咎于文学代理人西德尼·桑德斯。这一心态，再加上他认为桑德斯已经不足以为自己效劳，使得两人在 1946 年分道扬镳，由斯旺森接替桑德斯。[49]雷对于这一权宜之计也不太满意，于是与纽约的勃兰特兄弟公司接洽。尽管雷已经取得了成功，尽管他对自己的能力很有信心，但他写给这家代理公司的创始人卡尔·勃兰特的第一封信，却透露出他每次接触陌生人都会有的害羞和紧张：

> 您在米迦勒节前后过来吧，我需要一位文学代理人。这封信的目的是询问贵司是否对此有兴趣。[50]

但是，雷很清楚自己手上握有勃兰特会感兴趣的重大筹码。《小妹妹》将会是他的第五部长篇小说，也很可能是他迄今为止最有价值的一部。《长眠不醒》《再见，吾爱》和《湖底女人》都被改编成电影，取得了不同程度的成功，而他作品的各种版本总销量达两百多万册。[51]即便如此，雷对于正在创作的作品的描述还是很小心谨慎，他告诉勃兰特自己手头有一部创作中的稿件，"出了一些问题，算是我的老毛病了"[52]，此外他还有另一部小说的创作计划，"其中涉及谋杀，却不是悬疑小说"[53]。雷想要让对方明白他是哪一类型的作家：

> 我和您还是初次接触，所以我没法彻底开诚布公，但我也不希望置您于过度的黑暗中。我并不是个温和、好相处的人，也不是个高产的作家。我做事情总是选取艰难的道路，并因此承受许多困苦。也许我余下的路已经不太远了。与好莱坞搏斗的这五年夺走我很多气力，剩下的已经不多了。[54]

因为雷已经是功成名就的作家,所以他在同文学代理人的关系上表现得非常强势。西德尼·桑德斯时不时地自作主张,为雷指引方向,比如让他为高档杂志写《我会等候》,但这种干涉以后再也不会有了。

勃兰特收到雷的信想必很惊讶,并立即提出想读一读雷写了一半的手稿,于是稿子在几天后就被寄到了他位于纽约的办公室。没过多久,勃兰特就去了一趟加州。他是特意去拜访钱德勒吗?如果他是专程前往,那就表明他很希望与雷签约,而雷想必也喜欢这种受人追捧的感受。无论真实情况如何,这次会面很成功。雷喜欢勃兰特,并与这家公司签了合同。

1948年7月,雷离完成《小妹妹》的初稿已经近在咫尺。只剩下最后几个场景,这部小说就大功告成了。这个阶段,他与好多人通信,分享他的愁苦,所以我们能够通过这些往来信件将他面前的难题拼凑起来。尽管他的小说技巧有了长足的进步,他的写作方法却长期停滞不前。尽管他现在已经放弃用裁好的黄色纸张写作的习惯,改用口述的方式,但是他的作品仍旧是用短小的片段拼接起来的,而且编剧的工作经历进一步强化了这种习惯。这种写作方法确实有力量,使得每个场景都包含几笔充满魔力的描写,也使得写作过程成为享受,但它自身也带来了一些问题。《小妹妹》就被他写成了一片雷区。他在里面塞入过多精彩的瞬间,而其中有很多描写要么跟剧情不契合,要么对它毫无助益。有些作家会选择砍掉这些内容,但是雷拒绝这么做。他用古典主义者独具的天赋,将此类修改比作"普罗克汝斯忒斯之床"[①]。

---

① 在古希腊神话中,普罗克汝斯忒斯会邀请过路的客人睡在他的铁床上,到了夜里,他会将客人的四肢砍掉或拉长,好让他们与铁床的尺寸相匹配。——原注

这些过量的情景散布在小说各处，就算派不上专门的用场，也能反映出马洛的性格，并给作为故事背景的洛杉矶城增添维度。有一处，马洛遇见了电影公司的老板朱尔斯·奥本海默，在道别之前，马洛如此描述了这位公司老板的狗：

> 个头大的叫梅西，它靠过来站在他身旁。个头中等的那只又踩坏了一朵秋海棠，然后小跑着过来，站在梅西身旁。个头小的叫乔克，它也跟着排起队来，不过好似突然灵光一闪，它抬起一条后腿，对准了奥本海默的裤腿管。

这类描述对《小妹妹》的故事情节自然毫无帮助，但对于雷遇见的各色电影公司老板来说，却是耐人寻味的讽刺。奥本海默对于电影的兴趣，仅仅限于他能够借此赚取利润，有时间养狗，并且让它们在办公室里、家里，以及他的裤腿上到处撒尿。这样的细节描写也许对剧情发展无益，但无疑为小说增色不少。然而在小说中为此类桥段辟出空间可不容易，更何况雷已经越来越感到疲乏了："要是身体状况还好的话，我的整个系统还能够运作，可是现在的我啊，好些火花塞都已经漏油了。"[55]

《小妹妹》的女主角叫奥法梅·奎斯特，她不仅名字奇怪，本人也古里古怪。她因为哥哥失踪，前来委托马洛出面调查。"我的话太多了。孤独的男人总是话太多。"马洛在小说开头对这位新客户这么说道。线索将马洛引向了好莱坞，而雷则将自己在那里工作时遇到的各路人物（从奥本海默到号称自己每天从早忙到晚却实际上被一个金发女郎耍得团团转的经纪人）都讥讽了一遍，并且很享受这种体验。这些基于雷的亲身经历以及他听说的故事，虽然不指涉任何具体的人，

却代表了不同的类型。他还安排了一位名叫威皮·莫耶的黑帮角色
登场,这个来自布鲁克林的犯罪分子想要强行挤进洛杉矶,同时也被
牵涉进另一个黑帮分子桑尼·莫·斯坦的谋杀案中,正是他展现出了
现代洛杉矶所面临的重重危机。在现实世界中,成就拉斯维加斯当今
赌城地位的是个名叫毕斯·西格尔(Bugsy Siegel)的布鲁克林犯罪分
子。20 世纪 40 年代中期,他在洛杉矶遭人杀害,在幕后指使的很有可
能是其他黑手党家族。他被曾经的同伙、这座城市里有名的犹太犯罪
分子米奇·科恩(Micky Cohen)所取代。雷在书中安排给角色的犹太
姓名有可能是暗指现实世界的这两位黑帮人物。他显然又玩起了把
戏,我们可以看到,他会近距离追踪真实事件,从中获得虚构的效果。
1949 年,他为这本书写下了 段半开玩笑的免责条款:

> 本书中的人物和事件并不完全出自虚构。有些事件虽然时
> 间和地点并不准确,但确确实实发生过。有些人物源自现实世
> 界,有的仍然在世,有的已经过世。[56]

这段文字原本见于私人信件,却最终被出版商用到了广告文案
里,吸引读者注意这部小说的现实主义元素,多少显得有些滑稽。雷
在这部作品中面对的是当时的洛杉矶,不过要说他是个现实主义者,
倒不如说他是个讽刺作家。这一区分很重要:比起雷书写当时社会的
早期作品(比如说,原原本本地讲述了多希尼一案始末的《高窗》),《小
妹妹》对现实的反映更为隐晦。

马洛对世界的愤恨在《小妹妹》中显得尤为突出。从《湖底女人》
到《小妹妹》,马洛确实变得更愤世嫉俗了,他意识到自己已经无可避
免地同洛杉矶捆绑在一起。在小说进行到三分之一的时候,马洛发现

了一具尸体，搜查过后他没有立即向警方报告，而是做了如下这番独白：

> 我去拜访了汉布尔顿医生，就是那个不知道怎么已经退休的埃尔森特罗验光师，又发现了这款样式新潮的颈部饰品①。我没有告诉条子。我只是搜了下这位客户的假发，然后在条子面前装模作样。可这又是为了什么？这一回，我又是为了谁玩这种刀头舔血的把戏？那个满眼诱惑、身上有很多把门钥匙的金发女郎，那个来自堪萨斯州曼哈顿市的女孩？我也不知道。我只知道，事情没有表象所示的那么简单，我那迟钝却总是可靠的直觉告诉我，如果这轮牌继续这么打下去，会有无辜的人输得倾家荡产。这关我的事吗？我难道知道该怎么办？真的有办法吗？这件事不要再深究了。今晚你没有人性，马洛。也许我从来就没有，以后也没有。也许我只是一副持有私家侦探执照的皮囊。也许在这个半明半暗的冰冷世界里，错误的事情层出不穷，正确的事情从来都不会发生，而我们都终将变成这副模样。

这是马洛最具人性的时刻。这绝非一个扁平角色将各种晦涩的线索拼凑起来破解谜题的故事，而是一个人出于他自己也不总是明白的动机，出于他自己也无法预料的理由，采取行动的故事。此处的马洛不再是英勇的骑士，因为在这个段落里，他的行为不再高贵，至少满足不了公立学校学生对于高贵的定义。洛杉矶是马洛命运的一部分，他似乎也体认了这一点。马洛不像雷那样，对这座城市还有喜爱之

---

① 指杀害汉布尔顿医生所用的冰锥。

情,马洛开始厌恶这个他无法逃离的地方:

> 我来到洛杉矶之前就闻到了它的气味。它散发着陈腐的气息,老旧得像是封闭太久的起居室。但是它光鲜的色彩却能够欺骗你。

这并非雷蒙德·钱德勒本人的声音,而是业已在他笔下取得独立的人物的心声。尽管我们对马洛已经很熟悉了,但他仍旧保有一种让我们惊讶的品质,因为如今他发出的声音已经远远不只是一名侦探的了。马洛变得越来越复杂,雷自己也担心过这个事情。在一封给哈米什·汉密尔顿的信中,他写道:

> 我担心马洛先生这个角色已经发展得太过头了,我有点怀疑,一个普普通通的私家侦探发展到这个地步,会不会显得过于荒谬。[57]

雷始终都想要写一部"其中涉及谋杀,却不是悬疑小说"[58]的作品。尽管《小妹妹》一开始并不符合这种设想,但是雷写到最后时,开始怀疑自己是否有必要用简单利落的结局收尾。当小说家对叙述者做了如此丰富的刻画时,它还能算作传统意义上的侦探小说吗?在犯罪小说领域犹如活百科全书的詹姆斯·桑德曾向雷介绍过各式各样的犯罪小说家,并且帮助他对这一小说类型取得了更为深入的理解。在写给桑德的一封信中,雷开始怀疑所谓的结局是否真的必要,这番话为我们披露了不少雷的所思所想。他说《小妹妹》"几乎破坏了所有既定的规则":

作者是否必须要抓住杀人犯？如果他写的是常规的悬疑小说，那么答案是肯定的，否则它就是部烂尾作品。可是，如果他写的这部小说只是用悬疑元素来制造戏剧性效果，那么我认为答案是否定的。[59]

值得注意的是，雷在当天还写了另一封信，收信人是哈米什·汉密尔顿。他在信的最后明确说道，这部小说"在结尾处还缺了两三幕场景"[60]，而缺漏的部分当然是常规悬疑小说最要紧的部分：解谜。他还解释说，自己的"头脑已经非常非常疲乏"[61]，也许正是创新的欲念加上精疲力竭，才让他一度考虑开放性的结局。不过在接下来的几个星期里，他集中精力，将结局部分写了出来，这等于他还是向犯罪小说的读者低头，将他们想要的东西给了他们。不过结局是这部小说最弱的部分，为了赶截稿日期，写得过于仓促。雷最终安排了两位杀人凶手，而她们又都是女性，这似乎表明他又回到了他最舒适的领域。两位凶手的动机都不足以令人信服。对马洛来说，这是桩痛苦且复杂的案子，而且故事的最后还有更多的人死亡。《小妹妹》已经接近雷一直想要创作的那类作品，但他觉得还是差那么一点儿。他低估了《小妹妹》作为小说本身的力量。

1948 年 9 月，雷将手稿寄给了他的新文学代理人，在被《科利尔》和《纽约邮报》（New York Post）"热情地"[62]婉拒后，勃兰特于 11 月将连载版权卖给了《大都会》（Cosmopolitan）。雷从中获得了 1 万美元的收入，这和雷在一年前的收入相比虽然不值一提，但也已经不少了。

勃兰特和雷还下定决心，认为和克诺夫出版社合作了十年后，是时候跟他们分道扬镳了。出于多种原因，雷和克诺夫的关系在 20 世纪 40 年代中期开始恶化。他最主要的不满在于克诺夫出版社对于平装本销售分红的处理办法。根据协议,出版社可以将其作品的平装本版权卖给别家,并从中获得一笔不菲的版税收入(实际上,比雷的版税收入还高)。他认为这不公平,克诺夫出版社明明什么都没做,却坐享如此丰厚的回报。此外,克诺夫出版社不愿意因抄袭而起诉詹姆斯·哈德利·蔡斯,这一态度同样令雷失望。于是,勃兰特及其同事伯妮丝·鲍姆加腾(Bernice Baumgarten)揣着《小妹妹》,与霍顿·米夫林出版社商讨合作事宜。

霍顿·米夫林出版社营销部门的戴尔·沃伦是雷的笔友,他也很清楚雷对克诺夫出版社有很大的不满。1947 年,他曾在公司内部提议去接触雷的文学代理人,不过在那个阶段,雷已经渐渐疏远了西德尼·桑德斯,所以到底跟谁才能够谈成合作也是个问题。更重要的是,雷当时为了专注于剧本《重播》的创作,暂时搁置了《小妹妹》的写作。由于雷是个不写完小说就不接受预付金的人,所以他们也无法通过这种方式表示诚意。时至 1948 年末,雷与勃兰特达成合作,这位新文学代理人拿到手稿后,霍顿·米夫林出版社提出以 4000 美元的价格购买单行本出版权。雷曾在不止一个场合表示希望在这家出版社出书,但他同样也谨言慎行:

> 当然了,我认为你们(霍顿·米夫林出版社)是家优秀的出版社。问题在于我得做出判断,是否真的有更换出版社的正当理由。我认为,在做出这个决定之前,必须要有举足轻重的理由。所以就目前来说,我想我会按兵不动,让聪明人先发话。我为人冲动,这一点我自己明白。[63]

于是,霍顿·米夫林出版社开始了公关工作。高层主管请他吃饭,他们还提出为《小妹妹》支付预付金。经过伯妮丝·鲍姆加腾与出版社的反复磋商,雷终于答应更换东家。虽然预付金不算太高,但是霍顿·米夫林出版社签下这位作者的决心很大,使雷赢得了更有利的版权保护条款,以及更高的平装本版税率。

1949 年 4 月,被编辑大肆修改的《小妹妹》以长篇连载的形式刊登在《大都会》杂志上。杂志的肆意改动令雷感到不快,他决定从此以后再也不以连载形式发表作品:

> 《大都会》(对《小妹妹》)的删改实在是太可怕了。我倒是料想过,任何东西都有被他们删去的可能性,但没料到他们会在里面夹带私货。[64]

1949 年 7 月,英国版由哈米什·汉密尔顿出版社推出,美国版则在 9 月面世。《小妹妹》得到了一些书评的高度赞扬,我们也越发清楚地看到,至少在英国,雷已经确立了严肃小说家的形象。不幸的是,雷无法全身心地享受新书出版所带来的荣耀,他不得不因为家中的事情而分心。

1948 年底的时候,茜茜又病了,而且病得不轻。医生给她拍了 X 光片,诊断出她的两肺有纤维化的症状。这是一种并不多见的疾病,不仅会引发肺炎,而且会造成肺损伤,进而降低两肺将血液中的二氧化碳替换成氧气的能力。这一噩耗给这对夫妇带来了极大的打击。事实上,茜茜已经开始慢慢走向生命的终点。

雷的第一反应是试图做出调整,就此离开拉霍亚。在他看来,更温暖、更干燥的空气可能对她的健康有利,所以他们曾短期拜访过旧金山和卡梅尔。与此同时,他还向朋友们抛出讯息,表示自己会永远搬离拉霍亚。在整个 20 世纪 30 年代以及 40 年代早期,雷和茜茜都在洛杉矶和大熊湖畔之间来回迁居,这似乎对茜茜的肺有好处。他给住在科罗拉多州博尔德市的詹姆斯·桑德写了封信:

> 等你有时间的时候,请给我讲讲博尔德市。比如说气候,那里有多冷,又有多热。还有海拔、人口、树木种类等。比如说,我有没有可能在春天的时候,在那里租到一栋带家具的房子。我渐渐地受够了南加州。我想要搬到一座从来都没有去过的城市,只要能找到理想的地方,我就会把这里的房子挂到市场上卖掉,然后在别处重新开始。我喜欢山区的气候,只是那里的冬天不太讨人喜欢。[65]

茜茜对搬离拉霍亚的主意则没有那么热衷,她希望能在山区找到一幢小屋,他们能够时不时地驱车前往。他们考虑过箭头湖,但雷觉得那里是好莱坞人士频繁光顾的地方,如今他们没有了好莱坞的收入,那里已经超出了他们的经济承受能力。关于搬家的大量信件显示出雷的焦虑:他开始意识到,一直在人生中给予他指引,并且在世事艰难时依旧陪伴在他身旁的茜茜,总有一天会离他而去。他也开始考虑英国之旅,因为他想让妻子亲眼看看他热爱的这个国度。

雷离开英国太久,已经彻底生疏了。在一封写给哈米什·汉密尔顿的信中,这一点暴露无遗:

> 我有什么特别的衣服需要准备?比方说,我需不需要准备晚宴礼服,诸如此类?我在考虑是不是得让人直接给我送来食品包。[66]

雷不确定如今的英国盛行的是哪一种风气。是不是他热爱的往昔风尚,绅士得着装打扮才能参加晚宴?还是说,这种讲究尚未从战时配给制度中恢复?"就我读到的内容而言,"他写道,"我很难确切地弄清,如今英国的生活是一幅怎样的图景。"

1949年初,雷的信件表明,茜茜的健康开始每况愈下。他们的婚姻很传统,所以烧菜做饭和清洁打扫都由茜茜负责。搬到拉霍亚后,她越发频繁地借助用人,疲乏的时候,她只能彻底仰赖别人的帮助:

> 尽管就实际面积而言,这栋房子不算大,但是对她来说,它还是过于庞大了。她要照料这栋房子、去市场采购、烧菜做饭、清洁打扫,忙完这些,就没有力气再做任何其他事情了。[67]

雷希望茜茜能好好休息,享受闲暇。毕竟,他们住在加利福尼亚,享受闲暇在西海岸是件极为重要的事情。可是,家务活和病痛让压力不断升级。除此之外,他们还得不断地担心家庭经济状况。

正是因为这种生活处境,加上心心念念要拜访英国,雷开始考虑收回曾经的誓言,重返他决定遗忘的电影行业。对他来说,钱是个复杂的事情,即便是在最困难的时候,他也不希望别人察觉他的困境。他存了一些从好莱坞赚来的钱,他已经从20世纪30年代的困境中学到了教训,所以这笔钱在必要的情况下也足够他们生活,但它也没有多到可以支撑他们想要的生活方式,雇不起秘书、园丁和厨师。因此,雷尽管并不情愿,却也考虑再写一部剧本,并与约翰·豪斯曼讨论了这个想法。他希望,一部新电影能够让他有机会去英国待一段时间。结果,他的设想并没有实现。尽管雷写的电影在业内受到尊敬,但是他个人没有那么成功。1948年,他为《大西洋》写了一篇题作《好莱坞

的奥斯卡之夜》("Oscar Night In Hollywood")的文章,质疑奥斯卡奖
的价值。("赢取奥斯卡奖到底能带来多少个人声望?也许它的光环
足够延续到让经纪人帮你重新签订合同,让你的价码更上一层楼。但
时隔多年,你还会被好心人记住吗?我想恐怕不会。"[68])他又一次用不
那么正面的态度谈论了好莱坞的机构。尽管它并没有像《好莱坞作
家》那样引起强烈的反应,但它也没有拉近雷与电影产业的距离。

结果,连续几个月的压力令雷不堪重负,他也生病了。1949 年夏
末,他手指上的皮肤开裂了。做过 X 光检查后,医生诊断这是种过敏
症,并要求他不得碰触印刷纸张和复写纸。他得戴上手套读书,"就像
舞台上气息奄奄的美人"[69]。雷开始感到自己老了,茜茜当然也老了。
他在给哈米什·汉密尔顿的生日贺信中写道:

> 你已经是个五十岁的老人了,真糟糕啊,或者还没有那
> 么……我很同情你。这是个糟糕的年纪。五十岁的男人既不年
> 轻,也还没老去,甚至算不得中年。他的时代已经过去,但尊严却
> 还没有到来。对年轻人来说,他既年老又平庸。对于真正的老人
> 来说,他既肥硕又贪婪。他只对银行家和收税员尚且有用。干吗
> 不开枪把自己打死,了结这样的人生?想一想前方可怕的未来。
> 你可能像萧伯纳那样,变成长胡须的骷髅,也可能变成滔滔不绝
> 的蝉,甚至变成过时的抢镜的人。[70]

雷活到六十一岁时,开始反思自己的人生。20 世纪 40 年代是他
目前为止最成功的阶段。这十年里,他出版了四部长篇小说,登上了
编剧的职业舞台,并取得了一定成功,他的作品也愈发受到读者和评
论者的认可。他的名字本身便是件销路不错的商品,菲利普·马洛也

是如此,这个角色已经有了自己的生命。

广播剧《菲利普·马洛历险记》(*The Adventures of Philip Marlowe*)曾在 1947 年首播,并在 1948 年重新开播,前后播送了两年。尽管雷不必参与内容创作,光靠这一人物就能获取使用费,但他也一如往常地对作品感到不满:"除了向代理人抱怨这又抱怨那,我跟它一点关系都扯不上。"[71] 1949 年初,曾有一家出版公司与他接洽,希望用他的名字为一份新刊物冠名,叫《雷蒙德·钱德勒悬疑杂志》(*Raymond Chandler's Mystery Magazine*),每年向他支付 1200 美元冠名费,然而除了这份报酬之外,他对刊物及其编辑策略则没有任何发言权。他拒绝了对方,部分是因为他认为这是一种不诚实的行为,相当于欺骗读者,让他们以为这份刊物是由他撰写或编辑的:"出版公司的人甚至完全没有意识到,向我提出这笔买卖等于是在侮辱我。"[72]

尽管取得了这些成功,雷却并不因此感到满足。在他眼里,《再见,吾爱》是他的巅峰之作,后来的小说再也不曾超越它,而他的电影也从未企及他所渴望的艺术水准。他时不时地酗酒,婚姻也陷入危机。总而言之,他仍旧没能写出长久以来梦寐以求的作品,而且和马洛也越绑越紧。

1949 年,霍顿·米夫林出版社同意出版雷的短篇小说集(经过争取,他将篇幅控制在仅仅一卷),这已经再清楚不过地说明雷作为明星作家的地位了。就在几年前,哈米什·汉密尔顿曾拒绝出版这部小说集,认为它有损雷的名望,约瑟夫·肖在 1943 年提出这项出版计划时,也遭到了克诺夫的拒绝。现在,《小妹妹》正在热卖,钱德勒也成了一块金字招牌。于是,雷开始以极为严肃的态度重新润色这些故事,将以第一人称叙事的故事改写成马洛的故事,砍掉了马洛礼等令人印象不深的角色,删去了一些与特定时代相关的元素,比方说《山中太平》中提到的纳粹，并且尽量弱化了自己后来在长篇小说中重新使用的素材，避免读者辨认出来。他还删去了《黄铜门》，希望能在未来将它收入"篇幅较长的短篇小说"集子，其中所有故事都会牵涉"某种意义上的谋杀"，究其"本质却是对某些谋杀悬疑故事的嘲讽"。[73]

值得注意的是，这个想法自孕育之初到如今已经经历了多次修正。当它在 1939 年首度出现在笔记本中时，雷既没有提及谋杀，也并未谈及悬疑。十年后，他已经背负起无法背离的名声，他的读者也总是希望其作品能够与死亡有关。现在看来，要像他一开始计划的那样将悬疑故事彻底抛诸脑后，已经是绝无可能的事情了。

事到如今，他只能专心修改通俗故事，回顾过去的作品虽然无趣却也有其必要性。更何况，这么做也能带来一笔收入，但也确实毫无乐趣可言。11 月，他已经对此生出了失望的情绪：

> 现在，我正着手修改一篇名叫《山中太平》的故事，删去其中的纳粹元素，以及我挪用到长篇小说中的桥段。我为什么要在乎，我自己也搞不懂。我猜想我之所以喜欢这个故事，是因为我确实很喜欢大熊湖，十年前我对那个地方真的是了如指掌。我估计《黄铜门》和《恼人的珍珠》都不会收录进来，其他则不管还有什么瑕疵，都会一股脑儿地收进集子。每次我想砍掉哪个故事，他们都要为此同我争执一番。[74]

不过到了次月，他的热情又回来了，并且给戴尔·沃伦发去了短篇小说集的编目顺序，而《恼人的珍珠》竟然又回到了集子里。除了故事以外，这部集子还应当有一篇序言。尽管雷担心老朋友查尔斯·莫顿会有微词，但他还是决定将《简单的谋杀艺术》用作序言。

在这一阶段回顾雷的写作生涯,是一件颇值得玩味的事情。如今的他正在修改助他破冰的一系列短篇小说,它们将在他极富创造力的十年末尾出版。对于雷蒙德·钱德勒来说,20世纪40年代毫无疑问是成功的十年,只是这十年对于他和茜茜来说是否幸福快乐,倒是仍旧存有疑问。回顾过去,雷显然经历了挣扎,他明白事到如今自己最初的抱负已经几乎没有实现的可能了。拉霍亚也没能成为他最后安歇的地方。他和茜茜都身体抱恙,除了困扰这对夫妇已久的各种疾病外,雷还得了带状疱疹。他们渴望逃离拉霍亚,最后决定将房产挂牌销售,在对英国的朝思暮想中度过了1949年的圣诞节。

第十三章

"克制的魔力"

自结婚以来,茜茜和雷就一直想去英国。茜茜的健康状况恶化后,他们明白,成行的可能性已经越来越小了。1950 年 1 月,这对夫妇为旅行做出大致的规划:他们会在伦敦预订一家豪华酒店,在那里住上四个月;他们会拜访雷的朋友们,在这座城市游逛;等到他们厌倦了伦敦,就继续前往苏格兰,也许还会去巴黎。这将是一次终生难忘的旅行,而雷却止不住地担心。茜茜的病体会给出行带来限制,他自己也小病不断,包括颇为讽刺也令他为难的对纸张的过敏。英国的气候也令他担忧:钱德勒夫妇已经习惯了南加州温暖的阳光和干燥的空气,对他们来说,大不列颠仿佛是寒冷的边区。雷继续写信就各种各样的事情向朋友们寻求建议:

那么饮食怎么办呢? 毕竟不能老是在酒店里靠食品包度日。衣服该怎么洗? 有没有肥皂? 能方便地买到衬衫和袜子之类的东西吗?[1]

从这些信中我们可以清楚地看出,雷在努力地思索各种问题,反复地询问,好让自己进入旅行的状态。他的焦虑甚至到了影响身体健康的地步,他手指的皮肤再度开裂,带状疱疹也不时复发。他开始怀

疑自己的健康状况能否撑过这段旅行:

> 我虽然真的希望5月能够去成英国,但实际上有点害怕。我
> 有太多麻烦事了,我不希望到时候出现在你面前的是个病恹恹的
> 家伙。[2]

他在同友人的通信中抱怨过敏症,症状确有其事,但是他最主要
的问题在于对英国之行的担忧。3月,这段旅行夭折了:英国之行还需
等候一些时日。

也许正是由于这段紧张的时光,雷和茜茜开始重新思考,搬离拉
霍亚是否明智。尽管他们是搬家的行家里手,但此时挪窝有可能会令
这对病弱的夫妇雪上加霜。也许是为了不过分关注自己和茜茜糟糕
的健康状况,雷开始专心工作。4月,他开始围绕新的构思开展工作,
它将在未来变成《漫长的告别》。他对小说的调研相当考究,甚至写信
给律师勒罗伊·赖特(Leroy Wright),核对将会出现在成稿中的法律
细节。他询问赖特,私家侦探有哪些权利与责任,其指纹是否会在哪
里登记在册。他想知道私家侦探触犯法律时该如何脱身:

> 普通公民该如何对他提起控诉? 警察当局又该如何控诉他?
> 受理诉状有着怎样的程序(假使该案并不涉及犯罪)? 他的营业
> 执照会出于什么原因被吊销? 如果不是永久吊销,那么到期后是
> 自动恢复,还是需要重新申请? 费用又如何?[3]

赖特提供的这些信息都将出现在最终的小说里,特别是在小说的
开篇起到了关键的作用——马洛为了朋友特里·伦诺克斯触犯了法

律。当马洛被警方逮捕的时候,他们试图向他施压,让他说出发生在伦诺克斯身上的事情,结果他没有因为生活和工作受到威胁而退缩,最后蹲进了监狱。这段剧情体现了雷在写作策略方面做出的细微却重要的调整。在早期作品中,他将调研的成分压缩到最低的限度,其作品更多是基于对人和情境的理解和判断。他曾经认为过多的细节会分散读者的注意力,阻碍他试图达成的效果。如今,他已经对自己笔下的人物和自己的文字质量有了更多信心。《小妹妹》得益于他在好莱坞的亲身经历,他对这个圈子的了解要远远胜过对洛杉矶黑道的了解。而且,他对犯罪的现实性越来越感兴趣,研究了许多现实生活中的谋杀案和杀人犯。他的主人公马洛会因为他落脚于现实细节而受益:

> 当然了,小说中的私家侦探完全是想象之物。他并不存在,也不可能存在。他是一种态度的人格化,一种可能性的夸张表现。可这并不意味着他不应该了解他借以行动的规则。[4]

1950 年 7 月,雷完成了新小说第一章的内容,而哈米什·汉密尔顿也已经提出要出版这部作品了。不过,雷又像过去那样,告诉这位朋友自己写完这一章就打算收手。我们不清楚他为什么要如此迅速地让这本新书的创作冷却下来,不过原因有可能是,差不多就在这段时间里,他的新经纪人雷·斯塔克(Ray Stark)打来电话,告诉他阿尔弗雷德·希区柯克(Alfred Hitchcock)有意向就一部新电影与他合作。斯塔克是勃兰特兄弟公司的雇员,负责公司客户的电影版权,不过同时为编剧提供代理业务,所以他也开始为雷提供这方面的服务。我们并不清楚雷为什么换了经纪人,也不清楚他为什么停止和斯旺森合作[5],也许是因为他与勃兰特的协议如此规定,也可能是在《重播》事件以后,雷想要找个不太一样的经纪人,好带来不一样的项目。无论实际情况如何,斯塔克给他送过好几本书,询问他是否有改编的意愿,其中大部分都被雷不置可否地退回了。不过,合作方如果是希区柯克的话,那就不一样了。这位导演在好莱坞的近十年相当成功,名声正与日俱增,即将进入他最丰产的岁月。雷曾在 20 世纪 40 年代与他有过一面之缘,也喜欢这位导演,他们关于电影技术的长谈曾影响雷的写作。所以他对有机会和希区柯克合作拍摄《火车怪客》(*Strangers on a Train*)兴趣浓厚。

希区柯克意外地发现了派翠西亚・海史密斯(Patricia Highsmith)的这部小说,立即察觉它具有改编成电影的潜质。他悄悄地买下了电影版权(估计他在整个协商过程中隐去了自己的名字,确保版权的价格不被抬高),并委托小说家惠特菲尔德・库克(Whitfield Cook)帮助他完成改编草案。正是在这份草案中,电影展现出了它的雏形。电影中的盖伊变成了一位有政治野心的网球运动员,布鲁诺则变得比小说中更为柔弱,旨在暗示他是不曾出柜的同性恋者。小说中的盖伊是杀人凶手,电影则改变了这一安排,只是让他成为布鲁诺的一枚棋子,最后迎来了戏剧性的结尾。

雷是个耳根很软的人,这样优秀的导演找他合作,自然令他非常受用。他很可能不知道,自己并非希区柯克最先考虑的人选,甚至不是第二也不是第三人选。希区柯克其实打定主意,这部电影要用一位大牌作家,所以剧本草案在好莱坞流转了好几个月:他找过约翰・斯坦贝克(John Steinbeck),却被拒绝了。他在达希尔・哈米特那里也碰了壁。希区柯克曾透露,这份草案经过八位作家之手,没有一人觉得这是部好剧本。然后,有人推荐了雷蒙德・钱德勒,大概在有些人看来,雷是哈米特之后理所当然的人选,尽管此时的雷已有十多年独立创作小说的成功经验,在好莱坞也已经声名鹊起,但离取代哈米特,还需一些时日。钱德勒认为这是个"够蠢的故事",不过还是答应接下这项任务:

> 我为什么要接这个活?部分原因在于,我觉得我可能会喜欢希区柯克,结果还真是如此。另一部分原因在于,人也会厌倦说不,有一天我也会想说好啊,但我不想被询问缘由。[6]

合约非常慷慨,每周支付雷2500美元,外加50美元的文书开支[7],保证支付五周。它还允许雷在家工作,这在当时的好莱坞仍旧是件稀罕事。希区柯克甚至慷慨到,连雷不愿驱车前往公司所在地伯班克的要求都应承下来,将剧本讨论会的地点安排在拉霍亚。希区柯克拜访了几次钱德勒的宅邸,在他们家的达文波特沙发上坐了几次,喝了几次茶之后,雷于1950年7月10日开始工作。两个男人讨论电影的时候,茜茜会知趣地离开,很少露面。

双方很快就意识到,他们有着相当不同的工作方式。雷喜欢直接而切题的沟通方式,希区柯克则乐于漫谈,并将剧本讨论会看作社交场合,而非工作场合。一开始,雷抱着容忍的心态,但很快他就发现双方各不相同的工作方法存在矛盾。雷追求准确,总是尽可能地控制影片。《双重赔偿》大获成功,因此他在《蓝色大丽花》和《重播》的制作方面获得了许多编剧梦寐以求的影响力,并且习惯了这种工作方式。他不仅认为这种影响力是他应得的,还深信正是这种影响力使得他成为出色的编剧。雷无疑认为希区柯克找上门,是被他的履历和专业水平所吸引,他希望自己在编剧方面有控制权,可是希区柯克并非这样的导演。

自从来到美国的那天起，希区柯克便不断地同历任制片人争夺电影拍摄的控制权。与大卫·O. 塞尔兹尼克（他喜欢限制导演，好让他们按照他的意思拍电影）合作的时候，希区柯克有意采取了一种特殊的拍摄和剪辑方式，使得塞尔兹尼克即便想干涉也无从下手。到1950年，他已经在导演这一行获得了真正的自由。从一开始，他就对《火车怪客》有着详细的设想，并不希望编剧用自己的观念来表现这部电影，简言之，他只想找个人来组织对话、填补空白。

不过，混乱几乎立即就出现了。这一状况可以部分归咎于华纳兄弟前台员工芬利·麦克德米德（Finlay McDermid）的一封来信。他在信中解释了审查电影道德内容的电影制作守则可能会注意的内容：

> 在目前的设定中，催着离婚的是盖伊以及我们所有具有同情心的角色。如果我们能把这一诉求安排给米丽娅姆，而让盖伊努力维系婚姻，最终才接受离婚的结局，那么布林办公室肯定会更容易接受剧情安排。盖伊回来看望米丽娅姆的时候，会发现她再次改变了主意，他的反应还会和原来一样。布林办公室还注意到另外两个元素，这部电影以毫不避讳的方式展现出布鲁诺一家含有恋母情结的家庭生活，还以同样毫不避讳的方式，安排安、芭芭拉和其他具有同情心的角色，表达出每个人心中都有个潜在杀人犯的观点……
>
> 我将这些意见转达给您，我相信您一定能够处理好这些问题。我认为，对话和角色经过您润饰之后，《火车怪客》必然会变成一部更引人注目也更令人信服的作品。[8]

雷曾在《双重赔偿》中与电影制作守则交过手,他认为这封信的意思是,这部电影的剧情需要大幅修改,可是希区柯克不以为然。问题却在于,这位导演总是用间接的方法处理这类分歧,指出剧本存在的各类小毛病,提出各式小建议,却从来不直接面对真正重大的问题。这就令钱德勒很困惑了,他也弄不清楚希区柯克到底想要什么,他将经历这番体验的自己描述成"一位总是受到短拳干扰、没法做好准备的拳击手"[9]。他在 1950 年 8 月 2 日将第一批稿件寄给希区柯克。两个星期后,他又提交了第二批稿件,完成了合同规定的工作。但是在两批稿件之间,导演没有发表任何意见,这就愈发令雷感到困惑了。他在写给经纪人的一封信中谈及这件事情,将它称作"中国酷刑"[10]。

不过在收到第二批稿件后,希区柯克邀请雷光临他在洛杉矶的俱乐部,详细讨论剧本事宜。这顿饭带来了两个结果。首先,雷在剧本方面得到了导演的指示,尽管仍旧模糊不清:"我约莫感觉到,他希望我继续写下去,用主镜头的方式写剧本,而不要写成分镜剧本。"[11]其次,雷因为食物中毒,在接下来的几天里都没法工作。他不顾斯塔克的建议,做出了令电影公司主管都不解的事情:他拒绝接受生病期间的酬劳,并取消了一场事先安排好的与希区柯克在拉霍亚的会面。身体刚好转,雷就邀请导演参加剧本讨论会,但尚未痊愈的身体以及对工作的不满都令他烦躁不安,整场讨论会也因此弥漫着紧张的气氛。

我们能够从许多来源获知关于这场会面的情况,但无论哪一个版本都对雷不利。希区柯克的一部传记[12]记载,这位导演及其助手来到拉霍亚时,发现雷的态度中有着很强的侵略性。他们就座后开始喝茶,雷则开始长篇大论,将项目中他认为不对的事情一一道出。当雷越说越激动的时候,希区柯克突然起身,一言不发地离去,他的助手吓了一跳,赶紧跟在他身后出去了。雷也被吓了一跳,他不知道该怎办,于是走到门口,对着导演的背影破口大骂。他骂了很多难听的话,比如说"肥胖的杂种"。在另一个版本中,希区柯克从车里出来的时候,被雷用同样的话骂了一通,雷以为自己把声音压得很低,不至于被导演听到,但是导演听得一清二楚。无论真实情况如何,从那以后,希区柯克就打定主意,不再同雷合作了。钱德勒习惯了这位导演令人困惑、自相矛盾的各式行为,以为这只是他古怪的性格在作祟,于是继续创作剧本,完全没有意识到希区柯克已经不想再同他有任何瓜葛了。由于公司并不认为雷有什么夸张的过错,所以希区柯克也没法让他卷铺盖走人,于是就让他蒙在鼓里,继续埋头创作。

9月中旬,双方的矛盾似乎再次升级,尽管希区柯克打算置雷于不顾,但是他突然发现自己急需雷手头的这部剧本。于是,他的助手芭芭拉·基翁(Barbara Keon)将这一情况转达给雷,钱德勒尽管对此感到气愤,却在周末加班加点地创作,按时完成了工作。9月26日,星期一,他提交了终稿。次日,其经纪人雷·斯塔克在夜间发来电报,告诉他薪酬自星期一当晚开始停止发放。钱德勒大为火光。在他看来,这一行为违反了双方合同的精神。他认为自己从头到尾都犹如高贵的骑士,不仅为了按时交稿加班加点地工作,而且在生病期间拒绝接受酬劳。相较之下,电影公司则谎话连篇,一开始说没有截稿日期,却又突然向他提出紧急而迫切的要求。不过从雷的信中我们可以看出,他仍旧没有意识到自己早已惹恼希区柯克。

总而言之,这段合作经历不仅令他身心俱疲,而且事后令他感到后悔。在最终上映的影片中,我们可看出两位主创人员存在根本的分歧。希区柯克关心的是营造紧张的电影氛围,以及为观众带来惊险的体验。钱德勒则与他大相径庭,对人物和动机的兴趣更为浓厚。相较之下,反倒是雷更接近派翠西亚·海史密斯原著的精神,而且他也确实时常敦促希区柯克回到原著中去。雷在提交的剧本中附了好些笔记,它们表明他费了很大功夫厘清盖伊·海恩斯和布鲁诺·安东尼各自的动机。其中一条内容如下:

> 问题在于到底哪件事更适合作为(让布鲁诺决定杀害海恩斯太太的)契机?是盖伊见到布鲁诺的父亲之后接到的那通电话?还是因为那通电话告诉布鲁诺,米丽娅姆的行为暴露了她的本性,她还在离婚一事上背叛了盖伊之后,盖伊与布鲁诺父亲的争吵?[13]

希区柯克对这种琐碎的细节并不感冒:他只想让布鲁诺杀死米丽娅姆,并不在乎其中的缘由。雷意识到了这一点,并在一封信中写道:"他随时可以为了画面效果或情绪效果牺牲剧情的逻辑(如果还存在的话)。"[14]但雷似乎仍旧自行其是。这一分歧太过明显,所有工作人员本该都注意到这一点,明白希区柯克和钱德勒并不适合共事。

不过,双方的冲突还有其他原因。雷和希区柯克从表面上来看有很多相似之处。他们都曾在伦敦上学,来到美国后才功成名就。他们都在洛杉矶过着流亡者的生活,身在城市,却始终活得像个局外人。尽管如此,他们还是在许多方面有着本质区别,比如说性观念。

库克在剧本草案中让布鲁诺对盖伊生出了同性恋情愫,这一点给雷造成了不少麻烦。库克采用了微妙的处理方法,加入了许多会令观众立刻心领神会的信号。比如说,布鲁诺会说法语,不仅是个妈宝,还是个花花公子[15],这些特质都带有同性恋的意味。尽管雷的作品中不乏性取向模糊的角色,也不乏同性恋暗示,但他在处理性问题时远非轻松。在其书信中,我们可以看到他对于同性恋者明显很老派的冒犯之言。毫无疑问的是，库克和希区柯克增添的这部分人物设定令雷感到不自在。这有可能是雷希望说服希区柯克删除的部分，但很显然，雷没有得偿所愿。雷并不认为这些元素会令这部电影长盛不衰。

在雷和希区柯克的关系中，还有着雷那种英国人特有的对于阶级和地位的关注。就职业而言，雷认为自己和导演平起平坐，但是与此同时，他的态度时常会显露出源自社会阶层的优越感。希区柯克的父亲是个菜贩子，他自己也在英国中下层社会长大。除此之外，他从小就是个天主教徒。雷在英国公立学校的求学经历，以及他从小被灌输的对于天主教徒的深刻怀疑，都有可能让他认为希区柯克应当对他表示尊敬。如果他真的这么认为，那么他显然误判了自己在好莱坞阶层体系中的地位。

希区柯克又招募到一位新编剧曾兹·奥蒙德（Czenzi Ormonde）。据说希区柯克曾特别作秀地一手捏着鼻子，一手用食指和拇指拈着雷的剧本稿件，然后将它一股脑儿丢进了垃圾桶。[16]这一传闻很可能被刻意夸大了，因为奥蒙德的终稿中有好几处场景直接来自雷的版本，包括该片出名的开场画面（两组镜头在火车站分别追踪布鲁诺和盖伊的脚步，直到他们相遇）。不过，她也确实删掉了雷的许多原创内容，使得电影更简洁，也更符合希区柯克的设想。也许，雷最终也能接受这些修改，但令他恼火的是，奥蒙德也是雷·斯塔克的客户。他震惊地说道："被人在背后捅上一刀已经痛彻心扉，结果这把刀的主人还是你的经纪人。"[17]

出于礼貌，希区柯克给雷寄送了剧本终稿，但是雷不以为然。他回信澄清了自己的观点，他认为这部电影的问题在于：

　　　　我能够理解，你以这样或那样的方式给我的剧本找碴儿，我也能够理解,你有时候会觉得某些场景过于冗长,或者某些设定过于牵强。我能够理解,你明明想要某个东西,却改变了主意,有些改变可能是外界强加给你的。但我不能理解的是,你竟然允许别人将一部原本多少还有些生命力的剧本,降格为一摊软趴趴的陈词滥调、一群没有面孔的角色,以及一段段任何编剧都不屑于写的对话——无论是角色台词还是旁白,什么话都要说上两次,却没有任何余味可品。[18]

这封信既古怪又向我们透露出一些隐情。尽管雷从 9 月开始就没有和希区柯克说过话,但他似乎仍旧认为他们俩是朋友。他尽管在信中发了脾气,但措辞仍旧亲切,抬头没有用阿尔弗雷德或希区柯克先生,而是称呼"希区"。而且他试图把讨伐包装成善意的建议:"顺带一提,我觉得应该把我对这所谓终稿的意见告诉你。"他说话的方式让我们觉得,他似乎没有注意到希区柯克已经跟他绝交了。他仍旧以为,自己之所以参与这个项目,完全是因为他们看上了他在过往电影中展现的改编能力,可实际上,大部分工作已经由希区柯克和库克在草案中完成了。他明知编剧在好莱坞地位不高,可似乎仍旧认为自己的地位要远远超过他人。事后观之,正是雷的一系列误解使得双方的关系毫无进展、陷入僵局。

不过到最后,雷总算明白了问题出在哪里:

这个项目的谬误根源在于将我牵涉在内,如今我已经彻底明白,其他人想必也早已明白,希区柯克的电影必须完全属于希区柯克……(那部剧本中)钱德勒有余,而希区柯克不足。[19]

一开始，雷考虑过要将自己的名字从演职人员表中删除，不过后来又改了主意。尽管他没能为最终的影片做出多大贡献，他的姓名还是出现在醒目的位置，这也符合希区柯克一开始对于钱德勒的诉求。

我们可以理解，雷在年初开始创作的那部小说，此时已经被他忘得一干二净。不过又被电影产业摆了一道之后，如今的他总算能回到小说创作中去了。

自从进入好莱坞以来，雷已经习惯了秘书的协助。他会口述信件和剧本，由秘书负责打字和检查。一开始，他对雇佣秘书还有些焦虑，担心这么做对生活在拉霍亚的作家而言过于铺张，不过到最后，他发现这类帮助已经变得不可或缺。拉霍亚的那栋房子他主要使用两三个房间。他喜欢把走廊尽头的房间叫作书房，不仅在那里工作，也在那里睡觉，他的单人床就摆在木书桌一侧，桌上摆着他的其中一部打字机。他将茜茜卧室旁边的房间改造成秘书的小办公室，如果她能够在堆积如山的文件和纸张中腾出位置，那么她也能在里面办公。

1950 年，他雇用了朱厄妮塔·梅西克（Juanita Messick）。她可能并不是他雇得最早的一位，却深得他的喜爱。她是拉霍亚当地的中年母亲，和钱德勒熟悉起来后，很快就适应了他工作和生活起居的节奏。上午的时间用来写小说，结束之后他们会和茜茜一起吃午餐，图书总是饭桌上的话题。[20]雷喜欢读书，胃口也很大，从侦探小说到历史作品无所不读，茜茜则读得比较慢，也比较谨慎。饭桌上的谈天虽然说不上高深，却令梅西克着迷。午餐过后，他们会继续工作，不过内容变成了各种杂务：雷在经济业务上有条不紊，总是将所有文件都保存下来，方便跟进各种交易和版权收入的状况。名叫"备忘文档"的文件夹记录了出版商应付的报酬，所以一旦他们有所拖延，他就可以催促他们。工作告一段落后，雷和梅西克会同茜茜一起饮茶。饮毕，雷会煞有介事地起身,倒上一壶雪利酒,为妻子和秘书各斟上一杯,自己却拒绝碰这种东西。梅西克并不知道雷曾深受酒精所害,以为他本来就滴酒不沾。那么雷真的戒酒了吗?很可能没有,只是像他过去那样,把饮酒量降到了可控的程度,却没有与酒绝缘。

雷是个古怪的雇主,我们从一系列"给秘书的建议"中可以看到这一点:

> 你有什么需求都尽管说。你也是凡人。你也会身体不适。你也会疲劳,想躺下来休息。有话尽管说,有事尽管做。你也会紧张;你也会想到外面透口气。有话尽管说,有事尽管做。如果你上班迟到了,无须道歉;只要能给出简单的解释就行。你也许车胎爆了。你也许睡过头了。你也许喝醉酒了。我们都只是凡人而已。[21]

本来,给雇员罗列建议并非不同寻常之事,不过雷并没有将建议付诸纸面,也没有直接告诉秘书,而是通过口述,让秘书记录下来。如果你是这位新雇员,通过这样的方式收到工作指令,恐怕也会吓一跳,这也许正是雷的用意所在。雷显然明白自己的做法不同寻常,于是紧接着又戏仿地口述了"给雇主的建议":

> 永远别不知道自己该说什么。如果你真不知道,就表情自然一点,你散发出来的不友善的气息就足够说明状况了。雇主亲自接电话是不合宜的。你总是该让助手去接:就算她去上厕所了也必须如此。碰到这种情况你就得大喊:"那谁谁小姐,是不是电话响了?"永远要把文件弄得一团糟。只要这样,你就能在弄丢东西

的情况下把责任都推给秘书。[22]

如果不是采取口述的形式，这一幽默的自嘲本来更有可能惹得梅西克发笑。雷试图用这样直接的方式同梅西克沟通，不过他自己似乎也有些难为情。他知道茜茜的健康状况恶化之后，他会越发依赖秘书的协助，所以在一开始就把这件事挑明了，虽然是试探性地：

> 尽管我不太愿意提及，但恐怕你已经注意到一个情况，那就是我太太的身体不太好，几年前还能做的事情，现在已经做不了……我知道她为此有些抑郁，而我在她面前决不会开口谈及此事……但实际情况是，她没办法……所以我建议，你要是想到"如果钱德勒太太提出要求的话，我可以帮她做某件事"，你就立即跟她说，你得问我太太是不是愿意让你做某件事。但绝对不要给她任何暗示，让她以为你觉得她做不到。[23]

与此同时，他还希望梅西克能够在他惹麻烦的时候帮他悬崖勒马：

> 如果你觉得，我的所作所为最终会让我跟某人大发脾气，你可以出面告诉我："这件事您最好交给我来解决"或其他有类似效果的话。就算措辞比这更鲁莽也没关系。[24]

我们从现有记录中无法得知她做了什么，但她确实很快就成了钱德勒家不可或缺的成员，不仅完成其工作任务，而且与这对夫妇共进午餐和晚餐。

朱厄妮塔·梅西克的出现算是这艰难的一年中光明的一面,不过到了12月,这一年中出现的各种困难也都基本上得到了解决。12月14日,最后一桩难事发生了,钱德勒夫妇不得不让他们深爱的宠物猫塔基安乐死。尽管塔基脾气暴躁,讨厌各种拜访者,处处不与人为善,总是嫌恶地对他们发出嘶嘶的叫声,但是钱德勒夫妇非常疼爱它。当它已经病入膏肓的时候,他们格外伤心。对于这对没有子女、年事已高的夫妇来说,塔基早已不仅仅是宠物了。这二十年来,它一直跟随着他们在洛杉矶和南加州四处迁移。它的逝去给他们带来了极大的触动:

> 今年,我们没给任何人寄(圣诞贺卡)。我们有一只近二十岁的黑色波斯猫,它走了,令我们神伤。说实话,说我们神伤根本就是套话。那对我们而言是一场悲剧。[25]

与希区柯克之间的不愉快还导致了一个后果,那就是雷解雇了斯塔克。斯塔克竟然向希区柯克推荐了取代雷的人选,这件事令他尤为恼火。要是别人遇到这事,可能只会觉得不快,但是雷像往常那样,将其视作毫无原则的背叛行径。不过,他还是需要人代理他影视作品的版权和文字作品的电影改编权,于是再次同 H. N. 斯旺森签约。不过这一次,他表示:"我近期无意涉足电影行业,实际上也可能永远不再涉足,除非跟我合作的导演能够给予我百分百的信心。"[26]这并非雷第一次宣称退出电影行业,不过他大概明白,他对希区柯克的粗鲁无礼有损自己的名声:

> 更何况,恐怕不会再有人愿意把电影行当的活计交给我了。

更何况，我愿意合作的人，除了不能再让我伤脑筋外，报酬还要我看得上才行。[27]

此后，尽管他试图重新提笔完成新的小说，但还有其他事情分散他的注意力。1943年，他曾在笔记本中写下一个奇幻故事的笼统创意，名叫《宾格教授的鼻烟》("Professor Bingo's Snuff")。那将是"老套的隐身创意的一种变形"[28]，在故事中，一位胆小如鼠、常被欺负、名叫卡斯珀·米尔克托斯特的男人总是撞见妻子和情人偷情。有一天，古怪而颇有异趣的宾格教授出现在他门前，递给他一张名片，向他出售一件特殊的商品。紧接着，宾格的鼻子里喷出一股鼻烟，突然就从米尔克托斯特面前消失了，又在隔了一段距离的街上现身。被吊足了胃口的米尔克托斯特于是悄悄来到宾格教授的办公室，想要将鼻烟弄到手：

> 从这里开始，故事发展出许多荒诞、无厘头的剧情，故事的最后，警察想要趁宾格在办公室的时候将他逮捕，可他隐了身，打开门，狠狠地朝着警察的肚子踢了一脚。[29]

这段笔记的日期是1943年3月6日，这表明该创意大致诞生于雷改编《双重赔偿》的时期。不过，在比这更早的时候，也就是1939年，雷就考虑过要写奇幻故事，他当时是为了挣脱犯罪小说的束缚。他花了八年时间又回到这个创意上，这足以让我们了解他创作小说的方式了。就像他的侦探马洛系列一样，《宾格教授的鼻烟》也需要蒸馏萃取的过程，于是在1951年初，他总算有了写作这个故事的激情和欲望。

正是从这个故事出版后的面貌同它早期构思的差异中，我们能够清晰地看出雷作为作家所经历的成长。那个在 1943 年如喜剧般诞生的奇幻故事创意原本要被写成类似于闹剧的作品,到 1951 年的时候却变得更精准而调皮了。虽然剧情大体相似,但最终的故事形态更成熟:一位古怪的教授闯入了一个胆小、被人欺负的已婚男人的生活,这个男人现在名叫乔·佩蒂格鲁,他妻子则同房客偷情。但是整个故事变成了对犯罪小说的某种评判。在最终的故事版本中,宾格教授将一副小剂量的鼻烟当作样品交给佩蒂格鲁,他吸完之后就进入了隐身状态,并领悟到自己能够犯下完美的谋杀案。处于隐身状态的佩蒂格鲁看着妻子的情夫进入他埋伏其中的房间,单纯出于憎恨将其杀死,却发现被他杀死的这个男人刚刚杀害了他的妻子。雷将这篇故事的剧情变成了游戏,将两个截然不同的创意交织在一起。一方面,这个故事对密室悬疑进行了调侃:隐身状态令佩蒂格鲁占据了有利位置,却没能维持太久,因为警察最终还是破解了情夫遇害的谜题,只是搞错了作案的具体方式。它颠覆了夏洛克·福尔摩斯的格言:"当你排除了所有不可能的选项,那么剩下来的那个选项无论多么不可思议,也必定是真相。"正如在故事中,雷德尔警长指出:

> 警督,您知道这绝无可能。如果这是谋杀,那么罪犯必须逃出这个房间。世界上从来都没有所谓的密室谋杀。从来都没有。[30]

在故事中,雷德尔虽然资历稍浅,年纪却更大,这一点非常重要:他已经见识过人世间太多事情,所以就算没法推敲出所有细节,也不需要借助"小小的灰色细胞"①就能够解决谜题。

与此同时,雷还为故事增添了一种近乎寓言的元素,不仅强化了故事原本的奇幻特色,也突出了主题。就像《宽恕者的传说》②一样,在杀害波特·格林之后,佩蒂格鲁自觉陷入了大麻烦,于是循着教授给他的地址,想要再弄到点鼻烟。结果这地址恰恰就是好莱坞地区的警察局。这篇故事的寓意就在于,杀人的愿望和杀人的行动同样危险。仅仅在脑中过了一遍杀人的想法,佩蒂格鲁就走到了杀人的真实境地。他动手的时候丝毫不曾犹豫,一想到就立即采取了行动,而且重要的是,他置人于死地并不是出于复仇或其他高尚的理由,而纯粹是因为他厌恶格林。这是最卑劣的一种犯罪,也正是它将教授送到了佩蒂格鲁的门前,由此我们迎来了早已注定的结局:佩蒂格鲁之死。雷在写给詹姆斯·桑德的信中,解释了这两种故事元素是如何交汇的:

> 一开始,我打算戏仿一个密室悬疑故事,不过写到中途就对此失去了兴趣,转而被另一个想法摄住:所谓的奇迹永远都是陷阱。31

这封信将这个故事和雷的其他作品联系起来。他的小说探索的

---

① 小小的灰色细胞,语出阿加莎·克里斯蒂的《罗杰疑案》,不仅指大脑灰质部分,也喻指破解难题的探案能力。

② 三名男子在豪饮过后起誓要杀掉死神。他们出发寻找他,并询问一位老者该怎么才能找到死神。老者告诉他们,想要见到死神的话,他们得在附近找到一棵老橡树。结果,他们在橡树附近发现了一堆金币,很快就将誓言忘得一干二净。他们抽签决定派谁去买面包和红酒,当中签的人离开后,留在原地的两人立即商议将他杀死,并平分他那一部分金币。当中签的人回来的时候,另外两人立即发动攻击,将他击毙,并大吃大喝庆祝。不幸的是,面包和红酒都已经被下了毒,两人随即中毒身亡。这三名男子确实因此找到了死神。——原注

是洛杉矶的形象和现实之间的差距。在《小妹妹》等作品中,各路角色因为洛杉矶不可思议的富足而受其吸引,很快又深陷其永不知足的奴役之中,他们的命运同被隐身的奇迹所困的佩蒂格鲁如出一辙。

《宾格教授的鼻烟》在雷的短篇小说中是上乘之作。他精准地控制了这篇故事的叙事,这一点使得它判然有别于雷早期的犯罪故事作品。与它最接近的是《黄铜门》,因为两篇故事都有着奇幻的主题。不过,雷在创作的过程中曾遭遇一道障碍,它也解释了为什么一开始带有滑稽色彩的构思最终会演变成完全不同的故事:

> ……优秀的奇幻故事少之又少,个中缘由再明显不过,奇幻故事几乎没有回转的余地。一旦你把故事设定悉数讲明,你就几乎无路可走了。[32]

雷懂得如何制造效果,也懂得如何以自然主义风格描写超自然的事物,可真的运用奇幻元素时,他却发现自己不知道该怎么铺陈叙事。《宾格教授的鼻烟》是雷的第二篇幻想故事,也是他在这一类型上的封笔之作。尽管自 1939 年起,他就一直有着创作此类作品的意图,但是他从来不曾写出能让自己满意的作品,所以这个类型也就被他塞进了抽屉,从此不再碰触。

写这部短篇作品的时候,他也没有忘记长篇小说。1951 年 2 月,他只有零星的进展。就在那个月,一位多产的英国作家 J. B. 普里斯特利[J. B. Priestley,如今他最为大众所熟知的大约是其剧作《罪恶之家》(An Inspector Calls)]到访,像雷这种性格的人必然被这次到访所惹恼。

1951 年,普里斯特利的妻子简已然发觉他们的夫妻关系出了问题，不过当时她还不知道丈夫和女作家雅克塔·霍克斯（Jacquetta Hawkes）有染。普里斯特利兴许是想逃离这个不幸福的家，于是离开了英国，向西到了墨西哥的瓜达拉哈拉，在那里给雷发去电报，询问是否可以登门拜访。普里斯特利和雷都是哈米什·汉密尔顿的密友，也正是他介绍两人相识的。雷其实并非好客之人，却也亲自去墨西哥的蒂华纳市接普里斯特利。他驾驶着奥尔兹莫比尔牌汽车来到边境，也许路途中发现这趟旅程可以为新小说搜集材料。普里斯特利上车后没多久，就礼貌而面带笑容地告诉雷，自己喜欢雷的小说，却认为他应该尝试写点不包含谋杀元素的作品。雷默不作声，但实际上生气了，这段回家的旅程漫长且令人不快。

雷先是将普里斯特利带到酒店入住，然后领回家中，交谈一段时间后，他发现这位来自英格兰北部的作家是个说起话来滔滔不绝的家伙。由于茜茜身体有恙、卧床不起，普里斯特利那闭不上的嘴巴就更惹人厌烦了。普里斯特利口若悬河之际，雷似乎一直都很安静，这让普里斯特利颇为沮丧。第二天晚上，雷将访客带到附近一位朋友的家，告诉他说，在那里他可以见到"我们这座城市里几个还算聪明的人"[33]。

雷似乎得以掩盖了负面情绪。尽管普里斯特利对犯罪小说发表过居高临下的言论，雷却说他是个"讨人喜欢、待人亲切的家伙"[34]，至少他对汉密尔顿是这么说的。普里斯特利玩得很开心。不过这位客人离去之后，雷总算松了口气：

> 这位英国小说家、剧作家J. B. 普里斯特利的突然来访，害我直到现在都还有些晕乎。我为此浪费了不少时间，也花了不少钱，可是除了礼貌周到地接待了我英国出版商的朋友，因此带来

一点点满足感以外,我也不知道自己从中获得了什么。[35]

然而,这实际上是成功的代价。雷在英国受到许多读者的喜爱,也难怪有许多人会想登门拜访。可他是个性喜安静的人,缺乏待客的耐心,也没有相应的品性。况且,他对茜茜有着极强的保护欲。因此,他的家从来都不欢迎访客,那些突然侵入钱德勒家日常生活的人,通常都会打乱他的生活节奏。

所以普里斯特利离开后,雷确实松了口气,在朱厄妮塔·梅西克的帮助下,他又开始规律地写作,集中精神创作小说。然而,茜茜的健康状况持续恶化,9月,事态突然严重起来。她比平时更感觉疲劳,下午茶的惯例也因妨碍到茜茜的午睡而取消了。没多久,她便几乎终日待在房间里。她开始埋首阅读,尽管并非侦探小说迷,却连雷的朋友借给雷的悬疑小说都看。有时候"由于状态不佳"[36],她就会读得很慢,雷目睹这样的场景想必心如刀割。茜茜的这番变化也彻底改变了雷的生活节奏。由于茜茜不良于行,而且家里没了女佣(钱德勒夫妇换过很多女佣,总是抱怨她们没什么用,我们不禁好奇,这些女佣是否也讨厌她们的雇主),雷就不得不自己做家务。他会每天早上8点起床,准备两份早餐,到10点时必须吃完收拾好。然后他会进入书房,试图写点东西。(他在便签里告诉梅西克:"说实话,写不了多少东西,但就目前的情况而言,我大概也只能写这么多了。"[37])下午的时候,他会去商店和市场做些采购,相对而言,这倒不成什么问题,因为他本来就不喜欢在下午工作。然后就到了晚餐时分。雷挺会做菜,但是烹饪总要花去不少时间,而这些时间本来可以用于写作。

晚餐过后,茜茜回到床上休息,雷则要收拾厨房。屋子渐渐安静下来,但雷的心绪却不得安宁:

> 茜茜已经没有了精气神,我不得不面对这个事实……她再也
> 恢复不到往昔的状态。而且我敢说,虽然我们从不谈及此事,她
> 其实心里有数。[38]

这种感受沉沉地压在他的心头。他们之间仿佛有一种无言的默契,坚决否认茜茜行将就木的确凿现实。雷陷入了可怕的境地:他心痛难忍,却又不能将心里的感受透露给他最心爱的女人,而在过去,他会向她倾诉所有忧虑。

当夏去秋来,他向最亲密的朋友们打开了心扉。有趣的是,在这些得知雷心中苦闷的人当中,竟然有哈米什·汉密尔顿。尽管雷曾在一封信中写过,“杰米,我将你视作密友”[39],但我们仍需铭记,他们俩从未在现实中见过面。即便如此,雷还是将那些没法对其他人说的掏心话告诉了汉密尔顿:

> 茜茜咳嗽不止,只能靠药物压住,而这些药物夺走了她的生命力。那不是肺结核,也不是癌变,但恐怕是一种慢性疾病,只会渐渐恶化而不会好转。她已经没有了气力,而且因其乐天的性情和顽强的意志,她已经拼搏到筋疲力尽的地步了。我害怕,我明白她也害怕,虽然我们试着避开这一话题——她逐渐病入膏肓了。[40]

从这封信中,我们还是看得出来,茜茜无法避免的衰弱是雷不愿面对的问题。他承认感受到了“绝望的冰冷”[41]。他所熟知的世界正在发生变化,变局也触动他思考自身的处境。依旧是在这封写给汉密尔顿的信中,他坦言自己对于业已取得的成就并不确定:

　　每一代作者中总有些人未发挥自己所有的才能,他们似乎永远都无法将自己的想法付诸纸面,他们取得的成就总是包含极大的偶然性。他们通常(倒也不是全部)起步太晚,而且有着过于成熟的批判意识……我猜我大概就属于这类人。我所取得的物质成功足以使我看穿这一切,但我又没足够的使命感,让我觉得自己的作品那么重要。

这也不是雷第一次怀疑自己的作品,但他的语气中从未弥漫着如此强烈的失败感。他开始思索自己是不是错失了什么,至于具体是什么,他又不能确定。关于 F. 司各特·菲茨杰拉德,他曾在一封信中表达过类似的看法,结合上面那段话,我们就能对这番看法有新的理解:

　　我认为他差一点点就能成为伟大的作家,个中缘由再明显不过了。如果穷小伙在大学时代就酗酒成性,那么他能取得菲茨杰拉德的成就已然是个奇迹。他具有文学中最难能可贵的品质,指称这一品质的词让我们看到其拥有者和凡人之间不可逾越的鸿沟,然而可惜的是,这个词已经被兜售化妆品的二道贩子给彻底糟蹋了。但我还是要说,这一品质叫魅力,这个词是济慈在运用它时所指的那个意思。如今谁还有这种品质? 它和漂亮的文字或清晰的风格都没有关系。那是一种克制的魔力,精巧而节制,只有优秀的弦乐四重奏乐团才能给你带来这种体验。是啊,如今你还能去哪里寻找呢?[42]

当然了,这段话实际上讲的是雷蒙德·钱德勒本人。早在 1950 年,他就担心自己成不了伟大的作家,只是到了 1951 年,他意识到自

己和茜茜终将走向生命的终点,于是回到这个话题,语气中多了一丝
绝望的意味。

为了从沮丧中走出来,他开始找寻方法振奋茜茜的精神。9月,他
领着茜茜来到圣巴巴拉市一座名叫"阿利萨尔"的度假农庄。虽然配
备了各种牛仔特色的设施,但那实际上是一家乡村旅店,游客可以在
那里享受到各种户外活动。钱德勒夫妇曾在洛杉矶的干燥气候和山
间相对凉爽潮湿的空气之间来回迁移,他们希望圣巴巴拉市相对干燥
的空气能够缓解茜茜止不住的咳嗽,让他们能够放松休养一段时间。
至少他们本来是这么设想的。可实际上,他们全程都气鼓鼓的,一点
都享受不来。钱德勒夫妇不仅觉得这整个假期都很乏味,而且很鄙夷
同行的加州有钱人,认为他们全都沉浸在关于西部的幻想中:

> ……女宾客吃早饭的时候身着嵌有铜铆钉的李维斯牛仔裤,
> 吃午饭的时候又戴起了围巾,穿起了短马靴和花衬衫,到了晚餐
> 的时候,有些人换上晚礼服,有些人则继续戴着围巾,穿着短马靴
> 和花衬衫。理想的围巾似乎要非常细才行,不能比马靴鞋带粗上
> 太多,围巾要穿过身前的金属环,垂挂在胸前的衬衫上。我没有
> 问过这套打扮是为了什么:我跟谁都没有那么熟。[43]

看来,雷又一次决定做个局外人。

从圣巴巴拉回来后,雷在外面新买了只猫,想用它哄茜茜开心。
那是只灰色的暹罗小猫,它抵达海滨大道 6005 号时只有几个星期大,
而且像大多数小猫咪那样野性未消。它在房子里自在地跑来跑去,在
适应这个家的过程中啃坏了家具,挠破了沙发,在钢琴腿上也留下了
爪印。尽管它似乎很喜爱钱德勒夫妇,但它野性难驯,让这对如今年

事已高的夫妇有点吃不消,于是雷只能怀着沉重的心情,将猫退还给猫舍老板。退还了这一只后,他决定换一只试试,于是买了只和塔基神似的黑色波斯猫,并给它取了相同的名字。雷在想方设法重新营造1932年的生活氛围,那个时候,整个世界仍旧敞开在雷的眼前,而茜茜也能紧握他的手,陪他一路前行。对于往昔的怀恋由茜茜的疾病所触发,尽管其中浸染着忧伤,雷却发现这种怀恋有时候能够给他带来灵感,并将他的沮丧心情灌注到作品中。

他动笔写新小说时野心很大,也不打算再让菲利普·马洛担任主角。实际上,它与雷从前的作品有着巨大的区别,它的叙事将采用第三人称。他认为,这是他写出梦寐以求的伟大作品的最后一次机会。1951年5月①,雷写信告诉哈米什·汉密尔顿:

> 这本书的问题在于,我已经用第三人称写了一半,然后才意识到,我对这故事的主角没有丝毫兴趣。他只不过是个名字,所以恐怕我要重新开始,将这一重任委托给马洛先生,我可能会因此损失不少精彩的场面,因为它们发生在主角之外的地方。看来我是注定跟这家伙在一起了。没有他,我的创作就寸步难行。[44]

雷又一次被同一堵砖墙挡住了去路,不过这一次,他没有像过去那样将草稿全部抛弃,而是用马洛的视角将它重写了一遍。到了10月,他已经完成了小说的初稿,书名暂定为《艾德瓦利之夏》(*Summer in Idle Valley*)。书还远远没有定稿,但至少在1951年,他有点拿得出手的东西了。他致信文学代理人卡尔·勃兰特,解释道:

---

① 书后注释44中的日期是1951年7月24日,两个日期有出入,应该是作者笔误。

> 这本书(《漫长的告别》)的创作过程非常艰难,我已经写了足够多的页数,让小说初具雏形,但还得从头到尾修改一遍。最开始,我不知道我的笔会将我带向何方,写了一段时间后,我发现走错了地方。像我这样没法事先做好写作计划的作家,最怕的就是这样,我必须一边前行一边调整,试图从这堆稿纸中整理出思路。[45]

雷同过去一样,提笔写作的时候自己也没彻底理解剧情,如今必须削去文字的赘肉,才能令故事显现出来。对作品的反复修改,使得雷能够将茜茜的疾病给他带来的痛苦,以及他自身关于失却的感受融入小说。钱德勒创作《艾德瓦利之夏》时的心境与创作其他所有作品时都截然不同,这一心境也在终稿中显露出来。对于这部小说的创作,雷尤其谨慎,他没有让朱厄妮塔·梅西克帮忙(她通常会帮雷多打一份稿子备用),将所有人都排除在外,全凭自己完成了创作。他说自己"过去的热情已经消逝了"[46],意思其实是这部作品目前还太不完善,不能给别人看。如今,汉密尔顿以及雷的其他笔友都很熟悉他的这种说辞了,他们并没有意识到,这一次他之所以紧紧地捂着这本书,是因为比起以往,他对于这部作品要焦虑得多。他知道这部最新的作品将会不同——真正与众不同。此前的作品虽然也朝与众不同的方向努力,却因为硬汉小说类型的需求而最终受到约束。这部新小说虽然以马洛为主角,却不是悬疑故事,它将关注人与人之间的关系。

1952年初,雷不断地鞭策自己完成小说的写作。只有当小说完完整整地摆在面前时,他才能判断它是否真的有价值:

> 也许哪一天,我会突然醒来,体会到一种灰暗的可怕感觉,这

其实是潜意识在告诉我，我所做的一切是白费周折，又或者，我会看见一片相对温暖的光芒，那也是潜意识在告诉我，我至少超越了泛泛之辈。[47]

尽管他一直挂念茜茜的健康，他的创作却进展迅速，到 5 月初的时候，他已经改完了第二稿，书名也换成了我们耳熟能详的《漫长的告别》。改完后，他决定立即将它寄到勃兰特兄弟公司，交给卡尔·勃兰特和伯妮丝·鲍姆加腾。如今，雷和这两位文学代理人越走越近，也依赖他们的建议。他甚至考虑过将所有文字版权的业务都移交这家公司，这样他们就能直接将版权卖给英国的哈米什·汉密尔顿出版社，而无须经过伦敦的代理中介。他如此急切地将稿子寄到纽约，甚至承认自己在改完后并没有审读一遍，他向勃兰特和鲍姆加腾明示，需要他们的"评论和反对意见，诸如此类"[48]。毕竟，这部小说比他之前所有作品都更私人化，他很紧张，也急切地想同他人分享：

> 我循着自己的意愿写下了这部作品，如今的我已经能够做到这件事情。我并不在乎故事的谜题是否容易被人看穿，但我在乎人物，在乎我们栖居的这个腐败而古怪的世界，在乎那些诚实坦荡的人为何最后显得感情用事或者傻里傻气。[49]

可结果是，他的激动之情没过多久就被打消了。卡尔·勃兰特拿到稿子后，一口气读了一遍。尽管他觉得小说很好看，但他有一些顾虑，并告诉了鲍姆加腾。鲍姆加腾与勃兰特所见略同，于是在 1952 年 5 月 22 日，她写信将自己的所思所想告诉了雷：

《漫长的告别》在叙事节奏上有很大的变化，我和卡尔都立马察觉到了。它的优势明显，让您能够写出许多最为精彩的文字，也在真正意义上完成了角色的塑造，探索了角色的品格，也展现了他们各种行为的心理原因。

我们两人都全神贯注地读完了。卡尔更是从头到尾手不释卷。

我们唯一真正的担忧在于马洛自身的变化。硬汉作风是他最大的美德，可是在这部小说中，他却变成了一个近似基督的人物。您用深刻的理解赋予他必要的孤立无援的境地，并让马洛无比珍视一位对他别无所求的朋友，但是从这个角色身上，我们却辨识不出我们熟悉的那个马洛。我能理解他被一份出人意表的友谊深深打动，但我不能相信他竟是个多愁善感之人。我们觉得，马洛本人也会在整部小说中对自己的软弱感到蹊跷，并且时常嘲笑它，也嘲笑自己。[50]

这封信还对剧情的几个细节要素提出了质疑，比如特里为什么性无能，以及故事里的漂亮姑娘是不是太多了点。这些都是小问题，真正要紧的是马洛的变化。此外，鲍姆加腾还认为，这份手稿最好还要送给戴尔·沃伦，看看他有什么意见。很显然，她认为自己只是指出了稿件的一个缺点，并不认为这是个多么可怕的问题。

寄出这封信的时候，伯妮丝·鲍姆加腾以为自己在用逆耳忠言诚心地回应雷的请求。她大概完全没有料到，雷会为此多么恼火。雷在信中写道，收到这封信犹如被人"扇了一耳光"[51]。虽然这些评论完全是他自找的，但他还是因此受到了严重的打击。他立即给勃兰特兄弟公司发去电报，要求他们不要复制手稿。几天后，他又寄去一封信，自

责不该为了尽快摆脱这本书,而在尚未成熟的时候就将稿子寄给别人。一开始,他似乎认为勃兰特和鲍姆加腾的建议也许有几分道理:

> 我知道马洛变了,但我认为他非变不可,因为经过这些年,所谓的硬汉题材早已变成娇揉造作的东西。[52]

不过他的话中也有些怀疑的成分:"在我看来,不管可能性多么微弱,也有可能是你们错了。"[53]在差不多相同的时候,他也给哈米什·汉密尔顿去了封信,向他解释自己为什么一时半会儿没法给他寄新手稿了:

> 这本书的手稿被我留在手里,要继续修改……我之所以这么做,是因为伯妮丝向我提出了一些批评意见,卡尔·勃兰特也持有相同的看法。如果这些批评言之有理,那么打击将是毁灭性的,如果他们说得不对,那么这些批评将是不可忍受的。当然了,他们大概是对的吧。马洛这个角色变得"近似基督",变得多愁善感,而他本人也应当在整部小说中嘲笑自己的儿女情长,他们大概就是这个意思。[54]

雷似乎既接受了勃兰特兄弟公司的批评意见,又对其有所怀疑。这可能是因为,在写完最后一个单词后,他并未将其重读一遍,而是径直寄到了纽约,他对这么行事的自己有些失望和懊恼。不过在 6 月初,他终于将稿子过了一遍,这使得他精神大振。他写信告诉哈米什·汉密尔顿:

实际上,心情舒畅多了。我自己也很惭愧,我寄到东部的稿子(即《漫长的告别》)不过是校对了错别字的初稿。伯妮丝提出的大多数问题,我本来就会在修改时调整,还改了许多她压根儿就没看出来的问题。不过我认为,她提出的个别意见实在够愚蠢。我还是不太能接受她关于马洛近似基督的说法,也不能接受她说硬汉时代的马洛会嘲笑他如今的多愁善感。我认为她说得不对。[55]

雷的意思明白无误:他认为勃兰特和鲍姆加腾的判断有问题。在他看来,勃兰特不过是公司"挂名的负责人而已,他的文学标准只有系列小说的高度"[56]尽管他没有任何具体的事情可以用来指责伯妮丝,但他用神神秘秘的口吻写道:"出于各种各样的原因,那边有许多暗涌。"[57]

这段经历促使雷决定把自己未来所有的文字代理业务从这家公司收回。先前的失望和懊恼显然已经转变为蔑视。他过去常常这样,令他显得过于高傲,疏远了那些原本可以交朋友的人。他并不会顺从地接受别人的意见,只是表面上采纳它,将其内化,忍受它的噬咬,最后变成仇恨。此时的他并不急于解雇勃兰特,却坚持认为他们没能准确地把握马洛在性格上的转变:

至于马洛这个角色,我也许错了,但我在写这部小说的时候参照的是我自己的意愿,而不是别人觉得我该怎么写。我想多数作家在职业生涯中都以某种形式遭遇过一件具有讽刺性的事情,那就是他们有些作品在出版时几乎无人问津,等到这些作品慢慢积累了名气,又会变成人们衡量他们后期作品的准绳,而赞扬这些作品的人中恰恰有一些是在作品刚出版时无法慧眼识珠的。[58]

雷感到,勃兰特兄弟公司不了解他,不清楚他是怎样的作家,这样的误解是他无法饶恕的。这般自我防备向我们展现出雷的一个核心特质:他完全无法应对别人的批评意见,尤其糟糕的是,他理解不了那些被他当作朋友的人为什么不能对他想要呈现的东西感同身受,这实际上是一种不与人为善的处世之道,往往会令他陷入孤绝的境地。他总是偏爱书信这种沟通方式,但这种方式并不能有效地传达出写信人的所思所想,也没法将他的意愿交代清楚。更何况,尽管他将商业伙伴视作朋友,但对方不一定这么想。霍顿·米夫林出版社的编辑保罗·布鲁克斯(Paul Brooks)就曾因为没有回 封信而无意间让雷感到失望:

> 我写信给他并不要求回信,也确实没收到回信,可是在那个时候,简短的几句鼓励和推心置腹之言就能温柔地宽慰我的心灵。[59]

这句话中也许有反讽的意味,但毫无疑问也表达出雷的真情实感。他总是投入一厢情愿的友谊中,到最后发现自己跟马洛一样,几乎成为彻头彻尾的独行侠。

雷觉得应该将这部作品搁置一旁,冷静一段时间。他明白它仍有瑕疵,但也知道自己写出了一部杰作。他需要一定空间,重新对其进行恰当的思考。于是,他终于拾起了他和茜茜已有多年的想法:他们俩终于要将那个规划已久的方案付诸实践了,他们要去伦敦旅行了。

想要成行并不容易。那个时代还没有跨大西洋的商业航班,雷和茜茜必须走海路。他们在瑞典船只"圭亚那号"[60]上订了位置，从洛杉矶登船，经过巴拿马运河抵达不列颠。"圭亚那号"既是客船也是货船，所以航行中曾短暂地停靠过加勒比海的许多小港口。这段旅行漫长得令人痛苦。他们甚至无法确定抵达伦敦的具体日期，只知道要花三个星期左右的时间，在1952年8月20日前后上岸。由于对加勒比海沿岸的气候缺乏了解，钱德勒夫妇虽然带了十个行李箱，却没有为加勒比海港口的湿热气候准备衣物。所以当船只途经巴哈马群岛时，他们身上穿着在英国才用得上的粗花呢厚毛衣，栖身于配备空调的船腹中。除此之外，旅行还算怡人。雷在大部分时间里要么读书，要么睡觉。

雷在信中向伦敦的朋友咨询过许多问题，酒店是其中频频出现的话题，几经取舍后，他在梅费尔区离格罗夫纳广场不远的地方，预订了一家名叫"康诺特"的酒店。他理想中的酒店房间在客厅区域要有一张沙发床，这样他和茜茜就能像在家里一样分开睡觉，但是这种房间价位实在太高，所以尽管两人已经分房睡了许多年，这一次他们只能住在同一个房间里。茜茜咳得很厉害也很频繁，雷的睡眠本来就不深，所以他恐怕休息得不太好。

尽管康诺特已经是伦敦顶级的酒店，里面也住着许多来自大洋彼岸的游客，但是雷对这家酒店不甚满意。房间价格昂贵，但舒适程度不及预期，酒店员工也频频惹他不快。他们刚住下，第一次出门的时候想招一辆的士，可是门卫不允许司机将车停在马路牙子上。结果茜茜在上车的时候绊了一下，跌进车里，腿部挫伤，伤得还挺厉害，需要立即绑绷带处理。可是茜茜和雷都没有意识到这一下有这么严重，还是出发去伦敦城区，结果余下的旅程里，茜茜走路都一瘸一拐的。

从一开始，雷的情绪就很阴郁。这本该是一次终生难忘的旅行，却总是被各种频发的小问题搅局。伦敦的风俗和洛杉矶大为不同,雷收到哈米什·汉密尔顿的晚宴邀请,并被告知要穿晚礼服时,他被吓了一跳。钱德勒夫妇并没有料到他们需要为如此讲究、正式的场合准备服装,尽管汉密尔顿也很愿意把晚宴安排得随意一些,雷却开始担心,这位东道主要是遭遇来自南加州的随性,多少会有些失望。这件事对钱德勒来说尤为重要,因为他在书信往来中明确表示过,虽然他现在是个美国人,但他内心深处仍旧是公立学校的男生,并为自己深谙礼节规范而感到自豪。至少对他来说,陷入这般尴尬的境地是件很糟糕的事情。除此之外,这件事可能还令他回想起自己刚到达利奇学院,没法融入校园生活,还是个懵懂少年的尴尬时光。为了弥补自己的失算,他带着茜茜夫邦德街购物,购买适合她穿的优雅礼服,可是找了几个小时后(这本身也不是件容易的事),他们还是遍寻不着合适的服饰。每件衣服要么不合身,要么不够档次,在晚宴就要开始的一个小时前,雷只好打电话给汉密尔顿,说他们俩没法赶赴这顿晚宴。在最后时刻被座上宾放了鸽子,汉密尔顿显然有些失望,建议他独自赴宴,而雷觉得汉密尔顿此言不可理喻,为什么会有人觉得他可以抛下茜茜独自前往呢?到最后晚宴还是照常举行了,对汉密尔顿来说,虽然已经在书信往来中熟识了这位朋友,但是以这样的方式初次相逢还真是挺特别的。

在雷眼中,他自己依旧是个自信、聪慧的公立学校男生,他也特别想给朋友留下这种印象。一方面,他被英国讲究、正式的生活方式所吸引,另一方面,他也想对其加以嘲讽。在他看来,一个富有智慧的人唯一可能的反应便是对自己享有的特权加以抨击。可实际上,他只是又一次变成了局外人。钱德勒夫妇还参加了由《GO 杂志》(GO Magazine)主编伦纳德·罗素(Leonard Russell,《宾格教授的鼻烟》的英国版就是由他刊登的）以及他太太迪莉斯·鲍威尔［Dilys Powell，《星期日泰晤士报》(Sunday Times)影评家］举行的晚宴。雷颇为享受地向茜茜解释英国的传统：晚餐过后，女士们都要出门，将男士们留在房间里。迪莉斯·鲍威尔以为茜茜懂得这个习俗，等时候到了就跟她使眼色。可是茜茜假装没注意。雷发现这个情况后就拍了拍手吸引茜茜的注意，站起来大喊道："茜茜，注意一下！"鲍威尔记述道，女士们都离开房间后：

> 我们慢悠悠地往外走的时候，他（雷）又补充了一句，"这是英国的老习俗"，一副洋洋自得的模样。[61]

雷一面小心翼翼地行事，避开社交礼节中的暗礁，一面又坚持要去哈米什·汉密尔顿出版社的仓库走一圈，同工作人员聊聊天，玩几把飞镖。他希望给人留下和蔼可亲的印象，而不是让人觉得他是个高高在上的作家。这也许有点虚伪，但是雷认为这些事情都是像他这样的人应当做的。

在这趟旅行中，雷最喜欢的人莫过于哈米什·汉密尔顿的助手罗杰·梅切尔（Roger Machell）。他在给故友威廉·汤恩德的信中详细地写道：

> ……我想我们最喜欢罗杰·梅切尔，他是杰米·汉密尔顿手下的主管，是个矮矮胖胖、性格开朗的家伙，不仅幽默感很好，而且有着近乎本能的礼貌和分寸，除了真正的贵族以外，你很难在其他人身上看到这种品质……他是维多利亚女王的曾甥孙……他的母亲……就住在圣詹姆斯官。他曾在战争中受过重伤，不过

他都拿这件事来开玩笑。他觉得像他这样的人,只有受了伤,才可以在法国酒吧里打电话回伦敦……他的性格有着一种纯粹的魔力,他的幽默和自嘲永远都是那么恰如其分……[62]

虽然雷和梅切尔的出身相差甚远,但他并不在乎,而这些品质显然正是他希望能在自己身上展现出来的。这封信的收信人是他达利奇学院的校友,从这一点上我们也能看出一些端倪,因为校友最能理解他对于上层阶级及其礼仪的迷恋。

在这趟伦敦之旅中,雷处处护着茜茜。迪莉斯·鲍威尔感觉到,由于茜茜的笨拙,雷在晚宴上总是表现出很强的保护欲。此时的茜茜变得越发虚弱,就算腿没有意外受伤,伦敦之行对她来说也丝毫不轻松。鲍威尔将她比作"一抹淡到几乎没法察觉的苍白颜色",她不禁想知道,茜茜是否在利用其高龄,让雷始终不敢离开她的左右:

……我想我在她身上觉察到某种乞怜的气质,为她的高龄乞怜,为她羸弱的身体乞怜,也为她逐渐熄灭的活力乞怜。[63]

如果当真如此,那么茜茜的方法确实奏效了。雷的全部精神都扑在妻子身上,不论多么短暂,都不肯离开她身旁。从这个侧面,我们可以看到雷身上满溢的人性光辉。无论他多么想给来来往往的人留下深刻的印象,他首先要时时陪伴妻子,而保护好她也始终是此行的第一要务。

雷在英国很受读者大众的尊敬,这件事出乎他的意料。他在信中告诉保罗·布鲁克斯:"在英国,我是作家。而在美国,我不过是个悬疑小说家。我也说不清这是为什么。"[64]尽管马洛完全是个美式英雄,但是对英国读者来说，他同时也代表了他们自身同美国的牵绊和挣扎。这里我们首先要了解，在 20 世纪 50 年代，英国人对美国抱着复杂的态度。人们普遍认为，要是没有美国出手相助，英国可能会倒在纳粹的铁蹄之下；而且美国也已经取代战前的英国，成了世界强国，如今的英国只是美国的穷表亲罢了。不仅如此，英国的制造业恢复速度缓慢，美国的商品则连带着美国文化如潮水一般涌来。商业和文化的入侵，加上美国军队在战争中的出色表现，都给英国文化带来了深陷泥潭的实感。英国读者纷纷寻找英雄，有些人最后就找到了菲利普·马洛。马洛尽管是美国人，但敢于反抗美国最可怕的罪犯：富人。他也许被有钱有权的人击倒或践踏，但他永远都不会放弃，也不会让自己的道德准则遭到腐蚀。马洛会为了渺小平凡的人——比如小说中的哈利·琼斯和默尔·戴维斯——而奋起反抗那些位高权重的人。这一道德准则具有鲜明的英国特色，虽然许多读者一开始没有意识到这一点，但他们还是将菲利普·马洛视作抵抗美式行为准则和无节制的资本主义的英雄榜样。所以也难怪，马洛会成为詹姆斯·邦德的一大灵感来源。邦德便是一位代表英国利益的英雄人物，为英国读者找回了往昔的自豪感。

虽然身为作家得到人们的尊重对雷而言是件重要的事情，但众星捧月的感受并没有给他带来快乐，反倒让他愤懑而无所适从。他在酒店住得不开心，有人作陪时也没法放松心情。在接受记者采访时，他毫不避讳地说道："你知道吗，我不喜欢这种事情，换作是你呢？"[65]他的大多数朋友似乎都注意到了，他常常会在聊天的过程中露出一副愁容。其中部分原因在于，他是个天性害羞之人，只要处于聚光灯下就会不自在。为了克服该问题，雷会适度饮酒，不过考虑到配给制度，他也担心在英国可能会买不到酒，所以在出发前就将一箱苏格兰威士忌和琴酒运到了康诺特酒店。在赴伦敦前,他极少谈及饮酒之事,不过到了伦敦后,他喝得要比在家里多一些,也许男人出门度假,总归要喝一点。他在伦敦出席的多数场合都会饮酒,迪莉斯·鲍威尔观察到,他很是享受她家晚宴的"饮酒"习俗。不过,虽然在英国文化里,酗酒也是常态,但只要有别人在场,雷似乎并未喝得失态过。很久以前,酒就是雷人生中的常客,但是至少在这个时期,它没有造成负面问题。

在伦敦待了近两个月后,终于到了回家的时候。1952 年 10 月,雷和茜茜踏上了"毛里塔尼亚号",动身返回美国。这一程,他们不想绕远路回洛杉矶了,而是选择在纽约上岸,不过旅途也不太愉快。雷将"毛里塔尼亚号"比作一间"该死的漂浮旅店"[66],也许是因为他回想起康诺特酒店的糟糕体验。抵达纽约的时候,海关弄丢了钱德勒夫妇十件行李中的一件,夫妇俩等了整整一个半小时,雷从来没有这么生气过。到最后行李才被找到,可是海关连句抱歉的话都没说。这件事为他们在纽约余下的几天定下了基调。雷厌恶这座城市,茜茜对它的厌恶之情则有过之而无不及。如果说伦敦之行是一场挑战的话,那么纽约带来的挑战只会更加严峻,雷尤其厌烦纽约那些"蛮横、肮脏的"[67]的士司机。戴尔·沃伦从波士顿赶来与雷见面,虽然和这位作家吃饭的时候偶尔会尴尬,但他还是挺享受这次会面的。卡尔·勃兰特的公司虽然位于纽约,卡尔却没有受到雷的邀请;雷甚至都没告诉他自己正在纽约。直到沃伦不经意地提起钱德勒夫妇正逗留纽约,勃兰特才得知他们的行踪,而此时为时已晚,他们俩已经坐上了返回加利福尼亚的火车。

到最后,这趟旅程只是证明了如今的雷和茜茜身子骨都非常虚弱,也证明了他们俩都不习惯陌生人的陪伴。回到美国后,雷寄给哈米什·汉密尔顿的最初几封信充满了歉意,为自己无意间令这位出版人受到的各种怠慢而致歉。雷想必知道，自己的各种举止完全称不上典范。他声称茜茜玩得很开心，从某种意义上来说这话也没错，只是这段旅程的代价很大，她的健康状况再度受到了重创。

回到拉霍亚之后，雷决定做出一些变动。首先，他要踹掉勃兰特兄弟公司。实际上那年年初，他就已经打定了主意，他越是想到他们对于《漫长的告别》初稿的评价，就越是感到气愤。他用一句话的电报取消了合同。卡尔·勃兰特想必早已料到这个结局。他知道雷是个很难相处的作者，而且他也承认，伯妮丝·鲍姆加腾答复雷的那封信完全是个错误。即便如此，失去雷这样的客户定然会令他感到失落。雷则在1952年2月的《大西洋》上发表了一篇题作《你生命的十分之一》（"Ten Per Cent of Your Life"）的文章，明确了他对于文学代理人的看法。他明白文学代理人在某些方面有其价值，毕竟没有这些"地陪"的话，出版业的世界就太过庞杂了，但是就算他们从中斡旋，做了很多事情，"文学代理人也创造不了任何东西，生产不了任何东西，贡献不了任何东西"[68]。这一事实使得他对文学代理人的整个行业产生了怀疑。更何况，作为"经纪人"，他们不得不追求最高的出价，但这并不意味着报价方就最适合他们的作家。除此之外，任何产业，尤其是好莱坞，一旦聚敛起钱财，就必然会导致某种形式的腐败。钱德勒用感性的笔触道出了这些疑虑，表明他在对文学代理人的选择上变得慎之又慎，所以难怪他选择越过文学代理人，直接同英国的哈米什·汉密尔顿出版社以及美国的霍顿·米夫林出版社合作。斯旺森负责图书以外的版权代理工作，哈米什·汉密尔顿则帮忙照顾欧洲和英联邦的翻译版权。雷如今将版权事务都收回到自己手中。

他的第二项重大决定是无视鲍姆加腾的很多修改意见，沉下心来，一幕幕地重写这部小说，为他想要表达的东西寻找新的方式。

1953年年中,他完成了重写工作,并将第一部分寄给了戴尔·沃伦与哈米什·汉密尔顿。两人的回信中都充溢着激动之情,等不及想看余下的内容。他们和雷一样明白,这将会是一部特别的作品。

为了理解雷在《漫长的告别》中试图实现的抱负,我们有必要先考察这本书的整体基调。它并非惊险小说,也不是悬疑故事,尽管他的早期作品也曾刻意拒绝这些分类,但比起《漫长的告别》,它们还是更容易被归入这些类型的小说中。这部小说包含了两条故事线索。首先是马洛与曾在英国陆军服役的加拿大人特里·伦诺克斯的相逢,以及他们短暂的友谊。可是,当伦诺克斯的妻子西尔维娅遭人杀害,而伦诺克斯突然出现在马洛家门前,央求他将自己送到墨西哥时,这条故事线索就戛然而止了。答应伸出援手的马洛在回到洛杉矶的时候,因妨碍警方调查而被捕。几天后,他听闻了伦诺克斯自杀身亡的消息。第二条故事线索聚焦于作家罗杰·韦德,他是位功成名就却酗酒成性的小说家,有个名叫艾琳的美貌妻子。艾琳绝望地寻求马洛的帮助,因为韦德总是习惯性地不见踪影。随着小说的发展,我们发现这两条故事线索相互交织,伦诺克斯和韦德都生活在艾德瓦利,尽管马洛试图挣脱,但最后他还是被卷入了这个古怪的世界中。

我们必须注意到一点,这部小说与雷之前的作品有着一项重大区别:故事最为核心的谋杀案——西尔维娅的遇害——发生在故事舞台之外。尽管马洛得知她遇害的消息,但他并没有见到尸体,也没有对其展开调查。直到马洛发觉罗杰·韦德与这桩谋杀案有关之后,他才开始探究其中的复杂关联。在雷之前的作品中,马洛扮演着调查者的角色:他置身事外地探究他人的生活。然而在《漫长的告别》中,他被卷入悬案,案情的发展牵动着他的心绪。

对于雷来说,这一改变不可谓不重大。在传统侦探小说中,侦探本人不会被他目睹的事件所影响。雷虽然从一开始就不曾遵循这一惯例(比方在《长眠不醒》中,马洛在经历整个故事后,突然有了犯罪小说中不曾出现过的顿悟),但是在《漫长的告别》中,马洛不仅被事件所影响,而且他本人便是整个故事的核心。与特里·伦诺克斯的相识打乱了马洛原有的生活节奏,并且使他以一个全新的视角看待世界。马洛与他人产生了感情,他过去是做不到这点的,伦诺克斯的离去令这一短暂的经历戛然而止,马洛仿佛失去了亲人。不过,当伦诺克斯在小说结尾处再次现身的时候,我们可以察觉到马洛的变化有多大:他彻底地意识到,他不仅在这个世界上是孤身一人,而且他曾以为自己获得的情谊实际上只是一场错觉。在《漫长的告别》的最后几页,马洛关于交情,或确切说是关于真正友谊的希望破灭了。在马洛眼中,特里跟他有着相同的世界观:

> 你很优雅,也很有涵养,却有什么东西不太对劲。你高标准地要求自己,并且全力以赴地达成。但是它们只关涉自身,同伦理和良知都没有任何关系。

这些话本可以用到马洛身上,两人在这方面的相似之处曾使得他们惺惺相惜。但是伦诺克斯的离去以及他后来的想法——自己的行为导致他人死亡,他却依旧认为可以收买马洛——意味着,他和马洛之间的友谊是马洛不可能容忍的。对马洛而言,这段友谊属于"另外两个家伙"[69],而他已经跟那个特里,那个他了解并喜爱的特里告别了:

> 我不会同你告别,只有当它别有所指时,我才会这么做。真到告别的时候,那会是悲伤、孤独、最后的告别。

于是,马洛又抱着遗憾,陷入孤身一人的境地,并且完全明白,正是他的选择让他走到了这一步。这本书的倒数第二段总结道:

> 我看着门关上。我听着他的脚步声沿着人造大理石的走廊渐行渐远。没过多久,声音逐渐微弱,直至沉寂。可我还在侧耳倾听。这是为了什么?难道我希望他突然停下脚步,转身回来,同我说话,让我好受些?得了,他没有这么做。那是我最后一次见到他。

马洛有他孤独的一面,正是那一面的他希望伦诺克斯能转身回来,可是到最后,还是他的良知占了上风。他知道只能依靠自己,也明白是自己的选择让他走到了这一步,他对自己做了正确的事感到心满意足。

在此前的作品中,马洛的良知和行动从来没有这样显露出来,也从未得到这样的分析。雷知道自己必须谨慎地踏出每一步,这也是为什么,当伯妮丝·鲍姆加腾评论说马洛"近似基督"时,她的话给雷带来了巨大的打击。从某种程度上来说,雷虽然不愿采纳这种说法,但他确实希望马洛能像基督一样。他希望马洛能够被违背本能、避无可避的结局所感召;他希望马洛能遭人背叛,并明白其中的缘由。马洛是个骑士,即使是在考验最为严酷的时刻,他也会毫不动摇地坚持荣誉准则。雷意识到,如果用惯常的手法去处理,许多读者会难以理解马洛所陷入的处境,所以雷就接受了挑战,揭示出马洛的内心动机和思考方式。这位荣誉的殉道者当然也是雷对自身的想象。

然而,马洛并非驱动《漫长的告别》这部杰作的唯一引擎。伦诺克斯和罗杰·韦德也是它的关键组成部分。这两个角色的构思缜密,完全不逊于之前作品中的斯特恩伍德将军、伊丽莎白·默多克和奥法梅·奎斯特，而且他们有更为出色的部分。伦诺克斯和韦德都脱胎于雷本人性格的不同侧面。伦诺克斯和雷一样，都在加拿大军队服过兵役，尽管他们参加的是不同的战争，却都曾为英国而战；韦德是个酒鬼，而且在喝醉的时候下笔如神，这和过去的雷如出一辙。在作家和他笔下角色之间建立关联总是一件危险的事情，但在这里，雷显然是有意识地探索本真的自我，所以将自己的性格特点分给了他的主要人物。正是这一点使得这本书充盈着澎湃的能量。我们尤其能从雷对于罗杰·韦德的审视中，看出他对生活的妥协。

直接与霍顿·米夫林出版社接洽后，他向他们抛出的第一批问题中就有一个关系到书名。他喜欢《艾德瓦利之夏》，因为如果算上《漫长的告别》的话，他六部长篇小说中就有五部是以定冠词"The"开头了[1]，这是他想要避免的。但是，更具慧眼的人最后拿了主意：书名定为《漫长的告别》。

哈米什·汉密尔顿出版社想让这本书尽快上市，于是1953年秋天它便在英国出版了，霍顿·米夫林出版社则在1954年初推出了美国版。雷与哈米什·汉密尔顿出版社签订的合同仅仅向他支付250英镑预付金，但他实际收到的数字要更高一些，因为还包含读者预订图书的版税。即便如此，这笔收入也算不上丰厚，尤其是和他从电影行业赚来的钱相比。到1953年夏天，他已经明白自己无法光靠图书版税维持现在的生活标准。在过去的三年里，他已经数次减少生活开支了，包括不再给英国的朋友邮寄食品包。他开始挖掘其他收入渠

[1] 除了《漫长的告别》(*The Long Goodbye*)以外，还有《长眠不醒》(*The Big Sleep*)、《小妹妹》(*The Little Sister*)、《高窗》(*The High Window*)和《湖底女人》(*The Lady in the Lake*)。

道,包括推进电视和广播版本的改编。虽然《小妹妹》的连载曾经惹恼过他,但如今,他希望《漫长的告别》的连载能够对销售有所推动。当这些渠道越来越不可能赚到钱时,他觉得自己必须采取更为果决的行动,于是在 8 月,他决定不再雇用朱厄妮塔·梅西克。他将此事告诉梅西克的方式也很有个人特色,为了避免尴尬,他干脆写信告诉她这个消息。

《漫长的告别》在英国取得了不错的销售业绩,也获得了不少好评。《新政治家》(New Statesman)评价说:"他的行文有着上佳的韵律,而且他注入文字中的紧张感,会让其他惊险小说家都相形见绌,显得愚蠢又肤浅。"[70] 可是好评也不能拿来支付账单。况且除了经济,他还得时时顾虑茜茜,因为打从伦敦回来后,她就因为肠道问题而出入医院许多次了。雷自己的体重也掉得很快。医生告诉他,如今他有营养不良的状况,必须好好休息,好好吃饭。不过他好像并没有遵从医生的叮嘱,1953 年夏天,他常常抱怨感到疲劳,而且因为体重下降,不得不给皮带多打了两个孔。他如此这般是因为焦虑吗? 焦虑当然是其中一部分原因,但是早在 1945 年,在试图完成《蓝色大丽花》的剧本时,他就一度疯狂饮酒又不吃饭,因而不得不注射维生素。雷又开始酗酒了。

1953 年和 1954 年本该是好年头。《漫长的告别》出版后好评如潮,雷和茜茜本该为此庆祝一番,可是疾病让这一切都变得不可能了。雷在拉霍亚一天比一天消沉。他觉得那里的医生都没有水平,没法帮助茜茜恢复健康。每当要拍 X 光片的时候,雷都会特意跑到洛杉矶去。有些时候,茜茜连床都起不了。她稍微好些的时候,雷会开车带她出去兜兜风,一旦她感到稍许不适,就会立即回家。1954 年初,他们将自家的房子挂到市场上,开始认真地考虑离开此地,搬到法国南部去。就像此前的伦敦之行一样,雷写了数量繁多的信件,询问这一地区的情况。

1954 年 9 月,雷因为痛风而不慎摔断了脚趾骨。酗酒是痛风的发病原因之一。也许雷在用酒精与他心知肚明的一件事情搏斗:茜茜就在他眼前向着死亡飞奔而去,他却无能为力。

她的病情在 1954 年秋天急转直下,迅速恶化。到了这个阶段,她每天只能起来一小会儿,和雷吃个晚饭。下午茶早已被忘却。她的两肺已经纤维化,10 月,一位医生建议她用肾上腺皮质酮治疗,因为他手上有过几个成功的案例。雷希望这种疗法至少能够让她不用一直躺在床上。但是茜茜对药物反应不佳,连脑袋都开始糊涂了。她的记忆力受到了严重的影响,雷不得不按量给她配药,免得她总是忘记,服了一剂又一剂。当事实证明肾上腺皮质酮没有任何效果后,医生又开了另一种药:必须靠注射的促肾上腺皮质激素。这种药也没有效果,到月底的时候,她又因为肺炎住进了医院。由于服药剂量过大,茜茜的神智已经不太清楚了;她搞不懂自己为什么住进了医院,央求旁人将自己送回家。当雷和医生的口气软了下来,送她回家以后,她一开始似乎气色不错,但第二天就被送回医院。这一回,医生又尝试了一种名叫"萝芙木碱"的药,并告诉雷它会引发"欢欣症"[71]。医生希望这能让茜茜答应搬到疗养院去,但"萝芙木碱"似乎并没有产生多少效果,茜茜再次提出了回家的要求。

雷已经筋疲力尽了,必须仰赖茜茜的妹妹拉维尼娅和数位护工的帮助,才能支撑过这些漫长的日子。茜茜的咳嗽没有停过,她也没有办法靠自己解决大小便问题。12 月 7 日凌晨,茜茜突然出现在雷的卧室里。她不知道用什么办法绕过了护工,面色惨白,像个鬼魂一样站在那里。雷后来写道,直到这个时候,他才真正接受了她行将就木的事实。次日,他最后一次将茜茜送到医院。这个时候的她已经罩上了氧幕,但还是会从里面伸出手来,握着丈夫的手。她问丈夫:"这是你想要的吗?"[72]

12月12日上午,雷在家中接到医院打来的电话,告诉他茜茜已经奄奄一息了。幸好拉维尼娅和她儿子就在他身旁,他们"一路违反了所有交通规则"[73],开车将雷送到医院。他们赶到的时候,茜茜正卧在病床上:

> 他们已经拿走了氧幕,她正半睁着眼睛躺在那里。我想她已经走了。一个医生把听诊器放在她的心脏部位,仔细听着。没过多久,他退了几步,点了点头。我合上她的双眼,亲吻她,然后走开了。[74]

就在那一瞬间,雷的人生在战栗中突然停下了脚步。茜茜已不在人世,而那个用无法言表的方式爱着她的雷,如今真的变成孤家寡人了。

第十四章

"伴我做梦，在我身旁"

当茜茜的生命遁入虚无之境，雷自身的存在也开始失去焦点，变得岌岌可危。茜茜的过世彻底扰乱了雷的生活，令他分崩离析，从此再也没法重新振作起来。

　　茜茜刚过世的那段时间，他仰赖茜茜的妹妹拉维尼娅和她儿子的帮助。他们帮他安排了葬礼，把茜茜走后留下的头绪厘清。可是几天过后，他们就必须回洛杉矶了，留下雷孤身一人。吊唁信如潮水般涌来，给他带来了些许慰藉。他在一封信中写道：

　　　　三十年来，她是我心脏跳动的节奏。她是袅袅余音中微弱的乐音。[1]

　　现在的雷已经节俭了许多，但偶尔还是会打一通跨洋电话，跟哈米什·汉密尔顿说说话。雷还给他写了封诉说柔情的信，这位出版人后来跟朋友们分享过这封信：

　　　　……她是我的生命之光，是我的全部奢望。我做过的所有事情，不过是为她暖手的火。这便是我能诉说的全部。[2]

但通信能够带来的宽慰有限;他需要的不仅于此。茜茜死后,雷多数时光都形单影只,有时候他会强迫自己睡觉,就睡在茜茜的房间里。睡不着的时候,他会坐在客厅,喝着酒,听着她最爱的钢琴曲,希望这段音乐中残存的记忆能够引来睡眠,或至少令他麻木,不再感到痛苦。但一杯酒的量很快就不管用了,他开始醉到史无前例的地步。1955 年 2 月 8 日,雷用他通常的方式庆祝了他和茜茜的结婚纪念日,用红玫瑰装点了整个屋子,打开香槟开始豪饮。他喝得越多,就变得越阴郁。

他有好几次打电话给朋友,声称自己要寻短见。甚至远在伦敦的罗杰·梅切尔都接到过这样的电话。2 月 22 日,事态发展到最危急的地步,雷拨通了拉霍亚警察局长的电话,他告诉这位朋友,这一次他真的要践行自己说过的话了。在这段时间里,朱厄妮塔·梅西克一直都帮忙照顾他,在雷拨这通电话之前,她刚好来到他家,听到了这段对话。她想方设法让雷冷静下来,让他在电视机前坐下,然后去厨房煮咖啡。雷趁她不在的时候溜走了。当梅西克发现雷已经不见踪影的时候,警察局长派来探望的年轻警官正好赶到他家。梅西克就和他一起把屋子翻了个底朝天,却遍寻不着雷的身影。然后,他们听到一声枪响。声音从浴室传来。警官小心翼翼地靠近浴室,发现雷裹着浴帘,坐在浴缸里,试图将枪管塞到嘴巴里。第一枪打偏了,第二枪哑火了。警官及时赶到阻止了雷的第三次尝试。

雷醒来时躺在郡立医院的病床上,对于发生的一切只有模糊的记忆。他的自杀企图,很可能是他用各种方法呼唤朋友的回应失败后,发出的又一声求救的呼喊。他很幸运,那把枪旧了,弹药也有问题。大概过了一天,雷在《圣迭戈论坛报》的朋友、年轻的记者尼尔·摩根来医院探望他,发现他正处于绝望的境地。雷央求摩根帮他办理出院手续。摩根勉强同意了,但条件是雷必须住进靠近墨西哥边境的丘拉维斯塔市的疗养院,在那里恢复健康,并且把酒戒了。到了那里之后,他被锁在病房里,被注射各种药物。他们威胁要对他动用电休克疗法和胰岛素休克疗法。他觉得自己简直陷入了他小说中的场景,不过六天后,他总算脱身了。如果留在那里,他也许会得到充分的治疗,回到神志清醒的康庄大道上,不过那些极端的疗法也可能会造成严重的损伤。不管怎样,自杀的企图虽然第一次将他送进了医院,却没能带来他急需的帮助。

在逐渐康复的那段时间里,雷做出了一个决定:拉霍亚的这栋房子永远都会阴魂不散,笼罩着茜茜的气息,所以他必须搬出去。他住进了一家不大的汽车旅馆,然后把房子挂到市场上出售。完成这些事情后,他计划去趟英国。他希望伦敦能够让他不沉湎于茜茜的病逝。虽然上一次英国之旅充满了痛苦和挫败,但雷笃定地认为,他在伦敦有过一段短暂的幸福时光,他要找回那种生活。雷始终对伦敦有着特别的情愫,尽管那是个有着痛苦回忆的地方。一部分原因在于,这里的读者更认可他的才华。此外,比起加州,伦敦(也可能是英国本身)更能鲜明地反映出雷的自我形象。不管他是怎么想的,反正雷觉得自己在伦敦会更自在,最起码能够远离南加州。

与此同时,由于饮酒越来越不节制,他的健康每况愈下。他还没能成行,就因为慢性鼻窦炎发作,不得不寻求医生的帮助。最好的医生都在纽约,于是在 1955 年 4 月,他没有像一开始计划的那样,预订前往英国的瑞典船票,而是购买了一张从纽约出发的"毛里塔尼亚号"船票。他先坐火车去纽约看了医生,几天后才登船跨越大西洋。差不多就在这段时间,他开始创作新的小说,设定各种各样的场景,安排各种各样的对话,让自己的头脑忙碌起来。他在 4 月抵达伦敦,又住进了康诺特酒店（虽然就在几年前，这家酒店被他说得一文不值）。

　　至少在伦敦，他的朋友们都会真心地支持他。哈米什·汉密尔顿立即邀请他吃午餐。汉密尔顿一家知道雷曾企图自杀，但他们其实并没有做好准备迎接这位出现在他们家门前的阴郁男人。一位名叫娜塔莎·斯彭德（即诗人斯蒂芬·斯彭德的妻子）的客人察觉到雷身上仿佛有着"绝望的气息"[3]。她觉得雷年事已高却为人亲切，笨手笨脚却礼貌周到。娜塔莎从伊冯娜·汉密尔顿（Yvonne Hamilton）口中听到雷的故事后，决定在下个星期邀请他吃晚餐。雷接受了她的邀约，不过也提出了一个条件——当晚不能有"任何文学巨擘在场"[4]。

　　对于雷来说，这是一段至关重要的关系的开场。在接下来的一年半里，娜塔莎·斯彭德将会成为他生活的主心骨。娜塔莎在第二次世界大战期间嫁给了斯蒂芬·斯彭德，到 20 世纪 50 年代中期，她已然进入了伦敦文学圈的中心地带。20 世纪 30 年代，斯蒂芬曾以同性恋的身份生活，但他还是同娜塔莎组建了家庭，并在伦敦西北部、摄政公园以西的圣约翰伍德找了栋大房子定居下来。娜塔莎的童年经历相当复杂。她的母亲是著名的舞台剧演员蕾切尔·利特温（Rachel Litvin），父亲则是同样著名的乐评人埃德温·埃文斯（Edwin Evans）。尽管他们彼此爱得热烈，却没有走入婚姻的殿堂。埃文斯实际上在别处有妻子，所以娜塔莎是个私生女。她一直长到十一岁才得知谁是自己的父亲，她不仅继承了父亲的音乐天分，也继承了母亲的倔强和任性。当斯蒂芬·斯彭德将她介绍给自家的两位女管家（她们被唤作贝特拉姐妹）时，其中一位评价道："她是个私生女，而且对于别人是否知道这一点全然不在乎。"[5]她坚毅的品格肯定让雷想起了妻子。茜茜有时候也很刚强，这一品格受到雷的尊重和仰慕。娜塔莎和茜茜一样会弹钢琴，曾在皇家阿尔伯特音乐厅登台演出，在雷抵达伦敦前不久，还曾在 BBC 的节目中表演过。娜塔莎还是个沉鱼落雁的美人。

雷如约来到位于劳登路的斯彭德家,他第一次到他们家吃饭,心里不是特别有底。不过,他受到主人热情的款待,很可能喝了点酒(实际上可能喝了不少)。为了让雷不要时时刻刻惦念茜茜,晚宴的宾客都热情地称赞他的作品。这些年轻人都是斯彭德家的朋友,而且据娜塔莎所言,都不是文学圈里的人(虽然当晚的宾客中似乎有索尼娅·奥威尔①)。次日,他向哈米什·汉密尔顿谈起时说:

> 昨天整个晚上都有点怪。娜塔莎·斯彭德是个魅力非凡、待人热情的女主人,为我们准备了丰盛的晚餐,每个人都吃得很饱。不过我感觉,他们对我的溢美之词有点太过夸张了。一个名叫索尼娅的女人⋯⋯说我是英国知识分子的心头好,所有诗人都激动地谈论我,伊迪丝·西特韦尔②会突然从睡梦中起来(听起来就像是《亨利四世》第二幕的场景),激动地阅读我的作品⋯⋯这里面最好玩的地方在于,他们说这些话的时候表情都很诚恳。我试图向他们解释,我不过是个蓬头垢面的通俗小说家,在美国,我这种人的地位只比黑白混血儿高上那么一点点。
>
> 不管怎么说,昨晚太好玩了。[6]

斯彭德的回忆则稍有不同。她记得雷的谦虚,也记得那天晚上整体气氛愉快,但她和其他客人都注意到,他"总是陷入若有所思的沉

---

① 索尼娅·奥威尔(Sonia Orwell, 1918—1980),乔治·奥威尔的第二任也是最后一任妻子,据说是《一九八四》女主角裘莉亚的原型。

② 伊迪丝·西特韦尔(Edith Sitwell, 1887—1964),英国诗人、文学评论家,曾获本森奖章。她的家曾是英国诗人的聚会场所,她的诗作技法高超、韵律扎实。

默,他身上散发出来的绝望情绪盘桓在空中,挥之不去"[7]。尽管那天晚上每个人都喝了酒,但雷喝得最多,娜塔莎和她的朋友们都对此有所察觉,十分同情这位鳏夫。他们看得出来,雷仍旧处于心碎的状态,而酒精是支撑他的拐杖。餐桌上没人提起茜茜,但是娜塔莎看得出来,雷的心中潜藏着最为阴郁的思绪。当他同大家告别,步履蹒跚地离开时,她开始计划怎么向他伸出援手。几天后,她同几位女性友人一起为雷成立了一项看护服务。她们自称是"摆渡小组",小组成员认为,只要始终有女士向雷邀约,让他有约可赴,那么雷就不容易轻生。她们觉得,像雷这么有绅士风度的人,肯定不愿意让女士失望。[8]

雷的日记里突然卷起了一阵午餐、下午茶和晚餐的狂风,他也乐于参加,不过多数情形下都会饮酒。然后,便是漫长的黑夜。雷还是睡不着觉,一边喝酒一边写作,或者一边喝酒一边听唱片,一直持续到凌晨时分。茜茜的身影仍旧频繁出现在他的脑海。酒精和丧恸合在一起是一副毒药。娜塔莎和她的朋友们有时候会在下半夜被电话铃声吵醒,接电话后另一头却只有沉默。这些电话当然是雷打来的。他会对着话筒沉重地呼吸,久久地安静地坐在那里,然后开口倒出一段关于死亡的独白。不论是"摆渡小组"的哪位成员接到电话,她都会提醒雷,接下来他还有一场重要的午餐或早餐要赴约,以此给他打气:

> 有时候,如果其他方法都宣告失败,"坚持到早餐时间"就成了应对这些凌晨来电的唯一方法,然后我们就会派个人去同他共进早餐。[9]

当时的雷显然一团混乱,我们并不知道他的各种意图是不是认真的,就好像我们并不知道他是不是真心想要自杀。这些意图多半出现在醉酒后，就像在被达布尼解雇前不久，他也曾在醉酒后威胁要了断自己的性命。他是不是真的有自杀倾向？还是说，他只是想借此索取他人的温暖？这么多年来，茜茜都陪伴在他身旁。如今她不在了，雷就陷入了困惑。茜茜全盘接受了他对他自己的看法，总是夫唱妇随，如今他需要另外一个人为他做相同的事情：在她温柔的目光下，雷仍旧能扮演骑士、绅士和智者的角色。这些新朋友让他能够维系原来的自我定位，继续充当女性的保护神。他选择忘记实际上这些女性友人可能是在帮助他，在这种情形下，他会去买单，并赠送礼物感谢她们，有时候是鲜花，有时候则是昂贵的珠宝（通常会在次日被悄悄地退回来）。

对于这些新朋友的意图，雷有过几次判断失误。在茜茜之后，这是他第一次体验女性的友谊，而他并不知道该怎么正确地对待这些女性落在他身上的目光。在他自己看来，他是在追求她们。他至少允许自己相信，她们是因为他的魅力和谦逊，而非出于同情，才如此关注他。他确信，她们最终会爱上他，同他上床。可问题在于，这些帮助他的女性一开始谁也没有意识到，雷竟然用浪漫多情的眼神看待她们。娜塔莎·斯彭德曾表示，"摆渡小组"的多数成员都以为他是个将自己牢牢地锁在深柜里的同性恋者。她们几乎完全没有意识到，自己在扮演求爱关系中的角色。在他们的交流中，性成了雷控制不住会提及的刺激性话题。他会在午餐时谈论性，用细节丰富的艳遇故事逗弄同他一起吃饭的女宾。他曾讲过一个故事：他跟一位富有的金发离婚女人对上眼后，没费多少口舌，就将她带回了自己卧室，两人喝起了苏格兰威士忌。雷能够把这些故事讲得生动活泼、娓娓动听，在这个开放的圈子里，没有人会对这类话题皱眉头。他将好几个故事写了下来，其中包括《惊吓邻居的惯例：或快或慢，或不快不慢》（"A Routine To

Shock the Neighbours：Faster，Slower，Neither"），用纯对话的形式讲述了一个男人没办法让伴侣在发生性关系的时候保持安静的故事。这个故事并不色情，只有在直接涉及性主题时才有些色情的意味。它轻松愉快，把关于性事的滑稽困惑（对性事节奏的描述总是不断地采用音乐术语）和对英国人言谈的戏仿结合在一起，这表明它试图用成年人的方式开观众的玩笑：

> "哦，好多了，亲爱的。我担心——哦，能不能请你——偶尔停一下反而能增加情趣……"
>
> "我还以为你会说，聊天能增加情趣。我猜你的意思是快了反而不舒服。"
>
> "正是此意，亲爱的，你太懂我的意思了。而且亲爱的，而且——哦——哦——亲爱的！"
>
> "怎么了，亲爱的?"
>
> "哦——亲爱的——亲爱的——亲爱的——别说话！"
>
> "一句也没说。"
>
> "哦，亲爱的，亲爱的，亲爱的！——别说话。"
>
> "我没说话。话都是你说的。"

按照娜塔莎·斯彭德的说法，这种幻想开始变得越来越多，越来越频繁。它们一开始带有性的意味，但后来超越了性。她还记得，有一则故事里有个雷无法忍受的医生。他总是在情场上胜雷一筹，不过雷总是能够在舌战中打败对手，所以无论这位医生如何奚落雷，雷总是能够以辛辣的妙语回击，说得对方哑口无言。这则故事很容易让人想到菲利普·马洛，它向我们表明，雷渴望成为马洛式的英雄，这是他精心创作的故事背后的动机之一。他无法击败敌人或无处发泄的时候,就创作故事来达到相同的目的。

雷想要相信自己在本质上是个英雄,这种欲望令他夸大了"摆渡小组"某些成员的处境,也夸大了她们对他的帮助的需求。有一次,一位成员的合租室友出门旅行,她只能独自住在伊顿广场的公寓里,雷听闻她无人照料、无人帮扶的处境后很惊讶。他担心这位暂时独居的女性会遭遇可怕的事情,却全然没有考虑到,其实她有很多亲密的朋友,还住在伦敦最安全的区域之一。对他来说,她就像《高窗》里的默尔·戴维斯一样可能遭到迫害。在他的各类故事中,最频繁出现的一类主题是英雄在街上挽救受苦的女人,因为"四周无人可以为她出面"[10]。喝醉的时候,他就将日常生活的世界转换成小说的虚构世界,而他自己则化身为菲利普·马洛。

茜茜过世后,进入他生活的女性并非只有"摆渡小组"的诸位女士。那年早些时候,在他住院期间,曾有一位名叫露易丝·洛克纳(Louise Loughner)的女士给他写信。她是雷的粉丝,从当地报纸中得知他企图自杀的消息,于是开始给雷写信,并从此成为他重要的笔友。在从伦敦寄给她的信中,雷谈及了这座城市:

> 伦敦有不少东西能让你眼界大开……美得令人窒息的英式广场上,三四英尺高的火红郁金香花团锦簇。梨花满树,绿叶夺目,人们都充满魅力,待人礼貌,出租车都会规规矩矩地转弯,这里的交通管制系统会令任何美国城市相形见绌,每到午餐时分,高档宾馆外面总是停着蔚为壮观的劳斯莱斯车队……这里的人对任何生命危险都毫不在意……[11]

在雷笔下,伦敦与洛杉矶形成了鲜明的对比。加州沉闷且枯燥,伦敦则植被苍翠,洋溢着活力,这里人们的富裕程度足够他们消费劳斯莱斯,而其高贵程度也使他们经得起金钱的诱惑,不致受其腐蚀。英国人对任何生命危险都毫不在意的态度大概喻指他们在闪电战中的表现,雷常常会在信中赋予这种品质浪漫色彩。在他的信中,这座城市就如他的故事一样带有幻想的意味。

1955 年 5 月,雷离开了康诺特酒店。他声称自己因为调戏女性而遭到驱逐,但如果他确实是被人赶出来的,那么原因更有可能是醉酒闹事。他选择搬到了离朋友们——其中有他才经介绍认识的文学代理人黑尔佳·格林(Helga Greene)——更近的区域,在伊顿广场一座公寓的二楼觅得住处。这座公寓相当奢华,配备了电梯,可以将住户直接运送到一楼大厅。住处的客厅装饰有"几幅可怕的水果静物画"[12],所以他宁愿在厨房里用餐。

为了不让头脑闲下来,雷跟《旁观者》(The Spectator)杂志约定,为他们撰写一篇长文。雷打算以"冰冷、残酷、野蛮的语言"[13],用 3000个单词书写厄斯金·蔡尔德斯①被处以死刑的始末。尽管从中赚不到什么钱,但他将这次约稿比作"美梦"[14],大概是因为它代表伦敦的文化圈已然认可他的作家身份。他的好些朋友都是这份杂志的撰稿人,《旁观者》通常的约稿篇幅都在 1400 个单词左右,雷觉得既然他们容许他写到 3000 个单词,那就代表着该杂志的编辑是在向他表态:《旁观者》很想将他纳入他们的作家队伍。这篇文章最后落空了。雷将这

---

① 罗伯特·厄斯金·蔡尔德斯(Robert Erskine Childers,1870—1922),爱尔兰作家、革命者,著有影响深远的长篇小说《沙之谜》(The Riddle of the Sands),因爱尔兰民族主义运动走私枪械而被处死,其子厄斯金·汉密尔顿·蔡尔德斯是爱尔兰的第四任总统。

一失败归咎于好多人，比如说厄斯金·蔡尔德斯的妻子，她不许雷查阅同她丈夫有关的档案，所以这件事就同他许多过往的经历很像：一开始充满希望，很快却泡汤了。

此后不久，雷宣布了一个令众人感到意外的决定：他打算戒酒。促成这个决定的部分原因在于，他不可自拔地爱上了娜塔莎·斯彭德。差不多就在这个时期，他在一封信中谈到，"他的唯一"[15]就要动身去意大利了，此处他很可能是指娜塔莎。她喜欢去意大利旅行，喜欢在意大利北部的加尔达湖度假。根据她自己对于这个时期的记述，雷也确实频频对她示爱。有一次雷喝得烂醉，可是那一天，娜塔莎在伯恩茅斯还有一场演奏会，于是她便和朋友合计，对雷保守了这个秘密。演奏会结束后，娜塔莎和乐团指挥收到市长和地方政府的邀请，在酒店宽敞的餐厅里共进晚餐。晚餐进行到中途，房间另一头的门突然砰的一声打开，身穿晚礼服、系着白围巾、脸色苍白的雷蒙德·钱德勒摇摇晃晃地走了进来。大家虽然被这位不速之客吓了一跳，却很快回过神来，邀请雷入座就餐，而他很快又喝醉了。那天结束的时候，指挥几乎是半扛着钱德勒，安顿他坐进一辆在道旁等候的劳斯莱斯。这辆豪车里饰满了康乃馨，还有装着几瓶香槟的冰桶。我们知道，这是过去他和茜茜庆祝结婚纪念日的方式，所以对他来说，这实际上是一种示爱的方式。娜塔莎和指挥都有些无言以对，只好和雷挤进劳斯莱斯的后座，一起驱车返回伦敦。中途，他们在新福利斯特停下车，喝起了香槟，也许是为了让雷少喝一点，连司机都端起了酒杯，不过后来雷还是喝断片儿了。据斯彭德记述，当他们快要抵达伦敦的时候，雷醒转过来，清醒地低语道："我知道，你们这么做都是为了我，我感激不尽，但事实上，我真的想死。"[16]雷是不是在这个时候顿悟了？娜塔莎·斯彭德记下这句话的时候，认为雷不过是在借此吸引她的注意力。

不过，如果说雷这一突然的清醒确实是出自他对娜塔莎的爱，那么斯彭德一家对于他的动情则完全置之不理。在他渐渐酒醒的时候，"摆渡小组"的其他成员也过来帮忙，帮他度过了最为黑暗的时刻。为了让雷恢复，斯蒂芬和娜塔莎邀请他一同去加尔达湖度假。娜塔莎尽管没有过多地谈及旅途，却提到雷在整个假期中都未喝醉。为了让这个好势头继续下去，他们又带他去威尼斯和维罗纳观光，不过雷抱怨说，他宁愿坐在但丁餐馆里喝咖啡，也不想到处观摩意大利的建筑。他并不喜欢四处游览走动。不过他们的做法还是奏效了，回到伦敦后，头脑清醒的雷甚至开始反思酗酒的恶习。他的书信透露出他希望戒酒的其他几个原因，正如他于 1955 年 9 月在伦敦写的一封信所示。他在此信中对自己沉溺酒精的描述揭示了一位可怜之人：

> 有时候，我一开始只打算喝杯白葡萄酒，最后却在一天内灌下两瓶苏格兰威士忌。喝成这副德行，饭自然就不吃了。这么喝了四五天，我就不行了。我必须把酒给戒了，而断瘾症状也很可怕。我手抖到连杯水都拿不住。要是没人帮忙，我不仅没法走路，连站立都有困难。有一天，我吐了十八次。我并没有生病，但总有什么东西从我发炎的鼻窦掉到喉咙里去，每当这个时候，我都要把命给吐出来。那之后的三天里，除了抿几口冰水之外，我什么都喝不下去。[17]

最糟糕的是，醉酒让他回忆起父亲的命运："我的父亲是个酒鬼，而我这辈子都害怕自己会步他的后尘。"[18]莫里斯·钱德勒犹如黑沉沉的阴影，雷终其一生也没能摆脱。他笔下诞生的高贵英雄，从某种程度上来说，也是抵御其父亲负面影响的手段。从孩提时起，雷就亲眼看见莫里斯殴打母亲，却无力劝阻。20 世纪 50 年代，在伦敦掉进酒缸里时，他并没有像父亲那样在喝醉后变成暴力分子，而是像个孩子那样创造出各种场景，将女性们从不幸的境遇中拯救出来。

1955 年 10 月，雷已经把酒给戒了，他也得回家了。他在英国停留的时间已经超过了签证的期限，如果继续滞留，他有可能要因此向英国支付税金。于是，在 10 月 6 日，他登上了返回纽约的"伊丽莎白女王号"。在寄给其英国律师迈克尔·吉尔伯特（Michael Gilbert）的信中，他写道："这趟海上之旅简直是人间地狱。"[19]戒酒使他变得脾气暴躁，不愿与人接触，所以在这趟跨洋旅途中，他多数时间都独自坐在角落里，观察其他乘客。此时的他同 1912 年登上"梅丽恩号"、对美国充满憧憬和抱负的小伙子形成了鲜明的反差。抵达纽约后，他暂时在纽约城外的朋友家安顿下来，希望能去科罗拉多州见见多年的笔友詹姆斯·桑德，不过他运气没有那么好，这趟旅程没能成行。于是，雷在 11 月初回到拉霍亚，住进了德尔查罗酒店（"住宿比我在康诺特酒店的房间稍贵一点，但房间要好上无数倍"[20]），他在这儿怀念着英国，怀念着"摆渡小组"的时时关心。

为了怀念在英国的时光，他开始抽"克雷文·A"牌香烟（"完全比不上'金边臣'牌的口感"[21]），并写信给伦敦的朋友们：

> 我过得舒服吗？并没有。我过得快乐吗？也没有。我是否虚弱、抑郁，对社会没有任何价值和益处？确实如此。[22]

五天后，他忍无可忍，预订了返回伦敦的飞机票。这一回，为了迅速抵达伦敦，他先从洛杉矶飞到丹麦，然后从丹麦飞到英国。孤独只是他返英的部分缘由：他还惦念娜塔莎，认为她的丈夫没办法给予她幸福的生活。对雷来说,斯蒂芬·斯彭德是个古怪之人。娜塔莎也许同雷提起过斯蒂芬龙阳之好的过往,而且哈米什·汉密尔顿给雷寄过斯蒂芬的回忆录《世界中的世界》(*World within World*),他也可能从这本露骨的作品中了解到了斯蒂芬的性取向。雷曾多次夸赞过斯蒂芬,但他也说过好几次,自己因为斯蒂芬对娜塔莎所做的事情而憎恨这个男人。当他得知娜塔莎将在 12 月 12 日被送上手术台,而茜茜正是在一年前的这一天过世时,他开始担心老天爷也会将娜塔莎从他身边带走。不堪承受心理压力的他又开始酗酒,短暂的戒酒期宣告结束。

这一次,雷没有下榻康诺特,而是住进了丽兹酒店,新一轮酗酒的后果也在这里显现出来。娜塔莎发现雷比他们初次相遇时还要颓丧,因此吓了一大跳,并决定再次出手相助。雷并不买账,在他看来,这种救人于危难的意愿本身就刻在她的性格里:

> 她曾经说过,她对别人的苦难很敏感,如果她坐在餐馆里,目光扫过另外一张桌子,发现有人正身处彻底的绝望中,她一定会想办法为他做点什么。[23]

也许雷是把娜塔莎和茜茜搞混了,如今的他关心则乱,认为娜塔莎在手术前的准备阶段应该住在温暖、干燥的地方。尽管斯彭德夫妇认为这只是个普通的小手术,但他们还是顺从了雷的心愿,这与其说是在帮助娜塔莎,不如说是帮了雷一把。娜塔莎也希望这趟丹吉尔之旅能够让雷对饮酒有所节制,但是她的希望落空了。抵达丹吉尔之后,原本热心的雷突然封闭了内心,变得难以相处,整天把自己锁在酒店房间里,不肯在饭桌上露面,酒自然是没有断过。她写道:

　　他几乎无时无刻不在谈论茜茜,之前抒情而顺遂的心境也被某种更为复杂的情绪所代替,他潜入了过去的整个人生,沉溺在回首过往的愤怒和主动的绝望中。[24]

　　这段旅行没能带来任何收获,还让雷陷入了糟糕的状态,但是斯彭德夫妇一如既往地支持他。当娜塔莎住院准备做手术的时候,斯蒂芬负责安抚钱德勒。两者的心态本来应该互换,不过斯蒂芬也确实没有必要担心手术。接着,在手术后的一天半夜,雷突然在丽兹酒店的客房里晕倒。他醒来时已经住进了马里波恩的医院,负责照看他的医生给出的疗法是戒酒两个星期。这多少有那么点帮助,令他恢复了些许精力,却没有疗治他的伤痛。出院后,他干的第一件事情就是给自己倒了满满一杯苏格兰威士忌。

　　负责照看雷的医生是斯彭德夫妇的朋友,他敏锐地觉察到这位新病患的问题。娜塔莎后来表示,为了避免让雷感到难为情,医生给他做出了间日疟的诊断,但是雷对此却有不同的说法。数个月后,他在一封信中声称,正是酒喝少了才导致他右腿麻痹,而医生竟然把原因推给疟疾。钱德勒拒绝这一诊断,并让医生回去再好好想一想。他说,医生在 X 光室里琢磨了两天,重新诊断出雷患有膈疝,可是这一诊断同样遭到雷的拒绝,医生也因此被他炒了鱿鱼。雷之所以感到不满,很可能是因为即便酗酒没有被认定为疾病的直接原因,他仍然需要戒酒。他说另一位医生给出了更为高明的解决方案:

　　后来那位医生给我开了约莫十七种药丸,说问题可能出自整个身心。这话不假,这种情况我在妻子临终的时候就有过体验。

他说我可能喝得太多了，不利于肝脏的健康，但我过去的经历显示，虽然我能轻易地戒酒，但戒掉后，我都会得忧郁症（原文如此），这可比酗酒危险多了。[25]

过去，雷曾向朋友坦白，自己在戒酒上存在一定障碍，可事到如今，他似乎已经忘了这件事，选择接受医生的解释，因为这意味着他能够心安理得地继续饮酒。又或许，这位医生的诊断完全是他杜撰出来的，毕竟他也不是历史上第一位为了给自己的恶习开脱而胡编乱造的酒鬼。不过雷也可能确实找到了这样一位医生，在这位医生看来，这个时候再想让他痊愈已经为时太晚，现在他只有继续喝下去，才能勉强维持像样的生活。

如今，雷的存款不多了，继续住在丽兹酒店已经变得不再现实。娜塔莎在卡尔顿山为他找了一间公寓，离她位于圣约翰伍德的家很近。这间公寓并不特别舒适，也不特别时髦，但它配备了女管家。一开始，她被雷喝醉后的模样吓得不轻，等到她习惯后，公寓就被她管理得井井有条了。新公寓还有另外的好处，如果他醉到没法照顾自己，他可以睡在斯彭德家的沙发上。斯蒂芬会坐在沙发上陪他，听他胡言乱语，娜塔莎反而不会，要不是雷喝醉了，他肯定会因此感到失望。为什么斯彭德一家要在他身上花这么多时间？1956 年，雷在寄给露易丝·洛克纳的信中写道，他搬到斯彭德家附近，为的是想方设法同娜塔莎·斯彭德进入一段能够被社会所接受的婚外情：

为了挽救我，她在这段关系中陷得比预想的还要深，你也知道后来发生了什么。可是无论何时，我都毫无疑问地只存在于她人生的边缘。她绝没有离婚的可能，因为她说过，这会"要了我孩子们的命"。而且就算这婚离得成,也没有任何意义,因为我不想接纳她的孩子们。为了掩人耳目,也为了避开流言蜚语,她希望我能够成为斯彭德家的成员,住在他们家近旁,她一有机会就能顺道来看看我。[26]

在这封信中,雷还说他和娜塔莎的交往已经深入到性关系:

自从去年12月做过手术后,她就再也没有向我敞开过身躯。手术似乎影响了她对性的感受,不过这大概是好事一桩。[27]

娜塔莎·斯彭德从来都否认自己和雷有过婚外情。但是,不少认识她的人都问过她这个问题,这即便不能算作证据,也表明他们的关系确实会遭人怀疑。娜塔莎在2010年过世,她并没有读过钱德勒写给露易丝·洛克纳的信,不过当她论及两人的关系时,她笔下的雷总是耽于幻想,而酗酒更是令他相信自己就是英雄。1955年,他多半时候都醉醺醺的,而且我们也从别处得知,他时常会虚构人生的经历,不过相关证据显示,此时他的头脑仍旧敏锐。雷在伦敦的律师迈克尔·吉尔伯特写过一篇题作《伦敦之秋》("Autumn in London",收录在《雷蒙德·钱德勒的世界》中)的文章,谈及雷的酗酒问题时很谨慎,不过他明确指出,钱德勒是个深得大家喜爱的人。吉尔伯特觉得雷是个"有人情味也讨人喜欢的人"[28],他还写道:

(在伦敦,)他(雷)喜欢和有些人在一起,也有些人喜欢和他在一起。[29]

尽管这句话让人费解,但它表明雷也许并不像娜塔莎・斯彭德描述的那样,是个笨手笨脚、惹人同情的酒鬼。他在这个阶段写的信反差巨大。有的手写信仿佛一团乱麻,而机打信则一如既往地清晰和干脆(虽然雷曾说过,就算他喝了酒,打字也没有任何问题)。那么,情况有没有可能是,娜塔莎所写的《他自己的漫长的告别》("His Own Long Goodbye")实际上掩盖了她对雷的真情实感,他们可能确实有过婚外情?雷至少希望露易丝・洛克纳相信,他曾经和娜塔莎有过风流韵事。

无论实际情况如何,如果斯彭德夫妇以为将雷安顿在他们家附近,就能对其酗酒行为有所约束,那么他们很快就会大失所望。他喝得一点都不比过去少,而上次拜访英国时那些清醒的时光已经变成了遥远的回忆。

这样的日子一直持续到 1956 年 3 月,因为钱德勒的国籍突然出了问题。雷虽然生在美国,但他在 1907 年就加入了英国籍,所以当时才能当上公务员。1948 年,南加州地方法院裁定雷的双重国籍无效,而雷选择做了美国公民。他大约在 1955 年末或 1956 年初向英国申请了居留权。但是在 1956 年 3 月,英国内政部回信告诉他,英国政府并不认可美国法院的裁定,仍然将他视作英国公民:

> 如果我向英国申请护照,他们会发放给我,可是一旦我提出申请,美国政府就会据此裁定我自动放弃美国国籍,也就会因此拒绝向我发放美国护照。[30]

这一处境相当棘手。虽然雷态度明确,想要移居伦敦,但他不希望为此失去美国公民的身份。放弃了美国国籍,他就只能以游客的身份回家了,而他的财产也必须全部换成英镑。他继续待到1956年5月,超过了签证期限很久。最后,他被迫在5月11日搭飞机经冰岛中转返回纽约。

航班因暴雨延误,抵达目的地时,雷还要面对美国海关官员"刻意的傲慢无礼"。总而言之,入关过程相当折腾,等到海关终于放行的时候,杰西卡·廷代尔(Jessica Tyndale)已经在外面等候了。杰西卡是斯彭德夫妇的朋友,在伦敦时便已经和雷相识,她开车将他送到了第五大道的格罗夫纳酒店,接下来几天,他都会住在那里。不过,他并不打算在纽约久留。此时,他似乎已经转移目标,不再对娜塔莎念念不忘,而是追求起露易丝·洛克纳。

不幸的是,我们对洛克纳几乎一无所知。我翻找过许多档案,除了她与雷的信件往来中透露的信息外,一张照片都没有找到,也搜不到关于她生平和性格的任何信息。她在茜茜死后不久就出现在雷的生活中,很快成了与他来往密切的笔友。每当涉及与娜塔莎的关系时,无论是真情吐露,还是纯粹的幻想,雷都会告诉洛克纳,看看她对此有什么见解。他打算在6月2日坐飞机去旧金山看望她,并在出发之前跟她打了招呼:

> ……你要事先准备好一瓶苏格兰威士忌,不过我自己也会带一瓶过去……这趟飞机要飞足足十个小时,我下飞机的时候状态应该会很糟,会非常想要喝上一杯。[31]

但是,这一会面计划搁浅了,因为雷又一次被送进了医院。他先是去查塔姆拜访了拉尔夫·巴罗(Ralph Barrow,巴罗和雷是老朋友,早在20世纪20年代,也就是他们俩都在洛杉矶市区工作的时候就已经相识）和他的妻子，不过这趟旅程并不愉快。雷几乎完全不吃东西，酒还是喝个不停。后来，当哈德威克·莫斯利（Hardwick Mosely，霍顿·米夫林出版社的销售人员，偶尔会给雷写信）前来拜会他时，雷不小心从楼梯上跌落下来，只好被送回纽约。这个时候，他的身体状况已经很糟糕了，回到纽约才两天，他就被救护车送进医院，整整输了十六个小时的血。雷住院越来越频繁，病症也越来越严重。他正越来越快地陷入酒精中毒的境地，再也无法复原，终将丧失生活的能力。

短期来看，住院给他的健康带来了一定程度的改善。在医院舒适的环境里，他似乎稍微恢复了一些，又能给洛克纳写信了。他显然有营养不良的问题，医生叮嘱他一定要好好吃饭：

> 现在，就算在状态还不错的时候，我也得像正常那样每日吃三餐，这边食物的品质跟我平常吃的有一定差距，但在医院里应该算不错了。他们的汤好喝，但最简单的米饭和土豆泥却做不好。这两样加上绿色蔬菜就能看出他们厨房的水平了。不过，就像我说的，我好好吃饭了……[32]

这段时间，雷的日子过得很凄惨。他营养不良，酒瘾缠身，还住进了医院，他的肉体已经濒临崩溃。6月中旬，他出院后回到拉霍亚，先是下榻德尔查罗酒店，后来又在内普丘恩广场街6926号租下一间公寓。虽然他在拉霍亚朋友不多，但至少多过纽约，而像尼尔·摩根这样的人总是乐于向他伸出援手。回到拉霍亚还让他和洛克纳走得更近了。雷的身体已经恢复到能够自己做饭的程度，他在写给洛克纳的信中常常提及一日三餐。他这么做也许是为了让洛克纳放心，现在他已经恢复了健康：

昨晚，我烤了两根羊排，把土豆煮熟后油炸，还吃了不少生芹菜。很不错，是吧？今天下午，我喝了一碗奶油鸡茸汤，白天的时候还吃过一个鸡蛋、两根香蕉、几片面包配黄油——真的是黄油，可不是黄油啤酒。经历过一番折腾后，我的肠胃又恢复正常了。我感觉我之所以亢奋，都是因为身体不好。昨晚我睡了八个小时，早上六点就醒来了。我猜那么早醒来是因为我睡足了。昨天早上我也是六点醒的，不过睡得没那么久。[33]

他这些让洛克纳放心的话实际上很关键，因为他正在考虑向她求婚。

雷决定搭飞机去旧金山同她见面。他在旧金山的克利夫特酒店住了一个月，其间殷勤地向洛克纳示爱。雷在追求的过程中极尽夸张之能事。他在 1957 年初向迈克尔·吉尔伯特详细地描述了他的技巧：

这种技巧虽然需要使点手段，但绝对有效。你先预订，跟对方说明你想要的位置。到餐厅后，让穿制服的服务员帮你停车。你进去后，餐厅领班（他们有半打领班）来迎你，然后你说："晚上好，我想我订过位置，但也许你可以帮我安排个我最想要的位置。"与此同时，你将一张叠好的五美元纸币塞到他手里。在这个地方，很少有人会主动给小费。服务员不会礼貌地暗示，而是直接问你要。用过这种手段（以及五美元小费）后，你就能享用餐厅最好的位置，而且那些领班会为你服务、倒红酒，都不用服务员过来。[34]

雷不允许他的约会对象自己铺餐巾。雷会扶着椅子让她入座，再帮她脱去大衣或围巾。有几次，他还让餐馆提前准备好手写的菜单。他在最后说："英国的女士可能不知道，在美国，这样的服务可是件稀罕事。"毫无疑问，露易丝·洛克纳被雷的老派社交礼仪所迷倒。当他提起婚姻的话题时（我们并不清楚他是不是真的求过婚，还是说他们只是讨论过这个话题），洛克纳明知雷有酗酒的问题，却依旧表示愿意与他共度人生。于是，雷开始更改遗嘱，让洛克纳从中受益，他还写信告诉朋友，自己打算结婚了。

雷之所以被洛克纳所吸引，是因为他猜想她同娜塔莎和茜茜一样非常不幸。露易丝·洛克纳的丈夫名叫山姆（Sam），他们的婚姻在20世纪50年代初就破镜难圆了。她挣扎着在旧金山活下去，在经济上很困难。雷担心她老了该怎么办。这是一个我们熟悉的主题：他遇见一位处境艰难的女性，认为自己有义务帮助她，而且在露易丝·洛克纳的品质中，他最为赞赏的明显是她的"勇敢"。

不过最后，这场婚礼的计划泡汤了。在雷忍不住告诉她，自己对其他女性也怀有爱意之后，在雷向她倾倒了自己的所有心声，无休止地谈论娜塔莎·斯彭德和茜茜之后，他们的感情开始急转直下。雷对她说，无论是短期还是长期，他都会在生活中帮衬她，但她必须接受一件事情：

> ……你必须面对一个事实：我曾经以及至今都深爱着另一个女人……也就是说，我会永远爱她。我们共同经历的往事为我的余生笼罩上一层悲哀的棺衣，因为对我而言，那份爱不仅伟大、深沉，而且苦涩……我是不是在给你打退堂鼓？上帝啊，我希望我

没有，但这些话我必须告诉你。任何时候我们之间都没有秘密。我很爱你（用钢笔加了下画线）。我很爱我的妻子。我很爱娜塔莎。我希望你能明白，这些爱不会贬损你；它们只会让我变得更加温柔，更加善解人意。[35]

尽管娜塔莎没有回应他的爱，但是将这份感情透露给近期和他谈婚论嫁的女人，也实在有点匪夷所思。雷显然是希望，将自己的情感开诚布公会使得彼此的感情更为牢固。可是，在这封信写完后不久，他们的婚约就解除了，露易丝·洛克纳慢慢退出了雷的生活。这封信藏在加州大学洛杉矶分校的档案馆里，是洛克纳书信收藏中的最后一封，它被撕成了两半。

雷又因为酗酒而抑郁，住进了帕萨迪纳市的拉斯恩希纳斯疗养院。这家疗养院在治疗成瘾症方面享有盛誉，而深爱古典文化的钱德勒肯定会喜欢疗养院大门口的拉丁语题词："Non Est Vivere Sed Valere Vita"（不仅要生活，还要享受生活）。疗养院的医护人员会用精神疗法帮助患者解决心理问题，而在此之前，雷都设法回避了这种疗法。确实，此前他不太理会精神病医生的建议，还在 1951 年写道："我认为精神病学有 50% 是鬼扯，30% 是诈骗，10% 是鹦鹉学舌，而剩下的 10% 则是将我们已经拥有了千百年的常识包装一番后变出来的花哨术语。"[36] 不过，这一次他已经做好准备尝试些不同的方法，于是便接受了他们的治疗。一开始，他服了不少药，大概是为了帮助他应对酒精戒断后出现的症状。雷熬过最艰难的部分后，他们给他做了一系列测验，包括罗夏墨渍测验、木块测验和统觉测验。雷诚实地说出了自己的问题和测验的结果：

最后,带头的家伙说:"你觉得自己抑郁了,可你想法不对。你的人格完整且协调,我可不会昏了头地用精神分析法或类似的东西去干涉它。对你来说,最大的问题是孤独。你没法一个人生活,也不可以一个人生活。一个人的时候,你免不了就会喝酒,喝多了你就生病了。只要你找个人一起过日子就行,我不管你是跟一个女人还是跟二十个女人一起过。在我看来,这件事必须去做。"[37]

从纽约出院以后,雷说自己体会到新的安宁,预示着希望已经到来。几个月后,身在加州的他又向笔友谈起医生提供的方案,仿佛是为了让对方相信酗酒问题能够得到解决。但实际情况并非如此。雷回到拉霍亚后又重蹈覆辙了。尽管医生的判断很可能是对的,他是因为孤独才放不下酒瓶子,但是他在拉霍亚的朋友不像伦敦的朋友那么关心他,雷觉得自己多少受到了孤立,他在这个时期写的信也清楚地传达出这种感受:"拉霍亚不是个适合生活的地方……这里没有人跟我说话。"[38]他只能独自面对漫长、空虚的夜晚,约不到人的时候,他常常独自在餐馆吃饭:"我最憎恨的事情就是一个人出去吃饭。我会做饭,但自己吃自己做的饭更糟糕。每个星期,有四天我能找到人吃饭,另外三天就跟下了地狱一样。"[39]

不过娜塔莎·斯彭德给雷带来了好消息。她将在 1956 年 12 月赴美参加巡回演出,并同雷约好在亚利桑那州见面。她跟雷通了电话,感觉他在电话里状态不错;雷只跟她报平安,她肯定被误导了。抵达凤凰机场后,她发现雷的状况比之前还要糟糕。他自己开车到机场,却因为驾驶时间过长而精神紧张;他还醉得不轻。娜塔莎上车后,雷发动汽车直接撞到了杆子上。终于开上主路后,车子左摇右晃,不停地在车流里穿梭，吓得娜塔莎好几次都想跳车。

接下来的几天也不好过。他们下榻圣马可酒店，娜塔莎再次鼓励他戒酒，可之前在帕萨迪纳戒酒的时候，他还有药物相助，这一次就不同了。过程非常可怕，不过奏效了。娜塔莎借鉴了早年在意大利和丹吉尔旅行时用过的办法，带着雷做了一次短期旅行，游览了亚利桑那州、内华达州，最后还去了棕榈泉市，总之就是不让雷有酗酒的时间。雷写道："大概从来没有人在亚利桑那州这么彻底地玩过一圈。"[40]娜塔莎感到，尽管雷表面上状况不佳，但是他已经比他们上一次见面时进步了许多，她感觉雷有一种全新的"面向未来、脚踏实地的心态"[41]，也相信雷已经变得更加自力更生了。这当然还是因为她被雷误导了。要是她曾目睹雷在拉霍亚绝望、孤独、烂醉如泥的模样，她肯定会知道事实如何。

娜塔莎从棕榈泉市返回洛杉矶，而雷也打道回府。回到拉霍亚后，他发现自己体重升了十磅，而且大部分时间都跟他的会计师一起处理工作。雷感觉娜塔莎对他影响很大，他也迫切地想要跟她在一起。1957年1月6日，雷前往洛杉矶，而娜塔莎正在洛杉矶，住在心理医生伊芙琳·胡克（Evelyn Hooker）博士及其丈夫爱德华·胡克（Edward Hooker）教授的家中。雷似乎计划带娜塔莎回棕榈泉市，可是他抵达洛杉矶后引起了胡克夫妇的关注。他们发现雷精神苦闷、情绪多变，于是试图说服娜塔莎不要试着自己照顾他，认为雷实际上需要专业的医护。但此时娜塔莎已经懂得，违抗雷的心愿只会令他进一步失控，尤其是在他不稳定的时候，所以大家最后采取了折中的办法：他们四人都在洛杉矶待一段时间。雷应允了，实际上只要能够同娜塔莎在一起，他几乎什么事情都会答应。他在娜塔莎身上看到了稳定的可能性，不过我们并不清楚他是否认为自己还爱着她。

在洛杉矶的时光并没有虚度。雷参加了胡克夫妇和娜塔莎为他安排的许多活动。这也就意味着，他受邀去圣莫尼卡参加了作家克里斯托弗·伊舍伍德（Christopher Isherwood）家的晚宴。伊舍伍德是W. H. 奥登（W. H. Auden）的同学，他通过奥登与斯彭德夫妇成了朋友。奥登和伊舍伍德在 1939 年离开了英国，奥登定居曼哈顿，伊舍伍德则向西到了加州。伊舍伍德在 1946 年成为美国公民，并且在圣莫尼卡安家落户。他和雷有很多共同点。他们都在英国的公立学校接受教育，随后都转身离开了英国，而且伊舍伍德最近也在为好莱坞写剧本。他也很欣赏雷的作品。在一次采访中，伊舍伍德的搭档唐·巴卡迪（Don Bachardy）说道：

> 他（伊舍伍德）会焦急地等候钱德勒的小说新作问世。他怎么都读不够，甚至会反复阅读钱德勒的作品，只有真的欣赏一位作家时，他才会重读其作品。钱德勒的书很有趣。克里斯很喜欢。[42]

雷也被伊舍伍德的魅力所吸引，坚持要开车带着他、胡克夫妇以及娜塔莎在洛杉矶周边兜风，为他们指点洛杉矶的名胜，比如说名气很大的黑帮头头毕斯·西格尔遭人枪杀的地点。几个星期后，他在信中谈及伊舍伍德时，说他是"唯一一个相处时让我感到愉快的怪胎"[43]。

尽管有诸多消遣，雷还是不曾放下酒瓶子。似乎只有当娜塔莎·斯彭德有精力同他的酗酒问题搏斗时，他才能保持短暂的清醒。只有当他们俩在一起时，雷想要讨好她的意愿才能给他克制的力量，或者说至少能让他少喝一点。只要她不在身旁，他就会用酒排遣孤独。后来，他们俩决定去棕榈泉市。我们可以从雷的信中看出，他在某种程度上仍旧会把娜塔莎的需求和茜茜的混淆起来：

> 我在 1 月 7 日来到这里（亚利桑那州棕榈泉市），可能会待到
> 月底。不过具体要待多久不是我说了算，因为我跟一位英国的朋
> 友（娜塔莎·斯彭德）在一起，我希望她在回到糟糕透顶的英伦冬
> 天——特别是 1 月到 3 月初的那段时间——之前，能够好好享受
> 这里的阳光和干燥的空气。去年我就在英国领教过了，真的是
> 够呛。[44]

娜塔莎·斯彭德并不惧怕英伦冬天，而且她没有任何肺部疾病。
雷不过是习惯了长年累月、无微不至地照料茜茜，走不出来罢了。

在棕榈泉市，娜塔莎和伊芙琳·胡克躺在泳池旁晒日光浴，雷则
通过跳水并让她们给他的技术打分，来吸引两位女士的注意力。他想
成为众人目光的焦点，没有了茜茜的反馈，他需要从别人那里得到认
可。茜茜还在世的时候，他有动力要成为那个响当当的雷蒙德·钱德
勒。雷总是努力地想打动茜茜，她去世后，雷最大的遗憾是始终没能
写出一部配得上题献给她的作品。就算在她生病的时候，她都能为他
带来行动的目标。在娜塔莎·斯彭德身上，他要么是找到了，要么就
是想象出了新的生活动力。这也就是为什么比起洛杉矶，他反而更喜
欢伦敦——在英国，他这颗文学之星才燃烧得更加炽烈。对于雷来
说，最糟糕的事情莫过于被人无视。每次跟别人吃饭的时候，只要宾
客谈论起他不认识的人，他就会感到不舒服：

> 我认为，只顾着自己聊私人话题（我管它叫"德里克-彼得-奈
> 杰尔套路"），却把重要的客人（我就遇到过这种事情）排除在话题

外，是一种极端粗鲁的行为。[45]

　　雷总是担心，如果不成为众人目光的焦点，他就会逐渐消逝，所以他总是竭尽全力地争取，甚至为此牺牲他在乎的荣誉准则。他实在太过关注自己，因此做了不少常人难以启齿的事情。来到棕榈泉市六天后，洛杉矶突然传来消息，爱德华·胡克去世了。通常来说，善良的人都会在这个时候帮助伊芙琳·胡克，想办法宽慰她，但是雷没有这么做。这本该是个供他展现高尚品格和自我牺牲精神的契机，在自我神化了这么多年之后，他本该在这一次付诸行动，但是他没有这么做。他把自己的需求摆在第一位，一想到娜塔莎可能会为了帮助朋友而将他抛在一旁，他就忍不住要发狂。伊芙琳虽然处于丧恸之中，却依旧坚持让娜塔莎待在雷身旁。最后，娜塔莎还是决定去洛杉矶参加葬礼，不过在葬礼过后的那个星期，伊芙琳·胡克、克里斯托弗·伊舍伍德和唐·巴卡迪都会回到棕榈泉市。

　　正是在爱德华·胡克葬礼过后的那段时间里，唐·巴卡迪为雷拍摄了跳水的影片。光看影像，这完全是个平常的假日，看不出雷当时身心都很脆弱。从这个时期的照片中，我们可以看出雷已经是个老年人了，大腹便便的他穿着超短的泳裤，一头灰发略显稀疏，脸有点肿，气色也不太好。尽管如此，镜头前的他看起来还是很快乐，也很放松，完全看不出这段时间他情绪混乱。

　　告别加州的日子将近，娜塔莎决定用剩下的时日全身心陪伴痛失丈夫的朋友。据娜塔莎所言，雷非常在意这件事情，这使他"心头郁结着……无法化解的悲伤"[46]。在此之后，尽管他们依旧保持联络，但关系再也没有从前那么亲密了。雷自认为被抛弃，因此不能原谅娜塔莎。也许在他看来，他心头的悲伤完全不亚于伊芙琳·胡克，他同样需要娜塔莎的陪伴。

雷独自回到拉霍亚，但他下了新的决心。医生已经告诉他，他放不下酒瓶子是因为太孤独了，所以他决定花心思多交点朋友。在伦敦的时候，朋友们都愿意照顾他，尽管他明白不可能在南加州组建新的"摆渡小组"，但他希望只要他介入他人的生活，那么作为回报，他们也许会向他抛出橄榄枝。从某种程度上来说，雷一直都以实际行动介入笔友的生活。第二次世界大战期间，他给哈米什·汉密尔顿以及达利奇学院的老师 H. F. 霍西邮寄过食品包。而几个月前从拉斯恩希纳斯疗养院出院后，他对待笔友也越来越认真，越来越花心思。他尤其跟几位女性笔友走得很近。其中一位名叫戴尔德丽·加特丽尔（Deirdre Gartrell），这位大学生来自澳大利亚的新南威尔士，她一开始给雷写信是为了向他表达感激之情，因为正是他的小说帮助她度过了抑郁的时光。通信了一段时间后，他们的话题变得越来越亲密，加特丽尔吐露出越来越多的心事，雷也向她袒露自己。雷在信中准确地点出了自己吸引她的原因所在：

> 你当然也明白，你之所以对我敞开心扉，是因为我们相距如此遥远，也许永远都不会见面。我倒是希望我们能够见面，只要它不会令你的想象破灭，而你则需要这种想象。而且，假使我们见面，就算我没有太让你失望，你也可能没法再像现在这样对我敞开心扉了。[47]

实际上，雷也需要这种想象：他需要觉得自己对别人有用，就像在伦敦，他总是担心娜塔莎·斯彭德，总是想着要保护她。

雷还常常给黑尔佳·格林写信，他们俩是在雷 1955 年去伦敦的时候认识的。格林是个文学代理人，在伦敦上班，她虽然并非"摆渡小组"的成员，但是住得离雷所在的伊顿广场很近，所以时不时地会去探望他。雷回到美国后常常给她写信，他们很快也变得亲密起来。雷常常向她谈及茜茜（茜茜是他书信中出现频率很高的话题），但也会提及其他私事。在一封信中，他讲起年少时的一段爱恋：

> 我还记得我的初恋，那仿佛已经属于另一个世界了。我们见面的时候，我口干舌燥，几乎一句话都说不出。光是牵她的手就会令我狂喜，而要亲吻她，我连想都不敢想。[48]

在另一封信中，他更为笼统地谈起青春时光：

> 我觉得在某些方面，我是个古怪的男孩，因为我有强烈的自尊心。我从不手淫，因为我觉得那很脏。（不过我常常梦遗。）[49]

有时候，雷会用"给你我所有的爱，雷"结尾，有时候则会动情地使用"爱，爱，爱"。格林并没有回绝他的殷勤，所以他们的关系很快密切起来。从他们之间信件往来的频率，以及雷似乎在回答的问题，我们能够看出，格林想要引出雷风流的一面，而雷也乐得配合她。雷也会和其他伦敦友人谈论性话题，但措辞往往相对隐晦，只是隐约有点色情，不会直接论及自己的性体验。他讲给格林的不少事情，在过去他只会告诉茜茜。这样的交流让他有了目的性，对这份关系有了更多的期待。1957 年年中，他将黑尔佳·格林任命为自己的文学代理人，也许是为了表明自己对她的信任；没过多久，她就成了雷口中的"女朋友"（雷所谓的女朋友，一般是指他人生中接受他照顾的女性）之一。

但问题在于,这些笔友都生活在离他很远的地方,所以雷也想方设法在附近结交朋友。1957 年 1 月,他开始招新的秘书,在当地报纸上刊登了启事,琼·弗拉卡斯(Jean Fracasse)随即应聘。她是个活泼的金发美人,有过电视行业的从业经历。她生在澳大利亚,曾在巴黎和伦敦求学。彼时,她正被离婚百般折磨。

琼似乎同茜茜和娜塔莎有许多相似之处。她同她们一样,在钢琴上颇有造诣,但在雷看来更重要的是,她也是个需要帮助的女人。他总对别人说,是自己将茜茜从可怕的婚姻中拯救出来,多年以后,他又坚持认为斯彭德夫妇的婚姻名存实亡。他很快就认识了琼的家人,关系也发展得比老板和员工更近。他会陪她的孩子玩耍,让他们来家里帮忙干活。她的女儿西比尔(Sybil)会帮他把黄色信纸裁成他用来写作的尺寸。雷也帮琼寻觅到出色的离婚律师,并在她需要钱的时候支付她额外的薪水。

戴尔德丽·加特丽尔、黑尔佳·格林,以及琼·弗拉卡斯和她的家人都为雷带来了继续生活的动力。这些关系没能阻止他酗酒,但是这些女性存在于他的生命中,并且他感到她们需要他的帮助,这都有助于驱散他的孤独。当他经历过与娜塔莎·斯彭德坎坷而又热烈的关系(虽然我们不知道它是否算作一段恋情)后,这些女性友人又为他的生活注入了新的稳定因素,而且是他迫切需要的稳定因素。

1956 年下半年和 1957 年初,雷重拾文学创作,并且有了新的目标:他将重新启动在 1953 年半途而废的写作计划。在茜茜弥留之际,他曾经将写于 1947 年的剧本《重播》拿出来,考虑改写成小说,但随后又对该计划失去了兴趣。1956 年,他又将其重新启动。这么做的部分原因在于,他认为自己投身写作能够讨娜塔莎·斯彭德开心,所以当他们在棕榈泉市度假时,他便疯狂地写作。然而,他也明白忙碌对自已有好处,所以又在1957年初写了不少东西。除了《重播》外,雷还打算写本同医生有关的书,这将是一部基于他和茜茜的共同经历的非虚构作品。差不多在同一时间,他翻出了尘封二十多年的写作构思:《英格兰夏日》。早在1939年,他就琢磨过这本书,他本打算以此书为契机,将悬疑故事抛诸脑后。他还给哈米什·汉密尔顿写信,询问汉密尔顿是否对出版他的书信集感兴趣。

可一段时间过后,他又停止了单纯的"忙忙碌碌",开始感到身上有不少压力。在这段创作活动的爆发期,雷被各种忧虑所困扰。他在多条战线上同英国税务官员交涉,就算最后没有实质性的问题,来来回回的联络工作也耗费心力。此外,琼·弗拉卡斯的离婚官司也打得越来越痛苦,而雷为了展现骑士风度,也深深卷入其中。当焦虑和工作量超出负荷的时候,雷的解决办法一如既往,那就是酗酒。他对创作和改写《重播》的热情渐渐消退,8月,所有矛盾在一次意外事故(可能是因为跌倒)中爆发了:钱德勒摔断了手腕,不得不回到疗养院疗伤休息。

黑尔佳·格林越发关心既是客户又是朋友的雷。8月底,雷从疗养院出院,转而由弗拉卡斯照料,她帮助他控制饮酒量,鼓励他继续提笔写作。尽管状况有所改善,但是雷的心绪依旧混乱。1957年底,黑尔佳决定飞赴美国看望钱德勒,她搭乘12月的飞机,陪伴雷在拉霍亚过了一段时间,然后在圣诞节带他去棕榈泉市度假。在她的陪伴下,雷得以坚持工作。12月28日,他写信告诉保罗·布鲁克斯,他已经完成了小说版《重播》的初稿。黑尔佳·格林和琼·弗拉卡斯一左一右地哄着雷写完了这本书。为了表达谢意,雷将这本书题献给她们俩。

评论界一致认为,《重播》是雷最差的一部长篇小说。它似乎有欠完整,也许是因为《重播》是用从前的素材拼凑出来的,而此时的雷头脑已经没有过去那么敏锐了。《重播》和雷的其他作品一样,由一幕幕场景构建而成,虽然这部小说在改写之前就已经设定好剧情,但雷的创作方法意味着,只要他构思出绝妙的场景,剧情就必须屈居次席。尽管剧本中的人物都在小说中再度登场,剧情却有所不同,这表明雷发现自己难以控制故事的走向。

小说开头正值清晨时分,在家中睡觉的马洛被"律师"克莱夫·安姆尼的一通电话吵醒。安姆尼交给他一项任务,让他跟踪一位将从洛杉矶火车站路过的女人,并且报告她的最终去向。于是,马洛一路跟踪贝蒂·梅菲尔德,来到了小镇埃斯梅拉达,离西海岸线和圣迭戈市都很近,所以我们能够看出它的原型便是拉霍亚。马洛跟着贝蒂·梅菲尔德进了一家旅馆,住进她隔壁的房间,接着马洛向她自报家门,但她拒绝了他的好意,并且转身逃走。后来,她再次现身,央求马洛帮她一把。原来一个正在敲诈她的男人死在了她房间的阳台上,而她对此一头雾水。马洛决定挺身相助,却发现尸体已然失踪,除了贝蒂本人的记忆以外没有留下任何线索。

小说中的贝蒂和剧本里的一样,有一段隐藏的过往:她曾被指控谋杀亲夫(此人是东海岸一位富豪的儿子,酒后会施暴)。然而,令她公公既惊讶又失望的是,儿媳居然被无罪释放,但为了避免流言蜚语,她改名换姓后离开了家乡,来到南加州,希望开始新的生活。幕后雇佣马洛的正是贝蒂的公公,尽管此时的马洛尚不知情,但他得知贝蒂遭人敲诈后,就决定要助她一臂之力。

在剧本中,雷让贝蒂成了杀害敲诈犯的嫌疑人,并负罪逃逸了。剧中的警探基莱恩则展现出罕见的骑士精神,虽然所有证据都指向了贝蒂,他却相信她是清白的,并因此帮助了她。但是马洛并非基莱恩,而且钱德勒将他的御用侦探安插进来,也破坏了原先故事的平衡。他的出现迫使剧情采取了新的走向,也使得故事偏离了原先的主题——你无法逃脱你的过去——却没能代之以新的主题。这就是《重播》最核心的缺陷。它缺乏强有力的中心思想,在这一点上它同《长眠不醒》《再见,吾爱》或者雷的其他任何长篇小说都不一样。在他的早期作品中,我们能够感受到,对腐败官员,对洛杉矶这座催生腐败的城市,钱德勒都是既愤怒又失望。《重播》中也有腐败的角色,比如贝蒂的公公亨利·金索尔文,但是地方警察局长亚历山德罗并不买他的账:

> 你到底想让我做什么?就因为在咱们卡罗来纳州韦斯特菲尔德市,你是个有头有脸的人物,就能让我逮捕在法庭上被无罪释放的人?[50]

在雷的早期作品中,抵制富人的权势并羞辱他们的应该是马洛才对。但在这部作品中,雷改变了方向。相较于侦探的角色,马洛反倒跟性和魅惑更契合,这一转向改变了整部作品的基调。马洛希望为贝蒂·梅菲尔德这样的女人出头,但身为守护者的他依然要同贝蒂上床。

性在《重播》中的地位,确实要远远胜过雷的其他长篇小说。马洛和两个女人睡过觉,分别是贝蒂·梅菲尔德和"律师"克莱夫·安姆尼的秘书弗米利耶小姐。在《漫长的告别》中,他也曾和琳达·洛林有过肉体关系,但这部分情节被雷轻描淡写、一笔带过。可是在《重播》里,这类描写非常刺眼:

> 我抓住她,她也一言不发地投入我的怀抱。我将她举起,抱着她,不知怎么就来到了卧室。我把她放在床上。我掀起了她的

裙子,直到她那双纤长、美丽、穿着尼龙袜的小腿上方露出了白白的大腿。

我们不妨将这幕场景同他在二十年前创作的《长眠不醒》进行比较。在《长眠不醒》中,当卡门·斯特恩伍德试图引诱马洛的时候,侦探的反应是愤怒和嫌恶。然而在同样柔弱的女子面前,后来的马洛却想占她们的便宜,与她们发生肉体关系。我们都知道,在作家的作品和人生之间建立联系是件无比困难的事情。但是我们似乎可以看出,茜茜死后,雷确实发生了变化,而这些变化在《重播》及其对性的处理中、在主角马洛身上显露了出来。

雷在茜茜走后第一次到访伦敦以来,性就一直停留在他的脑海。他会在喝酒时谈论性,也会分享那些"惊吓邻居的惯例"的小故事。他声称自己同娜塔莎·斯彭德上过床,也暗示自己同其他女人有过性关系,不过这些很有可能只是幻想。对有些朋友,雷会自称性经验并不丰富,但对其他朋友,尤其是年轻的女性,他会自吹经验丰富,令人无法抗拒。这毫无疑问是他的臆想。茜茜很可能是他第一位真正意义上的恋人,也很可能是他第一位性伴侣。尽管他在 20 世纪二三十年代有过婚外情,但并不多,且通常是在醉酒的情形下。在他一生的多数时间里,雷相信洁身自好,相信真爱。可是到了晚年,他似乎放弃了曾经的观念,不再认为性是一种令人厌恶、不安的事物。尽管他自吹经验丰富,但无论在伦敦还是拉霍亚,一个年近六十又沉溺于酒精的人想找到上床的机会可不是件容易的事情。在《重播》中,他却有机会细致地探索这些性幻想。

也许《重播》的秘密就藏在最后一章。马洛回到洛杉矶,回到他孤独的单身公寓,他"在一栋毫无意义的房子的毫无意义的房间里,盯着一堵空白的墙"。像往常一样，马洛给自己倒了一杯威士忌，却没有举杯："酒无济于事。除了不再需要向任何人索取任何东西的坚硬内心以外，什么都无济于事。"[51]我们见到马洛最后一眼的时候，他正准备好迎接孤独的余生。可接着，电话铃响了。电话的另一头是琳达·洛林，那个曾和他在《漫长的告别》中有过一夜情的女人。两年来，她一直对他忠心耿耿，而他却并不知情，她邀请他去巴黎找她。马洛却坚持要她来洛杉矶，她答应了。他终归是找到了伴，也许还找到了度过此生的办法：

> 我伸手拿过酒杯。我环顾着空荡的房间，如今它已不复空荡了。房间里有人的声音，还有一个高挑、纤细、可爱的女人。她长着黑发的脑袋睡在卧室的枕头上。还有紧紧贴在你身上的女人淡淡的香味，她的双唇柔软、顺从，她的双眼迷离。[52]

电话铃声再度响起，这一次打来的是克莱夫·安姆尼，但对话简短，并且直切主题，使马洛得以如此为全书作结：

> 我几乎听不分明了。空气中充满了音乐的旋律。[53]

女人成了马洛的救星，而且耐人寻味的是，这一隐喻是雷常用来描绘茜茜的——动听的音乐。雷是不是在这一刻顿悟了？他是不是突然看穿了眼前的世界，发现这个世界缺少的是爱？又或者，这是雷试图传递给别人的信号，想要透露给读者（也许是黑尔佳·格林和琼·弗拉卡斯）：他需要被爱？对我们来说，这一隐喻太过熟悉，不可能是纯粹的巧合。雷蒙德·钱德勒惧怕孤独的人生，他幻想得最多的便是爱与陪伴。

《重播》并没有像他此前的作品那样广受好评，这不足为奇。英国版由哈米什·汉密尔顿出版社在 1958 年 7 月推出，美国版则由霍顿·米夫林出版社在同年 10 月发行。评论者们认为，这是一流小说家的二流作品。有些读者可能猜想钱德勒将以此作告别文坛，然而，《重播》出版在即的时候，雷明确表示自己在文学创作上还有未竟的抱负。他和黑尔佳·格林在棕榈泉市度假的时候，讨论过一部剧本的创作计划。他们在晚饭餐桌上构思出大致的剧情、剧中主要人物，甚至还有结尾的部分台词。雷想将这部剧安排在英国上演，因为英国是"全世界最适合它的国度"[54]。他还想同黑尔佳"建立专业的关系"[55]，合著三部非虚构作品。他将《英格兰夏日》改写了一遍，寄给斯旺森，看看他能否帮上什么忙。在他的规划里，这将是激动人心的一年。

此外，他和琼·弗拉卡斯的关系似乎也向着认真、严肃的方向发展。雷在她的离婚案中起到了积极的作用，不仅提供各种协助，还帮她出庭作证，让她做秘书工作也代表了雷对她的支持。1958 年 2 月，雷去了一趟伦敦，并打算在几个星期后将琼和她的家人也接到伦敦。回到英国，他感到无比放松，甚至做好准备，要支付 1956 年因滞留超期而被处以的高额罚款。弗拉卡斯一家在 3 月来到伦敦，他们先在黑尔佳·格林家中住了一夜，然后搬到了切尔西的一栋公寓里。钱德勒则投宿在皮卡迪利的丽兹酒店。雷决定和他们一起去琼的祖国澳大利亚住上三个月，但是在此之前，雷打算将这家人介绍给他在伦敦的朋友们认识。弗拉卡斯一家游览了伦敦的名胜，在"温皮餐厅"吃了汉堡（比加州能够吃到的所有汉堡都美味），感受了伦敦的氛围。当这家人动身离开的日子临近的时候，雷改变了主意。他留在了伦敦，而琼独自带着孩子们，踏上了去澳大利亚的旅程。我们并不清楚他到底出于什么原因放弃了这趟澳洲之旅,不过他在伦敦的朋友也许对琼·弗拉卡斯生出了疑虑。当一个年纪较轻的女人和有钱的年老一些的男人走得太近时,旁人难免要怀疑她。我们也应当记得,雷在伦敦的朋友们都知道,他喝醉的时候会变得多么脆弱,所以他们对雷的保护欲也很强。不过,他放弃也可能只是因为不想再遭长途旅行的罪了。不管怎样,他选择留在了伦敦。

弗拉卡斯一家动身后,雷搬到了切尔西,住进了植物园对面、斯旺步行街 8 号的公寓里。虽然这片树木繁茂的区域在伦敦也算得上租金昂贵,但至少比丽兹酒店划算,而且离黑尔佳·格林也近一些。雷和格林依旧走得很近,而且琼·弗拉卡斯离开英国后,他在很多事情上都很依赖格林。可是格林毕竟有一份文学代理人的全职工作,当雷需要她,她又抽不出身的时候,他并不总是能够理解她的难处。不过雷在伦敦还有其他朋友,比如伊恩·弗莱明和迈克尔·吉尔伯特。雷还同哈米什·汉密尔顿出版社的仓库工作人员保持联络,时不时地和他们一起去酒吧玩飞镖。

不过,雷还是过着孤独的日子。每当感到孤独的时候,他就会喝酒。黑尔佳·格林知道娜塔莎·斯彭德曾经用出门旅行的办法成功让雷把酒瓶子放下,所以她也在弗拉卡斯离开英国后不久计划了一趟旅行。在雷搬出丽兹酒店以前,她本来打算带他去丹吉尔,不过同伊恩·弗莱明吃过午饭后,他们就将目的地改成了那不勒斯,雷可以在那里采访"幸运儿"卢西安诺(Lucky Luciano,这位黑帮老大改组了五个美国黑手党家族)。钱德勒打算采访这位黑帮老大的消息引起了《星期日泰晤士报》的兴趣,他们愿意承担开销,于是雷就给卢西安诺写了信,询问他是否愿意接受采访。这是一封古怪的信函,在礼貌方面无可挑剔,有些地方却明显是在阿谀奉承:

……我们国家的读者很可能从来没有机会聆听您真实的声音……我的部分问题可能会有些突兀，假使您拒绝回答，我们决不会让人看出我们问过这些问题。您没说过的话百分百不会出现在采访里，不过当然了，报纸评论的事情就不归我负责了。[56]

答复来得很快："别专程为我而来。我没啥可说的。"可到了这个时候，他们已经做好了旅行的安排，所以雷和黑尔佳还是动身出发了。他们先飞到罗马，然后搭火车抵达那不勒斯，下榻在皇家酒店。雷并没有放弃采访，对方也告诉他，如果有什么话想说，可以通过加州餐馆代为转达。雷几番坚持之后，卢西安诺总算同意跟他见面。

最后写成的采访文章比先前的那封信函更加古怪。在长篇小说中，雷对洛杉矶位高权重的腐败分子充满了蔑视和愤怒。"系统"催生了无处不在的犯罪事件，破坏了普罗大众的生活。人们本来可能期待他采访卢西安诺的文章会探究这位黑道暴徒的恶劣行径，可是它处处为他说话，并且谴责了政府。雷认为卢西安诺遭到了陷害：

为了寻求良心的安宁，我们常常会制裁知名度很高的公众人物，将他当作替罪羔羊，好让人们误以为我们的法律得到了严格的执行。1936年，卢西安诺的名气已经达到了被制裁的标准。有些替罪羔羊确实有罪，有些人的罪责模棱两可，还有些人（我希望不是太多）则遭到了陷害。

我认为卢西安诺遭到了野心家的故意陷害。他确实是个不法之徒，但我认为，他遭到控诉并被定以"强制卖淫"的罪名，这和他实际的活动没有任何瓜葛。

雷曾在《再见，吾爱》和之后的作品中表达过他关于犯罪分子最初的一些观念，其中之一便是：谁都不是彻头彻尾的坏蛋。也许，这段话恰恰反映了这种观念？罪恶也许存在，犹如蛇蝎的卡门·斯特恩伍德显然是邪恶的，但是大多数罪犯有着更为复杂的犯罪动机。除此以外，雷也有可能遭到了卢西安诺的蒙骗。部分采访内容似乎太过天真：

> 依我所见，就好比我和死亦无人为其哀悼的墨索里尼没有任何共同点，卢西安诺看起来也完全不像是强悍的歹徒。他有着温柔的嗓音，耐心的脸上挂着愁容，方方面面都彬彬有礼。这些也许都是表面功夫，但我自认为没有那么好糊弄。那些曾经犯下残暴罪行的人身上会留下印记。卢西安诺看起来是个孤独的人，遭受过无穷无尽的磨难，却几乎没有留下任何邪恶的印记。我挺喜欢他，也没有任何理由不喜欢他。他可能谈不上完美，但我自己不也是吗？

雷也许对自己看人的眼光过分自信了。不出所料，《星期日泰晤士报》拒绝刊登这篇文章。

在这段旅程中，雷和黑尔佳的关系也充斥着火药味。他斥责她颐指气使（他根本就不想到处观光），而她也用同样的说法斥责他。旅程中，他还猛灌格拉巴酒（一种意大利产的白兰地）。黑尔佳不好过，而他们打道回府的时间也早于预期。没过多久，在 1958 年 5 月第一个星期，雷又住进了医院。原来，他又开始光喝酒不吃饭了，必须靠专业人士的介入。出院后，他回到切尔西的公寓，黑尔佳安排了一个名叫唐·桑特里(Don Santry)的男护工来照顾他，跟他同住。桑特里是个有耐心的人，在他的照料下，雷基本上过着清醒的生活。令我们有些讶异的是，雷好像也挺喜欢他的，可能是因为他明白桑特里是他维持健康的关键要素。

在伦敦的那年夏天，雷在社交上花了许多心思。他会去加里克路或雅典娜路和朋友们共进午餐，白天去哈罗德百货公司购物。晚餐时分，他常常会去时髦昂贵的餐馆，比如说靠近考文特花园的布莱斯坦餐厅，这家餐厅讲究到了极致，虽是伦敦消费最高的餐饮场所之一，却依旧亏本经营。不幸的是，频繁的社交虽然有助于排解孤独，但也让他越喝越多，而且耗费了他不少积蓄。

雷也开始担心自己的钱不够花。在朋友迈克尔·吉尔伯特的建议下，他成立了"菲利普·马洛有限公司"，将公司设立在巴哈马群岛，可以减少他的税负。成立公司的过程中，雷把手头的现金差不多用光了，无奈之下问黑尔佳·格林借了一千英镑。与此同时，他那些讨论已久的创作项目纷纷半途而废。他曾打算写本烹饪书，却又默默地将其遗忘，《英格兰夏日》的舞台改编也遭遇了同样的命运。他在一本以马洛为主角的新小说方面取得了些许进展，但忙碌一阵后，只写出了八页稿纸和一个书名《普德泉庄园谜案》(The Poodle Springs Mystery)，随后便宣告放弃。事实上，这部作品的标题里包含"谜案"两字，本身就表明他没有全身心地投入创作。

然后，在8月，一通电话改变了雷的生活。琼·弗拉卡斯的丈夫突然去世，她必须回到拉霍亚。永远都不负绅士之名的钱德勒答应去拉霍亚找她。他告别伦敦，带上唐·桑特里，返回了加利福尼亚。

一开始，雷似乎在德尔查罗酒店安顿下来了，可他再度酗酒，唐·桑特里只好将他送进医院。出院后，他在跟太平洋只隔了几条街的拉霍亚主干道普罗斯佩克特街 824 号租下一间小屋,这也就意味着他靠走路几乎可以去到拉霍亚的任何地方。唐在一旁帮衬他的生活起居,但雷在这栋房子里住得并不开心,时常抱怨糟糕的饮食,抱怨唐照料不周,抱怨他能想到的所有事情。琼·弗拉卡斯会定期过来看望他。在去世的几天前,她的丈夫改立遗嘱,一分钱都没给她留下,这件事格外令雷愤怒。虽然这种事在当时并不罕见,但是雷认为它有损荣誉。于是他又开始插手,向弗拉卡斯支付薪水,虽然在他眼里,她的脾性使她不能成为高效的秘书。[57] 为了缓解她在金钱方面的忧虑,他还将《重播》在英联邦的版权转让给她。

雷也想念黑尔佳。他现在自认为是欧洲人,而拉霍亚则是异国他乡。他写信让她过来看望自己,但是她实在抽不出身,转而将两人共同的朋友凯·韦斯特(Kay West,曾在伦敦帮雷处理过部分秘书工作)派了过来。这个时候,唐·桑特里已经返回英国。凯既给雷当护工,又给他当秘书。她的突然出现似乎让琼·弗拉卡斯不太高兴。几个月前,她才刚刚成为雷的遗嘱的主要受益人,另外一个女人的出现自然会威胁到她的地位。凯·韦斯特被她在拉霍亚的所见所闻吓了一跳,写信告诉了黑尔佳。雷将《重播》版权馈赠给别人的事情完全出乎黑尔佳的预料,她立即提出要用 2000 美元从琼的手里将其买回来。

雷似乎喜欢凯·韦斯特,他们俩经常会坐在小屋里,一起闲聊、看电视、玩飞镖。他爱上了她,并向她求婚。如今,只要任何女人在生活中对他提供很大的帮助,他几乎都会这么做。他又一次改立遗嘱,将韦斯特变成受益人(所以琼·弗拉卡斯的担忧有其依据)。对与此事相关的所有人来说,这都是一个困难的时期。普罗斯佩克特街的这栋小屋里剑拔弩张,雷生命中的女人对彼此怀有恨意。到最后,凯因为筋疲力尽而崩溃,住院一段时间后就返回了英国。差不多就在这个时候,琼·弗拉卡斯和一位名叫利昂·约翰逊(Leon Johnson)的男护工订了婚,随即搬到雷的家中。约翰逊是个身材精瘦的中西部美国人,两个男人相处还算愉快。于是,新的生活规律得以建立,雷又可以开始工作了。一家英国的报纸付给他一万英镑,委托他写篇新的马洛故事,他最后交出了一篇平淡无奇的短篇小说,名叫《铅笔》("The Pen-cil"),直到他过世后才面世。

我们对此后发生的事情不是特别清楚。据琼·弗拉卡斯的女儿所言,在利昂和琼的照料下,雷的生活稍稍恢复了平衡。但是凯·韦斯特回到英国后讲述的故事完全不同,她向黑尔佳·格林报告,雷无时无刻不是醉醺醺、邋里邋遢、满肚子怒火。黑尔佳虽然身体有恙,却在 1959 年 2 月坐飞机赶赴加利福尼亚。

无论雷在生命的最后几个月过着怎样的生活,反正黑尔佳赶到的时候,他已经又住进了医院,不断地吐血,不断地晕厥。她明白此时需要有人全身心地照料他,所以当他向她求婚的时候,黑尔佳答应了,大概是因为这能给他活下去的理由吧。当她应允的时候,雷欣喜若狂,然后计划要一起回英国生活。他向拉霍亚的朋友一一道别,其中包括尼尔·摩根,他把自己的词典以及收集的烟斗都送给了尼尔,然后搭飞机前往纽约。纽约很冷,他们抵达时正下着雨。他们在艺术酒店订了房间。雷在纽约还有两件事要做:首先,他要接受美国推理作家协会的委任,担任协会主席;其次,他要得到黑尔佳的父亲 H. S. H. 吉尼斯(H. S. H. Guinness)的同意,和其女儿走入婚姻的殿堂。

美国推理作家协会为钱德勒准备了欢迎会,可是到了那一天,雷看起来很虚弱,黑尔佳担心他可能无法出席欢迎会。在她的支持下,雷还是振作精神,参加了欢迎仪式,不过他必须拄着拐杖才能走路。他发表了一通虽然简短却充满爱和暖意的演讲:

我从心底里感激诸位邀请我来到这里。我丝毫没有客套的意思，而是发自内心地感谢。不过站在你们面前，我还是有点难为情，原因有二。我现在才知道，原来协会给我寄过选票，只是我从来没注意到它。大概在我注意到之前，它就被我塞进了文件袋里，而那个文件袋很可能名叫"现在别烦我，以后再说"。所以，当凯瑟琳・巴思（Catherine Barth）发来电报，告诉我虽然反对者众多，但我还是当选主席的时候，我真的吓了一跳。

他最后说道：

我要再次向诸位莫大的善意表示感激，虽然我心里还有许许多多的爱，但今天我打算就此按下不表，诸位听到这里想必松了口气吧。

尽管有些是场面话，但雷确实因为受到同侪的认可而感到自豪。他虽然一度痛斥犯罪文学的体制，但是当它认可他的成就时，他也乐于接受。欢迎仪式过后，雷同黑尔佳返回了酒店。天气依旧糟糕，但是他心里阳光明媚。

数日后，与黑尔佳父亲的晚宴如期而至。雷很紧张，晚宴的氛围也很凝重。亨利・西摩・霍华德・吉尼斯（朋友们管他叫西摩）是个真正的贵族。他先后毕业于温彻斯特大学和牛津大学，随后进入家族名下的银行业，成长为合格的吉尼斯家族成员。他有钱有势，身份高贵；他只比雷年长了一个月。雷尽可能地做好准备，甚至设法戒酒以保持清醒，却还是藏不住他身体的虚弱。他表明自己的意图后，遭到了吉尼斯的拒绝。雷自认为表现"完美",但吉尼斯担心的是,年龄跟自己相仿的男人与女儿并不般配。不难理解,雷很难过,并责怪其他人教唆吉尼斯反对这门婚事。次日,他宣布自己无法同黑尔佳前往英国,转而收拾行李返回拉霍亚。也许他心里想的是,自己正在感冒,比起英国,加利福尼亚的气候更有利于恢复健康。也许,他只想沉溺在酒精里,忘掉一切世事,而且他觉得黑尔佳不会允许他这么做。可奇怪的是,她答应了,所以雷就回到了普罗斯佩克特街的小屋,而黑尔佳则返回伦敦。

1959 年 3 月 23 日,也就是从纽约返回拉霍亚的两个星期后,雷蒙德·钱德勒再次住进了医院。他在纽约患上的感冒恶化成肺炎。拉霍亚康复医院的员工都跟他很熟了,他们在两天后做出判断,认为他需要转到更好的医院治疗。3 月 25 日,他被救护车送到了斯克里普斯诊所。这是他人生的最后一段旅程。1959 年 3 月 26 日下午 3 点 50 分,雷蒙德·钱德勒去世了。

尽管他正式的死因是肺炎,但实际情况要更为复杂。自从茜茜走后,他就长期处于醉酒的状态,只有偶尔几段清醒的日子。他的身体禁不起这样长期的折腾。

他的讣告刊登在伦敦和纽约的报纸上,但在拉霍亚没有引起多大动静。他的葬礼于一个晴朗的星期一上午在圣迭戈的希望山公墓举行。一共有十七个人参加了仪式,其中一位是美国推理作家协会派来的代表,而黑尔佳·格林则远在英国。那一天是英国银行假日①,所以她连花都没法送过来。

直到生命的最后,雷依旧在思考菲利普·马洛。逝世前一个月,

---

① 银行假日是英国的法定公众假日,在银行假日,银行不营业,许多商店都会歇业。

他曾写道:

> 马洛这类人不应该步入婚姻,因为他是个孤独的人,贫穷的人,危险的人,还是个富有同情心的人,而这些品质与婚姻都不合。我想,他永远都会有一间破旧的办公室、一处孤寂的住所、一些风流韵事,却和任何人都无法建立恒久的感情……我眼里的他永远形单影只地走在街道上、待在房间里,虽然困惑却不曾被击垮。[58]

在这最后一封信中,我们发现了雷和他笔下角色最关键的区别。马洛和任何人都"无法建立恒久的感情",但是雷有属于他的那个人:他的妻子茜茜。她的过世动摇了他小心建立起来的自我,令他轻易地被各种伤害所累,尤其是他从此难以抵挡酗酒的诱惑。酒在雷的人生中投下了一道恒常的阴影,并在最后几乎彻底将他吞噬。不过,茜茜的影响不仅仅如此。他努力创作了一辈子,为的就是写出能够配得上妻子的作品,写出能够流传下来的经典。他从来不曾把任何作品献给茜茜,因为他觉得这些作品还不够优秀。可是在这件事上,历史告诉我们,他的判断是错误的。雷蒙德·钱德勒的作品足以跻身最上乘的英语小说行列,他笔下的城市因其伟大而更显脆弱,他所创造的孤独英雄散发着人性的光辉,令一代又一代读者为之着迷。但是,对雷蒙德·钱德勒来说,这些成就还不足够。他失败了,而这是他一生巨大的悲哀。他曾在逝世前一年写下一首十四行诗,表达过这种心绪,至少对他来说,这是一首悲伤的墓志铭:

任凭季节流转,美好的事物自会久存,

那些曾经振奋的，如今已黯淡且迟钝。

哦，那辉煌将由我来创造

只可惜绝妙的思绪来得太晚。

这便是雷走到人生终点时给予自己的评价。所幸的是，在他的读者眼中，他的为人和成就远不止如此。

后　记

虽然雷在 1959 年过世，但他的故事并没有就此结束。在他的首部长篇小说问世七十多年后，他的名字成了犯罪小说创作的试金石，不仅代表了优秀的小说，也代表了兼具力与美的写作。雷蒙德·钱德勒堪与亚瑟·柯南·道尔和阿加莎·克里斯蒂比肩，因为他笔下最出名的英雄已经家喻户晓。但是钱德勒与众不同，因为他的作品不仅仅关于谋杀。他对腐败、懒惰和自私的刻画在犯罪小说领域前无古人，因此也拓宽了这一小说类型的疆域。

雷的作品出于多种多样的原因深深吸引着读者。首先是菲利普·马洛的恒久魅力，他能够轻易地超出他最初登场的几部作品的狭窄边界，跃入更为广阔的天地。他以雄辩的方式表现了一个极具美国风格的词：孤独。无论读者住在洛杉矶、伦敦、东京还是巴黎，当他们读到马洛在大城市的格格不入时，都能从中找到共鸣。菲利普·马洛成了百万读者倾吐、提炼和重塑隔绝感的对象，他们借此反观自己的情感，也借此解读这个世界。而这正是马洛何以高贵的部分秘密所在。

除马洛以外，雷的作品中还有一个明显的主角：洛杉矶。雷对这座城市的二度创造正是其作品长盛不衰的关键。他能够做到这一点，很大一部分原因在于，他用独到的方法展现出这座城市的细节，并提炼出它独特的氛围。不过我们也可以说，洛杉矶本身就是个令人着迷的主题。雷比任何人都更早地意识到,洛杉矶适合当作艺术创作的主题。无论我们是否乐见,这座城市日渐成为创意产业的中心,既催生了许多现代流行文化的关键作品,也成为它们的故事背景,从比利·怀尔德的《日落大道》(*Sunset Boulevard*)到雷德利·斯科特(Ridley Scott)的《银翼杀手》(*Blade Runner*)都是如此。随着洛杉矶日益变得重要,雷蒙德·钱德勒对它也越来越看重。

影视产业源源不断地推出侦探马洛的电影、电视和广播剧改编作品,证明了马洛及其世界的生命力。尽管有些改编作品已经被遗忘,但有些版本中的马洛却成了经典形象。1973 年,由罗伯特·奥特曼(Robert Altman)导演、利·布拉克特编剧(霍华德·霍克斯导演的《长眠不醒》也由他担任编剧)的《漫长的告别》登上了银幕,扮演马洛的是美国演员埃利奥特·古尔德(Elliott Gould)。1975 年,轮到罗伯特·米彻姆(Robert Mitchum)在迪克·理查兹(Dick Richards)导演的《再见,吾爱》中扮演侦探马洛,他后来又于 1978 年在迈克尔·温纳(Michael Winner)版的《长眠不醒》中重新演绎了马洛。在这些电影中,罗伯特·奥特曼的作品最经得起时间的考验,不过需要注意的是,每一部电影都根据其目标观众对马洛进行了重新塑造。在奥特曼的版本中,故事的背景变成当代的洛杉矶,嬉皮士会在阳台上做裸体瑜伽。他对《漫长的告别》的处理引起了 70 年代观众的共鸣,因为他们对社会最高层的腐败以及城市给他们带来的异化日渐感到焦虑。迈克尔·温纳的解读则彻底忽略了洛杉矶,将场景搬到伦敦。有些电影将钱德勒的作品用作故事框架。比如,沙恩·布莱克(Shane Black)执导的《小贼、美女和妙探》(*Kiss Kiss Bang Bang*, 2005)将钱德勒长篇小说和短篇故事的题目用作电影的章节名。不过,在所有胶片电影中,最能代表硬汉题材的《唐人街》(*Chinatown*)虽然并非改编自钱德勒的小说,但它展现出来的洛杉矶城却与雷的作品不谋而合。这部由罗曼・波兰斯基(Roman Polanski)执导、罗伯特・汤(Robert Towne)编剧、杰克・尼科尔森(Jack Nicholson)主演的电影,探究了水利工程、洛杉矶城以及这座城市所催生的腐败。如果雷能活着看到这部电影,他也许会发现电影中的世界同他笔下的洛杉矶如出一辙。

不过除了虚构作品外,雷本人也深深吸引着读者。他的书信和人生经历同小说一样,给读者们带来了深刻的影响。尤其是他的书信,向我们展现出一个独特的现代人的诸多方面。信中总是混杂着各种生动的观点,有时候气愤而铿锵有力,有时候怒骂又鼓舞人心,有时候厌世却总是予人以启迪。它们和他的小说一起,令我们得以忽明忽暗地窥见一个男人的一生,既令人神往,也值得铭记。

然而,我们获取这些材料的过程相当曲折。钱德勒刚过世的时候,他的遗产状况并不明晰。钱德勒的文学遗产就同他的人生一样散布在英美两国。不仅档案材料散布两地,他在两地的文学地位也不尽相同。他曾应允将部分档案存放在加州大学洛杉矶分校图书馆的特藏部,而余下部分则由黑尔佳・格林继承,并运送回英国。[1] 当时,美国的文学评论家不那么承认他在文学经典中的地位,不像在英国,他已是公认的艺术家与犯罪小说家。所以,他的死讯在大洋两岸引起了不同的反应。

不过在 1962 年,当《雷蒙德・钱德勒之声》(*Raymond Chandler Speaking*)出版后,事情开始出现转机。这部最早出版的钱德勒书信集的编者是多萝西・加迪纳(Dorothy Gardiner)和凯瑟琳・索利・沃克(Katherine Sorely Walker),许多读者通过这部书信集得以一睹这位创造了菲利普・马洛的作家的人生。这部书信集远不只是为了整理

一位已故作家未曾出版的文字,更是为了向读者展现一位真正具备原创性和天才的作家:

> 雷蒙德·钱德勒接受过英语古典文学的教育,他求知若渴,批判有力,语言知识广博,对尖锐的文字和恰切的措辞有着近乎天才的把握。他也许正如其拥趸所言,是 20 世纪最杰出的侦探小说家;而且毫无疑问,他也是最多产、最具独创性的写信人。[2]

有多少读者在第一次看到《雷蒙德·钱德勒之声》英国版(当然是由哈米什·汉密尔顿出版社推出)封面上优雅的钱德勒肖像时,能够想到这位灰发、梳着大背头、戴着厚镜片黑框眼镜、两颊有肉、薄嘴唇、面无笑容、有点双下巴的男人竟然创造了菲利普·马洛?许多读者都想当然地认为,钱德勒的形象应该更强悍、更年轻,而不是像他实际的样貌那么有绅士派头。而随着时间的推移,雷的拥趸离他愈发遥远,这种错误印象也就愈发强化。他们如果读过雷的书信,就会发现一个截然不同的雷蒙德·钱德勒,他们会发现他对写作技艺永无止境的追求,对好莱坞、出版商和文学代理人的失望,还有对猫的喜爱。

不过,仅仅通过信件,读者无法了解雷一生中相对阴暗的一面。事实上,直到弗兰克·麦克沙恩在 1976 年出版了雷的第一部传记[3],他晚年的生活细节才被披露出来,大家才第一次知道雷原来是个酒鬼,而且他和茜茜有着一段不同寻常且几经波折的婚姻。及至此时,雷的小说已经被英美两国的学界广泛认可。但麦克沙恩对这部传记的介绍无疑透露出,他自己为深入挖掘这位侦探小说家的一生而感到不安:

　　我首先要说明的是,我在这部作品中将雷蒙德·钱德勒视作一位严肃的小说家,而不仅仅是一位侦探小说家。[4]

　　对有些读者来说,钱德勒作品的文学价值仍值得怀疑。但就在麦克沙恩的传记面世一年后,《雷蒙德·钱德勒的世界》(*The World of Raymond Chandler*)出版,其撰文作者包括几位德高望重的评论家[雅克·巴松(Jacques Barsun)是哥伦比亚大学教授,T. J. 比尼恩(T. J. Binyon)任教于牛津大学,而迈克尔·梅森(Michael Mason)则执教于伦敦大学学院]以及数位受人赞誉的犯罪小说家[仅举三例:派翠西亚·海史密斯、迈克尔·吉尔伯特和朱利安·西蒙兹(Julian Symonds)]。这部文集在某些方面更能体现钱德勒的文学地位:他是个技艺高超的艺术家,他的努力使得侦探小说超越了原有的边界,这种突破是前人不敢想象的。这部作品也是对麦克沙恩所著传记的直接回应,其中最重要的便是娜塔莎·斯彭德所写的《他自己的漫长的告别》。在她看来,不仅麦克沙恩笔下的钱德勒有失客观,他对娜塔莎的记述也存在不小的问题,所以她才写下这篇文章,予以驳斥。这部作品,再加上《雷蒙德·钱德勒之声》和麦克沙恩的传记(没过多久,又出了一部更为翔实的书信选集),见证了钱德勒在文学界日渐巩固的地位。至少在英国,他终于超越了达希尔·哈米特,成了令犯罪小说受人尊重的作家。

　　此外,他的作品从未在市面上缺席。事实上,雷越来越多的作品得以出版。在他成为明星后,那些一度未收入其作品集的早期短篇故事,甚至是那些早已被人遗忘的文学尝试(例如其早期诗作)都得到了重刊。而他参与创作的电影(例如《双重赔偿》)以及改编自其作品的电影(例如《长眠不醒》)都被观众视作该类型的杰作。无论是在文学界还是在电影界,钱德勒的创作都越来越被归入经典作品的行列。

然而,在 20 世纪 80 年代,雷一度遭到猛烈的抨击。他的小说遭到文学批评的拆解,他对女性、同性恋和种族问题的态度均受到了诘问。其中最值得注意的是,通过那些对雷的作品抱有疑虑的新批评家的分析,我们得以清晰地看到一位深受性的困扰的作家。雷当然爱女人,但他的表达方式独特,且常常令人困惑。至少在其大部分作品中,他对亲密关系的态度都相当复杂。他对性的肉欲属性的厌恶也常常令人不安。尽管他写过歧视同性恋的文字("无论基佬外形怎样,他的骨头里都没有钢铁"),但是在他的小说中人们却挖掘出同性恋的元素。菲利普·马洛难以归类,他算不上仇视女性,也不是个多情之人,再加上他总是渴望与其他男性建立真正的感情,这些的确使得他成了谜一般的人物,为他增添了永恒的魅力,他的性动机拒绝分类,这令他同时具备了威胁性和魅惑力。一位传记作者如果从其传主的虚构作品中寻求过多事实,总会显得大胆,但是小说中确实渗透着作家真实的意见和态度。不管怎样,他晦暗不明的性取向令读者对他的小说和书信都兴趣盎然。实际上,雷含糊其词或者按下不表的那些内容和他书中的犯罪、谋杀、腐败一样,都是其作品令人兴奋之处。即便我们已经将雷暴露在阳光下,他身上也依然具有我们无法穿透的神秘之处。

比利·怀尔德曾经说过,在所有与他共事过的人当中,他最常被人问及的是玛丽莲·梦露和雷蒙德·钱德勒。雷如此令人感兴趣,我们并不觉得奇怪,而本书正是同样的好奇心所孕育的产物。雷热爱语言,因此提笔书写他所知的这个世界,并由此创造出一门艺术。但在作品中,在书信中,在生活中,雷像他笔下的菲利普·马洛一样,是充满矛盾的。他困顿的童年、他复杂的家庭关系、他在性和女人方面复杂的尴尬态度,以及他与酗酒的斗争,从不同方面给他的写作带来了困扰,增添了维度,提供了动力。他的每一部作品都表现出这种张力,但想要真正理解它们,也许最好再读读他的书信,因为只有两相结合,我们才能最恰切地了解这位作家,了解这个人。

注　释

参考文献说明

雷蒙德·钱德勒的档案文献就像他的人生一样分隔英美两国：牛津大学博德利图书馆和加州大学洛杉矶分校查尔斯·E. 扬学术图书馆。大多数跟他人生经历有关的书信都收录在美国戴尔出版公司发行、弗兰克·麦克沙恩编的《雷蒙德·钱德勒书信选集》(*The Selected Letters of Raymond Chandler*)以及英国企鹅图书发行、弗兰克·麦克沙恩和汤姆·希尼(Tom Hiney)编的更为晚近的《雷蒙德·钱德勒档案》(*The Raymond Chandler Papers*)。为了让注释显得尽量简洁，我没有标注任何一封信的具体馆藏位置；如果读者希望获取相关信息，可以给我写信，我的电子邮箱是 tom.williams25@gmail.com。

在引用雷蒙德·钱德勒的长篇小说时，我所使用的是英国企鹅图书的版本，详细版本信息请参见后文的参考文献。在引用其短篇小说时，我使用了美国克诺夫出版社的大众文库版。刊载过的诗歌和文章都来自南加州大学出版社发行、M. J. 布鲁科利(M. J. Bruccoli)编的《马洛之前的钱德勒》(*Chandler Before Marlowe*)。部分后期发表在《大西洋》上的文章选自美国的卡罗尔与格拉夫出版社发行、罗伯特·F. 莫斯(Robert F. Moss)编的《雷蒙德·钱德勒：参考文献》(*Raymond*

Chandler: A Literary Reference），我从中引用了《好莱坞作家》和《你生命的十分之一》。《简单的谋杀艺术》一文收录在美国的 Vintage 出版社发行的《简单的谋杀艺术》文集中。《好莱坞作家》则被《大西洋》放在了它的官方网站上，网址为 http://www.theatlantic.com/magazine/archive/1945/11/writers-in-hollywood/6454/。

第一章

1. Faith, N., *The World the Railways Made*, Pimlico, London, 1994.

2. 此处描述根据雷蒙德的第一部传记：MacShane, F. *The Life of Raymond Chandler*, Hamish Hamilton, London, 1986。

3. 关于奥马哈的都市传说，参见 Bristow, D. L., *A Dirty, Wicked Town*, Caxton Press, Caldwell, Idaho, 2000。

4. Letter to Charles Morton, 1 January 1945.

5. Ibid.

6. 参见 Stevenson, R. L., *Travels with a Donkey in the Cévennes and the Amateur Emigrant*, Penguin Classics, London, 2011。

7. Ibid.

8. 我认为，在 1886 年，格蕾丝·菲特定居在拉勒米，而不是内布拉斯加州的普拉茨茅斯。她女儿缪里尔于 1887 年生在怀俄明州，而且莫里斯和弗洛伦丝也于那年在拉勒米完婚，因此菲特一家定居此地也就合情合理了。

9. 参见 1900 年和 1910 年普拉茨茅斯的普查记录。

10. MacShane, F. *The Life of Raymond Chandler*, Hamish Hamilton, London, 1986.

11. Larson, E., *The Devil in the White City*, Bantam, London, 2004.

12. Twain，M.，*Life on the Mississippi*，Penguin Classics，London，1985.

13. Miller，D.L.，*City of the Century: the Epic of Chicago and the Making of America*，Touchstone，New York，1997.

14. 根据我在纽约找到的 1890 年 10 月 27 日"塞尔维亚号"乘客名单，弗洛伦丝和雷从爱尔兰返航时买了客舱票，所以他们前往爱尔兰时很有可能也买了客舱票。不过，我确实找不到任何他们从纽约出发和抵达昆斯敦的记录。

15. Larson，E.，*The Devil in the White City*，Bantam，London，2004.

16. Letter to Charles Morton，20 November 1944.

17. Letter to Helga Greene，28 April 1957.

18. Letter to Charles Morton，20 November 1944.

19. Letter to Charles Morton，1 January 1945.

20. Letter to Charles Morton，20 November 1944.

21. Letter to Helga Greene，28 April 1957.

22. 这是 2006 年 9 月我采访她的时候，她告诉我的。

23. Decker，J. H.，*Men of Steel Rails*，University of Nebraska Press，Lincoln，1983.

24. Ibid.

25. 这部分的所有数据都来自 Miller，D. L.，*City of the Century: the Epic of Chicago and the Making of America*，Touchstone，New York，1997。

26. Letter to Hamish Hamilton，10 November 1950.

27. 参见 the Raymond Chandler：Shamus Town website，洛伦·拉特克(Loren Latker)在其中发现了新的材料。http://homepage. mac. com/llatker/index.html.

第二章

1. Letter to Hamish Hamilton，15 July 1954.

2. Letter to Charles Morton, 1 January 1945.

3. Letter to Hamish Hamilton, 15 July 1954.

4. Ibid.

5. Letter to Charles Morton, 1 January 1945.

6. Ibid.

7. Letter to Hamish Hamilton, 11 December 1950.

8. Frank MacShane interviewed Sir Alwyne Ogden for MacShane, F., *The Life of Raymond Chandler*, Hamish Hamilton, London, 1986.

9. Letter to Wesley Hartley, 3 December 1957.

10. Ibid.

11. Letter to Hamish Hamilton, 10 November 1950.

12. Letter to Hamish Hamilton, 20 December 1949.

13. 参见 Parker, P., *The Old Lie: The Great War and the Public School Ethos*, Hambledon Continuum, London, 1987。

14. Letter to Helga Greene, 28 April 1957.

第三章

1. Maugham, S., *Of Human Bondage*, originally published in 1915. This edition published by Vintage, London, 2005.

2. Letter to Helga Greene, 13 July 1956.

3. 参见 McCrum, R., *Wodehouse: A Life*, Penguin Viking, 2004。

4. Letter to Dale Warren, 4 January 1951.

5. Letter to Roger Machell, 24 March 1954.

6. Ibid.

7. Letter to Hamish Hamilton, 11 December 1950.

8. Ibid.

9. Ibid.

10. Letter to Helga Greene，13 July 1956.

11. Ibid.

12. Ibid.

13. Letter to Dale Warren，15 January 1950.

14. Ibid.

15. Letter to Wesley Hartley，3 December 1957.

16. Ibid.

17. Letter to Dale Warren，15 January 1950.

18. Letter to Hamish Hamilton，11 December 1950.

19. Ibid.

20. 尽管雷有个不称职的父亲,但是在他的小说中,马洛对于各路父亲都还算得上尊敬。

21.《每日快报》对他的采访,25 April 1955。

22. Letter to Hamish Hamilton, 22 April 1949.

23. 所有诗作都收录在 Chandler Before Marlowe，M. J. Bruccoli（ed.），University of South Carolina Press，Columbia，1973。

24. From "Introduction" in N. G. Royde-Smith（ed.），Poets of Our Day，Methuen，London，1908.

25. 斯蒂芬的诗作《港口》（"The Port"）激怒了叔叔,因为该诗写道:"娇弱的男孩炫耀着明亮的双唇,/多么美妙的乞钱碗啊⋯⋯"

26. Letter to A. G. Gardiner, quoted in Harris, W., J. A. Spender，Cassell and Company，London，1946.

27. Letter to Hamish Hamilton，11 December 1950.

28. The Oxford Companion to English Literature，M. Drabble（ed.），Oxford University Press，Oxford，2006.

29. Letter to Hamish Hamilton, 11 December 1950.

30. "Realism and Fairyland" from *Chandler Before Marlowe*, J. Bruccoli (ed.), University of South Carolina Press, Columbia, 1973.

31. "The Genteel Artist", ibid.

32. Ibid.

33. Quoted by MacShane, F., from "Autobiographical Statement" in *The Life of Raymond Chandler*, Hamish Hamilton, London, 1973.

34. Letter to Hamish Hamilton, 11 December 1950.

35. Ibid.

第四章

1. Letter to Charles Morton, 15 January 1945.

2. From the Chandler archive at Dulwich College.

3. Letter to Hamish Hamilton, 10 November 1950.

4. Quoted by MacShane, F., from "Autobiographical Statement" in *The Life of Raymond Chandler*, Hamish Hamilton, London, 1973.

5. McWilliams, C., *Southern California: An Island On the Land*, Gibbs Smith Publisher, Layton, Utah, 1973.

6. Ibid.

7. Ibid.

8. 这一故事给罗曼·波兰斯基(Roman Polanski)带来灵感,拍出了一部以洛杉矶为题材的伟大电影《唐人街》(*Chinatown*)。

9. From "To-Morrow", Chandler Archives, the Bodleian Library, Oxford.

10. McKenzie, F.A., *Through the Hindenburg Line*, Hodder and Stoughton, London, 1918.

11. From "Trench Raid", Chandler Archives, the Bodleian Library, Oxford.

12. Ibid.

13. Letter to Deirdre Gartrell，2 March 1957.

14. Letter to James Sandoe，25 February 1948.

15. MacShane, F., *The Life of Raymond Chandler*，Hamish Hamilton, London，1986.

16. Letter to Deirdre Gartrell，2 March 1957.

17. Letter to Louise Loughner，undated，but probably May 1955.

18. Albert Ball，quoted by Levine, J. in *Fighter Heroes of WWI*，Collins，London，2009.

第五章

1. 1870 年的佩里湖人口普查列出了尤金和玛丽亚·赫伯特，却没有提及他们育有孩子。次年的人口普查中，孩子就出现了，所以她的出生日期肯定是在 1870 年 7 月至 1871 年 6 月之间。

2. 参见 http：//en.wikipedia.org/wiki/Harlem。

3. http：//en.wikipedia.org/wiki/Church_of_the_Transfiguration_％28New_York,_New_York％29.

4. Freeman, J., in *The Long Embrace*，Vintage，New York，2008.

5. 有关朱利安的记录在出生日期上有出入。

6. 参见 the *Washington Post*，23 January 1908。

7. 雷保存了茜茜的所有离婚文件，它们如今保存在牛津大学博德利图书馆。

8. 如果没有特别说明，钱德勒的诗歌都引自牛津大学博德利图书馆的雷蒙德文件。

9. 参见 Freeman, J., *The Long Embrace*，Vintage，New York，2008。

10. Houseman, J., "Lost Fortnight：a Memoir"，*The World of Raymond Chandler*，M. Gross (ed.)，Weidenfeld & Nicolson，London，1977.

11. Tygiel, J., *The Great Los Angeles Oil Swindle*, University of California Press, London, 1994.

12. 这一消息得自我与沃伦和阿尔玛·劳埃德之孙兰德尔(Randall)的信件往来。

13. 这一事件出现在 MacShane, F., *The Life of Raymond Chandler*, Hamish Hamilton, London, 1986, 而钱德勒在以下信件中也谈及此事: letter to Helga Greene, 5 May 1957。

14. Letter to Helga Greene, 5 May 1957.

15. Letter to Edgar Carter, 3 June 1957.

16. Quoted by Freeman, J., in *The Long Embrace*, Vintage, New York, 2008.

17. Scott Fitzgerald, F., "Early Success" in *F. Scott Fitzgerald on Authorship*, M. J. Bruccoli and J. Baughmas (eds.), University of South Carolina, Columbia, 1996.

18. 这位记者名叫马特·温斯托克(Matt Weinstock), quoted in Rayner, R., *A Bright and Guilty Place*, Constable, London, 2010。

19. Quoted in R. Rayner, *A Bright and Guilty Place*, Constable, London, 2010.

20. Letter to William Lever, 12 October 1934.

21. McWilliams, C., *Southern California: an Island on the Land*, Gibbs Smith Publisher, Layton, Utah, 1973.

22. Rayner, R., *A Bright and Guilty Place*, Constable, London, 2010.

23. 20 世纪 20 年代,多希尼家族在茶壶山丑闻案中受到调查,众多传闻认为他们涉嫌贿赂和政治疏通。

24. 对多希尼和普伦基特之死的整个事件详尽且生动的刻画见 Rayner, R., *A Bright and Guilty Place*, Constable, London, 2010。

25. White，L.，*Me, Detective*，Harcourt，Brace，and Company Inc.，New York，1936.

26. Letter to Helga Greene，5 May 1957.

27. Ibid.

28. Ibid.

29. Ibid.

30. Ibid.

31. Ibid.

32. Letter to James Sandoe，6 December 1948.

33. Letter to James Sandoe，18 November 1948.

34. Letter to William Lever，6 January 1934.

35. Quoted by MacShane，F.，in *The Life of Raymond Chandler*，Hamish Hamilton，London，1986.

36. 参见 the Raymond Chandler：Shamus Town website，洛伦·拉特克在其中发现了新的材料。http://homepage.mac.com/llatker/index.html.

37. 参见 Rayner，R.，*A Bright and Guilty Place*，Constable，London，2010。

38. MacShane，F.，*The Life of Raymond Chandler*，Hamish Hamilton，London，1986.

39. Letter to William Lever，12 August 1933.

40. Ibid.

41. Ibid.

第六章

1. 弗兰克·麦克沙恩和汤姆·希尼都写到，雷是独自一人前往西雅图的，但我没有找到任何相关的证据。根据雷在 1933 年 8 月 12 日写给威廉·利弗的一封信，我们得知他是和茜茜一道去北方的："我们在西北部游览，我几番尝试写作，却都失败了。"

2. Letter to James Howard，26 March 1957.

3. Letter to William Lever，12 August 1933.

4. Letter to James Howard，26 March 1957.

5. Letter to William Lever，12 August 1933.

6. Ibid.

7. *The Notebooks of Raymond Chandler*，F. MacShane（ed.），Weidenfeld & Nicolson，London，1976.

8. Ibid.

9. Letter to William Lever，12 August 1933.

10. Letter to Erle Stanley Gardner，5 May 1939.

11. 弗雷德里克·杰克逊·特纳（Frederick Jackson Turner）在其重要论文《西部开拓者在美国历史中的重要性》中提出了这个观点，这最早是他于1893年在美国历史学会进行的讲座。

12. 最早以笔名彼得·柯林森（Peter Collinson）发表于 *Black Mask*，15 June 1923。

13. Letter to the editor，*Black Mask*，15 June 1923，*Dashiel Hammett, Selected Letters*，R. Layman with J. M. Rivett（eds.），Counter Point，Washington D. C.，2001.

14. Letter from Dashiell Hammett to Phil Cody，editor of *Black Mask*，August 1924 in *Dashiel Hammett, Selected Letters*，R. Layman with J. M. Rivett（eds），Counter Point，Washington D. C.，2001.

15. Gruber，F.，*The Pulp Jungle*，Sherbourne Press，Los Angeles，1967.

16. 选自约瑟夫·肖为 *The Black Mask Omnibus* 所写的导读手稿，被加州大学洛杉矶分校归类在钱德勒档案之下。

17. Ibid.

18. Letter from Dashiell Hammett to Blanche Knopf, 20 March 1928.

19. "The Simple Art of Murder" in *The Simple Art of Murder*, Vintage, New York, 1988.

20. Letter to George Harmon Coxe, 9 April 1939.

21. Letter to Charles Morton, 28 October 1947.

22. MacShane, F., *The Life of Raymond Chandler*, Hamish Hamilton, London, 1986.

23. Letter to Hamish Hamilton, 10 November 1950.

24. Letter to Dale Warren, 7 January 1945.

25. Letter to William Lever, 12 August 1933.

26. MacShane, F., *The Life of Raymond Chandler*, Hamish Hamilton, London, 1986.

27. Letter to William Lever, 12 August 1933.

28. Letter to Fredrick Lewis Allen, 7 May 1948.

29. Letter to Alfred Knopf, 12 January 1946.

30. Letter to William Lever, 12 October 1934.

31. Ibid.

32. Letter to William Lever, 12 August 1933.

33. Ibid.

34. Letter to William Lever, 6 January 1934.

35. Letter to William Lever, 12 August 1933.

36. Letter to William Lever, 6 January 1934.

第七章

1. Letter to William Lever, 12 October 1934.

2. Letter to William Lever, 12 August 1933.

3. Ibid.

4. Ibid.

5. MacShane, F., *The Life of Raymond Chandler*, Hamish Hamilton, London, 1986.

6. 参见 Rayner, R., *A Bright and Guilty Place*, Constable, London, 2010。

7. 后来，雷把这个故事收录在《简单的谋杀艺术》里，并给侦探换了个名字，叫约翰尼·达尔马斯(Johnny Dalmas)。我所引用的是美国文库版本，其收录的是该故事首次被收入图书[《线人与其他故事》(*Finger Man and Other Stories*)，埃文出版社，1957 年]的版本，最能展现这篇故事的原貌。

8. Letter to William Lever，12 October 1934.

9. Ibid.

10. Ibid.

11. Starr, K., *Endangered Dreams: The Great Depression in California*, OUP, Oxford, 1996.

12. Ibid.

13. Letter to William Lever，10 January 1936.

14. Ibid.

15. Letter to William Lever，6 January 1934.

16. "For Cissy"，dated 29 October 1935.

17. Ibid.

18. Letter to William Lever，10 January 1936.

19. Letter to William Lever，12 October 1933.

20. Gruber, F., *The Pulp Jungle*, Sherbourne Press, Los Angeles, 1967.

21. Letter to William Lever，31 May 1938.

第八章

1. Letter to William Lever，31 May 1938.

2. Ibid.

3. Letter to William Lever，10 January 1936.

4. Letter to William Lever，31 May 1938.

5. Ibid.

6. Ibid.

7. Calista Lucy（ed.），"A College Boy：Raymond Chandler and Dulwich College 1900 to 1905"，Dulwich College（private printing），London，2009.

8. Letter to W. J. Smith，19 March 1958.

9. Letter to W. J. Smith，1 October 1958.

10. Letter to Bernice Baumgarten，11 March 1949.

11. Letter to Paul Brooks，19 July 1949.

12. Letter to Frederick Lewis Allen，7 May 1948. 参见第五章。

13. Letter to James Sandoe，18 August 1945.

第九章

1. From the *New York Herald Tribune*，5 February 1939，appearing in *Raymond Chandler: A Literary Reference*，R. F. Moss（ed.），Carroll & Graf Publishers，New York，2002.

2. Letter to Alfred Knopf，19 February 1939.

3. To William Koshland，2 November 1938.

4. From *The New Republic*，15 March 1939，appearing in *Raymond Chandler: A Literary Reference*，R. F. Moss（ed.），Carroll & Graf Publishers，New York，2002.

5. Letter to Alfred Knopf，19 February 1939.

6. Ibid.

7. *The Notebooks of Raymond Chandler*，F. MacShane（ed.）Weidenfeld &

Nicolson，London，1977.

8. 据说《瘦子》在前三周就卖出了约 2 万册，数据源自 Hiney，T.，*Raymond Chandler: A Biography*，Vintage，London，1998。

9. Letter to Leroy Wright，6 July 1951.

10. Ibid.

11. Letter to Blanche Knopf，23 August 1939.

12. Ibid.

13. Letter to George Harmon Coxe，17 October 1939.

14. Letter to George Harmon Coxe，9 April 1939.

15. Ibid.

16. Letter to George Harmon Coxe，19 December 1939.

17. Ibid.

18. Letter to Blanche Knopf，17 January 1940.

19. Letter to George Harmon Coxe，19 December 1939.

20. Letter to George Harmon Coxe，27 June 1940.

21. Ibid.

22. Letter to George Harmon Coxe，27 June 1940.

23. Letter to Dale Warren，15 September 1949.

24. *The Notebooks of Raymond Chandler*，F. MacShane（ed.），Weidenfeld & Nicolson，London，1977.

25. 我对《再见，吾爱》的这一层解读得益于罗伯特·莫斯评论汤姆·希尼的作品（*Raymond Chandler: A Biography*）的文章，文章内容见 http://home.comcast.net/～mossrobert/html/criticism/hineyrev.htm。

26. 参见 6 October edition of *The New York Times in Raymond Chandler: A Literary Reference*，R. F. Moss（ed.），Carroll & Graf Publishers，New York，2002。

27. 参见 http://en.wikipedia.org/wiki/Anthony_Cornero。

28. 参见 http://www.laalmanac.com/history/hi06ee.htm。

29. Letter to Charles Morton，12 October 1944.

30. Ibid.

31. Undated letter to Carl Brandt，sometime in February 1949.

32. Quoted by Parker，P.，in *The Old Lie*，Hambledon Continuum，London，1987.

33. "A Reader's List" in *The New Republic*，7 October 1940 in *Raymond Chandler: A Literary Reference*，R. F. Moss（ed.），Carroll & Graf Publishers，New York，2002.

34. Letter to Blanche Knopf，9 October 1940.

35. Letter to George Harmon Coxe，27 June 1940.

36. Ibid.

37. Letter to George Harmon Coxe，5 November 1940.

38. Letter to George Harmon Coxe，27 June 1940.

39. Letter to Blanche Knopf，16 September 1939.

40. 雷对这个地方的此番描述见 letter to Erle Stanley Gardner，1 February 1941。

41. Ibid.

42. Letter to George Harmon Coxe，27 June 1940.

43. Letter to Blanche Knopf，15 March 1942.

44. Chapin，C.，*My Autobiography*，Penguin，London，2003.

45. Letter to George Harmon Coxe，27 June 1940.

46. Starr，K.，*Embattled Dreams*，Oxford University Press，Oxford，2002.

47. 参见 letter to Blanche Knopf，22 October 1942。

48. Ibid.

49. Letter to Blanche Knopf，15 March 1942.

50. Letter to Blanche Knopf，22 October 1942.

51. Ibid.

52. 参见 letter to Leroy Wright，6 July 1951。

53. Letter to Alfred A. Knopf，8 February 1943.

54. Ibid.

55. 数据来自 Hiney，T.，*Raymond Chandler: A Biography*，Vintage，London，1998。

第十章

1. Quoted by Norman，M.，in *What Happens Next*，Aurum，London，2008.

2. Ibid.

3. http://en.wikipedia.org/wiki/Billy_Wilder♯Austria_and_Germany.

4. Schickel，R.，*Double Indemnity*，British Film Institute，London，1992.

5. Swanson，H.，*Sprinkled with Ruby Dust*，quoted in *Raymond Chandler: A Literary Reference*，R. F. Moss（ed.），Carroll & Graf Publishers，New York，2002.

6. Ibid.

7. "On The Fourth Floor of Paramount" in *Raymond Chandler: A Literary Reference*，R. F. Moss（ed.），Carroll & Graf Publishers，New York，2002.

8. Norman，M.，*What Happens Next*，Aurum Press，London，2008.

9. Interview with Ivan Moffatt，"On The Fourth Floor of Paramount"，*Raymond Chandler: A Literary Reference*，R. F. Moss（ed.），Carroll & Graf Publishers，New York，2002.

10. Norman，M.，*What Happens Next*，Aurum，London 2008.

11. Zolotow，M.，in "Through The Shot Glass Darkly" quoted by Hiney，T. in

Raymond Chandler: A Biography，Vintage，London，1998.

12. Letter to William Lever，6 January 1934.

13. Sutherland，J.，*Last Drink to LA*，Short Books，London，2001.

14. Letter to Blanche Knopf，22 October 1942.

15. *The Notebooks of Raymond Chandler*，F. MacShane（ed.），Weidenfeld &
    Nicolson，London，1977.

16. Letter to James Sandoe，23 May 1949.

17. Ibid.

18. Thompson，D.，*The Whole Equation: A History of Hollywood*，Abacus，
    London，2004.

19. Ibid.

20. Wilder，B.，and Chandler，R.，*Double Indemnity*，University of California
    Press，London，2000.

21. Ibid.

22. Ibid.

23. 在《双重赔偿》剧本的最终版中，菲莉丝还多说了一句："当我开不了第
    二枪。"

24. Wilder，B.，and Chandler，R.，*Double Indemnity*，University of California
    Press，London，2000.

25. Ibid.

26. Letter to Alfred A. Knopf，13 November 1943.

27. Letter to James M. Cain，20 March 1944.

28. Schickel，R.，*Double Indemnity*，British Film Institute，London，1992.

29. "On The Fourth Floor of Paramount" in *Raymond Chandler: A Literary
    Reference*，R. F.Moss（ed.），Carroll & Graf Publishers，New York，2002.

30. Schickel，R.，*Double Indemnity*，British Film Institute，London，1992.

31. Hiney，T.，*Raymond Chandler: A Biography*，Vintage，London，1998.

32. Letter to Hamish Hamilton，10 November 1950.

33. Letter to Alfred Knopf，13 November 1943.

34. Ibid.

35. Knopf Reader's Report published in *Raymond Chandler: A Literary Reference*，R. F. Moss(ed.)，Carroll & Graf，New York，2003.

36. Letter to Carl Brandt，26 November 1948.

37. Quoted by MacShane，F.，in *The Life of Raymond Chandler*，Hamish Hamilton，London，1986.

38. Letter to Carl Brandt，26 November 1948.

39. Letter to James Sandoe，10 January 1951.

第十一章

1. Letter from Bernard Smith to James Sandoe，19 May 1943.

2. Orville Prescott to James Sandoe，3 August 1943.

3. Letter to James Sandoe，26 January 1944.

4. Letter to James Sandoe，24 January 1944.

5. "The Simple Art of Murder"，in *The Simple Art of Murder*，Vintage，New York，1988.

6. Ibid.

7. Ibid.

8. Ibid.

9. Ibid.

10. Ibid.

11. Ibid.

12. Ibid.

13. Ibid.

14. Ibid.

15. Quoted by Parker, P., *The Old Lie*, Hambledon Continuum, London，1987.

16. Thompson，D.，*The Whole Equation*，Abacus，London，2004.

17. Letter to Charles Morton，5 March 1945.

18. Letter to James Sandoe，10 February 1945.

19. John Houseman，"Lost Fortnight" in *The World of Raymond Chandler*，M. Gross（ed.），Weidenfeld & Nicolson，1977.

20. Letter to Charles Morton，5 March 1945.

21. Letter to Hamish Hamilton，9 January 1946.

22.《蓝色大丽花》的写作进度情况错综复杂,其他钱德勒传记作者都认为创作时间在 1945 年初,比我的判断要早一些。然而,我在豪斯曼的文字中找到了如下段落,它表明剧本创作一直到 1945 年 4 月都还困扰着雷:"乔·西斯特罗姆……在他位于派拉蒙办公大楼一楼的办公室开了好几次会……一天下午还早的时候,在其中一次会议过程中,有个男人沿着电影街一路跑来,在每一扇窗前驻足,对着里面的人呼喊一些我们听不清的话。他来到我们跟前的时候,把头探进来,告诉我们罗斯福总统过世了。两天后,我正坐在办公室里,我的秘书突然进来跟我说,钱德勒先生在外面等候。"接着,雷将自己与公司高层接触的事情告诉了豪斯曼。既然罗斯福在 4 月 12 日过世,那么豪斯曼谈及的事情就必然发生在这一日期之后。

23. Ibid.

24. John Houseman，"Lost Fortnight" in *The World of Raymond Chandler*，M. Gross（ed.），Weidenfeld & Nicolson，London，1977.

25. Ibid.

26. Ibid.

27. 据豪斯曼所言，这些是雷对他说的原话，见 "Lost Fortnight" in *The World of Raymond Chandler*，M. Gross（ed.），Weidenfeld & Nicolson，1977。

28. Letter to Hamish Hamilton，30 May 1946.

29. Letter to Carl Brandt，23 January 1949.

30. Letter to Carl Brandt，3 April 1949.

31. Quoted by Freeman，Judith in *The Long Embrace*，Vintage，New York，2008.

32. Ibid.

33. Parini，J.，*One Matchless Time*，HarperCollins，London，2004.

34. Letter to Carl Brandt，26 November 1948.

35. Ibid.

36. Ibid.

37. Ibid.

38. Letter to Charles Morton，13 October 1945.

39. Letter to James Sandoe，18 August 1945.

40. Letter to Charles Morton，13 October 1945.

41. Ibid.

42. Letter to Edward Weeks，10 June 1957.

43. Letter to Charles Morton，13 October 1945.

44. Letter to Alex Barris，16 April 1949.

45. Gruber，F.，*The Pulp Jungle*，Sherbourne Press，Los Angeles，1967.

46. Letter to Erle Gardner，9 November 1945.

47. Letter to Charles Morton，13 October 1945.

48. Letter to James Sandoe，9 November 1945.

49. 3月5日，雷致信《大西洋》主编查尔斯·W. 莫顿，告诉他："我还是希望能够写出跟你约好的那篇文章，大概在4月什么时候吧。"

50.《好莱坞作家》见 http://www.theatlantic.com/magazine/archive/1945/11/ writers-in-hollywood/6454。

51. Ibid.

52. Ibid.

53. Ibid.

54. Ibid.

55. Ibid.

56. Letter to Charles Morton, 12 December 1945.

57. Ibid.

58. Ibid.

59. Ibid.

60. Thompson, D., *The Big Sleep*, The British Film Institute, London, 2000.

61. Letter to Charles Morton, 12 October 1944.

62. Sutherland, J., *Where Was Rebecca Shot?*, Phoenix, London, 1999.

63. Letter to Hamish Hamilton, 30 May 1946.

64. Ibid.

65. Ibid.

第十二章

1. Letter to Alfred Knopf, 12 January 1946.

2. Letter to Hamish Hamilton, 6 January 1946.

3. Letter to Alfred Knopf, 12 January 1946.

4. Ibid.

5. Ibid.

6. Letter to Blanche Knopf, 27 March 1946.

7. Letter to Erle Stanley Gardner, 4 April 1946.

8. Letter to James Sandoe，13 January 1949.

9. Letter to H. N. Swanson，4 August 1946.

10. Letter to Alfred Knopf，12 January 1946.

11. Ibid.

12. Ibid.

13. Letter to Hamish Hamilton，9 January 1946.

14. Undated letter to Hamish Hamilton but probably written in January 1946.

15. Letter to Blanche Knopf，27 March 1946.

16. Letter to H. N. Swanson，4 August 1946.

17. Ibid.

18. Letter to George Coxe，19 December 1939.

19. Letter to Erle Stanley Gardner，24 September 1946.

20. Letter to Hamish Hamilton，6 October 1946.

21. Letter to Dale Warren，2 October 1946.

22. Letter to Mrs Robert Hogan，8 March 1947.

23. Letter to Erle Stanley Gardner，15 May 1947.

24. Letter to Charles Morton，1 January 1948.

25. Letter to Joseph T. Shaw，9 November 1946.

26. Letter to Erle Stanley Gardner，29 January 1946.

27. Letter to John Hersey，29 March 1948.

28. Letter to James Sandoe，8 March 1947.

29. Letter to H. N. Swanson，16 August 1947.

30. Letter to Blanche Knopf，7 June 1947.

31. Letter from H. N. Swanson to Chandler，23 June 1947.

32. Letter to Erle Stanley Gardner，1 July 1947.

33. Letter from H. N. Swanson to Chandler，11 August 1947.

34. Letter to H. N. Swanson，16 August 1947.

35. Letter to Hamish Hamilton，27 October 1947.

36. Norman，M.，*What Happens*，Aurum Press，London，2008.

37. MacShane，F.，*The Life of Raymond Chandler*，Hamish Hamilton，London，1986.

38. Chandler，R.，*Raymond Chandler's Unknown Thriller: The Screenplay of* Playback，Harrap Limited，London，1985.

39. 不幸的是,雷后来再也不曾谈及他与希区柯克的这一次接触。两人后来还因为《火车怪客》合作过。

40. Letter to James Sandoe，2 October 1947.

41. Ibid.

42. Chandler，R.，*Raymond Chandler's Unknown Thriller. The Screenplay of* Playback，Harrap Limited，London，1985.

43. Ibid.

44. Letter to John Hersey，29 March 1948.

45. Letter to Charles Morton，28 July 1948.

46. Letter to Carl Brandt，12 November 1948.

47. Letter to Charles Morton，28 July 1948.

48. Letter to Alex Barris，18 March 1949.

49. 雷也和 S. S. 泰勒(S. S. Tyler)合作过,但这一关系没能维持多久。

50. Letter to Carl Brandt，11 May 1948.

51. 我的这一计算结果基于由罗伯特·F. 莫斯发现的勃兰特兄弟公司的文字记录。两百多万册只是个大致数字,确切数字是 2256001 册。

52. Letter to Carl Brandt，11 May 1948.

53. Ibid.

54. Ibid.

55. Letter to James Sandoe, 3 March 1949.

56. Letter to Mrs Holton, 26 March 1949.

57. Letter to Hamish Hamilton, 11 July 1948.

58. Letter to Carl Brandt, 11 May 1948.

59. Letter to James Sandoe, 9 August 1948.

60. Letter to Hamish Hamilton, 9 August 1948.

61. Ibid.

62. Letter to James Sandoe, 18 November 1948.

63. Letter to Dale Warren, 18 August 1948.

64. Letter to Hamish Hamilton, 3 May 1949.

65. Letter to James Sandoe, 24 October 1948.

66. Letter to Hamish Hamilton, 24 January 1949.

67. Ibid.

68. "Oscar Night In Hollywood" in *Raymond Chandler: A Literary Reference*, R. F. Moss (ed.), Carroll & Graf, New York, 2003.

69. Letter to Bernice Baumgarten, 15 October 1949.

70. Letter to Hamish Hamilton, 4 December 1949.

71. Letter to James Sandoe, 14 May 1949.

72. Letter to Hamish Hamilton, 13 May 1949.

73. Letter to Bernice Baumgarten, 8 November 1949.

74. Letter to James Sandoe, 19 November 1949.

第十三章

1. Letter to Hamish Hamilton, 11 January 1950.

2. Letter to Hamish Hamilton, 18 January 1950.

3. Letter to Leroy Wright, 12 April 1950.

4. Ibid.

5. 事实上,他可能并没有同斯旺森彻底分道扬镳,他们仍旧是朋友,后来还会合作。

6. Letter to Hamish Hamilton, 4 September 1950.

7. Memorandum Re: Warners Bros. Controversy, part of the Chandler Papers at the Bodleian Library, Oxford.

8. Letter from Finlay McDermid to Raymond Chandler, 7 July 1950.

9. Letter to Ray Stark, 17 August 1950.

10. Letter from Ray Stark to Chandler, 15 August 1950. 斯塔克在信中谈及"中国水刑"的时候引用了钱德勒的原话。

11. Letter to Ray Stark, 17 August 1950.

12. McGilligan, P., *Alfred Hitchcock: A Life in Darkness and Light*, HarperCollins, London, 2003.

13. 引自牛津大学博德利图书馆的雷蒙德文件中这部剧本的原始打字稿。

14. Letter to Ray Stark, 17 August 1950.

15. McGilligan, P., *Alfred Hitchcock: A Life in Darkness and Light*, HarperCollins, London, 2003.

16. Ibid.

17. Letter to Carl Brandt, 11 December 1950.

18. Letter to Alfred Hitchcock, 6 December 1950.

19. Letter to Carl Brandt, 11 December 1950.

20. MacShane, F., *The Life of Raymond Chandler*, Hamish Hamilton, London, 1986.

21. Advice To A Secretary, part of the Chandler Papers at the Bodleian Library, Oxford.

22. Advice To An Employer, part of the Chandler Papers at the Bodleian Li-

brary, Oxford.

23. Letter to Juanita Messick, undated from 1950.

24. Ibid.

25. Letter to James Sandoe, 10 January 1951.

26. Letter to H. N. Swanson, 4 January 1951.

27. Ibid.

28. From "The Notebooks of Raymond Chandler", part of the Chandler Papers at the Bodleian Library, Oxford.

29. Ibid.

30. Chandler, R., "Professor Bingo's Snuff" in *Collected Stories*, Alfred A. Knopf, New York, 2002.

31. Letter to James Sandoe, 31 October 1951.

32. Ibid.

33. Ibid.

34. Letter to Hamish Hamilton, 14 February 1951.

35. Letter to James Sandoe, 20 February 1951.

36. Letter to James Sandoe, 15 September 1951.

37. Undated note to Juanita Messick, probably 1951.

38. Ibid.

39. Letter to Hamish Hamilton, 5 October 1951.

40. Ibid.

41. Ibid.

42. Letter to Dale Warren, 13 November 1950.

43. Letter to Hamish Hamilton, 19 September 1951.

44. Letter to Hamish Hamilton, 24 July 1951.

45. Letter to Carl Brandt, 27 October 1951.

46. Letter to Hamish Hamilton，5 October 1951.

47. Letter to Bernice Baumgarten，7 January 1951.

48. Letter to Bernice Baumgarten，14 May 1952.

49. Ibid.

50. Letter from Bernice Baumgarten to Raymond Chandler，22 May 1952.

51. 引自写给哈米什·汉密尔顿的一封信,虽然未注明日期,但大概写于 5 月底或 6 月初。如今藏于加州大学洛杉矶分校。

52. Letter to Bernice Baumgarten，27 May 1952.

53. Ibid.

54. 引自写给哈米什·汉密尔顿的一封信,虽然未注明日期,但大概写于 5 月底或 6 月初。

55. Letter to Hamish Hamilton，10 June 1952.

56. Ibid.

57. Ibid.

58. Letter to Carl Brandt，11 June 1952.

59. Letter to Dale Warren，11 August 1952.

60. Letter to Roger Machell，11 August 1952.

61. "Ray and Cissy" by Dilys Powell in *The World of Raymond Chandler*，M. Gross（ed.），Weidenfeld & Nicolson，London，1977.

62. Letter to William Townend，11 November 1952.

63. "Ray and Cissy" by Dilys Powell in *The World of Raymond Chandler*，M. Gross（ed.），Weidenfeld & Nicolson，London，1977.

64. Letter to Paul Brooks，28 September 1952.

65. "The unconventional Mr. Chandler comes to Town"，*The Times*，21 September 1952，in *Raymond Chandler: A Literary Reference*，R. F. Moss（ed.），Carroll & Graf，New York，2003.

66. Letter to Hamish Hamilton, 5 November 1952.

67. Ibid.

68. "Ten Percent of Your Life" in the *Atlantic*, February 1952.

69. Chandler, R., *The Long Goodbye*, Penguin, London, 1953.

70. "Detection and Thrillers", *The New Statesman and Nation* 48 (January 1954) quoted in *Raymond Chandler: A Literary Reference*, R. F. Moss (ed.), Carroll & Graf, New York, 2003.

71. Letter to Hamish Hamilton, 5 January 1955.

72. Ibid.

73. Ibid.

74. Ibid.

第十四章

1. Letter to Leonard Russell, 29 December 1954.

2. Letter to Hamish Hamilton, 5 January 1955.

3. Spender, N., "His Own Long Goodbye", in *The World of Raymond Chandler*, M. Gross (ed.), Weidenfeld & Nicolson, London, 1977.

4. Ibid.

5. Sutherland, J., *Stephen Spender: The Authorized Biography*, Penguin Viking, London, 2004.

6. Letter to Hamish Hamilton, 27 April 1955.

7. Spender, N., "His Own Long Goodbye", in *The World of Raymond Chandler*, M. Gross, (ed.) Weidenfeld & Nicolson, London, 1977.

8. Ibid.

9. Ibid.

10. Ibid.

11. Letter to Louise Loughner, 21 May 1955.

12. Letter to Louise Loughner, date unclear, possibly 28 May 1955.

13. Letter to Louise Loughner, 15 June 1955.

14. Ibid.

15. Ibid.

16. Spender, N., "His Own Long Goodbye", in *The World of Raymond Chandler*, M. Gross(ed.), Weidenfeld & Nicolson, London, 1977.

17. Letter to Jessica Tyndale, 17 September 1955.

18. Ibid.

19. Letter to Michael Gilbert, 14 October 1955.

20. Letter to Helga Greene, 13 November 1955.

21. Ibid.

22. Ibid.

23. Letter to Louise Loughner, undated but sometime in mid-1956.

24. Spender, N., "His Own Long Goodbye", in *The World of Raymond Chandler*, M. Gross(ed.), Weidenfeld & Nicolson, London, 1977.

25. Letter to Louise Loughner, 16 May 1956.

26. Undated letter to Louise Loughner, probably mid-1956.

27. Ibid.

28. Gilbert, M., "Autumn in London", *The World of Raymond Chandler*, M. Gross (ed.), Weidenfeld & Nicolson, London, 1977.

29. Ibid.

30. Letter to Michael Gilbert, quoted by Gilbert, M., "Autumn in London", *The World of Raymond Chandler*, M. Gross (ed.), Weidenfeld & Nicolson, London, 1977.

31. Letter to Louise Loughner, 16 May 1956.

32. Letter to Louise Loughner, 5 June 1956.

33. Undated letter to Louise Loughner, sometime in mid-1956.

34. Gilbert, M., "Autumn in London", *The World of Raymond Chandler*, M. Gross (ed.), Weidenfeld & Nicolson, London, 1977.

35. Undated letter to Louise Loughner, sometime in mid-1956.

36. Letter to Paul McClung, 11 December 1951.

37. Letter to Jessica Tyndale, 20 August 1956.

38. Letter to Michael Gilbert, 6 September 1956.

39. Letter to William Gault, 7 September 1956.

40. Letter to Hardwick Moseley, 5 January 1957.

41. Spender, N., "His Own Long Goodbye" in *The World of Raymond Chandler*, M. Gross(ed.), Weidenfeld & Nicolson, London, 1977.

42. Interview by Freeman, J., *The Long Embrace*, Viking, New York, 2008.

43. Letter to Jessica Tyndale, 18 January 1957.

44. Letter to Will Smith, 16 January 1957.

45. Letter to Jessica Tyndale, 18 January 1957.

46. "His Own Long Goodbye" collected in *The World of Raymond Chandler*, M. Gross (ed.), Weidenfeld & Nicolson, London, 1977.

47. Letter to Deirdre Gartrell, 20 March 1957.

48. Letter to Helga Greene, 16 April 1957.

49. Letter to Helga Greene, 28 April 1957.

50. Chandler, R., *Playback*, Penguin, London, 1958.

51. Ibid.

52. Ibid.

53. Ibid.

54. Letter to Jean Fracasse, 25 December 1957.

55. Ibid.

56. Letter to Lucky Luciano，21 March 1958.

57. Letter to Hardwick Moseley，undated，probably October 1958.

58. Letter to Maurice Guinness，21 February 1959.

后记

1. 它们后来被牛津大学博德利图书馆收藏。

2. Gardiner，D.，"Foreword" in *Raymond Chandler Speaking*，Dorothy Gardiner and Katherine Sorely Walkers（eds.），University of California Press，London，1997.

3. 这三部钱德勒传记分别是：*The Life of Raymond Chandler*，by Frank MacShane，first published in Britain by Hamish Hamilton in 1976；*Raymond Chandler: A Biography*，by Tom Hiney，published in Britain by Chatto & Windus in 1997；*The Long Embrace: Raymond Chandler and the Woman He Loved*，by Judith Freeman，published in the US by Vintage in 2008。您正在读的这本书是市面上第四部钱德勒传记。

4. MacShane，F.，*The Life of Raymond Chandler*，Hamish Hamilton，London，1986.

参考文献

雷蒙德·钱德勒主要作品

长篇小说

The Big Sleep, Penguin, London, 1970. First published by Hamish Hamilton in 1939.

Farewell, My Lovely, Penguin, London, 1949. First published by Hamish Hamilton in 1940.

The High Window, Penguin, London, 1951. First published by Hamish Hamilton in 1943.

The Lady in the Lake, Penguin, London, 1952. First published by Hamish Hamilton in 1944.

The Little Sister, Penguin, London, 1955. First published by Hamish Hamilton in 1949.

The Long Goodbye, Penguin, London, 1959. First published by Hamish Hamilton in 1953.

Playback, Penguin, London, 1961. First published by Hamish Hamilton in 1958.

The Simple Art of Murder, Vintage, New York, 1988.

短篇小说

All stories quoted are taken from *Collected Stories*, Everyman Library Edition, Alfred A. Knopf, New York, 2002.

The stories "Killer in the Rain", "The Curtain", "The Lady in the Lake" and "No Crime in the Mountains" are published in the UK in volume form in *Killer in the Rain*, Penguin, London, 1966. First published by Hamish Hamilton in 1964.

The stories "Trouble is my Business" and "Finger Man" are published in the UK in volume form in *Trouble is my Business*, Penguin, London, 1950.

电影

Double Indemnity, Dir. Billy Wilder. Perf. Fred MacMurray, Barbara Stanwyck. Paramount, 1944. DVD.

The Blue Dahlia, Dir. George Marshall. Perf. Alan Ladd, Veronica Lake. Paramount, 1946. DVD.

Strangers on a Train. Dir. Alfred Hitchcock. Perf. Farley Granger, Robert Walker. Warner Bros., 1951, DVD.

已出版剧本

Chandler, R., *Raymond Chandler's Unknown Thriller: The Screenplay of Playback*, Harrap Limited, London, 1985.

Chandler, R., and Wilder, B., *Double Indemnity*, University of California Press Ltd, London, 2000.

诗歌

Bruccoli, M. J. (ed.), *Chandler Before Marlowe*, The University of South

Carolina Press, Columbia, 1973.

书信

Gardiner, D. and Walker, K. S., (eds.), *Raymond Chandler Speaking*, University of California Press Ltd, London, 1997.

Hiney, T. and MacShane, F. (eds.), *The Raymond Chandler Papers*, Penguin, London, 2001.

MacShane, F. (ed.), *The Selected Letters of Raymond Chandler*, Dell Publishing Inc., New York, 1981.

Moss, R. F. (ed.), *Raymond Chandler: A Literary Reference*, Carroll and Graf, New York, 2003.

笔记

MacShane, F. (ed.), *The Notebooks of Raymond Chandler*, Weidenfeld & Nicolson, London, 1977.

传记

Freedman, J., *The Long Embrace: Raymond Chandler and the Woman He Loved*, Vintage, New York, 2008.

Gross, M. (ed.), *The World of Raymond Chandler*, Weidenfeld & Nicolson, London, 1977.

Hiney, T., *Raymond Chandler: A Biography*, Vintage, London, 1998.

MacShane, F., *The Life of Raymond Chandler*, Hamish Hamilton, London, 1986.

其他参考文献

Ackroyd, P., *London: A Biography*, Chatto and Windus, London, 2000.

Bristow, D. L., *A Dirty, Wicked Town*, Caxton Press, Caldwell, Idaho, 2000.

Chaplin, C., *My Autobiography*, Penguin, London, 2003.

Davis, M., *City of Quartz: Excavating The Future in Los Angeles*, Verso, London, 1990.

Decker, J. H., *Men of Steel Rails*, University of Nebraska Press, Lincoln, 1983.

Gruber, F., *The Pulp Jungle*, Sherbourne Press, Los Angeles, 1967.

Harris, W., *J. A. Spender*, Cassell and Company, London, 1946.

Hattersley, R., *The Edwardians*, Abacus, London, 2004.

Kanfer, S., *Tough Without a Gun*, Faber, London, 2011.

Kynaston, D., *Austerity Britain: 1945 - 51*, Bloomsbury, London, 2007.

 - *Family Britain: 1951 - 57*, Bloomsbury, London, 2009.

Larson, E., *The Devil in the White City*, Bantam, London, 2004.

Layman, R. with Rivett, J. M. (eds.), *Dashiell Hammett, Selected Letters*, Counter Point, Washington D. C., 2001.

Levine, J. in *Fighter Heroes of WWI*, Collins, London, 2009.

McCann, S., *Gumshoe America*, Duke University Press, Durham and London, 2000.

McCrum, R., *Wodehouse: A Life*, Penguin Viking, London, 2004.

McGilligan, P., *Alfred Hitchcock: A Life in Darkness and Light*, HarperCollins, London, 2004.

McKenzie, F. A., *Through the Hindenburg Line*, Hodder and Stoughton,

London, 1918.

McWilliams, C., *Southern California: An Island on the Land*, Gibbs Smith Publisher Layton, Utah, 1973.

Maugham, S., *Of Human Bondage*, originally published in 1915. This edition published by Vintage, London, 2005.

Miller, D. L., *City of the Century: The Epic of Chicago and the Making of America*, Touchstone, New York, 1997.

Nelson, C., "Growing Up: Childhood" in *A Companion to Victorian Literature and Culture*, H. F. Tucker (ed.), Blackwell Publishers Ltd, Oxford, 2002.

Norman, M., *What Happens Next*, Aurum, London, 2008.

Parini, J., *One Matchless Time*, HarperCollins, London, 2004.

Parker, P., *The Old Lie: The Great War and the Public School Ethos*, Hambledon Continuum, London, 1987.

Rayner, R., *A Bright and Guilty Place*, Constable, London, 2010.

Schickel, R., *Double Indemnity*, British Film Institute, London, 1992.

Scott Fitzgerald, F., "Early Success" in *F. Scott Fitzgerald on Authorship*, M. J. Bruccoli and J. Baughmas (eds.), University of South Carolina, Columbia, 1996.

Starr, K., *Inventing the Dream: California Through the Progressive Era*, OUP, Oxford, 1985.

– *Material Dreams: Southern California Through the 1920s*, OUP, Oxford, 1990.

– *Endangered Dreams: The Great Depression in California*, OUP, Oxford, 1996.

– *The Dream Endures: California Enters the 1940s*, OUP, Oxford, 1997.

- *Embattled Dreams: California in War and Peace 1940 – 1950*, OUP, Oxford, 2002.

- *Golden Dreams: California in an Age of Abundance 1950 – 1963*, OUP, Oxford, 2009.

Stevenson, R. L., *Travels with a Donkey in the Cévennes and the Amateur Emigrant*, Penguin Classics, London, 2011.

Sutherland, J., *Last Drink to LA*, Short Books, London, 2001.

- *Stephen Spender: the Authorized Biography*, Penguin Viking, London, 2004.

- *Where Was Rebecca Shot?*, Phoenix, London, 1999.

Thompson, D., *The Whole Equation: A History of Hollywood*, Abacus, London, 2004.

- *The Big Sleep*, The British Film Institute, London, 2000.

Tygiel, J., *The Great Los Angeles Oil Swindle*, University of California Press, London, 1994.

Vanden Bossche, C. R., "Moving Out: Adolescence" in *A Companion To Victorian Literature and Culture*, H. F. Tucker (ed.), Blackwell Publishers Ltd, Oxford, 2002.

White, L., *Me, Detective*, Harcourt, Brace, and Company Inc., New York, 1936.

Wilson, A. N., *After The Victorians*, Arrow, London, 2006.

英汉名称对照表

Abrams, John	艾布拉姆斯,约翰
Academy, The	《学院》(期刊)
Alleyn, Edward	阿莱恩,爱德华
Ambler, Eric	安布勒,埃里克
Journey Into Fear	《恐惧路漫漫》(长篇小说)
Anderson, Sherwood	安德森,舍伍德
Astounding Science Fiction	《惊奇科幻小说》(期刊)
Atlantic	《大西洋》(期刊)
Auden, W. H.	奥登,W. H.
Bacall, Lauren	白考尔,劳伦
Bachardy, Don	巴卡迪,唐
Ballantine, John	巴兰坦,约翰
Ballard, W. T.	巴拉德,W. T.
Barris, Alex	巴里斯,亚力克斯
Barrow, Ralph	巴罗,拉尔夫

Barry, Charles   巴里,查尔斯

Bartlett，W. A.   巴特利特,W. A.

Baumgarten, Bernice   鲍姆加腾,伯妮丝

Berman，Jake   伯曼,杰克

Black Mask   《黑面具》(期刊)

Blennerhasset，Roland Ponsonby   布伦纳哈塞特,罗兰·庞森比

Bogart，Humphrey   鲍嘉,亨弗莱

Bookseller，*The*   《书商》(期刊)

Bow, Clara   鲍,克拉拉

Brackett，Charles   布拉克特,查尔斯

Brackett, Leigh   布拉克特,利

Brandt, Carl   勃兰特,卡尔

Brooks, Paul   布鲁克斯,保罗

Brunette, Peter   布鲁内特,彼得

Cain，James M.   凯恩,詹姆斯·M.

   Double Indemnity   《双重赔偿》(长篇小说)

   Postman Always Rings Twice，*The*   《邮差总按两次铃》(长篇小说)

Campbell，John W.   坎贝尔,约翰·W.

Chamber's Journal   《钱伯斯期刊》

Chandler, Amy   钱德勒,艾米(雷蒙德·钱德勒的祖母)

Chandler, Cissy   钱德勒,茜茜(雷蒙德·钱德勒的妻子)

Chandler, Florence   钱德勒,弗洛伦丝(雷蒙德·钱德勒的母亲)

Chandler, John   钱德勒,约翰(雷蒙德·钱德勒的祖父)

"I'll Be Waiting"　　　　　　　《我会等候》(短篇小说)

"Improvisation：Vistas"　　　　《即兴诗：展望》(诗歌)

"Killer in the Rain"　　　　　　《雨中杀手》(短篇小说)

Lady in the Lake，*The*　　　　《湖底女人》(长篇小说)

"Lines With An Incense
　　Burner"　　　　　　　　　　《香炉小诗》(诗歌)

Little Sister，*The*　　　　　　《小妹妹》(长篇小说)

Long Goodbye，*The*　　　　　《漫长的告别》(长篇小说)

"Man Who Liked Dogs，
　　The"　　　　　　　　　　　《狗痴》(短篇小说)

"Mandarin's Jade"　　　　　　《翡翠玉石》(短篇小说)

"Nevada Gas"　　　　　　　　《内华达瓦斯》(短篇小说)

"No Crime in The Mountains"　《山中太平》(短篇小说)

"Noon Street Nemesis"　　　　《午街报应》(短篇小说)

"Oscar Night In Hollywood"　　《好莱坞的奥斯卡之夜》(文章)

"Pearls Are A Nuisance"　　　《恼人的珍珠》(短篇小说)

"Pencil，The"　　　　　　　　《铅笔》(短篇小说)

Playback　　　　　　　　　　《重播》(长篇小说)

Poodle Springs Mystery，
　　The　　　　　　　　　　　《普德泉庄园谜案》(未完成作品)

"Professor Bingo's Snuff"　　　《宾格教授的鼻烟》(短篇小说)

"Simple Art of Murder，The"　《简单的谋杀艺术》(文章)

"Smart-Aleck Kill"　　　　　　《自作聪明的谋杀案》(短篇小说)

"Spanish Blood"　　　　　　　《西班牙血盟》(短篇小说)

"Ten Per Cent of Your Life"　　《你生命的十分之一》(文章)

"Trench Raid，The"　　　　　《战壕突袭》(描写习作)

"Try the Girl"　　　　　　　　《芳心难测》(短篇小说)

Unseen，The	《藏匿》(电影)
"Writers in Hollywood"	《好莱坞作家》(文章)
Chaplin, Charlie	卓别林,查理
Great Dictator，The	《大独裁者》
Chase, James Hadley	蔡斯,詹姆斯·哈德利
Blonde's Requiem	《金发女郎安魂曲》(长篇小说)
No Orchids for Miss Blandish	《情劫》
Childers, Erskine	蔡尔德斯,厄斯金
Clarke, Dave	克拉克,戴夫
Cody, Phil	科迪,菲尔
Cohen, Harry	科恩,哈利
Cohen, Micky	科恩,米奇
Collier's	《科利尔》(期刊)
Cook, Whitfield	库克,惠特菲尔德
Cooper, James Fenimore	库柏,詹姆斯·费尼莫尔
Last of the Mohicans，The	《最后的莫希干人》
Cornell, George	康奈尔,乔治
Cosmopolitan	《大都会》(期刊)
Cowper, Cecil	考珀,塞西尔
Coxe, George Harmon	考克斯,乔治·哈蒙
Glass Triangle，The	《玻璃三角》(长篇小说)
Crawford, Charles	克劳福德,查尔斯
Crow, Eugene	克劳,尤金
Crump, Guy	克伦普,盖伊
Cryer, George	克赖尔,乔治
Currie, Arthur	柯里,阿瑟

Dabney，Joseph B.	达布尼，约瑟夫・B.
Daily Express	《每日快报》
Dietrich，Marlene	黛德丽，玛琳
Dime Detective Magazine	《一分钱侦探故事》(期刊)
Doheny Jr.，Edward "Ned"	多希尼，小爱德华・"内德"
Doheny，E. L.	多希尼，E. L.
Douglas，Alfred	道格拉斯，阿尔弗雷德
Dreiser，Theodore	德莱塞，西奥多
Eaton，Fred	伊顿，弗雷德
Ellroy，James	艾尔罗伊，詹姆斯
Evans，Edwin	埃文斯，埃德温
Evans，Orville	埃文斯，奥维尔
Faulkner，William	福克纳，威廉
Ferdinand，Franz	斐迪南，弗朗茨
Ferris，William	费里斯，威廉
Finney，Guy	芬尼，盖伊
Fisher，Steve	费希尔，史蒂夫
Starsky & *Hutch*	《警界双雄》(电影)
Fitt，Ernest	菲特，欧内斯特(雷蒙德・钱德勒的姨父)
Fitt，Grace	菲特，格蕾丝(雷蒙德・钱德勒的姨妈)
Fitt，Muriel	菲特，缪里尔(雷蒙德・钱德勒的表姐)
Fitts，Buron	菲茨，布隆
Fitzgerald，F. Scott	菲茨杰拉德，F. 斯科特
Fleming，Ian	弗莱明，伊恩

Hawkes, Jacquetta   霍克斯,雅克塔

Hawks, Howard   霍克斯,霍华德

Hays, William H.   海斯,威廉·H.

Highsmith, Patricia   海史密斯,派翠西亚

Hitchcock, Alfred   希区柯克,阿尔弗雷德

  Strangers on a Train   《火车怪客》(电影)

Hogan, Robert   霍根,罗伯特

Holding, Elizabeth Sanxay   霍尔丁,伊丽莎白·桑克茜

  Innocent Mrs Duff, *The*   《无辜的杜夫太太》(长篇小说)

Holland, George   霍兰,乔治

Hooker, Edward   胡克,爱德华

Hooker, Evelyn   胡克,伊芙琳

Hose, H. F.   霍西,H. F.

Houghton, George Hendric   霍顿,乔治·亨德里克

Houseman, John   豪斯曼,约翰

  "Lost Fortnight"   《失去的两星期》(文章)

Huntington, Henry E.   亨廷顿,亨利·E.

Hurlburt, Eugene   赫伯特,尤金(茜茜的父亲)

Hurlburt, Lavinia   赫伯特,拉维尼娅(茜茜的妹妹)

Hurlburt, Leona   赫伯特,利昂娜(茜茜的妹妹)

Hurlburt, Maria   赫伯特,玛丽亚(茜茜的母亲)

Huston, John   休斯顿,约翰

Hutton, Betty   赫顿,蓓蒂

Isherwood, Christopher   伊舍伍德,克里斯托弗

Jefferson, Joseph   杰斐逊,约瑟夫

Loughner，Louise	洛克纳，露易丝
Luciano	卢西安诺
Machell，Roger	梅切尔，罗杰
MacMurray，Fred	麦克莫瑞，弗莱德
MacShane，Frank	麦克沙恩，弗兰克
Madoff，Bernie	麦道夫，伯尼
Malory，Thomas	马洛礼，托马斯
Le Morte D'Arthur	《亚瑟王之死》（长篇小说）
Mann，Thomas	曼，托马斯
Mannix，Edgar J.	曼尼克斯，埃德加·J.
Marshall，George	马歇尔，乔治
McDermid，Finlay	麦克德米德，芬利
McKenzie，F. A.	麦肯齐，F. A.
McPherson，Aimee Semple	麦艾梅
McWilliams，Carey	麦克威廉斯，凯里
Mealand，Richard	米兰，理查德
Mencken，H. L.	门肯，H. L.
Merriam，Frank	梅里亚姆，弗兰克
Messick，Juanita	梅西克，朱厄妮塔
Middleton，Richard	米德尔顿，理查德
Milne，A. A.	米尔恩，A. A.
Red House Mystery，The	《红屋之谜》（长篇小说）
Montgomery，Robert	蒙哥马利，罗伯特
Morgan，Neil	摩根，尼尔
Morton，Charles	莫顿，查尔斯

Philleo，Milton　　　　　　　菲利奥，米尔顿

Plunkett，Hugh　　　　　　　普伦基特，休

Porcher，Leon Brown　　　　波尔谢，利昂·布朗

Pound，Ezra　　　　　　　　庞德，埃兹拉

Powell，Dilys　　　　　　　　鲍威尔，迪莉斯

Prescott，Orville　　　　　　普雷斯科特，奥维尔

Presnell，Robert　　　　　　普雷斯内尔，罗伯特

Priestley，J. B.　　　　　　普里斯特利，J. B.

　　An Inspector Calls　　　　　《罪恶之家》

Princip，Gavrilo　　　　　　普林西普，加夫里洛

Publisher's Weekly　　　　《出版人周刊》

Quigley，Martin　　　　　　奎格利，马丁

Radget，Truman R.　　　　　拉吉特，杜鲁门·R.

Richthofen，Manfred von　　里希特霍芬，曼弗雷德·冯

Rilke，Rainer Marie　　　　里尔克，莱纳·玛利亚

Royde-Smith，Naomi　　　　罗伊德-史密斯，娜奥米

Russell，Leonard　　　　　　罗素，伦纳德

San Diego Tribune　　　　《圣迭戈论坛报》

Sandburg，Carl　　　　　　桑德堡，卡尔

Sanders，George　　　　　　桑德斯，乔治

Sanders，Sydney　　　　　　桑德斯，西德尼

Sandoe，James　　　　　　　桑德，詹姆斯

Santry，Don　　　　　　　　桑特里，唐

Saturday Evening Post　　《星期六晚邮报》

Sturgis，H. O.	斯特吉斯，H. O.
Sunday Times	《星期日泰晤士报》
Sutherland，John	萨瑟兰，约翰
"Who Killed Owen Taylor"	《谁杀害了欧文·泰勒》(文章)
Swanson，H. N.	斯旺森，H. N.
Swift，Graham	斯威夫特，格雷厄姆
Thalberg，Irving	塔尔贝格，欧文
Thompson，David	汤普森，戴维
Thornton，Anna	桑顿，安娜(雷蒙德·钱德勒的外祖母)
Thornton，Ernest	桑顿，欧内斯特(雷蒙德·钱德勒的舅舅)
Thornton，Grace	桑顿，格蕾丝(雷蒙德·钱德勒的姨妈)
Thornton，Isaac	桑顿，艾萨克(雷蒙德·钱德勒的外祖父)
Times Literary Supplement，The	《泰晤士报文学增刊》
Tit Bits	《珍闻》(期刊)
Townend，William	汤恩德，威廉
Truth	《真相》(期刊)
Tugend，Harry	图根，哈利
Twain，Mark	吐温，马克
Tyndale，Jessica	廷代尔，杰西卡
Varney，G. W.	瓦尼，G. W.
Voules，Horace	沃尔斯，贺拉斯
Wake Island	《复活岛》(电影)
Warner，Eltinge "Pop"	华纳，埃尔廷奇·"波普"

Warren, Dale	沃伦,戴尔
Warren, Earl	沃伦,厄尔
Waugh, Evelyn	沃,伊夫林
Welles, Orson	威尔斯,奥逊
Citizen Kane	《公民凯恩》(电影)
West, Kay	韦斯特,凯
West, Mae	韦斯特,梅
I'm No Angel	《我不是天使》(电影)
West, Nathanael	韦斯特,纳撒尼尔
Day of the Locust, The	《蝗灾之日》
Westminster Gazette	《威斯敏斯特公报》
Wheatley, Dennis	惠特利,丹尼斯
White, Leslie	怀特,莱斯利
Me, Detective	《我是一名警探》(纪实文学)
Wilder, Billy	怀尔德,比利
Wilson, William	威尔逊,威廉
Wodehouse, P. G.	伍德豪斯,P. G.
Wright, Leroy	赖特,勒罗伊
Young, Clarence Upson	扬,克拉伦斯·厄普森
Zanuck, Darryl F.	扎纳克,达里尔·F.
Zolotow, Maurice	佐洛托,莫里斯